黄帝缙云
文化浙江

中国第四届黄帝文化学术研讨会论文集

Huangdi Jinyun and Culture Zhejiang:
The Collection of Essays of Fourth Chinese Huangdi
Academic Research Symposium

宫长为　陈湘钟　主编

中国社会科学出版社

图书在版编目（CIP）数据

黄帝缙云　文化浙江：中国第四届黄帝文化学术研讨会论文集/宫长为，陈湘钟主编．—北京：中国社会科学出版社，2022.9
ISBN 978-7-5227-0679-5

Ⅰ.①黄…　Ⅱ.①宫…②陈…　Ⅲ.①黄帝—文化研究—学术会议—文集　Ⅳ.①K203-53

中国版本图书馆 CIP 数据核字（2022）第 144553 号

出 版 人	赵剑英	
选题策划	宋燕鹏	
责任编辑	金　燕　史丽清	
责任校对	李　硕	
责任印制	李寡寡	

出　　版	中国社会科学出版社	
社　　址	北京鼓楼西大街甲 158 号	
邮　　编	100720	
网　　址	http://www.csspw.cn	
发 行 部	010-84083685	
门 市 部	010-84029450	
经　　销	新华书店及其他书店	
印　　刷	北京明恒达印务有限公司	
装　　订	廊坊市广阳区广增装订厂	
版　　次	2022 年 9 月第 1 版	
印　　次	2022 年 9 月第 1 次印刷	
开　　本	710×1000　1/16	
印　　张	24.25	
字　　数	385 千字	
定　　价	136.00 元	

凡购买中国社会科学出版社图书，如有质量问题请与本社营销中心联系调换
电话：010-84083683
版权所有　侵权必究

中国第四届黄帝文化学术研讨会开幕式

研讨会分组讨论会

研讨会分组讨论会

中国第四届黄帝文化学术研讨会闭幕式

中国第四届黄帝文化学术研讨会合影

仙都祭祀轩辕黄帝大典

仙都祭祀轩辕黄帝大典

《黄帝缙云　文化浙江
——中国第四届黄帝文化学术研讨会论文集》
编辑委员会

顾　　问：宋镇豪　葛学斌　任淑女　李一波
主　　任：王正飞
副 主 任：王　益
主　　编：宫长为　陈湘钟
副 主 编：李学功　潜春红　潘巧玲　邱　琳
编　　委：陈志刚　蔡利伟　杜卫建　曹雄英
　　　　　赵　敏　李泽坚　朱勇海　朱焯辉
　　　　　柯国明　樊译蔚　俞云初　王达钦
　　　　　项一中
执行编委：柯国明　樊译蔚

对标国家文化发展需求　推进中华文明探索
（代序）

宋镇豪

中共中央政治局2022年5月27日下午就深化中华文明探源工程进行第三十九次集体学习，习总书记讲话指出：要建立中国特色、中国风格、中国气派的文明研究学科体系、学术体系、话语体系，为人类文明新形态实践提供有力支撑。联系2020年9月28日习总书记在主持中央政治局第二十三次集体学习时指示：五千年文明的深度挖掘很有意义，历史学家、考古学家应继续努力研究。我们深感肩责凿沉，探索方兴未艾，不可懈怠。

回顾40多年来我执着于通过甲骨金文和地下考古发现的已知，全方位、多层面探视距今4千年到3千年间复杂纷纭、生动具象的夏商社会文明史。10多年前我主持完成断代史著11卷本《商代史》的著述，也仍是以现代历史意识和史学认知，不泥古，不执今，不媚俗，廓清"伪史"系统的混沌迷蒙，努力阐释商史的未知本源，增强商史信度，丰富商史内涵，活化商史场景，"拉长"中国上古史年代的延伸轴线，完善了中国上古史体系架构。

近十多年来，我的精力主要集中是放在甲骨文与甲骨学研究方面，甲骨文的世界繁富而多彩，甲骨文遗产承载着厚重的中华文化基因和绵绵流长的历史根脉，是不可再生、不可替代的可以由已知推未知的中华文明探源之重要资源。要重视推进甲骨文的保护、传承和利用，挖掘甲骨文的多重价值，解析甲骨文中的精神价值符号和人文思想菁华。我们辑集了《甲骨文合集三编》，总计著录《合集》《补编》漏收以及后出散见各处的甲骨文3万余片，又先后整理出版了包括旅顺博物馆、重庆三峡博物馆、俄罗斯圣彼得堡国立爱米塔什博物馆等单位所藏13宗近万片甲骨文的著录。海外甲骨文的调查，我们查清了美国哈佛大学皮巴地博物馆收藏甲骨文的确切数量，既非过去传闻的960片，也非通常认为的533片，经我们清点的实藏数是847片，其中有字甲骨828片，无字19片，且得知原藏福格艺术馆的24片今已归了该馆。今年我们又完成了山东博物馆藏1万多片甲骨文的整理项目，现在正继续从事于落实甲骨文抢救性保护措施，加速推动天津博物馆藏甲骨文的整理研究。我还协同安阳师院甲骨文信息处理教育部重点实验室，合力构建聚甲骨文著录库、甲骨文字库、甲骨文献库、甲骨文知识服务为一体的"殷契文渊"大数据信息处理平台，汇整150多种甲骨著录计约17万片甲骨文信息，甲骨文论著33956种，可结合OCR技术进行多方面识别检索。甲骨文字形库，则核校原字形，合理调整部首与归部，形成综合各家之长又有所修正的甲骨文三级字形表，开发了手写甲骨文输入检索、笔划输入检索、拼音输入检索、部首输入检索、部首组合检索等多种检索法，可满足不同方面的需求。

甲骨文遗产承载着厚重的中华文化基因和绵绵流长的历史根脉，是不可再生、不可替代的可以由已知推未知的中华文明探源之重要资源。要重视推进甲骨文的保护、传承和利用，挖掘甲骨文的多重价值，解析甲骨文中的精神价值符号和人文思想菁华。如今，教育部、中宣部等国家八部门启动了"古文字与中华文明传承发展工程"，应该进一步展开全国甲骨藏品的全息性整理研究与著录，有序推进甲骨文三维建模大数据采集，保护与提取甲骨文物的诸多本源性信息，在古文字工程有关项目的实施下，完善中国上古史体系构建，推动中华文明起源探索，传承旧学，开拓新知，铸魂育人，出学术精品，带动"冷门绝学"新型专业人才的培养。

值此，我不禁联想起1999—2000年的夏商周断代工程，和此后几个阶段的中华文明探源工程，学界确实取得了不少阶段性成果，但还有许多历史之谜等待破解，许多重大问题需要通过实证和研究以形成共识。比如断代工程有关商王系年方面，盘庚迁殷至武丁，断代工程确定为公元前1300—1192年，前后有109年，但盘庚、小辛、小乙哥仨与武丁是父子及伯侄关系，只是两代人，怎么会长达百年以上，显然不合常理。再比如中

对标国家文化发展需求　推进中华文明探索（代序）

华文明探源的理论架构和研究方案方法均有待加强，文明起源的年代上限5千年、8千年抑或1万年，尚未有定见，总不能无限拔高。代表性重要考古遗址的选取和布点也有待完善，东部滨海地带山东的重要史前遗址当充分重视。中华文明探源与中国上古史体系构建是一个既复杂又漫长的系统工程，应该把握好史料的第一性与真实性，任何曲解、任何偏面夸大，甚至随意篡改原始资料，都是要不得的，要充分完整准确地讲述中国古代历史，才能令人信服，经得起学术和历史检验。

总书记殷切指示，中华文明探源，要加强统筹规划和科学布局，坚持多学科、多角度、多层次、全方位，密切考古学和历史学、人文科学和自然科学的联合攻关，回答好中华文明起源、形成、发展的基本图景、内在机制以及演进路径等重大问题。

使命厚重，我们学术工作者要崇文鉴史，经世致用，服务国家重大战略，对标国家文化发展需求，静心净气，坚守学术良知、底线和科学精神，注重文理结合，为完善中华文明研究的学科体系、学术体系、话语体系，砥砺勇进，有所作为，在新时代的学术生态中知往引远。

值此《黄帝缙云　文化浙江》一书出版之际，承编委会之雅意，以此文代序，因以纪之，以资贺忱！

2022 年 9 月 6 日

（宋镇豪：郑州大学汉字文明研究中心教授、中国社会科学院学部委员）

目　　录

缙云何以会成为黄帝文化的南方传播中心 …………… 张广志（1）

浅谈缙云与黄帝文化 …………………………………… 徐　勇（5）

夏王朝流传在缙云的踪影 ……………………………… 王达钦（9）

李北海与括州 …………………………………………… 王曦泽（18）

宋元时期缙云黄帝文化兴盛的原因浅析 ……………… 柯国明（30）

良渚文化陶罐"图画文字"解读
　　——兼谈殷墟卜辞"燎于蕅曾" ………………… 蔡运章（36）

黄帝文化与缙云 ………………………………………… 孙敬明（44）

缙云考古发现与黄帝文化的研究 ……………………… 胡玉丰（57）

柿坑足印与黄帝南巡 …………………………………… 项一中（69）

黄帝故里的巨石文化 …………………………… 宋豫秦　刘俊杰（81）

黄帝、黄帝文化及其演变为道家、神仙传说 ………… 沈长云（87）

黄帝、黄帝文化初论
　　——兼说缙云黄帝祭祀的重要意义 …………… 彭邦本（95）

拨开历史的迷雾
　　——文化浙江与缙云黄帝文化研究论纲 ……… 李学功（104）

论国家祭祀缙云轩辕黄帝大典与民族团结的重大意义 …… 徐日辉（118）

缙云仙都祭祀轩辕黄帝
　　——中华文明"多元一体"的一个地方性阐释 ············ 孙竞昊（126）

炎黄二帝与中华龙文化 ··· 霍彦儒（131）
从炎黄二帝到黄帝 ··· 李　锐（141）

略论"五帝"时代的社会形态 ······································· 吕文郁（146）
五帝时代与中华文明起源 ······························· 江林昌　李笑笑（158）
风胡子说黄帝之时为玉器时代得到考古发掘的印证 ········ 陈立柱（192）
黄帝的文明基因与民族凝聚力 ···································· 罗运环（200）
黄帝的标识意义与中华民族共同体意识 ······················· 李桂民（205）
《史记》的民族认同观 ·· 杜　勇（216）
《史记》与黄帝为中华民族人文始祖观念的形成 ··········· 李　岩（223）
再论黄帝神话 ··· 卫崇文（231）
黄帝形象的演绎
　　——《申报》中的黄帝 ······························· 廖大伟　高红霞（237）

黄帝对上古文明的创制贡献 ······································· 葛志毅（242）
轩辕黄帝与道家道教 ·· 高　强（263）
黄帝信仰与中国道教 ·· 谢路军（276）
黄帝与中国早期战神文化 ·· 刘　庆（287）
论中国古典军事思想的早期演进 ································· 王　珏（291）
黄帝"穿井"与民族认同 ··· 李玲玲（299）

打造"文化同源体"探索建立共同富裕的"缙云路径" ····· 唐燮军（305）
传承黄帝文化精神　推进共同富裕 ······························· 张永平（312）
缙云黄帝文化与乡村振兴 ·· 俞云初（317）

目 录

从《黄帝内经》解读健康长寿之道
　　——以缙云百岁老人为例 ………………………… 王晓鸣（324）
《黄帝内经》养生思想与丽水"五养"产业发展
　　——培育丽水新的经济增长点 …………………… 张尊敬（330）
缙云黄帝文化景观浅析 ………………… 王永莉　何炳武（334）
缙云"龙"文化旅游资源整合开发构想 ……………… 樊译蔚（341）
缙云黄帝文化研究二十年 …………………………… 宫长为（348）

在中国第四届黄帝文化学术研讨会开幕式上的致辞
　　……………………… 中共缙云县委书记　李一波（357）
在中国第四届黄帝文化学术研讨会上致辞
　　………………………………………………… 宫长为（359）
在中国第四届黄帝文化学术研讨会开幕式上的致辞
　　…… 中国社会科学院原副秘书长、中国先秦史学会顾问　晋保平（361）
在中国第四届黄帝文化学术研讨会开幕式上的致辞
　　………………… 中共丽水市委常委　宣传部部长　任淑女（363）
在中国第四届黄帝文化学术研讨会开幕式上的致辞
　　………………… 浙江省社会科学界联合会副主席　谢利根（365）
中国第四届黄帝文化研讨会意见建议 ………………………（367）
仙都轩辕　万世其昌
　　——中国第四届黄帝文化学术研讨会闭幕式大会感言 …… 孙敬明（368）
在中国第四届黄帝文化学术研讨会闭幕式上的讲话
　　………………… 中共缙云县委副书记、县长　王正飞（372）
中国第四届黄帝文化学术研讨会综述 ……………… 陈伟扬（374）

后　记 ……………………………………………………………（377）

缙云何以会成为黄帝文化的南方传播中心

张广志

一般认为，黄帝的出生地、归葬地、征战地、建都地均在黄河中下游的中原地区，河南新郑、陕西黄陵也一直是人们心目中的祭祀、朝拜圣地，黄帝文化的两个传播中心。20世纪末以来，沉寂多年的浙江缙云又异军突起，成为黄帝文化在南方的一个重要传播中心，影响远及海内外。

何以会出现这种情况呢？我以为，这远不是什么人一时心血来潮，想造势就能一下造得起来的。缙云之所以会成为黄帝文化在南方的辐射、传播中心，事出有因，其来有自。其因由，似可概括为如下三点。

一 历史之使然

过去，人们习惯认为在文明孕育、初创时期是中原一家独大，尽领风骚，四周多是些蛮荒不化之地。这是不正确的。事实上，早在五帝时期或更早，浙江的河姆渡文化以及继起的良渚文化，在许多方面并不比中原逊色，在某些方面，如稻作、蚕桑、制玉、城建、大型水利工程等方面，甚至还有所过之。夏、商、周三代，中原作为经济、政治、文化中心，无疑是走在前头的，但浙江等江南地区，也不是那么不堪，同中原地区保持着频繁接触、交往。相传，"禹始也，忧民救水，到大越，上茅山，大会计，爵有德，封有功，更名茅山曰会稽。及其王也，巡狩大越，……因病亡死，葬会稽"。"越之先君无余，乃禹之世，别封于越，以守禹冢。"（《越绝书·越绝外传记地传》）此类说词，虽非信史，却可在一定程度上反映出越地与中原间早就有着交往、联系。这种交往、联系，并非凭空猜想，而是有考古材料作为支撑的。如良渚文化在其发展鼎盛期的突然中断、消失，便引起一些学者的大胆猜测、玄想。有学者认为：良渚文化的突然消失，同公元前 2000 年前后发生的那场千年一遇的名曰"宇宙期"的灾变有关。当时，太湖平原的干凉期被暖湿期取代，土地沼泽化，聚落被淹没，良渚人被迫外迁，有的甚至远徙岭南或中原地区。考古发掘中岭南石峡文化和中原陶寺文化中突然出现的大量良渚文化因素，即可能与此有关。春秋后期，越国盛极一时，并曾一度北上争霸。秦汉时期，越地更已正式纳入帝国版图。凡此皆表明，早在文明的孕育期和三代、秦汉，越地就同中原你中有我、我中有你，交融、联为一体了。只不过那时，彼此间的联系还说不上多紧密，黄帝本人的形象、名声也还没有后世塑造的那么完美、高大。魏晋南北朝时期，北方战事频发，北人大量南下，不仅给南方带来了先进的生产技术和学术文化，连政治中心也一度南移了。正是在这次北人南移的热潮中，黄帝文化也随之南下了。唐末五代，特别是宋室南渡后，随着中国经济、文化、政治中心南移的完成，黄帝文化也就逐渐在南方扎下了根。

明清以降，中国的政治中心虽再次北向回归，但经济、文化重心在南方已成为不可移易的事实。这既有自然环境的原因，也是历史积淀的结果。黄河中下游同南方广大地区同属农耕文明，这是南方广大地区之所以先于北方、西部游牧文明地区进入中国版图的一个重要原因。历史的发展也印证了这一点，南方广大地区早在秦汉时期即已进入帝国版图，而北方、西部游牧文明地区则相对晚后些，有的地区一直要到明清时期才进入帝国版图。明于此，就不会对黄帝文化之所以会在南方得以早早植根并枝繁叶茂感到奇怪了。

二 得天独厚的地理条件

黄帝与缙云有关联（传以缙云名官或以缙云为氏），各地以缙云名山者，浙江外尚有山东济宁、重庆北碚两处。后人为什么舍弃济宁、北碚而给黄帝选择了浙江的缙云作为他的另一个落脚点呢？古人自有他的考虑。

常理，要给老祖宗在南方找个去处，似须考虑两个条件或曰因素。一是须山明水秀，环境好。因为作为后世子孙，谁不想给自己的老祖宗安排个好去处呢？缙云山水的秀丽自不待说，更重要的是这里还有个奇异的鼎湖峰，刚好能同仙化的黄帝炼丹飞升的传说挂上钩，这是其一。其二，须远近适中。既不能选在太热闹的大都会，因为太热闹了不利于把黄帝仙化、神化；又不宜太鄙远，如安排在塞外、云贵高原等过于荒僻的地区，那样黄帝又会太游离于人群了。而缙云就恰恰是这样一个风光秀丽、奇峰独具、远近适中的好地方。

三 大一统政治需求和人心认同的结果

中国是世界文明古国之一，而且是文明不曾中断、硕果独存的文明古国。中国历史上虽也曾出现过分裂、动荡，但统一始终是主流。众所周知，中国的宗教文化始终没有发育起来，没有出现过政教合一的王朝。在中国，家族意识、血亲观念一直比较浓重。儒家就是用"忠"与"孝"，把家、国紧密联系在一起。在这种伦理政治的建构中，对黄帝这个既是天下共主又是人群共祖的认同一直起着非常重要的作用。东晋以来，黄帝在南方的影响虽与日俱增，但尚多依附于道教，武周和唐玄宗以缙云名县和改"缙云堂"为"黄帝祠宇"，始标志黄帝信仰在南方的地位迅速提高和缙云作为黄帝文化南方传播中心地位的正式确立。自崇信道教的北宋英宗于治平二年（1065）下令将缙云的"黄帝祠宇"改名为"玉虚宫"作为道观后，黄帝信仰和缙云作为黄帝文化在南方的传播中心的地位虽然在官方的层面曾遭到打压而一度衰落，但其在民间却扎下了根，仍被信仰、崇拜，这种人心认同的大趋势是任何力量都无法阻挡的。在中国历史上，某些最高统治者在一定时期，和某些地方政权在一定范围内，虽也尊崇过佛、道或其他外来宗教，但这终难成主流。我们这个民族，有自己的传统，这个传统，离不开两位大人物，一个是孔子，另一个便是黄帝，长期以来，前者用思想的或曰精神的纽带把人们联结在一起，后者则用血缘的纽带把人们凝聚在一起。

俗语云，木有本，水有源。特别是对我们这样一个有着悠久历史文化传统的民族来说，如何继承、改造、发扬优秀传统文化，古为今用，就显得尤为重要。任何历史问题的被重新提起，都不是发思古之幽情，而是现实的需要。近年来，随着国家的振兴、民族的崛起，海内外华人、华侨不禁重新想起黄帝，重新记起缙云这个黄帝文化的南方传播中心来，有关方面决心把它做大、做强，努力把缙云打造成中国南方的黄帝祭祀中心，黄帝文化的辐射、传播、研究中心，也就再自然不过了。

（张广志：中国先秦史学会顾问组组长，青海师范大学原校长、教授）

浅谈缙云与黄帝文化

徐 勇

作为一个中国人，无论他身处何地，都自称为"炎黄子孙"。黄帝和炎帝被公认为中华民族的人文始祖。其中，黄帝更是被尊为五帝之首。据学术界多年来的研究评估，黄帝处于原始社会的新石器时代，大致相当于龙山文化早期、父系氏族社会鼎盛之时。一般认为，黄帝作为黄河流域中下游的部落联盟首领，其活动范围主要以黄河流域中下游为中心，他的出生地、归葬地、征战地、建都地均在黄河中下游的中原地区。

史载，黄帝一族为姬姓，是齐家文化的代表，在阪泉之战中，黄帝部落打败炎帝部落，炎黄融合在一起，又在涿鹿之战中打败蚩尤部落，他们再度融合后形成了"华夏三祖"。正因如此，全国各地祭祀黄帝的地方很多，而这些声称黄帝曾经活动过的遗址遗迹也大都在北方地区。这就产生了一个问题，地处南方的浙江缙云县为什么会成为黄帝文化的中心呢？学术界对此进行了多年的深入研究，发表了不少成果，在已经召开的四届中国黄帝学术研讨会上也提出了许多观点。但是，对上述成果和观点进行学习、研读并反复思考后，笔者发现到目前为止，其中任何一种观点都尚难完全说服大家。笔者认为，随着研究的深入，需要改变的往往不仅是预设的认识，而是我们研究问题的视角。缙云之所以成为黄帝文化的中心，其黄帝祭祀文化如此兴盛，并不是单一的成因，而是多种历史因素叠加的结果。从目前已掌握的资料和信息来看，缙云黄帝文化的兴盛至少有以下四个方面的主要原因。

一

　　黄帝之名，最早见于西周穆王时代的《逸周书·尝麦解》，东周时期则有《国语》中的《晋语四·鲁语》以及《左传》《世本》《大戴礼记》等传世文献。上海博物馆馆藏的战国竹简中，也有对黄帝的记载。金文的记载则见于著名的陈侯四器。司马迁的《史记·五帝本纪》更明确记载："黄帝者，少典之子，姓公孙，名曰轩辕。"不少学者研究认为，黄帝既是国名，也是称谓，同时也成为轩辕个人的称谓。首任黄帝轩辕死后，黄帝的名称当仍为轩辕子孙所袭用，成为历任首领的通用称谓。应劭《史记集解》对司马迁的记载解释说："黄帝有熊国君，乃少典国君之次子，号曰有熊氏，又曰缙云氏。"张守节《史记正义》案曰："黄帝，有熊国君，乃少典国君之次子，号曰有熊氏，又曰缙云氏……"这应该就是缙云县县名的来历。

　　历史上有黄帝东征、与东夷族冲突并融合、击败九黎族等说法，因此有学者认为，黄帝部落的一支从中原地区向东南方面迁移有极大可能，来自陕北高原的缙云氏迁移至古百越族聚居之地的浙江中部地区，建立了以"缙云"为名的方国。

　　与之相近的另一种说法是，缙云氏原本是上古生活在中原地区的一个部落，他们中的头面人物曾在黄帝征战中原时成为其得力部下，后来其中的一支迁到南方，尊崇黄帝文化就顺理成章、完全可能了。

　　目前确证我国最早的文字是商代的甲骨文，距今大约三千六百多年。而学界公认黄帝时代距今已有将近五千年。关于黄帝的文献记载，虽然自秦汉以来历代都奉为信史，但在近现代学术视野中仍然只能属于传说性质。在这种情况下，古史研究需要借助考古工作来推进。事实上，在五帝时期或更早，浙江的河姆渡文化以及继起的良渚文化，在文明程度等许多方面并不比中原地区逊色，这是有考古发现作为支撑的，陇东文化遗址位于缙云附近好溪岸畔，多年前即有考古发现，属新石器时代地方文化类型，近年又有新的进展。在浙江还出土了据称距今七八千年的64卦卦爻刻画符号。所有这些考古发现，都与缙云氏在浙江留下的历史遗迹可能存在着某种关联，更不能排除缙云氏在浙江留下的历史遗迹和历史传说，就是远古陕浙交流中的一环。

二

汉代以来，文献中关于黄帝轩辕名号的记载随处可见。我们仅从班固《汉书·艺文志》中的记述可以统计出，涉及黄帝的诸子百家之书就多达二十多种，遗憾的是，其中的绝大多数内容今已失传而仅有存目。我们现在能见到的只有《黄帝内经》以及1974年在湖南长沙马王堆三号汉墓中出土的《黄帝四经》古佚书。

这里特别需要加以辨析的是，虽然对黄帝有所记述的许多汉代以前的文献，历经战火沧桑今已大都失传了。但是，它们中的大多数至汉初应该尚流传于世。司马迁著史时，掌控着国家的图书资料，他不仅有大量的先秦文献资料作为基础，而且还可以对不同的文献资料进行对比校勘，选取最可信的说法立论。还有一点尤其值得注意，司马迁著史特别重视调查研究，他曾亲自到过长江以南进行历史考察，其搜集的黄帝传说非常丰富。当时缙云的黄帝文化传播由来已久，传承有序，应当很兴盛了。司马迁把了解到的文献资料和口碑情况进行严格的考订互证后写进了《史记》，而这些记载由于其不同寻常的影响力，又在很大程度上推动了缙云黄帝文化的进一步传播。换言之，司马迁《史记》中对黄帝的记叙起了进一步加持作用，这也是缙云黄帝文化兴盛发展的主要原因之一。

三

有学者撰文指出，缙云黄帝文化的兴盛发展与东汉以来道教的兴起，特别是东晋南朝和隋唐时期道教在南方的发展密切相关。对此，我们简要分析一下。道教是土生土长的中国宗教，其来源主要有先秦时期学派流传下来的道家思想、黄老思想、阴阳方术等，黄帝和老子被尊为道教始祖。而道教的正式形成是在东汉时期，魏晋南朝时期江浙一带是道教文化发展很快的地区。

《史记》对黄帝的记叙中有云：黄帝铸鼎于荆山炼丹砂。后人对此有两种解释，一种认为就是关于黄帝的传说；另一种则认为这已具备了道教炼丹术的雏形。汉代以降，由于北方战乱频仍，道教的重心南移，在江南一带发展很快，在这个过程中黄帝的形象就按照他们的需要被不断地加以重构和塑形。

在道教文化中，黄帝被描绘成一位精通养生术、炼丹术、房中术，带有神仙性质的圣主，以黄帝命名的典籍多达数十种，涉及天文、历算、医学养生、奇门遁甲、周易风水、内丹修炼和外丹服食等多个和道教有关的重要领域。从某种意义上说，在二者的结合中，不仅是道教的重心南移进一步推动了黄帝文化的兴盛发展，而且黄帝文化的发展兴盛也为道教的形成发展提供了"道旨""道论"和"道化"。

四

既与上述三种说法密切相关，而又存在着明显差异的还有第四种说法。缙云山清水秀，人杰地灵，而且还有一个奇异的鼎湖峰，其地理位置又远近适中，刚好能同本文前述黄帝炼丹飞升成仙的传说挂上钩。缙云山作为一个风光秀丽、奇峰独具、远近适中的地方，由一处自然景观发展为人文景观是顺理成章的，而这一变迁过程就与黄帝传说密切相关。

西晋崔豹《古今注》中提到了黄帝到缙云山的传说："孙兴公（绰）问曰：'世称黄帝炼丹于凿砚山，乃得仙，乘龙上天，君臣拔龙须，须坠而生草，曰龙须。有之乎？'答曰：'无也，有龙须草，一曰缙云草。'"东晋郭璞《山海经·注》也说到缙云"三天子都""黄帝曾游此"的传说。唐代的张守节、宋代乐史《太平寰宇记》等亦有类似记述。东晋时建缙云堂，唐玄宗时改缙云为仙都。这些因素叠加起来，就使得缙云成为长江以南唯一一处具有多元外延和丰富内涵的黄帝文化祭祀中心。

（徐勇：天津市人民政府地方志办公室原处长、天津市历史学会副会长）

夏王朝流传在缙云的踪影

王达钦

山川地名，是人类社会生产活动中识别不同地域的各种地理事物的符号。而一些与历史人物、重大事件有关的地名，都有一个发生、发展、派生、变迁、消亡和分布规律的问题。从山川地名文化研究入手，浙江省中部偏南的缙云县境内，自古以来除了流传着中华民族人文始祖轩辕黄帝的神奇传说之外，还忽明忽暗地存在与鲧禹夏王朝有关的许多传说踪影。

一

清历代《缙云县志》载：万安乡（大体相当于今新碧街道和五云街道城北管理区一带）有遇明里、靖胜里，自一都至五都。

"万安乡"其名，宋政和七年（1117）《宋故居士胡君（宗儒）墓志铭》中有"葬君于其县万岁乡遇明里西溪之原"记载，所以万安乡在北宋前原称万岁乡。"万岁"，帝王专称。

"遇明"，顾名思义遇见明君的意思；"靖胜"是兄弟二人谥号的合称。见东阳郡《施氏宗谱》：唐龙纪元年（889），杭州刺史钱镠派原刘汉宏部将湖州德清施坚实官处州刺史。施坚实率约铨、约言、约文、约礼等家将驻扎于缙云县黄龙山一带，集义兵结寨，与卢约对峙。远近居民鳞列其次，周围峻绝，门壁崇固。约铨名上于朝，擢任押衙团练讨击使兼迎卫镇遏都知兵马使、银青光禄大夫、检校太子宾客、监察御史、上柱国。赐爵东阳郡公，谥"靖"。约言，平服寇氛，授团练讨击使兼迎卫镇遏都知兵马副使、银青光禄大夫。功封缙云郡公，谥曰"胜"。两兄弟所居泰康里改为靖胜里。泰康里的"泰康",古代"太"与"泰"通用,就是指夏朝二世姒启之子三世姒太康。

此外,万安乡内有著名黄龙山,《山海经·海内经》晋郭璞注引商《归藏〈易〉·开筮》云:"鲧死,三岁入腐,剖之以吴刀,化为黄龙",故黄龙山也可以理解为是大禹之父鲧的龙化之地。

"万岁乡、遇明里、泰康里"三个地名,包含着远古四千年前夏王朝君主(帝王)的内容。

二

《山海经·海内南经》云:"三天子鄣山,在闽西海北",晋郭璞引《张氏(晏)土地记》曰:"东阳永康县南四里有赤城山,上有小石城,云黄帝曾游此,即三天子都也。"这是轩辕黄帝南巡曾游三天子都的传说。

汉赵晔《吴越春秋·越王无余外传》:

> 禹伤父功不成,循江泝河,尽济甄淮,乃劳身焦思以行。七年闻乐不听,过门不入,冠挂不顾,履遗不蹑,功未及成,愁然沉思。乃案《黄帝中经历》,盖圣人所记,曰"在于九山东南天柱,号曰宛委,赤帝左阙,其岩之巅,承以文玉,覆以盘石。其书金简,青玉为字,编以白银,皆琢其文"。禹乃东巡,登衡岳,血白马以祭,不幸所求。禹乃登山,仰天而啸,忽然而卧。因梦见赤绣衣男子,自称玄夷苍水使者,闻帝使文命于斯,故来候之。非厥岁月,将告以期,无为戏吟。故倚歌覆釜之山,东顾谓禹曰:"欲得我山神书者,斋于黄帝岩岳之下。三月庚子,登山发石,金简之书存矣。"禹退,又斋。三月庚子,登宛委山,发金简之书,案金简玉字,得通水之理。

这就是夏禹登东南天柱宛委山,斋黄帝岩岳(仙都鼎瑚峰),得通水之理的著名传说。

三

夏禹之子启，夏王朝第一代君主，1993年湖北江陵王家台15号秦代古墓出土竹简中条文两条：

> 一六一六六六。耆曰：昔者夏后启卜钖帝晋之虚，作为……（336）
> ……昔者夏后启卜筋帝大陵上钧台，而攴占夸陧，夸陧……

这和唐欧阳询《艺文类聚》、李善《文选注》、徐坚《初学记》、《太平御览》、王国维《今本竹书纪年疏证》所引的《归藏》条文近似：

> 昔者夏后启筮，享神于晋之墟，作为璿台，于水之阳。

《归藏》，商代《易》书名，最早见于《周礼》。

"夏后启筮，享神于晋之墟，作为璿台，于水之阳"或"夏后启卜筋帝大陵上钧台"传说中的钧台，又作璿台，指的是启在钧台举行大会或祭典，古人误以为就是桀囚汤之夏台。杜预注："河南阳翟县南有钧台陂，盖启享诸侯于此。"《续汉书·郡国志》云："禹所都有钧台"，说在河南禹县。著名历史学家杨伯峻在《左传·昭公四年》"夏启有钧台之享"注云：有的说在县南，有的说在县北，有的说在县西，"不知孰是"。

其实钧台，应在南方。"帝晋之虚"，即指缙云墟，出处清缙云光绪乙酉（1885）《梅苏王周宗谱·宋九松山人梅隐〈源流世系序〉》云："（梅）稜者，刘宋时仕彭城守，退隐于会稽之缙云墟（今五云镇）。"宋李昉《太平御览》卷一七一："处州，《图经》曰：'处州，缙云郡，古缙云之墟。'"乐史《太平寰宇记》卷九九："处州，缙云郡，理丽水县，古缙云之墟。"宋罗泌《路史·国名纪·帝鸿后厘姓国》云："缙云，今处州缙云郡有缙云山，是为缙云堂，缙云氏之虚也。"

而"缙云"一词，源出《左传·文公十八年》，为缙云氏，古老氏族

· 11 ·

名称。《史记·五帝本纪》亦同:"缙云氏有不才子,贪于饮食,冒于货贿,侵欲崇侈,聚敛积实,不恤穷匮,天下之民以比三凶,谓之饕餮。"杜预注:"缙云,黄帝时官名。"《集解》引贾逵曰:"缙云氏,……当黄帝时任缙云之官也。"《正义》:"今括州缙云县,盖其所封也。"

江陵王家台15号秦代古墓出土的战国竹简(336)中,"帝菩之虚"中的"晋"字,倒写,上头"卄"头,与《左传》《史记》所记"缙云氏有不才子,称饕餮"之义相合,因此"帝菩之虚"可作黄帝缙云氏之墟或缙云墟去解。

禹父鲧的龙化之地黄龙山,缙云县北军事要塞。黄龙山四周开阔,可容千军万马。黄龙山绝顶,有大磐石似台、山下有筠溪,还有大筠村,因"钧"与"筠"音同,故绝顶就是夏启钧台之享中真正的钧台。它的东北原有孤峰耸立白面尖,与绝顶并高,即璿台,是黄龙山胜景最绝处。可惜在"文化大革命"中,村民为了采条石,已削去璿顶,仅剩台基。

殷商《归藏》所记的事件,是夏王姒启晚年,表面上如《墨子·非乐上》:"引《武观》曰:启子淫溢康乐,野于饮食。将将,磬以方。湛浊于酒,渝食于野。万舞翼翼,章闻于天,天用弗式",其子姒太康亦"娱以自纵",其实是夏朝君主(帝王)姒启和姒太康父子,也许为了纪念为父传子嗣王位而献身的黄帝缙云氏族先辈,专程南下浙江中部缙云一带时,举行过一次万舞翼翼的祭祀轩辕黄帝典礼的活动。我们由此而推,缙云祭祀轩辕黄帝典礼的历史,可以说已有4000余年。

四

《古本竹书纪年》:"夏后氏·相·二年,征风夷及黄夷。""少康即位,方夷来宾。"又《今本竹书纪年疏证》:"帝相:元年戊戌,帝即位,居商(丘)。征淮夷。二年,征风(夷)及黄夷。七年,于夷来宾。""帝芬:三年,九夷来御。"

《竹书纪年》是春秋时期晋国史官和战国时期魏国史官所作的一部编年体史书。西晋咸宁五年(279年,另说281年或280年),汲郡(今河南汲县)人不准盗发战国时期魏襄王的墓葬时发现。现存分为"古本"和

"今本"两个体系。

《竹书纪年》中的"相"和"帝相",即夏王朝五世君主姒相,相传四世君主姒中康之子,在位28年,先后迁都于斟寻(河南巩义市西南)、帝丘(今河南省濮阳县)。都城后被寒浞的儿子浇攻破,姒相因而自刎,葬于帝丘。姒相死,寒浞篡夺王位,使夏朝中断了40年。妃有仍氏女曰后缗,归有仍,生六世君主少康。

风夷、黄夷、方夷,是夏王朝东方三个氏族部落的名称。"夷",最早见于金文。从大从弓。本义为讨平、平定。《说文》:"夷,平也。从大从亏,东方之人也。"古代指华夏在野多个氏族方国(部落)的贬称。

"夷",它的内涵,从现有多种古籍所记,按时间先后排列发现有漫长发展的过程:《论语·子罕》:"子欲居九夷。"《史记·苏秦列传》:"齐……北夷方七百里,加之以鲁、卫,强万乘之国也……"泷川:"王念孙曰,北夷当作九夷……《秦策》云,'楚包九夷,方千里';《魏策》云,'楚破南阳九夷';李斯上始皇书云,"包九夷,制鄢、郢";'是九夷之地,南与楚接。'……《淮南·齐俗》篇云,越王勾践'霸天下,泗上十二诸侯皆率九夷以朝',是九夷之地,东与十二诸侯接,而鲁为十二诸侯之一,故此言齐并九夷与鲁卫也。……今本之北夷,乃九夷之误,而不得以山戎当之也。"

九夷之"九",并非具体数目,表示众多之义。战国时期为今山东东部、淮河中下游及江浙一带。到后汉固定为九种。《后汉书·东夷传》云:"夷有九种,曰畎夷、于夷、方夷、黄夷、白夷、赤夷、玄夷、风夷、阳夷。"

风夷之"风",《通志略·氏族略三》:"风氏,姓也。伏羲氏之姓。任、宿、须句、颛臾四国皆风姓。古之时亦有以为氏者,黄帝之臣风后是也。"又指防风氏。《国语·晋语下》;"客曰:'防风何守也?'仲尼曰:'汪芒氏之君也。守封、嵎之山者也。'"《史记·孔子世家》;"仲尼曰:'汪芒氏之君也。守封、嵎之山者……'"亦指大禹同时的部落领袖防风氏,又名"汪芒氏",或曰"汪罔氏",也是后来天下汪姓的始祖。而古防风国在今浙江湖州德清的三合乡封山和禹山之间,即下渚湖一带。《路史·

国名纪》注引《吴兴记》："吴兴西有风山，古防风国也。下有风渚，今在武康（今浙江德清县）东十八里。（唐）天宝改曰防风山，禹山在其东二百步。"

黄夷之"黄"，最早见于甲骨文。其本义表示像金子或向日葵花的颜色。而黄姓，是黄帝嫡孙颛顼的玄孙陆终世裔。当历史进入夏期以后，当时社会各氏族对已经不主政的颛顼世族，而用"黄夷"之名相称。

方夷之"方"，本义为竹木编成的筏子，引申为以筏子渡水。《诗经·周南·汉广》："江之水矣，不可方思。"《毛传》："方，泭也。"马端辰《通释》："方，本并船之名，因而并竹木亦谓之方，凡船以及用船以渡通谓之方。"而方姓，《庄子》："黄帝臣方明为御（方雷之子）。"汉《风俗通义》："方雷氏之后。"永康、缙云《方氏宗谱》载云：第一世讳雷，史称方雷氏，神农帝十一世孙榆罔帝之元子也。时蚩尤好兵，喜乱暴虐天下，兼并诸侯，攻炎帝榆罔。榆罔帝逊居涿鹿。雷亦就国西陵，故又称之为西陵氏。既而轩辕征师诸侯，以讨蚩尤。雷因率师与轩辕会，擒蚩尤于涿鹿而戮之。天下大定。雷合继位，固辞不受，诸侯因尊轩辕为天子，号曰黄帝。雷以功拜上相，封方山，因以方为氏焉。娶风姓女，生子三：曰明、曰清、曰永。一女曰嫘祖，有圣德，为黄帝元妃。始教民蚕，生子青阳，即少昊。

五

越王山，浙江省仅有此山，位于括苍山脉最高峰大洋山北部，海拔1171米，属缙云县双溪口乡和大源镇之交，东与仙居毗邻。宋陈耆卿《嘉定赤城志》曰："括苍山上有越王（勾）践遗迹。"主峰之东今属大源镇，山中古有越王庙，庙中石碑所记，有唐末吴越王钱镠之名，当是宋初迁入聚居稠门的李氏所为。

其实越王庙所指，越王之"越"，是我国东南和南部沿海广大地区的古代少数民族。由于分布广泛，支系繁多，统称为百越。其中比较先进的是于越和句吴两支，活跃于太湖流域和东南一带，有共同的祖先、语言和习俗。于越的历史，最早可以上溯到夏少康（前20世纪—前19世纪）时期。汉《越绝书·外地记地传》云：

> 勾践子与夷，时霸。与夷子子翁，时霸。子翁子不扬，时霸。不扬子无疆。时霸。伐楚，成王灭无疆。无疆子之候，窃自立为君长。之候子尊，时君长，尊子亲，失众。楚伐之，走南山。

汉《吴越春秋·越王无余外传》亦载："启遂即天下之……以岁时春秋而祭禹于越，立宗庙于南山之上。"《吴越春秋·勾践入臣外传》中又云："伍（子）胥……进曰：'……今越王放于南山之中，游于不可存之地。'"且北魏《水经注》卷四十还载：《吴越春秋》云："勾践语范蠡曰：'先君无余国，在南山之阳，社稷宗庙在湖之南。'"

宗庙，指古代帝王、诸侯或大夫、士为维护宗法制而设立的祭祀祖宗的处所。越国建都会稽，会稽以山得名。顾名思义，"南山"就是越国都城会稽以南的某一山区，为越王世族的社稷宗庙所在地，即越王勾践氏族的老根故土。它的具体地望，一直扑朔迷离。早在1963年，叶国庆、辛土成两先生撰《西汉闽越族的居住地和社会结构初探》一文，在《厦门大学学报》第4期上刊出，说"应是指浙江南部和福建北部这一地区的某些山区"。

越国都城会稽，以山名城，《山海经·海内东经》曰："会稽山在大楚南。"《越绝书·记越地传》云："禹忧民救水，到大越，上茅山大会计，更名茅山曰会稽。"即本此经。

如果从"浙江南部和福建北部这一地区的某些山区"的古越"南山"去考察，大家知道，会稽山以南最著名的古代名山就是括苍山。而位于浙江省中部偏南的缙云县，从现代地理学角度当属括苍山脉和仙霞岭余脉的过渡地带，其中鼎湖峰临水而立，状如春笋，直刺云天，拔地170多米，是世界上最高大的柱石。几千年来，人们俗称石笋，又有孤石、方石、玉柱、独峰、丹峰、仙都石、仙都岩、朋峰石等美名，且有天下第一笋、天下第一石、天下第一峰之誉。峰巅西北高，东南低，中间蓄水成池，四时不竭，称鼎湖，相传是黄帝铸鼎、觞百神、驭龙飞升之地。峰之东，从西晋开始建有缙云堂，唐改称黄帝祠宇，如今是中国南方各民族祭祀朝拜中华民族人文始祖轩辕黄帝的圣地。

《逸周书·尝麦解》载云："昔天之初，□（诞）作二后，乃设建命，命赤（炎）帝分正二卿。"二后，指炎帝和黄帝。《史记·五帝本纪》亦云："轩辕之时，神农氏世衰。诸侯相侵伐，暴虐百姓，而神农氏弗能征。"这就是说，当炎帝到达河南北部后，即由南向北发展，这时遭到蚩尤氏族的顽强阻挡。炎帝不堪重创，致使"九隅无遗"，"赤帝大摄，乃说黄帝"。黄帝"习用干戈"，"执蚩尤，杀之于中翼"。黄帝"三战，然后得其志"。"诸侯咸尊轩辕为天子，代神农氏是为黄帝。"

嫘祖，最早见《世本》："黄帝娶于西陵氏之子谓之嫘祖，产青阳及昌意。"《山海经·海内经》亦云："黄帝妻嫘祖，生昌意。"西汉戴德《大戴礼记·帝系》亦载："黄帝居轩辕之丘娶于西陵氏。西陵氏之子谓之嫘祖，产青阳及昌意。"这四人，晋《帝王世纪》云："黄帝四妃，生二十五子。元姬西陵氏女，曰嫘祖，生昌意；次妃方雷氏女，曰女节，生青阳；次妃肜鱼氏女，生夷鼓，一名苍林；次妃嫫母，班在三人之下。"而方雷，三国韦昭注曰："方雷，西陵氏之姓。肜鱼，国名。姐妹之子曰甥。"可见，嫘祖为黄帝正妃，次妃方雷氏、肜鱼氏，俱系西陵氏之女，似乎是同族姐妹，又可以认为是方雷居地之名。其三女同时嫁与黄帝为妻。

古越人多种，各有种姓，统称百越，以不同习俗论之，大体可分为吴越（包括东瓯、闽越）、南越、西瓯、骆越四族，以吴越勾践一族最著名。《史记·东越列传》中，仅司马迁《赞》说越是"蛮夷"。可《史记·越世家》所述却不同，云：

> 越王勾践，其先禹之苗裔，而夏后帝少康之庶子也。封于会稽，以奉守禹之祀。文身断发，披草莱而邑焉。后二十余世，至于允常。云："于，语发声也。"允常之时，与吴王阖庐战而相怨伐。允常卒，子勾践立，是为越王。

越王勾践一族，最早可以上溯到夏少康（前20世纪—前19世纪）时期。对于越王世系，《史记·越世家》云："越王勾践，其先禹之苗裔，而夏后帝少康之庶子也。封于会稽，以奉守禹之祀。文身断发，披草莱而邑焉。后二十余世，至于允常。"参考《越绝书·记地传》《吴越春秋·越王无余外传》，越王允常世系可表达为："无余——无壬——无曎——夫谭——允常——勾践。"现今只知无壬、无曎、夫谭三世，尚缺十七八世。也就是说越王允常以前的夏商时代十七、十八世先祖等人的墓地和宗庙，一部分可能就在缙云县有大坟山之地名的一些区域，越王山所在地大源镇，就应该是春秋战国时期的越国王族的大越之源。

六

缙云县境内有古方山，石碑所记，三国孙吴赤乌二年（239）建，是瓯江流域最古老的水利工程。明万历《缙云县志》（1578）、何镗《括苍汇记》（1579）载："古方山，与永嘉界。历箬奥，逾西枫，穷僻之坞也。"清康熙、乾隆、道光、光绪《缙云县志》均载："古方岭，在县南百里，最高俗称古方山，头不断雪。"全国以"古方"为名的独此一山。从溯源和人类社会活动角度去考察："古方"，顾名思义即上古方氏的意思；古方山就很可能是上古方氏之祖山。

如果综合《竹书纪年》"古本"和"今本"两书记载可知：在距今4000年前的夏王朝前期太康失国到少康中兴几十年中，四世君主姒期曾经征伐淮夷中的风夷、黄夷、方夷三个氏族，和五世君主姒少康时方夷来宾，到帝芬"三年，九夷来御"，表明在进行过多次残酷的讨伐后的淮夷各族，臣服于夏，纳入华夏版图。姒少康封庶子姒无余于越（今浙江省绍兴县），以祀奉祖先大禹的墓，这就是越国的启端，也就是说风夷、黄夷、方夷等淮夷氏族是大越族的先民。

夏王朝，离当今实在太古远了，从历代深邃古籍、宗谱和山川地名中挖掘出来的片言只语中，整理出夏王朝历史文化，必将与黄帝祭典文化一样，推动缙云社会经济发展，为实现中华民族伟大复兴的中国梦发挥更大作用。

（王达钦：中国先秦史学会会员、浙江省缙云县仙都风景旅游管理局原副局长）

李北海与括州

王曦泽

"北海"之名，最早见于《管子》《孟子》，而作行政区划名称，则始于两汉设置北海郡、国，治所在今山东潍坊境内昌乐、寿光，至唐北海郡治于今潍坊青州（当时称"益都"）。玄宗年间扬州江都人李邕曾任北海太守，李氏辞采雅翰，素孚文名，故有"李北海"之称，时人或将其与东汉北海相孔融"孔北海"并举。其不但书法宗师"二王"，后人有"右军如龙，北海如象"之盛誉。其平生书丹碑版数百通，为历代之法式。而且诗文更是格致高雅，神逸灵妙，甚得李杜之推崇。

李邕出任北海太守之前，曾任松阳令、括州司马和刺史，前后在任达六年[1]，因此经历故有"李括州"之称名。其身后留有著名的《缙云三帖》，言称欲往缙云、永康探秋揽胜。凡此《三帖》既是李邕括州任上之余墨，亦是探求李氏对括州山水人文之向往认同的历史文献。括苍山巍巍然，好溪丽水秀潺湲，李邕处此环境得以陶冶性情，钟灵毓秀，于其诗文书道裨益良深。由此经历故得转任北海太守，而使书法诗文名声显扬天下。李白豪言曰："生不用封万户侯，但愿一识韩荆州。"其能思慕"李北海"之声名与高尚品格，而不远数百千里颠沛辗转来到青州，拜谒李氏门。李邕在北海任上所留墨迹罕见，我们今天所能见到的，最为典型的则是李邕为益都龙兴寺所题写的寺额，四个大字"龙兴之寺"。《缙云三帖》为尺牍，应属信手而为，但篇章布局、字里行间仍见其神韵灵动、舒徐婉转、雍容华美与变化莫测之气象。而与缙云三帖可比较者"龙兴之寺"，

---

[1] 参见王达钦《缙云文化研究》，浙江大学出版社2008年版，第142页。

每字径逾两尺,结体宽博饱满,酣畅淋漓,饶有"大象"精神。

括州与北海郡,山川遥阔两千余里,文化交流始自远古。洎至盛唐时期,两地因李邕任刺史或太守,而藉由因缘,关山南北,各留胜迹。

躬逢"中国第四届黄帝文化学术研讨会暨2021中国先秦史学会年会"之盛,天下俊彦雅集缙云,笔者不揣浅陋,拟就唐李邕其所履历之括州、北海事状及其留存手书遗迹,并两地文化之交流稍作探索研究,以奉教于大方之家。

一 李邕居官括州刺史

李邕(678—747),字泰和,江都(今江苏扬州)人。唐朝大臣、书法家,文选学士李善之子。李邕博学多才,少年成名;文高气方直,才任谏诤,起家校书郎,迁左拾遗,转户部郎中,调殿中侍御史,迁括州刺史,转北海太守,史称"李北海""李括州"。此人耿介磊落,不畏权贵,为官刚正不阿,喜兴利除害,利民为国;工文善书,名满天下;性情豪迈,不拘小节,天资豪放,不矜细行,畋游自肆,尤其喜结交名士。晚年在北海太守任上,因诮忌,遭中书令李林甫构陷,含冤杖死,时年七十。唐代宗即位,追赠秘书监。

括州(今浙江丽水市),隋唐时代行政区划名。即处州,两名择一使用,更迭颇繁。"丽水"秀山丽水,丽水位于浙江省中南部,与本省衢州、金华、台州、温州,福建省宁德、南平接壤,面积约1.72万平方千米,下辖一区七县一市。其地势错综复杂,西北有与衢州交界的仙霞岭,东有与台州、温州交界的括苍山,闻名遐迩。故与括苍山有不解之缘。丽水于南北朝时期未设置行政区划,隶属永嘉郡(治温州)。至公元589年,隋文帝杨坚渡江灭陈朝,废永嘉郡,设处州,治所为括苍县。"括"原作"栝",为椤木,因盛产于此,隋开皇十二年(592),处州名改括州。唐天宝元年(742)改为缙云郡,乾元元年(758)复改括州。至唐代宗大历十四年(779),括州改处州。洎清称处州府。

《新唐书》卷二百二《文艺中·李邕传》记载:开元四年(716)末,邕初贬南和令,后起为御史中丞,寻左迁括州司马,直至开元六年(718)

秋。"开元二十三年（735），起为括州刺史，喜兴利除害，复坐诬枉，且得罪，天子识其名，诏勿劾。后历淄、滑二州刺史。始，邕蚤有名，重义爱士，久斥外，不与士大夫接。既入朝，人间传其眉目瑰异，至阡陌聚观，后生望风内谒，门巷填隘。中人临问，索所为文章，且进上。以谗媚不得留，出为汲郡、北海太守。"

二 李邕书《缙云三帖》

李邕出身名门，博学足识，居官长安，身在庙堂，故其气度诗书超迈时贤。书道宗法二王，又自成面貌，为行书碑文大家；书法风格奇伟倜傥，初学王右军行法，既得其妙，乃复摆脱旧习，笔力一新。传世碑刻有《缙云三帖》《麓山寺碑》《李思训碑》等。其中，《缙云三帖》乃其在括州为官时所书，为世之仰慕，率皆如是。

（一）李邕书法

《旧唐书》卷一九〇中《文苑中·李邕传》："邕早擅才名，尤长碑颂。虽贬职在外，中朝衣冠及天下寺观，多赍持金帛，往求其文……受纳馈赠，亦至巨万。时议以为自古鬻文获财，未有如邕者。"《宣和书谱》云："李邕初学，变右军行法，顿挫起伏，即得其妙，复乃摆脱旧习，笔力一新。"李阳冰谓之"书中仙手"。裴休见其碑云："观北海书，想见其风采。"正如杜甫诗云："声华当健笔，洒落富清制。风流散金石，追琢山岳锐。情穷造化理，学贯天人际。干谒走其门，碑版照四裔。各满深望还，森然起凡例。"作为一代书法名家，能得到文人、识者、达官、高士与负赫赫诗名之杜甫等如此之推崇者，李唐一朝似无第二人选。

（二）《缙云三帖》

《缙云三帖》，其原书墨迹泊今尚未谋面。世间所流者，为明代董其昌摹刻的《戏鸿堂帖》卷八中，所收李邕的尺牍式行书《缙云三帖》。（图1）释文云：

李北海与括州

昨夜大雨，所料道计不堪矣，已使侄行，记即百方，使通缙云，攀得永康探秋。

比无近书，益用驰仰毒热，惟胜和儿郎无恙也。邕粗尔少理。张子有家事，望侄投与，递不可示也。谨因驰白不具。

吏部三弟改少傅，惘惘不已，五月廿十九，邕谘。

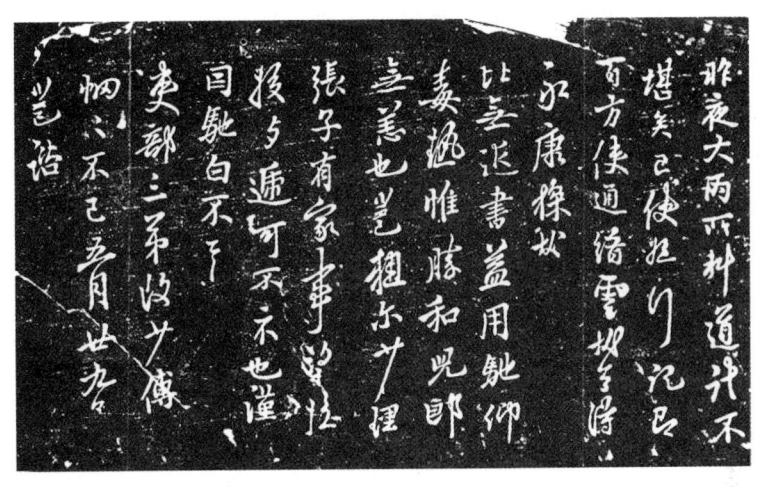

图1 《缙云三帖》拓本

《缙云三帖》正文十三行，历代释读各家互有异同，其中最难辨认，争论最多者，有五处。

一是第一行第四字，二是第三行"缙云"以下之字，三是第四行"永康"以下两字，四是第八行"家事"以下两字，五是第十行最后一字。

我们认为是第一处为"大雨"，第二处为"攀得"，第三处为"探秋"，第四处为"望侄"，第五处为"具"。

李邕曾二度到括州任官。初见于《绛帖》卷十一："缙云状云：得永康探状。明公马平安至永康。已报于州下，迎家口讫。惟知谨已使临行记，即百方使通。昨夜大雨，所料道计不堪矣。"著名唐代书史研究专家朱关田认为，此书为开元二十六年离开括州时书帖。此帖又名《永康帖》，著录于文献，最早见于《式古堂书画汇考》卷七："缙云状告：得永康探状。明公马平安至永康。已□于州下迎家口讫，惟知谨使已使通。昨夜大雨，所料道计不堪矣。"与《绛帖》摹刻的《缙云帖》相比，《式古堂书画汇考》所著录内容已有差异，如"状云"为"状告"，衍"报"字并有衍文情况出现。

晚明董其昌将《缙云帖》汇刻入《戏鸿堂法帖》，其卷八《缙云三帖》释文为："（1）昨夜大丙，所料道计不堪矣，已使侄有记，即百方使通，缙云状云，得永康探报。（2）比无近书，益用驰仰，毒热惟胜和，儿郎无恙也。邕粗尔少理，张子有家事，望□投与递，可不示也。谨因驰白，不具。（3）吏部三弟改少傅，惘惘不已，五月廿九日，邕谘。"其第一帖即《缙云帖》，与前相比，董氏所刻除语句颠倒错乱外，还有错字漏字，由此可以想见，董其昌所见《缙云帖》即使是真迹，有可能已字迹不全，难于辨认了。

据王达钦先生《试探李邕〈缙云三帖〉》《再探李邕〈缙云三帖〉》两篇文章可知，《缙云三帖》是唐括州刺史李邕开元二十六年（738）移官淄州刺史期间创作而成的，具体日期在五月二十九日到六月二十二日之间。[①]

缙云之名，于唐代不仅在李邕墨迹中出现，而且还有当时天下著名书法家李阳冰出任缙云县令时所书题《黄帝祠宇》与《唐缙云县城隍庙记》，可谓双璧映辉，弥足珍贵。本文尚特收入，以为李唐珍贵墨迹题刻之补证。

（三）李阳冰《黄帝祠宇》

李阳冰，约生于唐玄宗开元年间。唐代书法家。字少温，谯郡（治今安徽亳州）人，出自赵郡李氏南祖。李白族叔，为李白作《草堂集序》。曾先于唐乾元二年（759）任缙云令、后在宝应元年（762）任当涂令。历集贤院学士，晚为少监，人称李监。善词章，精篆书，后人有"唐三百年以篆称者，惟阳冰独步"的赞誉。他所书写的篆书，"劲利豪爽，风行而集，识者谓之苍颉后身"。被称为"李斯之后的千古一人"。

《黄帝祠宇》残碑（图2），该残碑藏在缙云县城隍庙内，碑残高0.8米，宽1米，厚0.12米，字径约38×70厘米。"黄帝祠宇"四字自右至左竖写，字体为篆书。为唐代著名小篆书法家、李阳冰所书。

[①] 参见王达钦《缙云文化研究》，浙江大学出版社2008年版，第146页。

图 2 《黄帝祠宇》题刻重刻复制品（现存缙云县博物馆）

（四）《唐缙云县城隍庙记》

《唐缙云县城隍庙记》（图 3），李阳冰篆书，八行，行十六字。乾元二年（759）立，原石不传，今传者为北宋宣和五年（1123）十月重摹之石。现藏浙江省丽水市缙云县博物馆碑廊。

图 3 《唐缙云县城隍庙记》（现存缙云县博物馆）

缙云前有李邕到括州任官，写下《缙云三帖》，后有李阳冰到缙云做官写下《黄帝祠宇》题刻、《唐缙云县城隍庙记》。可见缙云秀山丽水，人杰地灵，书法家得以滋养心性，情境陶冶，必有所创，而又必有精品。

三　李邕书《龙兴之寺》

李邕书《龙兴之寺》为寺庙匾额，是其在北海太守任上所书。益都龙兴寺，创建于南朝刘宋元嘉二年（425），该寺前身为南北朝时期宋北海太守刘善明的故宅，南朝宋元嘉二年（425）仅为一"佛堂"。随规模的不断扩大，至北齐武平四年（573），北齐后主高纬赐额"南阳寺"；隋开皇元年（581）改"长乐寺"，亦曰"道藏寺"；唐天授二年（691）改名"大云寺"；唐开元十八年（730）始号"龙兴寺"。据光绪《益都县图志》记载："龙兴寺，宋元以来代为名刹。明洪武初年拓地建齐藩，而寺址遂湮。"本已消失千年的古刹，却于1996年10月出土的400余尊窖藏石佛造像而震撼世界，被誉为"改写东方艺术史的重大发现"的佛刹名声大噪。

"龙兴寺"大名虽频载于历史文献，但在青州碑刻中却极为罕见。据统计，镌有"龙兴寺"寺名的青州碑刻不过三件：北齐武平四年（573）临淮王像碑碑阴、后晋天福五年（940）石香炉座和元代至正九年（1349）卧佛院残石刻。其中以保存在今偶园内的北齐临淮王像碑碑阴由李邕挥毫为龙兴寺题写的"龙兴之寺"最值得称道。

据元代益都人于钦的《齐乘》卷四《古迹》载："龙兴寺（在）府城西北隅修身坊。（寺内有）宋碑……碑阴金人刻曰：'宋元嘉二年（425）但呼'佛堂'，北齐武平四年（573）赐额'南阳寺'，隋开皇元年（581）改曰'长乐'，又曰'道藏'。则天天授二年（691）改名'大云'，元（玄）宗开元十八年（730）始号'龙兴'。今寺内有饭客鼓架，寺东淘米涧。……寺有北齐八分碑，制刻精妙，碑阴大刻四字曰'龙兴之寺'。"李邕于盛唐开元年间履任北海太守，龙兴寺寺额即其任上龙兴寺易名时所为。然李邕所书"龙兴之寺"寺额，后不知何时遗失。金皇统六年（1146），龙兴寺僧元辉从济南人孙愸处得其拓本（图4），聘请名匠摹刻于北齐临淮王像碑碑阴。"龙兴之寺"四字,字径67厘米,大字榜书,气势磅礴。

图4 《龙兴之寺》拓本

李邕书道,在历史上影响深远,尤其所书"龙兴之寺"大字,更是为历代所讽诵膜拜。如清代诗人咏赞李邕书"龙兴之寺"寺额之遗迹,诗人直抒胸臆,表达了对李北海书法的洒脱遒劲、龙飞凤舞、酣畅淋漓、大度如象的无上推崇之情,纵使风雨沧桑,寺庙倾颓,然李北海之书法遗迹依然与日月而同辉,与时代而同行。于此嵩特选录诗文两首,可见后人对李邕书道崇尚之情。

(一) 刘芳曙(1752—1830)《李北海书龙兴寺额歌》

檀溪夫子天下姿,博稽千古穷幽奇。壬子中夏按东土,零金碎石生光仪。龙兴废寺创典午,开元之世重修治。当时太守号北海,奉敕篆额标神祠。兴酣落墨大如斗,龙飞凤舞何淋漓。南渡以后寺倾毁,阿谁摹刻娄公碑。陵谷迁崩碑更仆,竟与瓦砾同抛遗。牛羊砺角樵砺斧,青榛碧藓何人知。往往精灵泣风雨,时时宝气惊妖螭。我公好古有奇癖,忽从断础搜得之。拂拭光芒动星汉,临摹揭本驰京师。由来至宝终世出,天意若与达人期。好将物理观人理,显晦升沉自有时。[①]

---

① (清)刘芳曙:《半山园诗草》,见《山东文献集成》第三辑,第34册,山东大学出版社2007年版,第679页。

· 25 ·

（二）曹文埴（1735—1798）《青州城北龙兴寺，南宋刘善明故宅也，过之题壁》

朱门幻作梵王居，僧绍栖霞比例如。老衲未知南宋宅，丰碑犹记北齐书。寺中有北齐八分书碑记，其碑阴李北海题曰"龙兴之寺"。一时群从偕通悟。谓霁杳、歃纤诸人，下界劳生笑子虚。不是无遮法会地，儿孙谁保劫灰余。①

四 《缙云三帖》与《龙兴之寺》甄析

纵观李邕之书法，确为大家气象。明董其昌自称平生最嗜李邕书，且曰："余尝谓右军如龙，北海如象，世必有肯余言者。"可见其对李氏书道之推崇，而其评价合乎历史艺术，后世多以为中肯，由此可见力度及影响之大。

《缙云三帖》行中寓楷味，宽博开张，笔势流畅迅疾，以形传神，畅达而腴润，线条开张中洋溢着洁净恣肆的个性。"龙兴之寺"的楷书，笔力雄劲，气势磅礴，如泰山卓立，宛在目前，笔画凝聚敦厚；似是楷中亦蕴隶行韵致，由此既见李氏书道融贯古今，包罗万象，亦可呼应龙兴之寺雄峙东方，巍巍然卓卓然的气势。

不管南"行"北"楷"，李邕的书法在初学右军又参以北碑及唐初诸家楷书及行书笔意中，变法图新，独树一帜。其大胆创新的精神将二王一派行书的灵秀与北碑的方正庄严巧妙地糅合起来，吸收南帖的灵活多变，而不取其柔弱的一面；除却魏碑的呆板，而保留其厚重的一面，在广泛接受前人成果的同时，将其性情和人格外化到笔墨之中，更觉耳目一新。

同时《缙云三帖》与《龙兴之寺》两者在李邕笔下将书法中"大字难于结密而无间，小字难于宽绰有余"的原则表达地淋漓尽致。关山南

---

① （清）曹文埴：《石鼓砚斋诗抄》卷一三，见《清代诗文集汇编》第387册，上海古籍出版社2010年版，第290页。

北，不仅是对其书法的肯定及推崇，更是中国书法在久远的历史发展过程中，形成了独树一帜的民族艺术，具有鲜明的特色和深厚的传统，利于我们更好地在文化交流中各抒己见，理解中国书法艺术的深广内涵。

五 括州与北海文化交流

由上所揭列李邕先后所书《缙云三帖》与《龙兴之寺》不仅展示了李氏精神翰墨之风采，且时至今日，我们还可爱征帖书和李氏为官括苍与北海的经历，而探索江南括州与山左北海的历史文化交流。而盛唐时期，李邕就是南北方文化交流的典型例证。而在此之前漫长亘古之历史上，两地的文化交流又复如何呢？

如所周知，缙云壶镇镇陇东上山文化遗存，上限距今9000余年，而中间的各种文化类型更是连绵不断、环环相扣。此地发现我国最早的人类稻作农业的稻壳遗物，已经为学术界广泛认可。而在北方黄河下游区域所发现的龙山文化稻作农业的众多遗存，包括青州益都附近的栖霞、胶州等地，这就说明当地的水稻栽培应该是从江南逐渐北传的。缙云出土石器中有典型的良渚文化遗存，据王达钦先生著作中研讨缙云金盘、岭口双孔石刀[1]，这种典型的石刀是农业摘取粮食穗头的工具，这不仅在江苏北部新沂龙山文化遗址中有所发现（图5），而在今青州海岱区域的大汶口、龙山文化遗址中经常见到，如益都境南临朐龙山文化遗址出土的双孔石刀与缙云金盘双孔石刀最为相似（图6）。还有山东莒县、诸城、泰安宁阳出土的大汶口文化陶文，其远在400千米之外的安徽蒙城尉迟寺遗址出土，这也证明山东与江淮流域文化之交流。考古学者研究指出，江淮流域的良渚文化对山东维淄流域的大汶口文花也有影响，如诸城呈子遗址中出现的陶背壶，与良渚文化晚期的同种器物形态相同。[2] 浙江缙云属于越文化的重要区域，而越文化对山东尤其东方沿海区域最为突出，如从浙江经江苏而到山东的东海岸原始青瓷传播线路，可以说从浙江而抵达琅琊台，地点密

---

[1] 参见王达钦《缙云文化研究》，浙江大学出版社2008年版，第139页。
[2] 参见许永杰《距今五千年前后文化迁徙现象初探》，《考古学报》2010年第2期。

集，呈南北循海岸狭长带状；而最为典型的则是越王建都琅琊台，这不仅有历史文献的记载，而且还有出土的越国青铜兵器等等考古实证。

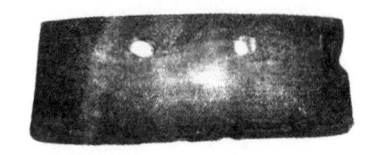

图5 江苏新沂花厅石刀（上图）和缙云岭口石刀（下图）（新石器时代）

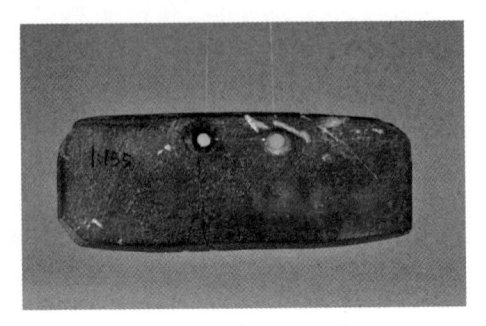

图6 山东临朐博物馆藏龙山文化双孔石刀

唐代北海郡治在益都，而这里一直是海岱区域文化核心，曾经为南燕国都，而南朝刘宋北上伐灭南燕则是兵经齐长城东方雄关——穆陵关而挥戈取胜的。穆陵关在益都之南，是齐地通往徐淮江南的重要关隘，其不仅为军事要塞，同时更是人类文化商贸交往的孔道。明清以来，国家首都位于燕山之阿，故南北交通在京杭运河贯通，而东线海上与陆地穆陵关仍是重要通道之一。由此，可以推断括州与北海的文化交流始自远古，经唐代而又李邕之典型，而后来则更是南北交流，绵延承继，长风一贯也。

由于黄帝之后铸国封域在今山东肥城，故海岱区域黄帝信仰崇拜最称典型，不仅战国时期田齐威王自称黄帝为之高祖，并且燕齐海上多神仙传说；汉代画像石中亦多见黄帝故事。缙云与北海区域的文化交流始于远古，汉唐以来更趋频繁。

此外，温玉春《黄帝氏族起于山东考》："近年来山东地区考古工作得到了飞速发展，而其研究成果也正表明，黄帝氏族起源于山东是完全可能的。从前面所定黄帝所在年代来看，黄帝文明应该是大汶口文化晚期（约在公元前2800年至公元前2400年之间）偏早阶段。从分布范围看，大汶口文化晚期遗存有宁阳大汶口晚期墓、曲阜西夏侯上层墓、邹城野店三期墓、滕州岗上村期墓、安丘景芝镇墓、胶州三里河下层墓、诸城前寨文化层、县陵阳河墓、临沂大范庄墓、日照东海峪下文化层和墓葬等，其基本范围正是除半岛以外的山东地区（邻省只有少数地区），与上述黄帝基本活动范围相吻合。大汶口文化始终都是以汶泗流域为发展重心的。在汶泗流域，不仅遗址分布密集，遗存丰富典型，而且发展水平明显高于周围地区。大汶口文化可以说就是以汶泗流域为发源地，向四外辐射传播的。这正与黄帝氏族以汶泗为根据地之说相印证。"[1] 由此可以推断括州与北海自黄帝文化的起源和探索上有着千丝万缕的联系，标志着两地考古和文化交流的源远流长。

（王曦泽：山东省潍坊博物馆馆员）

---

[1] 温玉春：《黄帝氏族起于山东考》，《山东大学学报》1997年第1期。

宋元时期缙云黄帝文化兴盛的原因浅析

柯国明

元代陈性定《仙都志》卷上第三："金龙洞在步虚山东,中有二洞相连,通明开敞。旧志云洞深不可测,道家谓洞天即此也。宋天禧四年投金龙玉简于其中。"《仙都志》卷上第九："玉虚宫,在仙都山中,即玄都祈仙洞天,黄帝飞升之地,自唐天宝戊子,以独峰彩云仙乐之瑞,刺史苗奉倩奏闻敕封仙都山,周围三百里禁樵采捕猎,建黄帝祠宇,岁度道士七人以奉香火。宋治平乙巳改赐今名。宣和庚子毁于寇,道士游大成乃即旧基,再谋营造,时宫东坐西向,阴阳者流谓虎瞰而角法宜改为。景定庚申,郡守安刘取朝旨,命道士陈观定迁宫地向,不期年而告成。元延祐庚申,道士赵士祺钦受宣命,佩服颁降处州路仙都山玉虚宫提点所五品印章,主领宫事,再奉玺书护持改复甲乙,及蒙集贤院暨天师正一教主大真人,特进上卿玄教大宗师,各给榜据俾永遵守,由是宫门增重旧观。"

不管是黄帝祠宇(玉虚宫)在两宋、元代时期的建筑规模,还是朝廷(中央政府)对黄帝祠宇(玉虚宫)的重视程度,都是前所未有,以黄帝祠宇为核心的缙云黄帝文化兴盛至极,并传播辐射南方各地。究其兴盛的原因,主要有以下几点。

一 儒释道三教融合为黄帝文化在缙云生根、发展提供了发展空间

以中华各民族人文始祖为核心的黄帝文化,其主要表现是同根同源和睦和谐,尊祖敬宗德泽千秋,传承和弘扬黄帝文化能提升民族凝聚力和向

心力，激发爱国热情，加强各民族团结。

（一）从"家国同构""中庸之道"到"朱子理学"

《周易》："有天地，然后有万物；有万物，然后有男女；然后有夫妇，有夫妇，然后有父子；有父子，然后有君臣；有君臣，然后有上下；有上下，然后礼仪有所错。"表明家庭和国家浑然一体了，将天地万物的秩序、家庭的秩序、父子君臣的秩序连在一起，并且有先后。

《礼记·大学》："古之欲明明德于天下者，先治其国；欲治其国者，先齐其家；欲齐其家者，先修其身；欲修其身者，先正其心；欲正其心者，先诚其意；欲诚其意者，先致其知，致知在格物。物格而后知至，知至而后意诚，意诚而后心正，心正而后身修，身修而后家齐，家齐而后国治，国治而后天下平。"即"修身齐家治国平天下"。孔子所构想"家国同构"的社会秩序（国家秩序），是由家庭小社会组成，只有建立良好的家庭小社会秩序，才能治理好国家使大社会（天下）稳定。一个家庭的秩序血缘、辈分、排行、婚姻、慈孝等设定，哪怕是死后排位也得昭穆有序。家庭秩序推而广之到大社会，上下君臣秩序，附庸国与诸侯国、各诸侯国与天子的秩序等等，也如同家庭秩序，才能构建起社会大秩序。

儒家所倡导的"家国同构"理念，长期为专制王朝统治者所利用。而轩辕黄帝统一各部落集团后，建立了以家庭为单位的社会组织，各种礼制也同时订立，一个多氏族的大社会国家建成，后来的历代王朝都将轩辕黄帝确认为自己宗族的始祖，自然而然，也继承了轩辕黄帝原始的"家国同构"理念。

《中庸》仲尼曰"君子中庸，小人反中庸，君子之中庸也，君子而时中，小人之中庸也，小人而无忌惮。"中华民族历史绵长，曾遭受无数灾难，磕磕绊绊，没有像其他几大文明古国倒下不起，体现出了强大的生命力，如今依然屹立于世界之林，究其根本原因是中华民族有坚持中庸反对极端主义的传统观念。对待内部矛盾上也是如此，由于"家国同构"的观念已刻骨铭心，绝不走过极之道路。中华文化在整体上拒绝极端主义，信奉中庸，毫无杀伐之气，更多圆融风范，这是几千年来实践证明为绝大多数人接受并形成习惯的集体人格。

近五千年前，轩辕黄帝部落与炎帝部落的阪泉之战，得胜者轩辕黄帝并没有将炎帝赶尽杀绝斩草除根，反而联合炎帝共建国家；《史记·五帝本纪》："蚩尤作乱，不用帝命。于是黄帝乃征师诸侯，与蚩尤战于逐鹿之野，遂禽杀蚩尤。"蚩尤虽然被杀，但其部落仍然存在，大部分融入炎黄部落，一部分南迁，后来的苗族就以蚩尤为始祖。轩辕黄帝"修德振兵，治五气，艺五种，抚万民，度四方"，"天下有不顺者，黄帝从而征之，平者去之"。轩辕黄帝没有采取极端手段的"中庸之道"已经显现。

朱熹（1130—1200），字元晦，号晦庵，是理学的集大成者，在朝为官很短，任地方官近十年，大部分时间各地讲学。他所建立的理学体系影响了此后的儒学发展和社会主流思想，虽然他在世时其学说没有得到当时朝廷的重视，甚至由于直言不讳，切中时弊得罪君臣，但他的格物致知方法论等思想为世所公认和接受，尤其是将君臣关系也上升到天理天命，赢得统治阶层信任并为其利用，朱熹理学渐渐成为国家哲学，注释的"四书"(《论语》《孟子》《大学》《中庸》) 成为科举考试的标准。朱熹曾两度在金竹、仙都讲学，金华、永康等地的金华学派、永康学派、永嘉学派多人都曾到仙都听讲，朱熹去世不久，当地官员百姓就建有美化书院、独峰书院、仙都草堂纪念之，同时又成为历代尊崇朱熹的文人墨客讲学的集聚地。

（二）儒释道的互相包容

智圆（976—1022），天台宗门人，俗姓徐，自号中庸子，力主"三教合源""各有其能""宗儒为本"。"夫儒、释者，言异而理贯也，莫不化民俾迁善远恶也。儒者饰身之教，故谓之外典也。释者，修心之教，故谓之内典也。惟身与心，则内外别矣，蚩蚩生民，岂越于身心哉？非吾二教，何以化之乎？嘻！儒乎，释乎，其共为表里乎！"

宗杲（1089—1163），临济宗高僧，其《语录》云"菩提心则忠义心也，名异而体同。但此心与义相遇，则世出世间，一网打就，无少无剩矣"。他认为不怕奸臣当道，不畏贬斥放逐，我行我素，以呈现真性为乐，无论凡圣三教，只要自觉为真人，皆能打成一片："儒即释、释即儒，僧即俗、俗即僧，凡即圣、圣即凡，我即尔、尔即我，天即地、地即天，波即水、水即波","不疑佛,不疑孔子,不疑老君,然后借老君、孔子、佛鼻孔,要自出气"。可见宗杲三教合一的胸怀宽广的大丈夫气概。

全真道丘处机有诗:"儒释道源三教祖,由来千圣古今同。"说明三教各尽其宜,互补共事。他不顾年迈,西行几万里至成吉思汗帐下极力进言"敬天爱民为本","清心寡欲为要",为成吉思汗打消大力继续西进,减少无辜杀戮的念头,起了关键作用,可见丘处机儒道两种思想的高度融合。

至宋元时期,儒家的仁礼中和之道,道家的阴阳中和之道,佛教的因缘中和之道,形成的三教互通共有的中和思想成为中国哲学的主流思想。

宋朝黄帝祠宇扩建后赐改为玉虚宫,黄帝祠宇成为玉虚宫的一部分,还有金阙寥阳宝殿、飞天法轮藏殿、天一真庆行宫、三元三官圣堂、梓潼帝君行祠、洞天仙官祠、玉虚真官祠等等,可见道教建筑规模之大,轩辕黄帝的民族始祖与道教原始教主的身份互通,祭祀方式也是如此。玉虚宫后面金龙洞东的上宫寺,倪翁洞后山的永安寺等,紧邻黄帝祠宇,而离此四十多里范围内有仙岩寺、南宫寺、九松寺、黄龙寺、栖真寺等等佛教寺院,从史料看未见佛道两教冲突的记载,更不见两教与儒生或儒家学者的矛盾,各自共同发展。

二 宋朝的重文轻武,元朝的包容为黄帝文化在仙都兴盛提供了良好环境

宋朝近 300 年没有安全感,西夏、辽、契丹、金、元相继入侵,周边战事不断,败仗连连,国事国运明显衰落,完全没有了大国的风范,更没有了盛唐时代的朝气。但同时也让国人变得成熟稳重,为国而忧患,增添理解与同情,充满强烈的北上抗敌收复故土的爱国情怀。那些包括满怀激情的文人社会各阶层也因此缩小了与朝廷的心理距离。朝廷以自由、自立、自在对待各种文化,让各种文化百花齐放,让文人受到格外的尊重,立下不杀文人的规矩。苏轼没有李白的浪漫和时有的怀才不遇,对中央(朝廷)和与自己有利害关系之人,从无怨言,哪怕是"乌台诗案"相关人以及王安石和司马光,可他是一位文化全才,其词作、散文、书法可雄视千年,不可思议的是这样的文化全才大半生在黄州、海南岛、惠州等流

放中，充满了对生活的豪迈与自信，体现了诚实可爱正常的人格。宋代两位最高行政长官同时又是最高等级文化人的司马光与王安石，先后执政，王安石任宰相厉行变法，司马光任宰相后马上废止新法，政见不同各不相让，但是他们同朝为官，互相之间没有落井下石，没有互相陷害的记载，甚至他们两人病重去世前都互相牵挂对方。苏轼、王安石、司马光的为人为政，都体现了当时社会文人的宽广胸怀，也表明了各种文化发展的良好氛围，对儒释道三教在缙云仙都的发展也是如此，因此这一时期迎来了包括黄帝文化在内的儒释道文化大发展。

耶律楚材（1190—1244），辽国耶律家族后裔，从小接受汉文化，精通儒学、佛学，1218年就在成吉思汗帐下听命，成为成吉思汗最主要的谋臣，期间与全真道丘处机一起以儒释道共有的理念，向成吉思汗灌输"敬天爱民""清心寡欲""不嗜杀"的博爱济世、宽厚海涵思想，劝谏阻止了成吉思汗的野蛮西进，及时东归。耶律楚材没有了传统意义上的"民族气节""故乡情结"不愿做"前朝遗民""复仇王子"，追求的是"和合天下"。成吉思汗去世后，继任者窝阔台任命耶律楚材为最高行政长官"中书令"，大力推行"敬天爱民""不嗜杀"和宽容爱才等治国方略，推行"制器者，必用良工；守成者，必用儒臣"之政策，以儒家经典提高政权的文化品质。一生秉承儒家文化、佛家文化、道家文化融入治国理政，对各民族团结融合，增强国力起了关键作用。耶律楚材离世后，忽必烈承继了原先的治国方略，在对待南宋的问题上，坚决摒弃"屠城"，而"不杀掠"，采用"汉法"改革旧制，尊重汉人的儒释道等的宗教信仰和风俗习惯，并加以吸收融合，加快了蒙古人汉化，稳定了对汉人的统治，促进了社会的全面发展。耶律楚材的为人和治国方略影响深远，成宗继续"汉法"和"持盈守成"政策，以宽宥"惟和"对待各族，仁宗广用儒臣，恢复科举，为元朝的建立和发展起了很大作用，虽然元朝后来出现民族歧视的等级制度，但在对待汉文化上还是采取包容的政策，为其所用。

成吉思汗西进征服，同时也接通了西亚与中原的道路，由此包括马可波罗在内的旅行家、探险家、商人等蜂拥而至，这些人不乏科技人才、天文学家、数学家、文人等，根据统计有200多万人定居于大都等地。在元朝当权者开放包容的政策下，不仅带来了经贸发展，更重要的是加强了东西方的文化交流，提升了元朝的文化品质。

　　元时期的缙云仙都，远离大都，偏于一角，没有受宋元间的战火影响，更是始祖祠堂之地，平安无事。从政教关系而言，由于受丘处机崇道思想的影响，元朝特别扶持道教的发展，仙都的道教发展也进入一个新的历史阶段。

　　（柯国明：中国先秦史学会会员、浙江省缙云县文广旅体局副局长）

良渚文化陶罐"图画文字"解读

——兼谈殷墟卜辞"燎于蒿曾"

蔡运章

"图画文字"是人类文字起源和形成过程的一个重要发展阶段。1987年,在浙江杭州市余杭区南湖良渚文化遗址出土一件陶罐,腹部刻划的一圈"图案",为研究我国史前时期的"图画文字"提供了珍贵的实物资料。本文谨在前贤研究的基础上,试对这则"图画文字"略作讨论。

一 陶罐文字的发现和研究

这件陶罐被编为 C3 - 658 号,敛口折沿,圆肩鼓腹,圈足外撇。制作规整,胎薄表黑。通高 26.4 厘米,口径 12.8 厘米,腹径 25 厘米,足径 19 厘米(图1)。值得注意的是,这件陶罐"烧成后在肩至上腹部位按顺时针方向连续刻出 8 个图案"。这些图案"如此集中且紧密相连,应具有一定的意义"(图2)[①]。

图1 良渚文化陶罐肩部的"图画文字"

---

① 余杭县文管会:《余杭县出土良渚文化和马桥文化的陶器刻划符号》,《东南文化》1991年第5期。

良渚文化陶罐"图画文字"解读

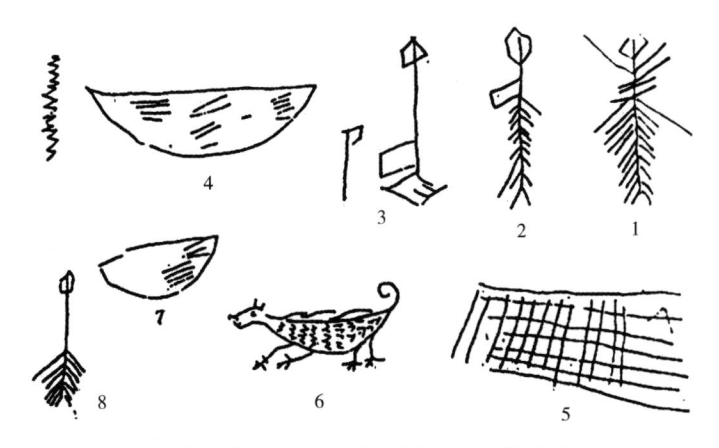

图2 良渚陶罐腹部"图形文字"(李学勤摹本)

这件陶罐的年代距今约5000年,腹部刻画的"图案",实为一组"图画文字"。因其是围绕陶罐腹部旋转刻画而成的,若猛一看,颇显杂乱无章。那么,这组"图案"到底是由几个基本元素组成的?这些元素是如何排列组合的?学术界尚有不同的认识。

(一)陶罐"图案"符号数量及其基本构图的争议

首先要弄清楚的是,这件陶罐的腹部到底刻划有几个"图案"?最初的报道说是"按顺时针方向连续刻出8个图案"[1]。牟永抗先生说:"自右向左排列着11个符号。"[2] 沈德祥先生说:依"顺时针方向连续刻出图文十个"[3]。其中,说有"8个图案"的,是没把"箭镞形"符号和两根"绳索形"符号计算进去;说"11个符号"的,是把"箭镞形"符号和两根"绳索形"符号各算成一个符号,并与"8个图案"相加的结果;说有"图文十个"的,是把两根绳索看作一根的结果。

---

[1] 余杭县文管会:《余杭县出土良渚文化和马桥文化的陶器刻划符号》,《东南文化》1991年第5期。

[2] 牟永抗:《良渚文化的原始文字》,《文明的曙光——良渚文化》,浙江人民出版社1996年版。

[3] 沈德祥:《余杭南湖良渚文化陶文初探》,《文明的曙光——良渚文化》,浙江人民出版社1996年版,第259页。

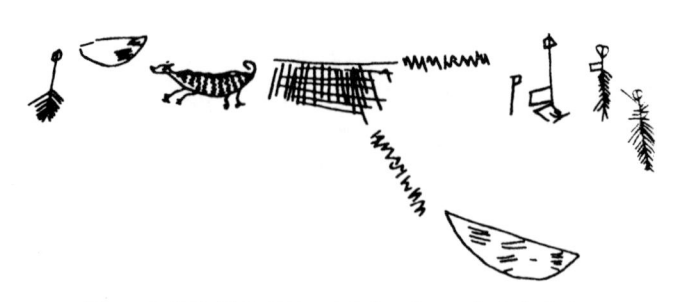

图 3　良渚陶罐腹部的"图形文字"（牟永抗摹本）

其次是关于这幅"图画文字"的基本构图和排列顺序，主要有图 2 和图 3 两种不同的摹本。因图 3 摹本，见于牟永抗和吴汝祚两位先生的文章①。牟永抗先生曾有幸于"1989 年 3 月偶然在余杭文管会觅见此器"②，为其摹制图 3 提供了便利条件。我们将陶罐的图像放大后认真观察，发现图 3 摹本将两根"绳索形"符号与图中的大网连在一起，当是科学合理的正确判断。

（二）陶罐"图形文字"的释读

李学勤先生依据图 2 的摹本，认为"这些刻划符号实际上是环着罐口刻的，应当从上方观看，朝向罐口的是符号的下端，符号由左向右逆时针排列，并试释为：'朱旂戋石，网虎石封'" 8 个字。并指出："把这八个符号连起来读，便成为有意义的语句。'朱旂'是红色的旗子，在此可能是族名或人名。'戋'，读作践，意思是行、往。'石'是地名。'封'，训为境。"这则刻划符号"带有文字画的味道"，意思"是朱旗去到石地，在石的境界网捕老虎。用网捕方法捉虎，见于甲骨文，如《殷墟文字合缀》387"③。李学勤先生的释读，为我们研究这则"图画文字"奠定了良好的基础。

---

① 牟永抗：《良渚文化的原始文字》，《文明的曙光——良渚文化》，浙江人民出版社 1996 年版。
② 牟永抗：《良渚文化的原始文字》，《文明的曙光——良渚文化》，浙江人民出版社 1996 年版。
③ 李学勤：《试论余杭南湖良渚文化黑陶罐的刻划符号》，《浙江学刊》1992 年第 4 期；李学勤主编：《中国古代文明与国家形成》，云南人民出版社 1997 年版，第 172 页。

二　陶罐"图画文字"的文化蕴涵

我们依据图3摹本，认为这则"图画文字"当有9个基本元素，自右至左可隶定为："朱扩践矢厂，网虎。厂封。"因此，试在李学勤先生释读的基础上，略作补充说明。

（一）陶罐"朱扩践矢厂网虎"文字解读

陶罐是盛放祭品用来祭祀神灵的礼器。这则"图画文字"的寓意，应与其载体的用途相符合。其中，开篇的"朱扩践矢厂（厈），网虎"句，反映的是良渚先民到山崖上用弓矢和张网来捕捉老虎的生动画面。

李学勤先生将"图画"右侧上面第一、二两个"图案"释为"朱扩"，当是。"扩"实即从字。《说文·方部》："从，旌旗之游，从蹇之皃。""朱从"，是良渚古国的部族名，亦可视为部族的首领名。因为在远古时代，部族名和部族首领的名称往往是不分的。

第三个是"践"字，《礼记·曲礼上》"毋践屦"孔颖达疏"蹋也"。《说文·足部》："蹋，践也。"《汉书·陈胜项籍传》"然后践华为城"颜师古注引晋灼曰："践，登也。""践"有蹋登之义。

第四个"像箭形"的图画，当是"矢"的象形字。《说文·矢部》："矢，弓弩矢也。"《楚辞·大招》"执弓挟矢"王逸注："矢，箭也。"《楚辞·七谏·谬谏》"机蓬矢以射革"王逸注："矢，箭也。"弓箭是古代田猎时常用的工具。

第五、第八两个"图画"都是"半月形"，李学勤先生释为"石"字，未尽确当。我们细审其图形，与甲骨文"厂"字的构形相类（图4），而与"石"字（图5）的构形明显有别①，故当是"厂"字的初文。《说文·厂部》："厂，山石之崖岩，人可居。象形。厈，籀文从干。"《广韵·翰韵》："厂，山石之崖。""厂"，同厈。《广雅·释丘》："厈，崖也。"是"厈"有山崖之义。

---

① 《甲骨文编》卷九。

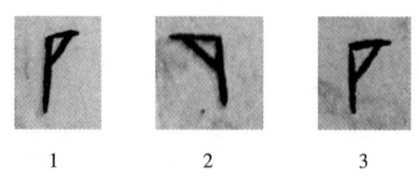

图 4　殷墟甲骨文中"厂"字

1.《明藏》三九　　2.《后》二·一四　　3.《京都》三一一三

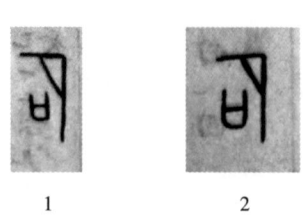

图 5　殷墟甲骨文"石"字

1.《铁》一〇四三　　2.《京津》二四六三

第六个图形位于全图的中心位置，乃是一个张开的巨大绳网，右侧有两根牵拉的绳索。网是捕捉猎物的重要工具。我国古代在山谷间围捕野兽的绳网，被称为"罝"。《国语·鲁语上》"兽虞于是乎禁罝罗"韦昭注："罝，兔罟也。"《尔雅·释器》"兔罟谓之罝"邵晋涵《正义》引舍人曰："罝，兔自作径路，张网捕之也。"《礼记·月令》"田猎罝罘"郑玄注："罝罘，兽网也。"曹植《七启》说：田猎时"缘山罝罝，弥野张罘"吕延济注："罝、罘，皆网也。"（《文选》卷三四）所谓"缘山罝罝"是说田猎时在野兽经常出没的山谷间，设置罝网来围堵捕获的意思。

第七图是个动物的象形字，从其身上的斑点看，显然是一只老虎。殷墟甲骨文屡见有田猎捕虎的记录。例如：《合集》10197 擒"虎二"，《合集》10198 "获虎一"[①]，即是其例。

这段图画的大意是说：朱阞蹋登到山崖上，用弓矢和罝网来捕捉老虎。

（二）良渚先民张网捉虎的缘由

良渚先民为什么要张网捉虎？从图画末句"厂（斥）封"二字的寓意，便可得到可靠的信息。

---

①　杨升南：《商代经济史》，贵州人民出版社 1992 年版，第 278、285 页。

"厂"同"厈",通作崖,即在山崖上。

"封"指"封土为坛,柴祭告天"之义。《礼记·乐记》"封王子比干之墓"郑玄注:"积土为封。"《周礼·春官·肆师》"封于大神"郑玄注:"封,谓坛也。"《大戴礼记·保傅》"是以封泰山而禅梁甫"卢辩注:"封谓负土石于泰山之阴,为坛而祭天也。"《史记·卫将军骠骑列传》"封狼居胥山。"《正义》"积土为坛于山上,封以祭天也。"《后汉书·祭祀志下》载:"封者,谓封土为坛,柴祭告天,代兴成功也。《礼记》所谓'因名山升中于天'者也。""厈封"是在山崖上设坛燔柴,来祭祀天神的意思。

(三) 殷墟卜辞有燎祭捕虎的记录

殷墟甲骨文屡见有"从网从虎"即设网捕虎的象形字,见徐中舒《甲骨文字典》卷七。其中,还有贞问燎祭"麗虎"的卜辞:

甲□□,燎于灘(厉)曾,麗虎? 《合集》20710

这里的"燎",《说文·火部》谓"放火也"。中国古代有"燔柴"祭天的习俗。《吕氏春秋·季冬纪》:"收秩薪柴,以供寝庙及百祀之薪燎。"高诱注:"燎者,积聚柴薪,置璧与牲于其上而燎之,升其烟气。"《尔雅·释天》说:"祭天燔柴。"《尚书·尧典》载:"岁二月,东巡守,至于岱宗,柴。"马融注:"祭时积柴,加牲其上而燔之。"《周礼·春官·大宗伯》载:"以禋祀祀昊天上帝。"所谓"禋祀",就是将玉帛及牲体放在积柴上燔烧,使其升烟,来祭祀天神的意思。

"灘曾",地名,在今湖北随州市北。"灘",当是"濿"字初文,通作厉。《尔雅·释水》"深则厉"《经典释文》"厉,本或作濿。"《楚辞·九叹·离世》"櫂舟杭以横濿兮"洪兴祖补注:"濿,履石渡水。通作厉。"是其证。《左传·僖公十五年》"齐师、曹师伐厉。"《汉书·地理志》南阳郡有"随"县。班固自注"故国,厉乡,故厉国也"。"厉国"在今湖北随州市北。"曾",姒姓曾国在今河南方城县以及湖北随州市境。西周初年,姬姓曾国分封于姒姓曾国故地(今湖北随州市境)。考古发现战国早期的曾侯乙墓,就是姬姓曾国的君主。"燎"祭多在山顶举行,《中国古今地名大辞典》"厉山"条说:今随州市城北有厉山(亦名烈山)。卜辞"厉曾"可能就是指这里的厉山而言。

"羆"字"从网、从虎",徐中舒《甲骨文字典》卷七谓"《说文》所无,疑为捕猎之义"①。杨升南《商代经济史》从王国维、罗振玉说,读之谓"置"②。《诗经·颂·商颂·那》"置我鞉鼓"朱熹注:"置,陈也。"《玉篇·网部》:"置,安置。"是"置"有陈放、安置之义。这两种解释,在卜辞里均能通读不悖。

这则卜辞的大意是说:甲□□那天贞卜,在厉曾举行燎祭时,用积柴上放置老虎来祭祀天神可以吗?因此,殷墟甲骨文的这条卜辞,可以作为良渚文化陶罐"图画文字"蕴涵的有力佐证。

由上所述,这件陶罐腹部刻绘"图画文字"的大意是说:朱夘踢登到山崖上,用弓矢和置网来捕捉老虎,并在山崖上设坛祭祀天神之义。

三 结语

唐兰先生在《古文字学导论》里,曾提出"文字的起源是绘画"的主张③,已被多数学者所赞同。林耀华先生主编的《原始社会史》指出:"公元前四千年末,古巴比伦苏美尔人",已开始使用"图画文字"④。仰韶文化时代,正是我国母系氏族公社的繁荣时期。这时出现的"苍鹭衔鱼图"和"鹳鱼石斧图",虽然地域远隔千里,时间相差千年,但却使用类似的"图画"来表达相同的观念。这说明仰韶文化先民,使用"图画文字"来"记载事实"的习惯,已渐趋成熟⑤。

良渚文化陶罐腹部刻划的这则"图画文字",是由多个"符号"组成的复合图案。这是目前所见我国史前时期内涵丰富和最具典型意义的"图

---

① 徐中舒主编:《甲骨文字典》,四川辞书出版社1988年版,第858页。
② 杨升南:《商代经济史》,贵州人民出版社1992年版,第278、285页。
③ 唐兰:《古文字学导论》(增订本),齐鲁书社1981年版,第92页。
④ 林耀华主编:《原始社会史》,中华书局1984年版,第441页。
⑤ 蔡运章:《仰韶文化两则"图画文字"解诂》,《中原文物》待刊。

画文字"。这类文字是从"单个"的物象（标识）文字向"连字成组"纪事文字发展的重要阶段，在中国文字起源和形成过程里，具有里程碑式的重要意义。

综上所述，这则"图画文字"的发现和释读，对研究良渚文化先民的宗教信仰、文化艺术以及中国文字起源等问题，都具有极为重要的学术价值。

（蔡运章：中国先秦史学会顾问、洛阳文物考古研究院研究员）

黄帝文化与缙云

孙敬明

秀山丽水，六江之源；括苍巍巍，好溪潺湲；缙云毓秀，黄帝升仙。陇东上山，九千有年；文明链条，洎今绵延。研究历史必须结合考古，考古延伸了历史的轴线、增强了历史的信度、丰富了历史的内涵、活化了历史的场景。要建立中国特色、中国风格、中国气派的考古学。此前浙江省考古研究所与缙云文博部门联合考古发掘的缙云壶镇镇陇东上山文化遗址，上限距今9000余年。结合历年动土，公私诸家庋藏，考察陇东遗址出土文物及相关遗存，证明该遗址为丽水区域年代最早，且文化内涵极为丰富，其包括上山、河姆渡、良渚、钱山漾、好川文化、商周春秋及秦汉以降唐宋元明清各历史时期人类文化遗存，可谓九千年文化链条绵延有序。尤可称道的是陇东发现时代最早的人类驯化栽培野生稻壳遗存，足证当地农业起源之久远。凡此均是研究当地人类文明和黄帝文化的科学资料。

传统历史经典文献，诸如《春秋》《左传》《国语》《管子》《孔子家语》《周易·系辞》《庄子》《山海经》《越绝书》《吕氏春秋》《史记》等均不乏黄帝之记载；上海博物馆藏战国简《容成氏》关于轩辕氏与诸历史帝王序列釐然；春秋战国吉金铭文如陈侯因𬭼（谘）敦则明确记载陈国之"高祖黄帝"。旁如郑公钟、郳公镈铭文追述远祖"祝融"；遂公盨、秦公钟、叔夷钟铭文均提及"禹"，由此可证黄帝应该确有其人。再如《史记·周本纪》：武王"乃褒封神农之后于焦，黄帝之后于祝"。

《吕氏春秋·慎大览》："武王胜殷，入殷，未下舆，命封黄帝之后于铸。"《春秋左传》襄公二十三年（前500）："臧宣叔娶于铸。"迄今所见两周铸国带铭文青铜器14件，可分七种：铸侯求钟，铸司寇鼎，铸叔皮父簋，铸公簋，铸子黑颐鼎、簠、盨，铸叔鼎、簠、匜（铸叔匜，为近年山东枣庄山亭东江小铸国墓地盗掘出土）、铸子匜。铸国为黄帝之后，而周武王新所封地在今山东肥城大汶河流域之铸乡。由铸奉祀正统，故两周时期山左古国黄帝事迹传闻最广。

缙云位于括苍之阿，水流密布，为壶镇盆地，地理环境优越，人类文化发达且历史久远，长风绵绵，迄无断缺，汉唐以来黄帝与缙云的关系极为密切，黄帝文化是缙云区域文化之重要组成部分，亦是我国南部黄帝文化之中心。而今日结合考古、历史、民俗进行综合研究，弘扬中华五千年文明，不仅具有久远的历史意义，更具有重要的历史意义。

一　陇东上山文化遗存举要

上山文化年代上下限距今一万至四五千年，主要分布在浙江中南部，其区域东起台州、绍兴、丽水，西至金华、衢州市，属于近年新发现的地方区域文化类型之一，而属于同种文化类型的遗址已经有近二十处。关于其文化内涵、性质、年代、分布区域范围尚待更多的考古发现来揭示。但是，其应属于浙江新石器时代年代最早的地方文化类型，这在中华文化早期构成格局中的地位，应是毫无疑问的。尤其重要的是，在多处遗址中发现人类早期稻作农业的遗存，对于研究水稻由野生而被逐渐驯化、培植与改良，直至普天之下大面积推广种植的历史与源头，更是具有极为重要的意义。

缙云壶镇镇陇东文化遗址位于好溪岸畔，多年前即有文化遗存发现，当地民众采集到一些有价值的文物标本，文博部门也进行征集，有关地方文化研究者也曾引证该遗址出土的文物。而真正引起考古学界密切关注的是2018年所进行的科学考古发掘，揭示并确认该遗址有丰富的上山文化遗存，同时也还有其他新石器时代地方文化类型，以及商周春秋战国秦汉魏晋直至隋唐宋元明清各个时代的文化遗存。考古学界介绍浙江省文物考古研究所、丽水市缙云县博物馆对缙云壶镇镇陇东遗址的抢救性发掘，发现了丽水市距今为止历史最早的史前人类聚落，也是我国目前发现的第19处上山文化遗址，距今 9000 年。这一考古新发现，将丽水文明史整整提前了 5000 年。陇东遗址是一处包含了上山文化、良渚文化、钱山漾文化、好川文化、商周、西晋和宋代堆积的古遗址，遗址主体以良渚和好川堆积为主，共发现灰坑 65 座、灰沟 8 条、柱洞 23 处。其中好川文化遗迹较多，出土了比较完整的器物。"总体上看，陇东遗址年代最早约距今 9000 年，主体年代为距今 4700—4000 年。""陇东遗址的发掘有效地连接了钱塘江流域和永安溪一带的史前文化考古断层。""陇东遗址是一处包含了上山、良渚、商代、西晋和宋代堆积的古遗址，遗址主体以良渚和商代堆积为主，良渚时期的遗物可见罐、豆、壶以及各类鼎足；商代遗物中未发现完整器型，但出土较多印文硬陶残片、石镞等。上山时期遗物数量较少，发现了少量夹炭红衣陶片，在部分采集品中发现了平底盘残片、陶罐口沿、大口盆腹部残片、羼合稻壳的陶块以及石球、磨石。通过发掘可以肯定，陇东遗址是迄今为止丽水地区发现的最早的史前人类聚落，年代为上山文化晚期，距今 9000 年左右。这也是目前发现的第 19 处上山文化遗址，陇东遗址的发现为研究上山时期的文化交流、社会结构、人群迁移等问题提供新的材料。"

陇东上山文化遗址的文化内涵，系统贯穿了一万年人类文化发展史，在一处文化遗址能有如此系统完备的文化链条存在，也是极为少见的。凡此证明丽水缙云区域文化发展的延续与连绵不断的特性，尤其早期稻作农业和发展到五千年的人类最早的文明。而此时代应该大致近属于五帝时代。基于考古学的最新重要发现，以及历史文献典籍与青铜器铭文和简牍中关于黄帝的记载，应该认识到黄帝文化与缙云的历史渊源更是十分久远的。

二　文献所见黄帝事迹例证

汉代以前，传统经典文献里所辗转承延关于黄帝轩辕的记载随处可见，于此仅揭列典型数例条疏如次：

《史记·五帝本纪》："黄帝者，少典之子，姓公孙，名曰轩辕……轩辕之时，神农氏世衰，诸侯相征伐……黄帝乃征师诸侯，与蚩尤战于涿鹿之野,遂禽杀蚩尤。而诸侯咸尊轩辕为天子,代神农氏,是为黄帝。"《史记》同时还大量记载黄帝的军事行动、巡狩天下四方、都邑迁徙、师兵戍守、以云命官、婚娶西陵、二十五子,以及子子孙孙繁衍世袭等等。

《史记·周本纪》:武王"乃褒封神农之后于焦,黄帝之后于祝"。

《吕氏春秋·慎大览》:"武王胜殷,入殷,未下舆,命封黄帝之后于铸。"

《左传》昭公十七年:"秋,郯子来朝,公与之宴。昭子问焉,曰:'少皞氏鸟名官,何故也?'郯子曰:'吾祖也,我知之。昔者黄帝氏以云纪,故为云师而云名;炎帝氏以火纪,故为火师而火名;共工氏以水纪,故为水师而水名;大皞氏以龙纪,故为龙师而龙名。我高祖少皞挚之立也,凤鸟适至,故纪于鸟,为鸟师而鸟名。'"

《管子·五行》:"黄帝得六相而天下治,神明至。蚩尤明乎天道,故使为当时。"

《孔子家语》卷第六,孔子答季康子问,曰:"故其为明王者而死配五行,是以太皞配木,炎帝配火,黄帝配土,少皞配金,颛顼配水。"

《国语·晋语》:"昔少典氏娶于有蟜氏,生黄帝、炎帝。"

《孔子家语·五帝德》:"宰曰我问于孔子:'昔者吾闻诸荣伊曰:黄帝三百年。请问黄帝者,人也,抑非人也,何以能至三百年乎?'孔子曰:'禹汤文武周公,不可胜以观也,而上世黄帝之问,将谓先生难言之故乎,'……孔子曰:'可也,吾略闻其说黄帝者,少昊之子,曰轩辕,生而神灵,弱而能言,幼齐叡,壮敦敏诚信,长聪明,治五气,设五量,抚万民,度四方,服牛乘马,扰驯猛兽……仁厚及于鸟兽昆虫,考日月星辰,劳耳目,勤心力,用水火财物以生民,民赖其利,百年而死,民畏其神;百年而亡,民用其教;百年而移,故曰黄帝三百年。'"

《周易·系辞下》:"神农氏没,黄帝、尧、舜作,通其变,使民不倦,神而化之,使民易之。""皇帝尧舜垂衣裳而天下治,盖取诸乾坤。"

《庄子·胠箧篇》云:"昔者容成氏、大庭氏、伯皇氏、中央氏、栗陆氏、骊畜氏、轩辕氏、赫胥氏、尊卢氏、祝融氏、伏羲氏、神农氏。"

《越绝书·越绝外传记宝剑》:"轩辕、神农、赫胥之时,以石为兵,断树木为宫室,死而龙臧,夫神圣主使然。至黄帝之时,以玉为兵,以伐树木为宫室，凿地。夫玉，亦神物也，又遇圣主使然，死而龙臧。"

《山海经·大荒东经》："东海之渚中有神，人面鸟身，珥两黄蛇，践两黄蛇，名曰禺䝞。黄帝生禺䝞，禺䝞生禺京，禺京处北海，禺䝞处东海，是为海神。"

《山海经·海外西经》："轩辕之国在此穷山之际，其不寿者八百岁。在女子国北。人面蛇身，尾交首上。穷山在其北，不敢西射，畏轩辕之丘。在轩辕国北。其丘方，四蛇相绕。"

三　金文中黄帝、铸、陆终、禹、夏

商周青铜器金文的内容在于其铭记功德、世谱、纪事、勒工等，所记一切均为当时人们之认知，铸成或行用之后，遂辗转掩藏于地下，沉沉幽冥，时间长达数千年。一旦出土天日重见，其铭文是原始经典文献殊无变化，原汁原味，不类文献经典在人世间流传日久而经窜乱改动，或致讹谬，故较传世者尤为可信。

（一）黄帝

黄帝文献多见，然金文中极为罕睹，迄今万千件青铜器铭文中，带有"黄帝"之称谓者仅一件，即齐国之战国时期陈侯因𬐺（齐）敦（图1）。陈侯因𬐺（齐）敦曾为清代山东潍县著名金石学家陈介祺收藏，拓本见于陈氏《簠斋吉金录》卷三，敦二十四，左右钤印"陈氏吉金""簠斋藏三代器"；"海滨病史"。铭文八行，共七十八字。曰："唯正六月癸未，陈侯因𬐺（齐）曰：皇考孝武桓公恭戴！大谟克成。其唯因齐扬皇考，邵缵高祖黄𢂇（敬明案：裘锡圭先生称：'古文字从"口"与不从"口"往往无别。'战国齐国文字多缀加'口'），休嗣桓文，朝昏诸侯，合扬厥德。诸侯寅荐吉金，用作孝武桓公祭器敦，以蒸以尝，保有齐邦，世万子孙，永为典尚。"铭文布局整饬，纵横成行，且篇末为韵语。

齐侯因齐即齐威王。其先祖乃陈国贵族，应为舜帝之后。而其称述"高祖黄帝"似与传世文献所记不符。但是，试想战国晚期，威王时代齐国最为强盛，并且稷下学风方兴未艾，天下有识之士汇集齐都，研究天下万象、历史宗法、辩论驳难、互有征发。所以陈氏子孙自述"高祖黄帝"，应该有其科学深远的历史根据，也有当时稷下先生共同探索考证研究的结论，证明历史上确有黄帝其人，而且还为探索舜帝与黄帝的关系提供新的依据。

（二）铸国

《吕氏春秋·慎大览》："武王胜殷，入殷，未下舆，命封黄帝之后于铸。"《史记·周本纪》："武王追思先圣王，乃褒封神农之后于焦，黄帝之后于祝，帝尧之后于蓟，帝舜之后于陈，大禹之后于杞。"春秋伊始，铸为齐国所灭，据《今本竹书记年》所记，时在周平王三年（前768）。再《春秋左传》襄公二十三年（前550）："臧宣叔娶于铸。"证明此时铸国统绪尚存。洎《左传》昭公二十五年（前517）："公使昭子自铸归"，可证此前铸已沦为鲁邑。文献中铸、祝本一国异名，据陈槃研究，今于祝相关之地望有山东历城、长清、临沂，以及江苏赣榆（或谓山东临淄）等处。清季以来山东有关地域出土部分铸器，确切地点并不清楚；2002年山东枣庄山亭区东江小邾国墓地出土数十件带铭文青铜器，涉及近十个国族。其中一件。《小邾国遗珍》第93页彩图下，铭文未释。《海岱古族古国吉金文存》90.11~12释之为："铸叔作叔妊媵盥盘，其万年眉寿永宝用。"拙文《两周吉金与邾史新征》称谓二件，误。《左传》襄公二十三年（前550）："臧宣叔娶于铸"，知鲁国与铸国通婚。关于春秋时期铸国之地望，有关诸家参照《左传》等文献所载，均认为在今山东肥城县南大汶河北岸之铸乡。[①] 当初铸叔盘铭文《小邾国遗珍》并未释出，后经《海岱古族古国金文集成》释出全文，足证有识见。

迄今所见两周铸国带铭文青铜器14件，可分七种：出上揭东江出土铸叔盘外，还有见于旧所著录的铸侯求钟，铸司寇鼎，铸叔皮父簋，铸公簠，铸子黑颐鼎、簠、盨，铸叔鼎、簠等。铸国为黄帝之后，而周武王新所封地在今山东肥城大汶河流域之铸乡。

《左传》僖公十年（前650）云："神不歆非类，民不祀非族。"武王感

[①] 孙敬明：《东周金文与铸史小笺》，《中国文物报》1999年3月3日第3版。

念黄帝之德，封其后裔于铸，而只有铸国得奉正统而祭祀黄帝。所以，山东先秦古国关于黄帝的事迹流传最多。即便到了汉代，今山东区域内发现汉画像石中，关于黄帝的题材也最多见，凡此皆有深厚的历史渊源与悠久之传统。

（三）陆终

《史记·楚世家》："楚之先祖出自帝颛顼高阳。高阳者，黄帝之孙，昌意之子也。高阳生称，称生卷章，卷章生重黎。重黎为帝喾高辛居火正，甚有功，能光融天下，帝喾命曰祝融。共工氏作乱，帝喾使重黎诛之而不尽。帝乃以庚寅日诛重黎，而以其弟吴回为重黎后。复居火正，为祝融。吴回生陆终。陆终生子六人。"由此可见陆终乃黄帝后世裔孙。

清代出土，现藏上海博物馆春秋郱公釛钟称"陆终之孙，郱公釛，作厥龢钟，用敬恤盟祀，考年眉寿"。对此铭文释说迭出，各有己见，而关于"陆终"之释解，咸以为《史记·楚世家》之陆终也。

此前数年于坊间获见郱公皯父镈六件，董珊为文《郱公皯父二器简释》网上发布，兹节录其释文："王正九月元日庚午，余有融（陆终）之子孙，郱公皯父，惕勤大命，保有朕家邦，正和朕身，以正朕服，以恭朝于王所。又驰吉金，型铸龢钟。敬临祼祀，作朕皇祖恭公、皇考惠公彝。"春秋后期，郱国分蘗郱、滥，董文指出郱国乃陆终之后。春秋早期郱公釛钟，以及春秋晚期郱公皯父所铸造数件同铭之镈，均自称乃"陆终之孙"。可见，郱国祖孙对其世系远祖之统一认识。

（四）禹、夏

两周金文不但确有"黄帝"，而且还有黄帝之裔孙陆终。同时，金文中还出现"禹"，诸如西周遂公盨、春秋秦公簋、叔夷钟镈；出现"夏"的为春秋莒叔子仲平钟与邿伯夏子罍。凡此，均可证明文献记载之：黄帝、陆终、禹、夏之人物与朝代乃为信史。

2002年北京保利艺术博物馆征集到西周中期遂公盨一件。失盖。从器底铭文推测，应该器、盖对铭，或者一组器物铭文连读。铭文铸在器底，凡十行，九十八字，作盨者是西周时期遂君。对于器物性质之鉴定、铭文之释读，我们十分赞同李学勤先生之观点。①

  天命禹敷土，随山濬川，迺差地设征，降民监德，迺自作配享民，成父母。生我王作臣，厥贵唯德，民好明德，顾在天下。用厥绍好，益干懿德，康亡不懋。孝友，訏明经齐，好祀无废。心好德，婚媾亦惟协。天釐用考，神复用祓禄，永御于宁。遂公曰：民唯克用兹德，亡悔。
  盨铭："天命禹敷土，随山浚川，迺差地设征，降民监德。"

凡此铭文正可与《尚书·禹贡序》《尚书·禹贡》对读。《尚书·禹贡序》："禹别九州，随山浚川，任土作贡。"《尚书·禹贡》："禹敷土，随山刊木，奠高山大川。……九州攸同，四隩既宅。……锡土姓。祗台德先，不距朕行。"秦公簋，或称1919年甘肃出土，时代为春秋晚期。今存国家博物馆。铭文百余字，兹撷录有涉夏禹者。"秦公曰：丕显朕祖，受天命，鼏（幂）宅禹迹，十又二公，在帝之坏，严龏夤天命，保业厥秦，虩事蛮夏。"容庚、张维持称："秦之称公，从秦仲的儿子庄公起，至共公为十二公。这乃桓公所铸的器，约在二十年（前五八四年）秦伐晋，二四年与翟合谋击晋的时候。"② 同一人所铸的秦公钟铭文同样提到"虩事蛮夏"。

秦公簋铭文，追溯其远祖"受天命，鼏宅禹迹"。《说文》"鼏，以横木贯鼎耳而举之，从鼎冖声，《周礼》：庙门容大鼏七个。即易玉铉大吉也"。铭文"鼏宅禹迹"之意，应该是宅居夏禹所曾有的疆域。

叔夷钟、镈。宋宣和五年（1123）齐故城遗址耕地出土。《金石录》称："右齐钟铭，宣和五年青州临淄县民于齐故城耕地得古器物数十种，其间钟十枚，有款识，尤奇，最多者几五百字，今世所见钟鼎铭文之多，未有逾此者。验其词，有'余一人'及'齐侯'字，盖周天子所以命赐齐侯，齐侯自纪其功者。初，钟既出土州以献于朝，又命工图其形制及临仿

---

① 李学勤：《遂公盨与大禹治水传说》，《中国社会科学院院报》2003年1月23日。
② 参见容庚、张维持《殷周青铜器通论》，科学出版社1958年版，第96页。

此铭,刻石既非善工,而字有漫灭处,皆以意增损之,以此颇失真。今余所藏,乃就钟上摹拓者,最得其真也。"① 因为宋代对青铜器的认识还有局限,或不能分辨钟、镈,故统称为钟。新中国成立以来,陆续在齐国故城遗址出土石磬,数量较多,大都带有朱书或墨书铭文。从文字书体推断与叔夷钟镈的时代相当,证明叔夷钟镈出土临淄古城记载可信。

钟、镈铭文属于纪事性质,且跨越的时段较长。开篇曰:"惟王辰在五月,师于淄陲。公曰:'汝夷,余经乃先祖,余既专乃心。汝小心畏忌,汝不坠夙夜,宦执尔政事。'"接下来则是记述齐公命叔夷执政三军,整肃三军之"政德",希望叔夷勤勉于军政、谨慎赏罚。并赏赐叔夷莱国都邑、民人、造铁徒驭等等。齐公继命叔夷执政正卿,管理公室内外之事,并赐以车马仆从等。于是,叔夷敬拜如仪,称颂齐公恩德。接下来表述自己出身世家,几代在齐国供职桓武灵公,勤勉政事。自己得到优渥赏赐,用以缋祀皇考祖妣,以求得万福屯鲁。

钟、镈铭文尤可称述者,如"典其先旧,及其高祖,赫赫成汤,有严在帝所,专受天命,创伐夏后,贯厥灵师。伊小臣惟辅,咸有九州,处禹之都。丕显穆公之孙,其配襄公之仳,而成公之女,粤生叔夷,是辟于齐侯之所。是小心恭齐,灵力若虎,勤劳其政事,又恭于桓武灵公之所,桓武灵公赐夷吉金"②。凡此,提及商代成汤、征伐夏后、咸有九州、处禹之都。不但有春秋时期自己的身家历史,而且还追溯远祖,直至商代成汤时期,征伐夏侯氏,得到九州天下,据有夏禹划分九州之区域。

这长篇铭文"咸有九州"可与比证《尚书·序》:"九州之志谓之九丘,丘,聚也。言九州所有,土地所生,风气所宜,皆聚此书也。"③ 还可与《尚书·禹贡序》:"禹别九州,随山浚川,任土作贡",《禹贡》:"禹敷土,随山刊木,奠高山大川。……九州攸同,四隩既宅"之"九州"合征。

叔夷钟、镈铭文"处禹之都",尤可与秦公簋"鼏(幂)宅禹迹"比较,而两者所云应是同一历史事件,只不过各所称颂的对象不同。

---

① (宋)赵明诚:《金石录》,刘晓东、崔燕南点校,齐鲁书社2009年版,第108—109页。
② 陈青荣、赵缊:《海岱古族古国吉金文存》,齐鲁书社2010年版,第925—957页。
③ (清)阮元:《十三经注疏·尚书正义·尚书序》,中华书局1980年影印版,第114页。

黄帝文化与缙云

　　1975年，山东莒南大店春秋中期莒公大墓出土莒叔之仲子平编钟九件，铭文相同。凡六十八字。如铭文称："惟正月初吉，莒叔之仲子平，自作铸游钟，玄镠镐铝，乃为之音，端端雍雍，闻于夏东。"① 铭称"夏东"，金文仅见。考古证明莒为嬴姓东夷古国，属于东方滨海土著，历史文化极其悠久而发达。此地有大汶口文化时期的陶文，类似陶文不但在莒县，而且在诸城、泰安，以及安徽东北部的蒙城都有发现。商代甲骨文金文记载有关莒国的史实，两周金文有关莒国的记载更多。莒之国都商周时期先后在今山东费县、胶州、莒县，战国早期为齐或楚灭之。

　　莒国自古处于东方。在其西边与之相邻的曾国，属于夏代王杼之次子曲烈封国，春秋时与莒国通婚，与莒为甥舅之国，并曾为莒国所灭。再往西则有薛国、邳国，薛、邳同祖，先祖奚仲为夏车正，再向西还有许多夏代的封国。所以莒国铸造编钟，自称"端端雍雍，闻于夏东"。

　　1954年山东枣庄峄县（今峄城区）出土邳伯夏子罍两件，同铭，王献唐先生定其时代为战国。② 实际应为春秋晚期。铭文曰："惟正月初吉丁亥，邳伯夏子自作尊罍，用祈眉寿无疆，子子孙孙永宝用之。"③ 邳为土著古国，春秋时分为上邳、下邳，分别在今山东枣庄和江苏邳州、睢宁一带。估计这位邳伯也是一位历史文化的追怀者，所以启用"夏子"的名字。还有滕州出土的著名的不其簋（邳其簋），也是邳国的重器。④ 充分证明这些夏代的古国生命力之强。

　　由上所揭列，可见山东古国所铸造之铜器铭文，似皆喜欢追述远祖和历史，如陈侯因🀄（谘）敦，郳公劤钟，郳公韎父镈，遂公盨，叔夷钟、镈，莒叔之仲子平钟，邳伯夏子罍等均乃山东古国所铸造。多年来尤其近数年，中国先秦史学界结合青铜器铭文、简牍、文献以及考古获文物遗存，而研究秦国祖先本在今山东，西周初年播迁西地。故其文化传统仍具山东古国之韵致；而由喜欢追述远祖的习尚，也可反证秦国渊源在东方。

---

① 陈青荣、赵缊：《海岱古族古国吉金文存》，齐鲁书社2010年版，第3832—3850页。
② 王献唐：《邳伯罍考》，《考古学报》1963年第2期。
③ 陈青荣、赵缊：《海岱古族古国吉金文存》，齐鲁书社2010年版，第3558—3560页。
④ 孙敬明：《邳其簋的再现及其相关问题》，《西周文明论集》，朝华出版社2004年版，第132—135页。

凡此，关于黄帝的历史与传说，多在山东古国流传，并且将其历史铸造成青铜吉金这种最为原始的历史文献，这都与武王封黄帝之后于今山东密切相关。

四　上海馆战国简记载黄帝

上海博物馆藏战国简，经过整理，文字内容因各家所释读或有异议，然本文则在于称引其于战国时期即称信轩辕、神农等，故此称引也是采取最为宽泛的型式。《容成氏》："昔尊］膚（卢）是（氏）、荅（赫）疋（胥）是（氏）、乔结是（氏）、仓颉是（氏）、轩緩（辕）是（氏）、慎（神）戎（农）是（氏）、杭丨是（氏）、垆跸是（氏）之又（有）天下也，皆不受（授）亓（其）子而受（授）臤（贤）。亓（其）悳（德）酋清而上（尚）惡（爱）下，而一亓（其）志，而寝亓（其）兵，而官亓（其）才（材）。于是虎（乎）唫（暗）聋执烛，（矇）攻（瞽）鼓瑟，跛踔（躄）兽（守）门，殊（侏）需（儒）为矢，长者修厇（宅），娄（偻）者坎（枚）䢦（数），瘦者煮盐，厇（宅）忧者渔泽，癃弃不举。凡民俾（敝）者，（教）而（诲）之，饮（飲）而饮（食）之，思（使）役百官而月青（省）之。古（故）当是㫺（时）也，亡并……"

上揭上海博物馆藏战国简，所记称述历代帝王，其与《庄子·胠箧篇》有相似处。《庄子·胠箧篇》说："昔者容成氏、大庭氏、伯皇氏、中央氏、栗陆氏、骊畜氏、轩辕氏、赫胥氏、尊卢氏、祝融氏、伏羲氏、神农氏，当是时也，民结绳而用之，甘其食，美其服，乐其俗，安其居，邻国相望，鸡狗之声相闻，民至老死而不相往来。若此之时，则至治已。"

可见，传统文献经典，与先秦青铜器铭文、简牍均记载黄帝；而与之相关的铸国、陆终以及禹与夏等等，再结合考古发现可以认定黄帝之人应该是信史。

五　缙云黄帝文化源流释说

中国新兴考古学不但证史、补史，而且还往往颠覆人们固有的历史认知，尤其21世纪以来重大的考古发现，和众多高科技手段的应用，使人们对传统文献所记载的历史有着更为全新的认识。众多的考古资料证明中华文明有五千年连绵不断的历史，这不仅仅是在传统认可所谓中原腹心区域，而且在旧有的所谓南蛮、北狄、西戎、东夷区域的文明程度较之中原区域更有文明高度与文化特色。诸如浙江的上山文化、良渚文化，辽宁、内蒙古的红山文化，重庆四川的巴蜀文化以及山西石峁古城，尤其大家热切关注的三星堆文化等等，莫不以各自鲜活的历史文化特色而向人们展示中华文明五千年绚烂多彩的百花姿容。

丽水缙云向为祖国东南的文化圣地，自然环境优美，群山巍巍，川流密布，水源最为丰沛，而且临近海洋，云蒸霞蔚，幻化灵妙，故在汉唐以来就一直流传黄帝在此炼丹升仙。黄帝为《史记·五帝本纪》开篇第一帝，五帝之首，是中华人类文明的始祖。从历史文献记载黄帝及其部族群落的活动范围大致在黄河流域，而关乎黄帝在缙云升仙的历史，似乎与其活动区域较远。历史上的舜帝，《孟子·离娄章句下》记载舜为东夷人，出生地在今山东诸城，但是其活动的区域远至湘江韶关，还如秦始皇统一天下而四方巡狩，几乎达于天涯海角。所以，我们应该以历史唯物主义与辩证唯物主义的观点，结合考古新发新、甲骨金文与简牍和民俗学的资料来重新审视历史记载与历史传说。

缙云壶镇镇陇东文化遗址的发现就是最有力的证明，早在9000年前就有人类在此繁衍生息，尤为重要的是发现人类早期稻作农业遗存，如按旧有传统观念这实在是不可想象的，然而历史的真实就是如此。同时，又不啻如此，从上山文化接续向后发展的新石器时代各种地方类型的文化遗存可谓序列鏊然，连绵不断。而进入五帝三代以迄秦汉以降更是环环相扣，代代相接。如此久远、发达、延续性极强的区域文化，必定有其顽强的生命力和传播与交融的力度。研究者指出早在新石器时代良渚文化、大汶口文化与红山文化之间就存在文化交流。良渚文化的玉器不但在大汶口而且于红山文化遗址墓葬中亦有发现。山东大汶口文化逐渐向江淮流域传播，并且在山西汾河流域亦发现大汶口文化遗存。最为重要的山东莒县陵阳河等大汶口文化遗址发现陶文，如其中最典型的"旦"字，不仅在莒县60千米以外的诸城前寨，200千米以外的泰安宁阳于庄东南，还在更远的400

千米以外的安徽蒙城尉迟寺大汶口文化遗址发现，不但所在器物、部位、刻划象形，甚至大小尺寸几乎无差别。凡此现象都会给人们以启迪，应该跳出固有历史观念的拘囿，结合考古资料来重新思考认识中华人类文明史。因此，我们甚至可以推断，在黄帝时代，今浙江一带就与黄河流域的人类文化部族或古国存在文化交流。而汉唐时期关于黄帝在此炼丹升仙的历史，应该是有着深厚的历史渊源的。

　　黄帝炼丹飞升上天的故事，要比嫦娥饮食长生不死药而升天进入月亮的时代更早。如此传说，反映当时当地人们对苍茫宇宙太阳月亮与天体星球的向往与认识。如果以今天人们成功登上月球和胜利返回地面的科学壮举，我们甚至可以联想四五千年以前人们是如何思维，如何的大胆而灵妙的呢！而黄帝升仙的传说故事的诞生地就在缙云，并且两千多年以来还有与之相关的事迹、地名、文物等等，这都是极为重要的人类文化遗存，包括历代祭祀黄帝的礼乐程式等等，都应该深入细致的挖掘整理，加强研究与弘扬。

陈侯因 🈷 (谘) 敦铭文拓本

（孙敬明：山东省潍坊博物馆研究馆员）

缙云考古发现与黄帝文化的研究

胡玉丰

自从 2016 年以来,缙云的考古发现层出不穷,缙云岩画与缙云陇东遗址几乎同时在缙云被发现。

这一年的 6 月,在缙云县壶镇镇与金华地区永康市交界处,一次偶然的机会,首次发现了"篦形""鸟形"岩画。此后,这种"篦形""鸟形"的石刻陆陆续续在缙云、永康等地被发现。在括苍山脉以及括苍山脉以南地区,这种岩画分布点较多,数量较大。目前,据不完全统计,缙云 9 处,仙居 14 处,永康临近缙云壶镇的括苍山余脉 4 处,东到三门海边、临海、黄岩、乐清,南到永嘉、瑞安等处皆有发现。这种石刻,姑且称之为"缙云岩画",它到底是代表什么含义或作何用途?为什么只在沿括苍山脉一带存在,它与这一带有什么关系?

同样在 2017 年,在缙云壶镇中学建设新校区的施工过程中,发现了大量古代遗物。接到群众反映后,浙江省文物考古所、缙云县博物馆组织考古人员到现场展开调查,在 2018 年的 3—5 月,对遗址进行正式考古发掘。

随着对缙云岩画和陇东遗址出土文物研究的不断深入,越来越多的迹象表明,黄帝文化在缙云自古有之,缙云的黄帝祭祀一直在延续。

缙云岩画的发现,找到了黄帝后裔在缙云及周边地区的活动线索;而缙云县陇东,有迄今 9000 年前的上山文化时代一直延续到明清时期,不同阶段的人类活动遗址。陇东遗址出土的文物,距今 5000—4000 年前黄帝文明时期的出土文物占有重要部分,属于好川文化时代,也正是传说中的上古黄帝时代。

回望历史,括苍山脉腹心地段的仙都山鼎湖峰,是诸多典籍记载的黄帝羽化升仙处。史书明确记载自东晋开始，此地就建有缙云堂祭祀人文初祖黄帝。那么，这些神秘的岩画是否与黄帝有关呢？抑或是祭祀的一种图腾？陇东出土大量的黄帝时代生产生活用品又说明了什么问题呢？

一　黄帝与缙云

黄帝，中华民族的人文初祖，是奠定中国文明的基石。汉代的《越绝书》上记载了春秋时期楚国风胡子相剑的故事：

>……风胡子对曰："……时各有使然。轩辕、神农、赫胥之时，以石为兵，断木为宫室，死而龙臧，夫神圣主使然。至黄帝之时，以玉为兵，以伐树木为宫室，凿地。夫玉亦神物也，又遇精圣主使然，死而龙臧。禹穴之时，以铜为兵，以凿伊阙，通龙门，决江，导河，东注于海。天下通平，治为宫室，岂非圣主之力哉！当此之时，作铁兵，威服三军。天下闻之，莫敢不服。此亦铁兵之神，大王有圣德。"楚王曰："寡人闻命矣。"

说明了人类文明以使用的器具分为四个渐进的发展期："以石为兵"即石器时代，"以玉为兵"即新石器后期、开始大量使用玉器的时代，"以铜为兵"即青铜器时代，"以铁为兵"即铁器时代。

"至黄帝之时，以玉为兵"，由此可知，传说中的黄帝时期与现代科学考古的新石器时代正好契合。因而，我们大致可以知道，自黄帝以后，颛顼、帝喾、尧、舜、禹……上古帝王世系脉络，虽然不是很准确，但总体知道个大概了。

黄帝以后，中华民族的文明逐渐进步，定居式的农业社会开始代替游居式的游牧生活；制陶业、青铜器制造业逐步取代石器，标志着人类文明进入一个新时期。

上古时期，姓氏就是文明社会的一个标志。姓是一种族号，用来"别婚姻"；氏是姓的分支，用来"明贵贱"。"姓者统其祖考之所自出，氏者别其子孙之所自分。"黄帝缙云氏，是由于黄帝族群的子孙繁衍，一族分为若干分支散居各地，各以"氏"来区分，迁居在今浙江中南部的一支以"缙云氏"的称号作为标志。这个古老的氏族，自此开启了以缙云为中心的黄帝文化，可谓源远流长。到了唐代万岁登封元年（696），在这一带分置了一个县，就以黄帝缙云氏的"缙云"来命名这个县。

缙云氏的到来，与缙云岩画、陇东遗址是否有直接的关联呢？

目前可以明确的是，1700年来，文脉不断，至今缙云已成为"中国南方黄帝祭祀中心""中国南方黄帝文化辐射中心"和"中国南方黄帝文化研究中心"。

从缙云岩画与陇东遗址研究入手，是否可以揭开缙云黄帝祭祀活动更为神秘的深层面纱呢？

2018年缙云县陇东遗址的考古发现，说明这里早有人间烟火，在传说中的黄帝时期人烟阜盛，而这些先民的活动遗迹也使黄帝祭祀历史有了前推的可能。

二 缙云岩画的研究

从大量的"缙云岩画"归类分析，"缙云岩画"有几大特点：

1. 分布范围以北部的括苍山脉为主，东到大海，西到古代的瓯越分水岭，南至飞云江。

2. 主要特征是有篦形（或说耙筊形）、类似蛇头（或鸟头、勾刀头）图案。"篦形"图案下垂以四条线为主，当然也有6条、7条、9条的，那是极个别的个例；分布在山间高处，刻在突兀在外的岩石上，且石刻的顶端圆纽向上朝着天空；两肩部以圆转带弧度的线条为主。

3. "篦形""鸟形"（或者蛇形）的图案单一、集中。除了比如大集、下洋棋盘石等少数几处外，其他图案较少。

4. 仙居县发现的几处"耙筊形"刻画肩部转折呈方形，而其他地方发现的"耙筊刻画"转折处呈圆弧形，两者迥然各异。

5. 有磨盘纹图案（或说太阳形）。

"缙云岩画"目前已知的"篦形"石刻图案，最小的在缙云南乡稠门牛厩岭，尺寸25厘米×25厘米；最大的在永康舟山镇白岩下耙筊岩，尺寸95厘米×52厘米。

缙云东乡大集的岩画六个"羽人",三个"天梯"图案,为国内首次发现;下洋棋盘石的古代星象图,旁边刻有那么多的"耙形",是绝无仅有的。

"羽人"是自古以来,人们幻想超脱生死两界,死后能上升到天国的一种幻想形象。传说中九黎部中有一支叫羽人或羽民的,他们信奉鸟、兽,把它们当作祖先,因而信仰、崇拜鸟、兽图腾,而良渚文化中玉器上的神秘图案下部分似乎也像鸟、兽,也是良渚人崇拜的一种图腾。良渚人就有了羽人升天的愿望,一直延续下来,其形象虽然有变化,但是要表达的思想是一致的。与良渚的羽人形象相对比,在近年出土的六朝砖墓中的羽人形象,就是良渚羽人的发展与提升。而大集岩画的羽人,简直就是发展过程最为精彩的抽象画。

位于仙都风景区的下洋村,村后数百米的一处山岙间有一块巨石,当地人叫"棋盘石"。上面刻画的图案不仅有篦形图,竟然还有疑似星象图的石刻。经过对"棋盘石"上的岩画拓印辨识后,一副"古星象图"非常清晰地凸显了出来。经过星象学家的现场比对,发现存留可辨的星图是太微垣,从整个较大的岩石面及方位、布局来分析,以前"棋盘石"应刻绘了一幅完整的古星图。但其中紫微垣、天市垣及周围的二十八星宿,大多被破坏,难以考究。残留的太微垣中,少微星较明显,沿南北向一线排列。少微四星中三颗特别完整明显,最北一颗尚有痕迹。旁边的三台星六颗也较为明显。另外,五帝座、朗位及右垣、城门的左右执法非常突出。少微星分野就是处州,三台星分野是台州。刻画者着重将两个本身并不特别突出的星座,画得相对较大较突出,显然是有用意的。在农耕时代,星象、气象、物候的预测在农业生产中占有极其重要地位。

仙都下洋村棋盘石边上的"篦形""鸟形"岩画图案,说明这里在很早就是祭祀的场所了。中国古代星象图的发现,更证实这里祭祀的地位之高,绝非民间的普通祭祀,因为星图代表的是地位。况且,"棋盘石"在缙云堂西边约两千米的山谷中,两者在同一活动区域内。由此推测,"棋盘石"也是黄帝祭祀活动的一处重要场所。

这种普遍存在的"篦形"(或耙笈形)、"鸟形"(或蛇形)的图案又是什么呢？

（1）"筐形"图案与"鸟形"图案的组合，正是上古的"於"字（参见金文"越王者旨于赐矛"，毛公鼎"於"字，盂鼎"王曰於命女盂"）。"於"，音 wū，即是"乌"字的省变，上古时期，为同一个字。即是"於越"的"於"，也是"乌伤县"的"乌"，"毕月乌"的"乌"。根据缙云岩画的分布地点，谭其骧先生的《中国古代历史地图》的东周卷——正处在於越与瓯越的交际线。秦王政二十五年（前222），在此设置了一个叫"乌伤"的县，今天的缙云县在这个乌伤县区域内，得名渊源正是先秦时期的"於越"。从"於越"到今天的"义乌"，这一带"於"的地名几千年来一直在沿用。

（2）与二十八宿毕宿、箕宿叠加的图案基本吻合。

毕宿即毕月乌，星座形如叉，神化形象为雨师。箕宿，即箕水豹，星座形如U，神化形象为风神。它们负责呼风唤雨，是古代求雨的拜祭神灵。两星座图案叠加后，与"耙笈形"极为一致。

唐代段成式的《酉阳杂俎·二十八宿》："毕形如立叉，又属水，祭用鹿肉。姓颇罗堕。箕属清净天，姓特叉迦旒延尼，形如牛角。"毕，即二十八宿中的毕月乌，也有称其为雨师。《诗经·小雅·渐渐之石》曰："月离于毕，俾滂沱矣。"就是说当月亮经过毕宿时，就有大雨之兆。

东汉应劭《风俗通义·祀典》："风师者，箕星也。箕主簸扬，能致风气。"《春秋纬》中有"月离于箕，风沙扬"之说。箕也即二十八宿中的箕水豹，为东方青龙最后一宿，为龙尾，其摆动所引发之旋风，所以箕宿好风，一旦特别明亮就是起风的预兆，故也称为风伯。神话中的风伯是蚩尤的师弟，是人面鸟身的天神。早在周代已有祭风伯（箕宿）及雨师（毕宿）的祭典。

缙云在武德建县之前，大部行政区属婺州，治所在今天的金华。金华是黄帝的雨师赤松子得道处。北魏郦道元的《水经注》有关于金华赤松子庙的记载。如此说来，缙云的风伯雨师祭祀，由来已久，最迟在南朝就已经有专祠专庙了。风伯雨师祭祀，是黄帝文化的重要组成部分。

古代的缙云把求雨叫作"取龙"，取龙的一个重要环节就是先到龙王殿——缙云话叫"北海"殿拜"北海"，欣会诸神，因为"北海"是管布雨的。缙云话"北""毕"同音，这个"北海"就是中古时期"毕宿"，拜"北海"就是上古一直延续下来的雨师毕宿的祭典。

雨师在中国古代的神仙系统中是指赤松子。《太平寰宇记》说赤松子是在金华山以火自烧而化，其升天处为赤松涧，故山上有赤松祠，赤松涧。南朝萧梁时期的学者刘峻（463—521），字孝标，本名法武，平原（今属山东德州平原县）人，南朝梁学者兼文学家，于南朝梁天监八年（509），弃官隐居于金华山紫薇岩下著书讲学，他的一篇《东阳金华山栖志》中写道："是以帝鸿游斯铸鼎，雨师寄此乘烟，故涧乐赤松之名，山贻缙云之号。"

综上分析，"篦形""鸟形"岩画就是风神"箕宿"与雨师"毕宿"图案与本地名号"於"融合后的符号，是当时"於"地祭祀风雨神的标志图腾。原来的图案应该比较多，现在看到的也只是残留部分。应该是每次祭祀后会刻一个上去，时间久了，众多图案叠加成了现在的样子。

那么，"缙云岩画"中这个所谓的"磨盘"究竟是什么？又代表什么？

2020年冬，在毗邻缙云的仙居，出土了一个东晋咸和六年的砖结构古墓，其中一块墓砖上有两个与缙云岩画一模一样的磨盘画像。

原来，"磨盘"就是西王母的标志性配饰——"胜"的中心部位，是一个省略了两边梯形结的"胜"。在仙居的一处岩画磨盘图案，还保留了两边完整的梯形结。"胜"是古代织机上用来卷经线的横轴，中间是一个方形的插孔，外部轮廓表现为圆形，圆形的周边附着两个对称、相似的梯形物。通过横向圆轴穿插在两边，叫作"胜"。上古母权制过渡到父权制后，农耕文明萌芽时期，开始了男耕女织，男人的犁和女人的纺车成了最重要的生产工具，最初作为生产工具的"胜"就是纺车上的纺轮。后来演化成了一种妇女用的头部装饰物，多以玉制。汉代刘熙所著《释名·释首》篇：

> 华胜：华，像草木华也；胜，言人形容正等。一人著之则胜，蔽发前为饰也。

闻一多先生称之为"中华民族总先妣"的西王母，《山海经·海内北经》:"西王母梯几而戴胜,其南有三青鸟,为西王母取食。在昆仑虚北。"最早戴胜的形象就是西王母。

西王母何许人也?西王母是一个古老的母系氏族部落,他们的首领叫作西王母。这个古老的部落就是"於菟",是一个以虎、豹为图腾的部落。中国上古史的各个时期都有西王母的故事。西王母作为一个首领,她的形象是身上穿着虎皮,把豹尾做成自己的装饰,并且装有牙饰,喜欢呼啸,没有房子,居住在洞穴之中。西王母部落是一个游牧部落,头上戴胜,以青鸟为伴。

其太阳光纹饰(或者纺轮)在浙江东部的河姆渡文化中就已经有了。

中古以后,西王母被民间俗化为王母娘娘,黄帝也被民间俗化为玉皇大帝,他(她)们成了夫妻,统治着天、地、人三界。所以说,拜玉皇大帝、拜王母娘娘也是民间对黄帝的一种俗态化祭拜。

总体而言,"缙云岩画"是一种夹杂着文字符号、寄托祭祀愿望和本地部族标志的、具有鲜明地方特点的图腾。

三 缙云陇东的考古发现

缙云处在群山万壑之中,大儒朱熹极力称赞:"溪山回合,云烟敛,旦暮万状,信非人间也",其中山峦隐约,风雨调顺,间或有山间小盆地,这样的地方最适合人类休养生息。2016年7月23日,7岁的小朋友胡洵懿跟随爸爸一起去即将开工的壶镇中学新校园工地。在一棵樟树的底下,他捡到了一块头上磨成刀棱状的石头——"是石斧,是原始社会的工具"——爸爸惊呼了一声:"这样看来,这里有原始人生活过的痕迹",随后又发现了石斧的下半截。后来,又在工地发现了石簇、陶片,几个月后,随着挖掘机的隆隆声,一个远古文明的神秘面纱被逐渐揭开……

石箭簇、夹碳红陶等等先民的生产生活用具陆续出土,根据群众的反映,缙云县博物馆把这里的发现上报到省考古研究所……看到出土的文物,省考古所的专家们认为陇东遗址很可能是一处包含了上山、良渚、好川、钱山漾等不同文化阶段的古人类遗址。为避免文物资源遭到彻底破坏,2018年3月开始,浙江省文物考古研究所、缙云县博物馆对陇东遗址进行抢救性发掘。

根据丁品、孙瀚龙的《缙云县壶镇陇东遗址抢救性考古发掘》：

> 陇东遗址位于壶镇溪东区块，北揽好溪，东望陇山，其东南约500米为陇东村，该遗址位于壶镇盆地的东北端，毗邻括苍山系的山麓地带，地理坐标120.27°E、28.81°N，海拔约210米。
>
> 自2018年3月15日至5月18日，陇东遗址共发掘487㎡，布设7×10m、9×10m、10×10m、4×10m探方共6个，2×19m、1×9m探沟共2条。发掘表明，陇东遗址是一处包含了上山、良渚、好川、钱山漾、商周、西晋和宋代堆积的古遗址，遗址主体以良渚和好川文化堆积为主，共发现灰坑65座、灰沟8条、柱洞23处。其中，良渚时期的遗迹发现有少量灰坑，以H24最为典型，出土双鼻壶、圜底陶罐、陶豆，地层中仅见少量鼎足、残石钺、残石刀，年代相当于良渚文化晚期。好川时期的遗迹以灰坑、墓葬、柱洞为主，灰坑以H22、H23、H44、H55最为典型，出土带盖簋、陶豆、圜底釜、单把杯；墓葬均呈窄长条状，以G2、G3、G5、G7，长度约1.8—2.1米，宽度约0.3—0.4米，野外发掘时暂定为灰沟，由于出土了固定的陶器组合——釜、豆、壶，因此整理时将其认定为墓葬。柱洞集中分布在南部发掘区，分布较为零散，未见形制规整的房址，其中D9—D11可能代表了一种简易的临时性建筑。另在地层中出土了较多扁方足、侧扁足、圆锥足等好川时期的鼎足，以及有段石锛、石环、钻芯、石镞等石制品。钱山漾时期的遗物仅在地层中发现少量大鱼鳍形、刻划纹鼎足；商周遗物中未发现完整器物，但出土较多印文硬陶残片、石镞等。
>
> 此外，陇东遗址还找到了上山文化的遗物线索，发现了少量夹炭红衣陶片，在部分采集品中发现了近似平底盘的残片、大口盆腹部残片、羼合稻壳的陶块以及石球、磨石。由于发掘区面积有限，且已位于遗址的边缘，已被破坏的遗址核心区可能包含更为丰富的上山文化堆积。
>
> 陇东遗址是继遂昌好川遗址之后发现的又一处好川文化遗址，它

为研究好川文化的相关问题提供了新的资料。陇东遗址良渚、钱山漾文化相关遗物的发现，为探讨浙南地区新石器时代晚期到末期的人群交流、文化演变提供了新的视角，与上山文化相关的遗物信息为在周边地区寻找新石器时代早期遗址提供了有益线索。另外，陇东遗址发现了与石器加工相关的遗迹线索，并且在地层中出土了数量丰富的石器原料、打制石器成品、石器废片等，这为研究好川文化时期的石器生产、生业经济、资源模式等问题提供了重要资料。

通过科学的考古发掘，初步判断陇东遗址是一处包含了上山、良渚、商代、西晋和唐宋堆积的古遗址，遗址主体以良渚和商代堆积为主，共发现灰坑65座、灰沟8条、柱洞23处，良渚时期的遗物可见罐、豆、壶以及各类鼎足；商代遗物中未发现完整器型，但出土较多印文硬陶残片、石镞等。上山时期遗物数量较少，发现了少量夹炭红衣陶片，在部分采集品中发现了平底盘残片、陶罐口沿、大口盆腹部残片、羼合稻壳的陶块以及石球、磨石。

2020年初春，在壶镇的赤溪岙，发现了与陇东遗址一样的敲打石器（因为坚硬，原始人类把它当作工具，有的加工成装饰品）、夹碳红陶、印纹硬陶、石器工具等等。

2021年初春，在壶镇吕坟园工地，发现了与陇东遗址、赤溪岙一样的鼎足、敲打石器、夹碳红陶、印纹硬陶、石器工具等等。

陇东遗址出土的器物，数量较大部分正是好川文化同期的器物，正是传说中的黄帝时期的遗址。陇东遗址的发现为研究上山时期的文化交流、社会结构、人群迁移等问题提供新的材料。

陇东遗址中良渚文化相关遗物的发现，同时为黄帝部族南迁提供了线索，与史籍记载"……缙云氏有不才子……谓之饕餮，舜臣尧，宾于四门，流四凶族混沌、穷奇、梼杌、饕餮，投诸四夷，以御魑魅"契合。

四 黄帝祭祀在缙云的传承

东晋初期文学家庾阐的《扬都赋》："土映黄旗之景，峦吐紫盖之祥；

岩栖赤松之馆，岫启缙云之堂。"这是目前"缙云堂"最早见之于史籍的记载。此后有关"缙云堂"的记载较多。《说文》："堂，殿也。殿，堂之高大者也。"段注："古曰堂，汉以后曰殿。古上下皆称堂，汉上下皆称殿。"在浙南缙云山的缙云堂是一处祭祀活动场所。《扬都赋》描写的是扬州刺史部下属郡县的山川风物。这段描写说明了最迟在东晋初期，缙云山就有缙云堂，就有祭祀活动。祭祀哪位呢？郑缉之《东阳记》有记载："仙都山，一名丹峰山，昔黄帝会乘龙车登此山，辙迹犹存。""仙都山孤石撑云，高六百余丈。世传轩辕游此飞升，辙迹尚存。石顶有湖，生莲花，尝有花一瓣飘落至东阳境，于是山名金华。"仙都山即缙云山，黄帝飞升处，山下的缙云堂祭祀的就是黄帝。

六朝时期黄帝文化在以缙云堂为中心的地区广泛流传，如金华的金华山、永康的石城山，可见影响颇大，所见的记载颇多。如：

《山海经·海内南经》郭璞注，引用三国时期的《魏土地记》曰："东阳永康县南四里有石城山，上有小石城，云黄帝曾游此，即三天子都也。"

萧梁时期，余姚学者虞荔所著的《鼎录》记载："金华山皇帝作一鼎，高一丈三尺，大如十石瓮。像龙腾云，百神螭兽满其中。文曰：'真金作鼎，百神率服。'复篆书三足。"

唐万岁登封元年（696），分丽水县北界、婺州永康南界置缙云县，又以括州为缙云郡，寻废。无论是缙云县还是缙云郡，皆是因为境内古缙云山而得名，唐玄宗天宝年间，玄宗皇帝赐号仙都山，从此，缙云山又叫仙都山。于是"乃言缙云者，必称仙都"。鼎湖成了黄帝的代称，慢慢地广为人知。唐代改缙云堂为黄帝祠宇，祭祀轩辕黄帝，缙云令李阳冰书"黄帝祠宇"立于祠内（碑已断为两截，今存城隍山城隍殿地下室内）。著名道士刘处静慕名而来，"因怀故里，息尔仙都。探安期之就踪，封轩黄之故迹"，在"轩黄之故迹"处筑玄墟修炼，唐僖宗赐名"仙都观"，宋英宗赐名"妙庭观"——俗称"上宫"；宋英宗因为黄帝祠宇每年度道士七人，遂赐名为玉虚宫——俗称"下宫"。但是无论是"黄帝祠宇"还是"玉虚宫""下宫"，唐宋以来，黄帝祭祀一直比较兴盛，具体的祭祀程式，在南宋楼钥的笔记中记述得比较清楚。

1997年6月，仙都山北边一个叫"田村"的村庄，有两个十六七岁的大孩子，因打架而被扭到仙都派出所。值班的民警究问其起因、经过，原因是三个孩子在仙都山上的金龙洞内挖出金龙、玉简。金龙已经打成了戒指，因分赃不均引发矛盾而导致打架。派出所民警立即通知县文管处。随后，在这两个人的指引下，文管处的同志与派出所民警一起上仙都山金龙洞。民警又在洞内掏出金龙、木简等物，连同追缴回来的文物，在金龙洞内共发现鎏金铜龙两件；朱书木简、墨书木简各一件；青铜抓四只；小铜镜一枚；"唐国通宝""景德元宝"铜钱各一枚以及被打成戒指的金子一块。金龙、玉简是用来祭祀仙都山的，朱书玉简隐约还可以辨认："哀控明鉴诚惶诚恐……""宜投名……事圆成俯回……与家……左大"，与《仙都志》记载："天僖四年，投金龙玉简于其中"一致。

　　金龙玉简的发现，以及仙都山仙水洞的宋代摩崖石刻记载，说明了唐宋时期仙都山黄帝祠宇的祭祀活动的频繁。同时也说明了在唐宋时期，仙都山的黄帝祭祀是受到统治者重视的。宋代以后官方的祭祀活动渐渐式微，但是民间在缙云山（仙都山）的祭祀从未间断。

五　结语

　　黄帝缙云氏，自迁徙到浙江中南部以来，历来传说、故事口口相传。事实证明，这种传说、故事是晋室衣冠南渡之前，文化欠发达的江南地区人民以口述形式记录的历史事实，是真实存在的。缙云陇东遗址是中华民族先民的一处生息地，也是黄帝时代一支部族的活动区。缙云岩画就是黄帝文化在缙云当地传承过程中的一段历史遗迹。"缙云岩画"的各种图案，沿着括苍山脉两侧广泛分布着，形象生动活泼，记载了黄帝时代的祭祀文化在浙南山区的延续。同时，越地的先民们，把本地"於"的名号，结合了风神雨师箕毕两宿的形象图案，刻画在山间的岩石上，使部族名号的形与声世代流传，一直到现在。虽然六朝以前典籍文字记载甚少，但是人们以口头表述的形式记了下来。我们通过查寻少数存世资料中的蛛丝马迹，结合当地出土的文物，以及大量发现的岩画，一直延续下来的黄帝祭祀，勾勒出黄帝部族在今浙江省缙云县活动的大概轮廓，以及黄帝后裔迁徙此地的大致生活场景。同时也说明了，自古以来这里是祭祀中华民族始祖轩辕黄帝的一处主要场所。而且，随着岩画及考古的不断深入，将会发现内容更为翔实丰厚的黄帝祭祀活动及文化内涵。

（胡玉丰：浙江省缙云县壶镇镇文史爱好者）

柿坑足印与黄帝南巡

项一中

一般认为,从猿类进化到人类,最重要的标志就是从四条腿减少到两条腿。而这一段历史,人类大约走了数百万年之久。因此,人们对劳苦功高的"足"之重视,可谓"举足轻重",举国皆知。

比如:形容同向而行的莫逆朋友,国人称"情同手足";

而形容红男绿女喜结连理,国人则称之为"赤绳系足"。

然而,令人百思不得其解者:自180万年前出现直立人以来,生生不息之人类横行天下,居然在地球上没留下几个足印,岂不怪哉!

有幸的是,1998年8月,笔者和几位友人在对柿坑峡谷的探险中,居然发现了一串长长的足印!

柿坑峡谷位于缙云县大源镇境内,峡谷中巨石累累,风光优美,泉水清洌,瀑布飘飞,是一处难得的江南秘境。而在溪流之下河床一侧的光滑花岗岩上,弯弯曲曲地凿刻着一长串足印。

这些足印以一前一后之步伐,从下游往上游信步而行。粗略一数,这串或深或浅忽明忽暗的足印约30多只。大足印长26厘米,掌宽8厘米,深1—2厘米。奇怪的是,在一对大足印的右侧,居然还刻画了一对长15厘米,掌宽4厘米,深0.5—1厘米的小足印。

是什么人留下这些足印?他们又为什么要刻画这些足印?

是一次性把全部足印刻好?还是分年而刻,一年刻一对?

大足印是男子还是女子?小足印是男孩还是女孩?

假如大足与小足属于母女,它是否处于母系社会时代?

假如大足与小足属于父子,为何缺少孩子母亲的足迹?

还有，为什么这些足印要逆水而上？

是山中有什么神秘的力量吸引他们？

还是山下什么可怕的东西威胁他们？

无数个问号，像一团乱麻，剪不断，理还乱……

为了揭开谜题，当年我们跑到柿坑村，专程拜访了该村年纪最大的老人、离休干部陈先生。陈先生告诉我们，自己今年八十六岁，听村中长辈说，不知何年何月的一场滔天洪水，卷走了覆盖在溪边的厚厚山石和植被。洪水过后，人们惊奇地发现，祖露的花岗岩河床上突然出现了这一行足印！

陈先生说，自己小时候放牛，曾踩着小足印而走；长大了跨溪砍柴，又踩着大足印而行。但除了传说足印是被洪水冲出来之外，村子里没一个人说得清其由来。

随后，我们借来了柿坑村清代所修的《陈氏宗谱》，发现该村之始迁祖名叫陈德育（1693—1674），他是大清康熙年间从大洋镇的铁箱村迁此定居。但查遍宗谱，并无任何有关"足印"的记载。

从此，有关柿坑足印之谜就一直深藏心底，无法释怀。

2017年春，有人在仙都下洋村一个山岙中，发现了一块面积约30平方米、形状像一叶扁舟的扁平巨石，上面刻满了多种岩画，村民称之为"棋盘石"。不久，在下洋另外一个山岙的石壁上，又发现了面积达到数百平方米的岩画。

2018年，笔者与友人深入括苍山脉最高峰大洋山一个名叫蒙岗的山村，偶然在村口溪滩的一块大石头上，发现了一幅雕刻神秘的图案。这幅图案由一个倒三角和一个长方形组成，中间则是米字格结构。

紧接着，又在括苍山脉向南延伸带即大源镇的稠门村牛屙岭、溶江乡花楼山村的麦磨岩、壶镇大集村的垄岗背等九个地点，先后发现了大量不同内容、大小有异、规模不一的岩画群落

将其归纳分类后，缙云岩画具有以下特点：

其一，缙云发现的所有岩画，全都分布在山脉的山腰处，前面不是悬崖绝壁，就是空旷陡立的山岙。

其二，所有这些岩画全都面对山凹前面群山连绵的某座高峰，而且附

近数米或数十米，必有或大或小或长或短的水源。

其三，在各类岩画中，工具类岩画占比最多，如四齿、五齿、甚至六七齿"耙筊"形图案，钢叉形、钩刀形、磨盘形、凹状形、星状形、梯形以及人形等等图案。

针对以上缙云岩画之特点，专家学者之分析见仁见智，莫衷一是。

笔者则以为，仙都形如斗宿的圆凹状岩画，颇似县志之"星野图"！

星野者，分野也。乃古代天、地信仰系统的组成部分。《吕氏春秋》云："天有九野，地有九州。"也就是说地面的山川是与天上的星象相对应。缙云古童谣就这样唱道："天上一粒星，地上一个人。"

那么古人为什么要研究星象？一般来说，古人对天空进行分野，主要是作为对农耕时代气象、物候的预测，以求五谷丰登。但更重要的是在祭祀时，将其作为对吉凶之兆的主要参考，以求避凶趋吉。

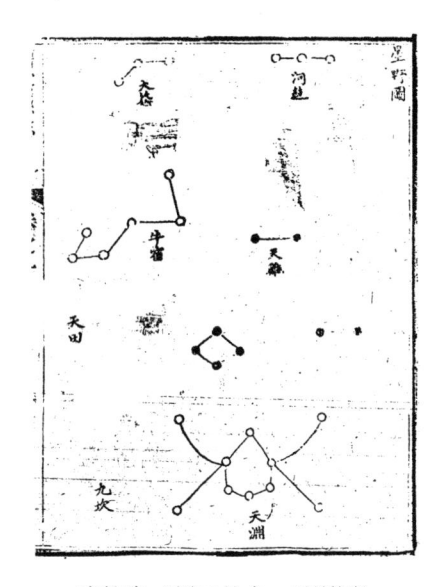

清乾隆《缙云县志·星野图》　　　　缙云仙都棋盘石

而花楼山麦磨岩那两个完整的磨盘纹图案，恰恰对应了缙云上古流传的神话"大姥传说"。相传，老天爷最后一次没天时，整个天下只有居住在缙云大姥山的两兄妹活了下来。为了不让人类断子绝孙，兄妹俩决定结为夫妻，但又怕老天爷惩罚。他们就想了个办法，把两片麦磨背上山顶，再分开滚下，如两片麦磨滚到山脚重新合为一体，说明老天爷同意他们结

为夫妻。结果两片麦磨滚到山脚时，果真"啪"的一声合上了，于是两人紧紧相抱成为夫妻，繁衍子孙。

而最为奇特的是壶镇那个桃花盛开的村庄，也就是大集村的岩画，以纯熟的技法刻画了六个似乎戴着宇航员太空帽的"天外来客"。而在天外来客的旁边，有三条扶摇而下的柔软"天梯"，似乎那些天外来客是刚刚顺着天梯降到人间，令观者浮想联翩。

总之，这些突然大规模涌现的缙云岩画，引发出无数个问号：此类岩画究竟是史前人类所为？还是放牛娃的无意之作？这些抽象或具象的岩画，究竟是实有所指？还是意味着其他含义？岩画是古人为祭祀天地所刻？还是祈求上天保佑的神秘符号？

正在无比困惑之际，偶然读到一篇《具茨山岩画》的文章。

具茨山乃河南省新郑市之主要山脉。根据报道，具茨山岩画的发现时间，与缙云柿坑村发现"足印"差不多在同一时段。但大规模的岩画发现，缙云则明显迟于新郑十余年。

新郑，古称"有熊国"，即名闻天下之"黄帝故里"。缙云则是全国两千多个县名中，唯一以黄帝名号"缙云氏"命名的一个县。那么，这两个相隔千里、皆有轩辕黄帝传说之县，其岩画又有什么关联呢？

经从网上查得的资料，缙云与新郑两地岩画有如下共同点：

其一，两地岩画都刻在本地最主要的山脉之上：具茨山主峰风后岭海拔1160米，为新郑最高山脉；缙云括苍山主峰大洋山海拔1500米，为缙云最高山脉。

其二，两地岩画皆刻于面朝蓝天的岩石之上，而不是像摩崖石刻那样刻于壁立之悬崖峭壁之上。且缙云图形最多的"耙"形图案，也有人将其称为"鸟人"，但无论其形状大小有别，其头部全部向上，颇有古代祭祀欲与上天对话之意。

其三，两地岩画存在相似度颇高的星象类岩画，比如具茨山岩画有双排凹穴、梅花状环凹穴、沟槽、网格状、字符形等多种类型。而在缙云仙都被村民称作"棋盘石"的岩画中，也刻有圆形凹状图案，状如斗宿，似星象排列者，以及米字形、字符形之岩画。

其四，两地岩画大多具有意象特征，具象内容较少。比如两地都有人形岩画，而且都是抽象人形。这为研究中原古文化和浙江东南古文化之间的联系，提供了一种新的研究课题。

缙云大洋的格子岩画　　　　　　　新郑具茨山的岩画

清华大学教授、中国社会科学院古代文明研究中心主任李学勤先生认为，判断一种遗迹是否属于文明，有四大标准：第一是要有城市。第二是要有文字。第三是有礼仪性的建筑。第四是要有金属工具。

我们先来看看第一个问题：黄帝时代发明文字了吗？

相传，上古时代人们就发明了"结绳记事"的方法。但随着生产的发展，结绳记事已经无法适应时代要求，因此黄帝手下的官员"苍颉"开始创作"日月山川、飞禽走兽"等等形象刻画。唐《轩辕黄帝传》载："苍颉之文，即制文字，以代结绳之政，以作书契。"

由此可见，黄帝时代已经开始了象形文字雏形的创作。而两地类似符号的古岩画，与人类文字的起源无疑有着一脉相承的关系。

第二个问题：缙云和新郑的岩画，是用什么工具雕刻的？

如果是用金属器具雕刻的，黄帝时代发明了金属冶炼方法了吗？

据《史记》记载：炎帝末期，中原地带出现了"诸侯相侵伐，暴虐百姓，神农氏弗能征"的局面。有熊国君轩辕敏锐地捕捉到这个千载难逢的历史机遇。"轩辕乃习用干戈，以征不享，诸侯咸来宾从。"意思是说，轩辕精心训练军队，去征讨那些作乱而不来进贡的部落，于是诸侯纷纷都来附从。于是炎帝集团、轩辕集团和蚩尤集团，形成了三国鼎立之态势，神州大地首次上演了一幕原始版"三国演义"。

很快，中国传说时代最早的一场大战拉开了序幕。

关于这场战争，《史记》是这样描述的："轩辕乃修德振兵……教熊罴貔貅貙虎，以与炎帝战于阪泉之野。三战，然后得其志。"也就是说，轩辕进一步修行德业，整顿军旅，训练以猛兽"熊、罴、貔、貅、貙、虎"命名的野战部队，最后跟炎帝在阪泉的郊野进行大战，先后打了三大战役，最终取得了胜利。

然而，和平时代并未就此而翩然降临。《史记》记载，炎帝战败后，随之而来的却是"蚩尤作乱，不用帝命"，"于是黄帝乃征师诸侯，与蚩尤战于涿鹿之野"。也就是说，打败炎帝后，蚩尤仍不听从黄帝的号令。于是黄帝征调诸侯的军队，在涿鹿郊野与蚩尤展开了决战。

为什么炎、黄之战中，轩辕仅仅训练了本族的"熊、罴、貔、貅、貙、虎"六支野战部队就能取胜。而当他要与蚩尤决战时，却丝毫不敢掉以轻心，除了派出本部族最精锐的嫡系部队之外，还要征调各个诸侯的军队，难道蚩尤真的是铜头铁臂、刀枪不入的妖魔？

史籍中关于蚩尤的记载很多，《述异记》云："（蚩尤）人身牛蹄，四目六手…头有角"；《史记正义》则引《龙鱼图》云："蚩尤兄弟八十一人，兽身人语，铜头铁额，食沙石子，造立兵，仗刀戟大弩，威振天下……黄帝以仁义不能禁止蚩尤，乃仰天而叹。"

意思是说，蚩尤纠集了八十一个部族，打造了各种武器，到处残杀无辜。黄帝先礼后兵，以"仁义"劝之，却难以阻止蚩尤的叛乱，以致他只能"仰天而叹"。从字里行间我们可以发现，黄帝对炎帝是说打就打，但对蚩尤却颇有顾忌，难道蚩尤有什么秘密武器不成？

《吴越春秋》云："神农以石为兵，黄帝以玉为兵。"《尚书》则记载："蚩尤炼金为兵。"也就是说，在神农和黄帝部族尚且停留在以"石""玉"为兵器的新石器时代，蚩尤部族已经率先进入了金属时代。"铁"的古体字为"銕"，从其结构"金"旁"夷"字可以推知，它的最早出处应该来自"东夷"部落。

由此可见，在黄帝与蚩尤两大军事集团的实力较量中，黄帝集团在武器上的落后是"蚩尤最为暴，莫能伐"的最根本原因。而为了弥补"以玉为兵"武器上的劣势，黄帝只能"征师诸侯"，也就是征调诸侯的军队组成庞大的联军。但是，黄帝统领的这支占压倒性多数的诸侯联军，真的能与蚩尤军事集团相抗衡吗？

《太平御览》引《黄帝玄女战法》云："黄帝与蚩尤九战九不胜"。也就是说，黄帝一连打了九仗都被蚩尤打得丢盔卸甲，闻风而逃。最后还是依靠那个突然现身、若神似妖的玄女，传授给他一套"万战胜法"，也就是百战百胜的兵法，黄帝才勉强战胜了蚩尤，平定了天下。

可想而知，蚩尤战败之后，其掌握的所有秘密武器系统，也就是"以金为兵"的冶炼金属之方法，毫无怀疑全部落入了黄帝族群手中。

由此可见，无论缙云的岩画还是新郑的岩画，其刻画所使用的工具，都极有可能是——金属器具。

第三个问题：黄帝缙云氏何许人也？

"缙云氏"作为传说时代的一个氏族，始见于《春秋》："饕餮者，缙云氏之不才子也。"《左传》则言："缙云氏有不才子，贪于饮食，冒于货贿……天下之民以比三凶，谓之饕餮。"司马迁据此而将其编入《史记·五帝本纪》："缙云氏有不才子，贪于饮食，冒于货贿，天下谓之饕餮。天下恶之，比之三凶。"

这些说法意思相同："缙云氏"生了个不成器的孩子，既贪吃又贪财，天下人都叫他"饕餮"。

既然"饕餮"贪得无厌，那么他的老爹"缙云氏"乃何许人也？

《史记·集解》引东汉学者贾逵云："缙云氏，姜姓也，炎帝之苗裔，黄帝时缙云之官也。"意思是说，缙云氏姓姜，是炎帝的后代，后来当了黄帝的高官。

唐张守节则在《史记正义》中说："黄帝，有熊国君，乃少典国君之次子，号曰有熊氏，又曰缙云氏，又曰帝鸿氏，亦曰帝轩氏。"也就是说，缙云氏就是黄帝本人四个名号中的一个。

南宋罗泌《路史·蚩尤传》则说："蚩尤天符之神，状类不常，三代彝器多为蚩尤之像。"意思是说：夏商周青铜器上所铸的"饕餮"就是蚩尤。换句话说，缙云氏就是蚩尤他爹！

一个说缙云氏是炎帝后代，一个说缙云氏为黄帝名号，一个说缙云氏为蚩尤他爹，真可谓众说纷纭百口莫辩。但三家之说至少有一个共同点："缙云氏"和华夏"三大始祖"炎帝、黄帝、蚩尤有关。

那么我们到底应该信谁？是否年代越早可信度越高？

贾逵乃东汉大名鼎鼎之经学家、天文学家，被时人称为"通儒"，即"国学大师"。但他称缙云氏乃"炎帝之苗裔"，却令人疑窦丛生。

《史记·集解》称："黄帝受命，有云瑞，故以云纪事也。春官为青云，夏官为缙云，秋官为白云，冬官为黑云，中官为黄云。"意思是黄帝受命之时，出现了祥瑞之云，因此以"云"名官。其中的"夏官"即为"缙云"。那么这个"夏官"究竟是个何等职务？

据《周礼》记载，周代之官名仍沿袭黄帝时代之称呼，以"春夏秋冬"为名。如："春官"宗伯，管祭祀礼乐；"夏官"司马，管行政军事；"秋官"司寇，管刑法禁令；"冬官"司空，管工程建设。

原来"夏官"掌管的是位高权重的军事、行政之高官。假如"缙云氏"真的是那位被黄帝推翻后客死他乡的炎帝之后代，那么他对轩辕黄帝这个灭祖仇人应该是恨之入骨不共戴天。但他居然厚颜无耻地当了黄帝的高官，此举岂非认贼作父，欺师灭祖？何以服人？

退一万步说，如此重要的官职，必为黄帝十分信任之嫡系氏族成员方可担任。孔子云："非我族类，其心必异"，难道黄帝会轻易相信炎帝这个最可怕的政治对手之后裔，委以掌管天下军政大权之重任？

因此，贾逵所谓"缙云氏"为炎帝"苗裔"之说，令人难以信服。

而第三种说法，即"缙云氏"乃"蚩尤"他爹，则更加不值一驳。那么，"缙云氏"到底何许人也？

如前文所述，唐张守节在《史记·正义》中明确指出："黄帝为有熊国君，号有熊氏，又曰缙云氏，又曰帝鸿氏，亦曰帝轩氏。"也就是说，黄帝部族是由以上四支核心氏族所构成。正因为"缙云氏"属于自己的嫡系氏族，黄帝才可能任命其为掌管军政大权的"夏官"。

由此可见，张守节"黄帝……又曰缙云氏"之说，应该最为可信。

第四个问题：黄帝缙云氏为何要从中原来到浙南？

有两种说法。其一，这是一场权力斗争的结果。

《左传·文公十八年》记载：当年，部落联盟之最高领袖帝尧已是风烛残年，一方面他想传位给自己的爱子丹朱，一方面又不愿破坏传统，想禅位给受人推荐的虞舜。不料有四个大臣坚决反对！

这四个大臣就是：缙云氏之子"饕餮"、帝鸿氏之子"浑敦"、少皞氏之子"穷奇"、颛顼之子"梼杌"。

尧自然喜欢传位给自己的亲生骨肉,但传子不传贤又怕坏了自己的一世英名。最后他想出个一箭双雕、两全其美的办法:假如把自家的两颗掌上明珠——娥皇和女英,一起许配给虞舜做老婆,他不就是自己的女婿了吗?女婿和儿子无论谁坐天下,还不都是一家人吗?

尧就这样把两个千金嫁给了虞舜,对外宣称这是组织安排对他进行全方位考察。过了一段时间,这位老丈人就公开宣称,虞舜果然是德才兼备年富力强的可靠接班人,并很快让虞舜代理自己执政。

虞舜执政后,首先就把亲信纷纷安插到中央领导机关要害部门。根据《竹书纪年》的记载,布局完成后,虞舜就把老丈人帝尧囚禁起来,连他的儿子丹朱都不让见。

接着,虞舜又通过自己所掌控的宣传部门,对曾经反对自己接班的四个大臣进行妖魔化处理,宣称此四人是贪婪暴虐无恶不作的"不才子",阴谋篡党夺权的四人帮——"四凶"。然后他又逼迫尧亲自下令,将此四人"投之四裔""以御魑魅"。也就是把他们流放到蛮荒边境,去抵御那些鬼魅般的少数民族。

虞舜镇压了反对派"四凶"后,他的接班计划果然十分顺利。

《左传》是这样记载的:"是以尧崩而天下如一,同心戴舜,以为天子。"意思是说,等到尧驾崩后,天下没有一个人再敢提反对意见,一致拥护虞舜当了天子!

那么,将饕餮等"四凶""投之四裔"的四裔在哪里?

《史记·集解》说:"四裔之地,去王城四千里。"也就是说,"四裔"是分别距离都城四千里之外的蛮荒之地。

《竹书纪年》载,舜将尧囚于"尧都"阳城,古之阳城即现在的临汾。假如按古代里程计算,缙云距离"王城"差不多刚好"四千里"。

就这样,黄帝的一支嫡系后裔缙云氏之"不才子"饕餮,被流放到了如今浙江的西南山区。而这些黄帝的后裔干脆就以轩辕黄帝"又曰缙云氏"的"缙云"二字来命名这个新的家园,取名叫"缙云山",并在山中建"缙云堂"祭祀黄帝,以祈求始祖的保佑。就这样,轩辕黄帝在缙云山铸鼎炼丹、乘龙升天等传说,就逐渐向周边流传开来。

第二种说法则更复杂些：轩辕黄帝通过阪泉之战和涿鹿大战，打败了炎帝、擒杀了蚩尤。可惜黄帝虽然消灭了这两大军事集团的主力，但其残余部落却并未真正心悦诚服，他们不断骚扰着黄帝的部族。

《史记》载："天下有不顺者，黄帝从而征之，平者去之，披山通道，未尝宁居。"意思是说，对那些不肯归顺者，黄帝就进行武力讨伐，平定之后再离开。为追击那些隐藏于山林的反抗者，黄帝命士兵劈山开道，未曾有过一日安宁的生活。

那么黄帝讨伐这些"不顺者"都到过哪些地方呢？

据太史公记载，黄帝"东至于海，登丸山；西至于空桐，登鸡头；南至于江，登熊湘"。我们来看看"南至于江"到底是指哪一条江？

据《湖南通志》云："熊湘者，湖南之熊山、湘山也。"翻开地图发现，两山都位于长江以南。黄帝"南至于江"指的就是"长江"！

那么，黄帝为什么要跨长江而"登熊湘"，进行中国古代历史上第一次声势浩大的"南巡"呢？

原来，炎帝在阪泉之战失利后，即率部退居长江以南之洞庭湖畔，企图东山再起。《路史》称，炎帝"盖宇于沙，是谓'长沙'"。于是黄帝挥师南下，准备对炎帝发动最后的致命一击。

当炎帝余部探得黄帝南下的消息后，他们只得匆匆继续向南迁徙，准备隐蔽在湖南与江西交界的密林深处。不幸的是在迁徙途中炎帝身染重病，最后不治而亡，部族只好将其就地掩埋。此地就是如今湖南的炎陵县。而当黄帝率大军渡过长江，追至湖南江西一带的罗霄山脉时，终于在崇山峻岭中发现炎帝已死，大患已除。

当黄帝以胜利者的身份，踌躇满志准备班师，其心情应该极为放松愉悦。因此我们完全可以设想，面对迥异于黄土高原的江南秀美山川，很可能黄帝一时兴之所至，就翻过了罗霄山脉，往东进入浙江，然后安步当车，陶醉于沿途水秀山清的旖旎风光之中。

《汉书·郊祀志》载："天下名山为八，三在蛮夷，五在中国，皆黄帝所游。"蛮夷者，"南蛮东夷"也，乃古代中原地区对东南边远少数民族之蔑称。这句话是说，天下有八座名山，三座在东南之地，五座在中原地区，而黄帝游遍了这八座名山。

柿坑足印与黄帝南巡

在上古中国谁有如此气概，尽游八山，走遍华夏？唯有轩辕！

黄帝以四海为家的胸襟，以及走遍天下之雄心，无疑是中国第一位旅行家，更是最早开启中国旅游业的鼻祖。

也许正是在这样一种凯旋而归、轻松愉快的行旅中，黄帝偶然经过了如今的浙江缙云一带。而缙云氏之部分成员，因为留恋于江南的水秀山清，最后定居于好溪九曲、奇峰插天的缙云山。

谓予不信，请看晋郭璞《山海经》所载："东阳永康县南四里，有石城山。云'黄帝曾游于此'。"南北朝虞荔的《鼎录》则记载："金华山（缙云曾属金华地区）黄帝作一鼎，高一丈三尺，大如十石瓮，象龙腾云，百神螭兽满其中，文曰：真金作鼎，百神率服。"

更奇怪的是，南朝宋郑缉之《东阳记》载："三皇时仙姑，相传为轩辕黄帝少女，于仙华山修真上升。"清代浦江名士戴殿泗有诗云：

轩辕一去少女留，玉炉丹杵风飕飕。
嗣经唐帝画井界，始知此峰落扬州。

在浦江民间传说中，黄帝之少女"玄修"来仙华山有两种说法：一是随同黄帝南巡而来，最后居留此山修真；二是受黄帝之命前来仙华山教化百姓。因此，与永康一县之隔的浦江仙华山，远古以来即建有纪念黄帝女儿"玄修"之庙，至今仍香火旺盛，朝拜者如云。

当然，我们仍不能据此即断定，黄帝因"南巡"而在永康的"石城山"游历；然后再到金华山"铸鼎"；最后在仙都的鼎湖峰"乘龙升天"；而黄帝之爱女"玄修"，则随部族北归时留居于浦江仙华山。

无疑，缙云、永康、金华、浦江等地几乎连成一线的种种黄帝传说，简直就像黄帝南巡时所留下的一连串"足印"！

当然，柿坑这串深山里的足印，绝不可能真的是黄帝南巡所留下的足迹。但我们今天该怎么解释，为什么相隔千里之遥的新郑具茨山和缙云括苍山的岩画，有如此之多的相似之处？

总之，以缙云为中心，向永康、金华、浦江周边辐射的这种令人目乱神迷的有关黄帝的神奇传说，以及剪不断理还乱的神奇巧合，如同一个个魅力无穷的千古谜题，令人疑真似幻、沉醉其间而难以自拔。

最后说个题外话。1876 年，一位阿根廷探险者在平图拉斯河岸的山洞中，发现了距今近万年的"手印"岩画。到了 20 世纪，这个被叫作"平图拉斯河手洞"的景点终于名闻天下，并于 1999 年被列入了世界文化遗产名录，至今游客如云。

如果说，阿根廷"手印"与柿坑之"足印"，可谓"一手一足"东西合璧之岩画奇观，那么缙云之大量岩画是否也值得引起当地政府的重视，首先稍拨款项加以妥善保护，以期未来开展深入研究呢？

这是目前我们最为期待的答案！

（项一中：中国先秦史学会会员、中共浙江省缙云县仙都风景旅游管理局党委副书记）

黄帝故里的巨石文化

宋豫秦　刘俊杰

在庆祝中国共产党成立100周年之际，延续1600多年的仙都祭祀黄帝大典活动可谓三喜临门：其一，2021年7月，经国家有关部门批复，中国仙都祭祀轩辕黄帝大典主办单位升级为浙江省人民政府，这必将有力地扩大缙云黄帝文化的美誉度和影响力。其二，分布在黄河上中游地区的仰韶文化被公认为黄帝部族的主干文化，而今年适逢仰韶文化发现100周年。众所周知，仰韶文化的发现被认为乃中国近代考古学的开端。其三，"中国第四届黄帝文化学术研讨会暨2021中国先秦史学会年会"在相传黄帝骑龙升天处的缙云县召开，有利于缙云成为与陕西黄陵、河南新郑并驾齐驱的黄帝文化祭祀和研究中心。

欣忭之余，人们也许会问：黄帝及其部族活动的重心地带在"天地之中"的中原地区，缙云远离中原地区，为何会广泛流传黄帝得道升天的传说呢？作为一名曾多年致力于夏商时代研究的考古学博士，我的疑问则主要在于：按作为黄帝部族文化载体的仰韶文化之基本内涵，如生产工具以磨制石器为主，居住房屋多为半地穴式，偶尔发现的金属器具并未在社会生产生活领域发挥显著的推动作用，黄帝部族的活动地域不应该很大，他们怎么能够拓展到远在数千里之外的浙江缙云地区呢？况且文献所记载的黄帝时期之社会组织、科技成就、文化水准都达到了相当高的程度，凡此都还有待新的考古发现的证实。当然，上述疑问都是基于传统史学的认知，而传统史学之局限性，近年来正遇到多方面的质疑和挑战，这些挑战也包括来自国内外的、不胜枚举的所谓"神秘文化"的冲击。

本文对我们近年来在新郑黄帝故里亲自调查发现的巨石文化遗存作一

简要介绍，并提出几点浅见，希望引起大家的深思。

2008年秋，受新郑市人民政府委托，北京大学与该市黄帝文化研究会联合组成课题组，对新郑境内及相邻的禹州、新密境内的具茨山岩画进行专题调查。期间，我们也对分布于具茨山中的巨石文化遗存进行了复查和调查。

图1 具茨山岩画和巨石所处的山体地貌

具茨山地处黄帝故里新郑及相邻的禹州、新密境内，属嵩山支脉，北临黄河，西依嵩岳，南连伏牛，东面黄淮大平原。史籍中有多处黄帝在具茨山活动的记述，如《庄子》曰："黄帝见大隗于具茨之山"；"黄帝为天子十九年，令行天下，闻广成子在崆峒山上，往见之"。《水经注》载："黄帝登始祖（具茨）山，升于洪堤上，受《神芝图》于华盖童子，即是山也。"无独有偶，具茨山上确有一座崆峒山和一座逍遥观，且见于明《河南府志》："崆峒山，在钧州（今禹州）西北五十里，上有逍遥观，相传乃黄帝修炼之处。"

据初步调查统计，具茨山岩画达6000余处，以圆穴类为主，约占总量的70%以上，分为单圆穴、双圆穴、双排12圆穴、双排24圆穴、多排圆穴组合，以双排12穴者和梅花状者居多。此外，也曾发现个别男女裸体图，形似河网、星象以及棋盘等图案者。受具茨山岩画的启发，河南漯河学者马宝光及河南南阳学者孙保瑞、白振国等又相继在河南平顶山、驻马店、南阳等地发现大量同类岩画遗存。具茨山岩画曾引起史学界、考古界、岩画界、美术界诸多权威学者和各级政府部门的高度重视，被认为是对中国先秦史研究具有划时代意义的重大发现。

黄帝故里的巨石文化

图2　具茨山双排十二圆穴岩画　　　图3　梅花状圆穴岩画

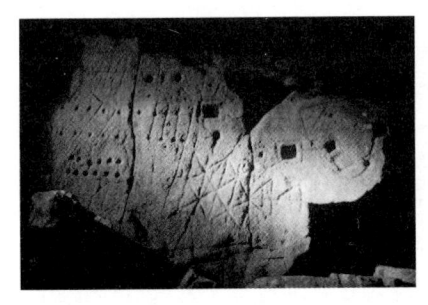

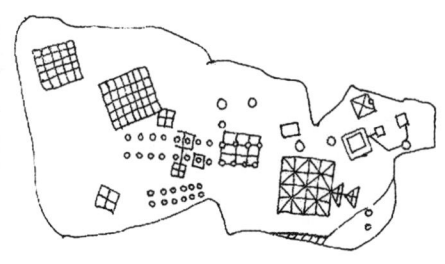

图4　圆穴、方穴、网格与线的组合岩画照片和绘图

联合国教科文组织下属的国际岩画委员会在1979—1982年间提供的资料显示，岩画遗址遍布77个国家的144个地区。目前全世界有记录的单幅岩画已达3500万幅，如果包括尚未被统计者，总量在5000万幅左右，其中与具茨山同类的凹穴岩画在世界各大洲皆有分布。具茨山岩画在国际岩画体系中的重要意义在于，其分布空间最为广阔，数量最为众多，类型最为丰富。

与具茨山岩画并存却更为令人震惊的是，在岩画分布区内，星罗棋布地矗立着多处巨石文化遗存。

巨石文化遗存在世界五大洲皆有分布，其年代被认为自新石器时代延续至金属器时代，类型包括巨石柱、石砌墓、石列、石圈等。许多巨石遗存显然超出了远古人类的技术能力，有的已被列入世界文化遗产名录，如闻名遐迩的英国巨石阵等。

具茨山的巨石文化遗存分布在方圆数十公里的荟萃山、九里山、风后岭、崆峒山逍遥观、大鸿寨、老山坪十几个山峰之间。最早发现具茨山巨石文化遗存的是河南禹州青年摄影家刘俊杰。由于缺乏充分的报道，因而长期未引起学界的高度重视。2009年5月初，《始祖（具茨）山国家级森林公园修建性详细规划》课题组组长宋豫秦带队在新郑风后岭调查期间，发现风后岭北坡存在一处典型的巨石遗存，遂与刘俊杰一起带领课题组成员对具茨山的巨石文化遗存开展实地调查。

具茨山巨石遗存分为支石、叠石、列石、石棚、石圈等多种类型，以支石类和叠石类最多，数以千计，成组分布，其岩性与所处山体岩性一致，单块巨石的重量多在数吨至数十吨之间。

图5　具茨山巨石文化遗存（1）　　图6　具茨山巨石文化遗存（2）

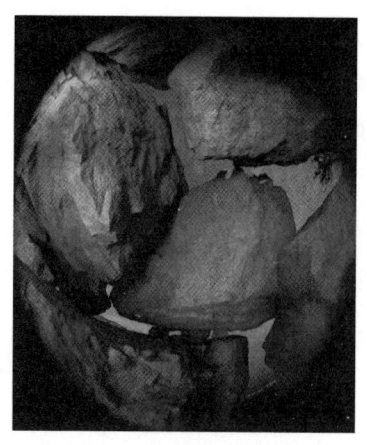

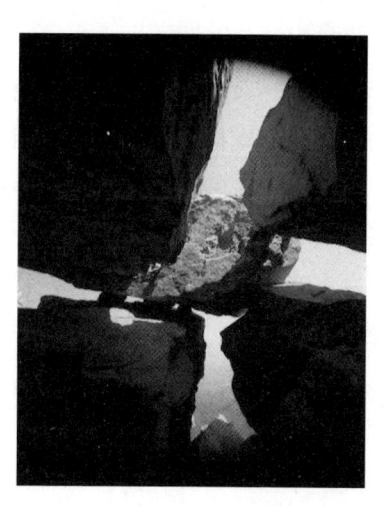

图7　具茨山巨石文化遗存（3）　　图8　具茨山巨石文化遗存（4）

黄帝故里的巨石文化

图9　具茨山巨石文化遗存（5）

我国以往所发现的巨石文化遗存主要为石棚（石墓穴）、石圈等，以石棚最为常见，集中分布于东北至西南边地这一"半月形文化传播带"，其年代约当公元前4000—前3000年的新石器时代。具茨山所发现的巨石文化填补了中原地区以往的空白，再度向世人展现了中原远古文化的博大深邃，对黄帝文化研究具有重要的参考价值。

就远古时代的构筑技术而言，具茨山巨石文化遗存已远远超出当时生产力水平的极限。令人惊异的是，世界上大多数巨石遗存都位于平地上，且周围也多无显著的海拔高度变化，而许多具茨山巨石却处于山崖边或绝壁之上，其修筑难度更令人难以想象。

欧洲和大洋洲的巨石遗存多为单体巨石或几块体积近似的巨石堆砌而成，具茨山的多处巨石文化遗存则是由大小悬殊的多块巨石组合而成的。尤其引人注目的是，在许多巨石构筑物的下端，垫放着1—3块直径约20—30厘米的支撑石，其与巨石相对位置之巧妙令人叹为观止，在国内乃至世界均属罕见。那么，在上下叠垒的两块巨石之间为何要支放小石块？是采取什么样的方式完成的？其功能和寓意为何？这些都是难以破解之谜。需要说明的是，与他山所见自然形成的圆润河卵石和被风蚀、水蚀成圆角的"飞来石"一类石块截然不同，具茨山两块巨石之间支放的小石块多棱角分明，显非风蚀、水蚀等自然力之功。

综上所述，一方面，具茨山巨石文化遗存并非自然形成，而是由外部力量所刻意构建无疑；另一方面，其体量、重量、结构无不显示了"超凡的能量和惊人的创造力"，换言之，断非诸如仰韶文化先民之力所能及。

对于这一矛盾现象,我们和诸多相关学科专家均难以做出合理解释。目前这些巨石遗存依然静静地坐落于深山之中,成为令人难以释怀的悬案。

具茨山中的巨石文化遗迹类型丰富,已发现的巨石类型涵盖了世界大多数的巨石类型,其年代、数量、分布、内涵等,虽有待做进一步的调查和论证,但其与岩画遗存交相辉映,对于挖掘黄帝时代文化的内涵有着极为重大的价值,也极大地增添了具茨山作为"文化圣山"的神秘性。

英国历史学家彼得·沃森《人类思想史——浪漫灵魂:从以赛亚到朱熹》一书中写道:"大概从20世纪30年代起,现代的探矿者就对巨石遗址进行了勘探,他们在其附近地区探测到许多强大的反应。很多巨石属于神圣之地,也就是'蕴藏着力量的地方'。它们具有特别的听觉或感觉属性,比如与众不同的颜色或者质地,这些巨石具有圣殿性质。"具茨山巨石文化遗存蕴含着诸多难以破解的历史之谜,这就要求我们突破固有思维模式,打破传统学术禁区,善于和勇于借鉴世界尖端科技成果。伴随着包括"暗物质""暗能量""量子纠缠"等新科学理论的不断涌现,为人类认知客观世界提供了崭新的哲学境界和空间视角,也为先秦史研究带来了新的遐想和启迪。期待具茨山巨石文化遗存这一黄帝文化大观园中的新奇葩能够借助现代科技前沿之光,早日绽放夺目异彩。

(宋豫秦:北京大学环境科学与工程学院教授、中国持续发展研究中心常务副主任;刘俊杰:河南省禹州具茨山文化研究会副会长)

黄帝、黄帝文化及其演变为道家、神仙传说

沈长云

黄帝是中华民族的共同祖先，是我们国家的人文初祖。但是，有关祖先黄帝的知识，人们的认知却似乎有些模糊：黄帝仅仅是传说中人物，还是实有其人？黄帝的祖先身份作何理解？他以后的身份又发生了什么样的变化？这里，我想从历史学与民族学角度，对上述有关问题进行一些探讨，希望能加深对祖先黄帝的认识。

一 黄帝的身份与人格

我想，我们首先应当弄清的，是黄帝到底是现实社会中的人，还是神？

这应当从黄帝这两个字本身的意义说起。黄帝这个称呼，并不是人们凭空想出来的。首先，黄帝的"帝"不是生称，不是秦始皇称自己是"始皇帝"那样的生称，它实际是古代部族对已经故去的祖先的尊称。"帝"这个字，古文字像一个花蒂。王国维就是这样解说的。[①] 郭沫若说得更清楚，他说这个字的上部像花的子房，中间部分像花萼，下面张开的是花蕊。因为花蒂能结果，由是引申出它作为万物根源这一层意思，再引申出天帝、祖先等等含义。[②]《礼记·曲礼下》有一句话把"帝"的祖先这一

---

① 王国维：《释天》，《观堂集林》卷六，中华书局1959年版，第283页。
② 郭沫若：《甲骨文字研究·释祖妣》，《中国现代学术经典·郭沫若卷》，河北教育出版社1996年版，第288页。

层意思表达得更清楚，它说："措之庙，立之主曰帝。""措之庙"就是把祖先牌位放在庙里面，"立之主"就是给祖宗立一个牌位，这个牌位就叫作"主"。所以，"帝"实际上就是庙主、祖宗，是后人对祖先的尊称。殷卜辞里有帝乙、帝甲，帝乙、帝甲都不是生称，而是后世商王对其已故去的两位祖先的尊称。由以上解释来看，黄帝无疑也是一位古代部族已经故去的祖先。

那么，黄帝是古代哪个部族的祖先呢？

这个问题牵涉古代的姓氏问题。按照《史记》的记载，黄帝是有姓氏的。《史记·五帝本纪》一开始就说，黄帝"姓公孙，名曰轩辕"。但这个说法显然有问题。公孙就是公之孙，公是公、侯、伯、子、男的公，是一种爵称，有了公，才有公孙这个姓。在黄帝那个时代，国家都没有产生，哪有什么公、侯、伯、子、男这些封爵呢？所以这一定是后人的附会。其实中国古代的姓都和婚姻有关，所谓"姓以别婚姻"，立姓是为了辨别女方的氏族出身，以防止同姓通婚，所以这些古姓都带有"女"字旁。姓氏制度大概起源于西周，黄帝的"姓"应当是后人根据他后裔的姓加在他身上的。目前有关黄帝姓氏的最可靠说法出自《国语》，这是比《史记》更早的先秦时期的著作。《国语·晋语》说："昔少典娶于有蟜氏，生黄帝、炎帝。黄帝以姬水成，炎帝以姜水成。成而异德，故黄帝为姬，炎帝为姜。"它说黄帝姓姬，炎帝姓姜，因为他们分别居住在姬水和姜水旁。我们看先秦时期还有哪些古代部族姓姬呢？只有周族。除周人以外，其他中原各族没有一个是姬姓的，夏是姒姓，商是子姓，秦是嬴姓，楚是芈姓，唐人也就是尧的后代为祁姓，舜所在有虞氏是妫姓，所有中原著名氏族，只有周人是姬姓。所以我们说，黄帝一定是周人的祖先。

当然，黄帝作为周人的祖先，他的身份不会是普通平民，而是上古姬姓部落集团的首领。文献或称黄帝为黄帝氏，黄帝氏实际就是以黄帝为首领的氏族部落集团。[1]

---

[1] 《左传》昭公十七年说："昔者黄帝氏以云纪，故为云师而云名；炎帝氏以火纪，故为火师而火名；共工氏以水纪，故为水师而水名；太皞（昊）氏以龙纪，故为龙师而龙名。"其称黄帝等人为"某某氏"，可见黄帝等人的身份原本确实是上古各个氏族部落集团的首领。

黄帝、黄帝文化及其演变为道家、神仙传说

那么，黄帝和他的部族生活在什么时期及生活在什么地域呢？现在人们很关心这个问题，为此而常展开讨论。关于黄帝生活的年代，大家习惯了"黄帝五千年"这个说法。但所谓五千年，其实只是一个约数，并不十分准确。过去孙中山建立民国，以黄帝纪元4609年为中华民国元年，这是以当时一些学者的考订为基础算出来的。新中国成立后，翦伯赞制定的中外历史年表，则是以黄帝活动的年份在公元前2550年。最近的一个说法是考古学家李伯谦提出来的，他说黄帝应当是在公元前2500年到2300年。①我比较赞同李先生这个说法。

关于黄帝部族生活的地域，我的看法与现在主流学者亦不大相同，我认为黄帝应生活在陕北黄土高原一带，这里有所谓黄帝的"冢"，在今延安子长县北的高柏山；②还有祭祀黄帝的"祠"，在今榆林东南。③这些当然是以后的追记，但亦反映黄帝部族就生活在这一带。现在考古发现，黄帝那个时期陕北高原也是散布着很多先民们的居邑或聚落，有的聚落的规模还很不小，如著名的石峁遗址。我认为石峁应当就是黄帝的居邑。其实黄帝这个称呼，也是说黄帝是黄土高原上生活的那个部族的帝。再考虑到周人早期也是生活在陕北黄土高原一带，④说他们是黄帝部族的后裔，应有充分的理由。总之，黄帝作为周人最早的祖先，他的身份原本就是居住在陕北一带的部族首领，这是不可否认的。

二 黄帝作为华夏共同祖先的来历：黄帝祭祀文化的产生

所谓黄帝文化，实际主要就是指的黄帝祭祀文化，是我们国家从上到

---

① 李伯谦：《祭拜黄帝要达成共识》，《光明日报》2015年9月7日第16版。
② 按《史记·孝武本纪》说：汉武帝"遂北巡朔方，勒兵十余万，还，祭黄帝冢桥山。"《汉书·武纪》亦记元封元年帝于巡视上郡一带以至朔方后"还，祠黄帝于桥山"，注引应劭曰："（桥山）在上郡，阳周县有黄帝冢。"汉阳周故城在今子长县北，其南面的高山今称作高柏山，即古桥山。
③ 《汉书·地理志》"上郡肤施"下自注称，其地有"黄帝祠四所"，肤施在今榆林东南。
④ 沈长云：《周人北来说》，《徐中舒先生百年诞辰纪念文集》，巴蜀书社1998年版，第205—208页。

· 89 ·

下很早就把黄帝当作自己民族的祖先举行隆重祭祀的一种文化现象。这里我们要问，黄帝既是古代周族的祖先，他又是怎么演变成我们民族共同祖先的呢？

这应当从我国华夏民族的形成谈起。

什么叫民族？民族就是这么一个共同体或者一个人群，这个人群具有共同的地域、共同的语言、共同的经济生活，和反映在共同文化上的共同心理素质。当然，这个共同体有大有小，像我们这个汉民族，或华夏民族，就是一个很大的共同体。她的共同地域，在她刚产生之初，就已经拥有了今黄、淮、江、汉这一片广大的地盘。在这片区域内，大家都拥有共同的语言，说的都是汉语，用的都是我们从甲骨文传下来的汉语言文字；又都拥有共同的经济生活，大家基本上都是以农耕为主，兼营畜牧业、手工业；另外还有一条，就是大家都有共同的文化，以及表现在这个文化上的共同的心理素质，也就是共同的意识形态和思想方式。

我们华夏民族是形成于什么时候呢？应当是在春秋战国之际①。或者说，从战国时期开始，在东亚的这片土地上，才最终形成了这样一个叫华夏的民族。原来黄、淮、江、汉一带的部族，到这个时候都逐渐融汇在一起了，形成了这么一个大规模的华夏民族。这也意味着，在过去的夏、商、周时期，包括春秋，整个天下尚处于一种氏族部落林立的"天下万邦"的局面。各邦之上虽有一个王朝的架构，有夏王朝、商王朝、周王朝这些政治组织的存在，但是，那时候的天下实际上是一种复合结构，王室只能说是诸侯们的共主，下面各个邦，也就是众诸侯，还都是半独立状态。只是经过各个族邦长时期的交流、互动、融合，当然也有战争、冲突，最终，到了春秋战国之际，才实现了真正的民族融合，也才形成了这么一个拥有共同地域、共同语言、共同经济生活和共同文化及共同心理素质的华夏民族。

那么华夏民族又为何要奉黄帝为自己的祖先呢？原来这是周人在所统治华夏区域促进民族融合的结果。周人在灭商之前就已自称为"夏"，夏者大也，这是为了壮大周人为首的反商势力的声势。周人灭商以后，为了

---

① 沈长云：《华夏民族的起源及形成过程》，《中国社会科学》1993年第1期。

黄帝、黄帝文化及其演变为道家、神仙传说

很好地控制新征服地区,又实行了一套新的封建制度,把自己的亲戚、子弟分封到所占领的原来商人或其他一些氏族居住的地方,在那里建立起一个个新的诸侯国,通过这些诸侯国,周人很快实现了和当地土著的混居。为与周人自称为夏相呼应,周室把分封出去的这些诸侯国也称作夏,即"诸夏"。发展到春秋时期,文献又或称"诸夏"为"诸华",因为"华""夏"二字音同通用。再往后,"华""夏"联称的词例也出现了,这就是华夏族称的来历。而此时,各诸侯国也通过各中原旧族长时间的混居,实现了各民族的大融合。在这个过程中,周人无疑起到了主导作用,所以后来这个新形成的民族共同体在追求自己共同祖先的时候,便很自然地把周人的祖先奉作了自己最重要的祖先。黄帝也就由周人祖先演化成了华夏民族的共同祖先。

于是我们看到,从战国时期开始,各国统治者就已将黄帝作为自己的祖先加以隆重的祭祀了。《史记·封禅书》即记有战国秦人对黄帝的祭祀。《封禅书》说,秦灵公"作吴阳上畤,祭黄帝",时间大概是在公元前420年,当战国初期。吴阳在今陕西凤翔县,"畤"是一种祭坛。秦灵公在县北面的吴山下筑有上畤和下畤,上畤祭黄帝,下畤祭炎帝。众所周知,秦人的祖先本来是少昊,因为秦人起源于东方,是东夷嬴姓族人的后代。大概在商周之际,秦人从东方迁到西方今甘肃省的天水一带,在那里发展壮大。后又从甘肃发展到陕西。其不忘祭祀自己的祖先,一直祭祀着少昊。秦灵公之前的秦襄公、秦德公,祭祀的都是少昊。后来秦宣公祭祀青帝,即另一位东夷族祖先太昊。但是到了战国时期,秦人在自己的祖先之上又祭祀起了黄帝,把黄帝作为自己新的祭祀对象。这也可以证明,到了战国时期,黄帝作为华夏族的共同祖先,确实已受到秦人的尊崇。

秦国之外,东方的齐国亦对黄帝一派的褒扬。出土青铜器陈侯因𬀪(谘)敦即记有田齐威王对黄帝颂扬的铭文。威王在铭文中说,他要"扬皇考昭统,高祖黄帝,迩嗣桓文"。齐威王是战国中期齐国一位有作为的国王,他在这里表示要发扬他父亲的统绪,光大祖先的业绩。"高祖黄帝",就是要往上一直追溯到祖先黄帝。田齐的祖先本来是颛顼、帝舜,之所以把黄帝奉作远祖,也是出于对共祖黄帝更加尊崇的考虑。

到秦汉时期，无论上层统治者，还是普通百姓，对黄帝都是一派虔诚。上面已经提到汉武帝于桥山祭拜黄帝之事。民间对于黄帝的尊崇，亦有司马迁《史记》的记载为证。按《史记·五帝本纪》于记叙黄帝名号及生平事迹后接着说："学者多称五帝，尚矣。余尝西至空桐，北过涿鹿，东渐于海，南浮江淮矣，至长老皆各往往称黄帝、尧、舜之处。"司马迁出于崇敬的心情，到各地遍访黄帝的足迹，发现这些地方的长老也都往往称颂着黄帝及尧、舜的业绩。这些，都毫无疑问显示出黄帝作为华夏族祖先在华夏先民中的崇高地位。

三 黄帝文化的嬗变：从黄老学派到神仙传说

自战国以迄于今，黄帝一直作为华夏族祖先而为人们奉祀和尊崇，这应当是黄帝文化的主流。但是，历史上却也出现过另外一些角色的黄帝形象，例如以道家祖师爷身份出现的黄帝和以神仙形象出现的黄帝。这当然也是一种黄帝文化，但却是黄帝文化的支流，因而我们可以称此现象为黄帝文化的嬗变。

将黄帝作为祖师爷看待的是一种道术，即所谓黄老之术，又被称为黄老之学，属于诸子百家中的道家学派，出现在战国中晚期。该学派以崇尚黄帝与老子而得名，作为一种治国之术，主张无为而治，因循为用；又或吸收一些法家、名家的思想，而被称为黄老刑名之术。其所以打上黄帝旗号，很大程度上自然也是一种假托，因为黄帝时期尚无文字使用，不可能留下任何记录黄帝思想主张的文字材料。只是黄帝普遍受人尊重的祖宗地位，促使后人想象黄帝是一位"垂衣裳而天下治"的圣君。[①] 人们想象他不费多少力气，就会把天下治理得服服帖帖。如《管子》所言："黄帝之治天下也，其民不引而来，不推而往，不使而我，不禁而止。故黄帝之治也，置法而不变，使民安其法也。"这就是所谓"无为而治""无为而无不为"。加上老子的虚无主张，黄老之学一时风靡于诸子百家，几成为齐国稷下学宫的主流。到了汉代，这套无为而治的治术适应社会休养生息的需

[①] 《易·系辞》："黄帝、尧、舜垂衣裳而天下治。"

黄帝、黄帝文化及其演变为道家、神仙传说

要，更成为汉初统治的指导方针。汉初文景之治，便是清静无为的治理方针的结果。那时"世之所高，莫若黄帝"（《庄子·盗跖》），直到司马迁时代，也还是各地"长老皆各往往称黄帝、尧、舜之处"（《史记·五帝本纪》）。虽"百家言黄帝，其言不雅驯"，但亦可见有关黄帝的学说影响力之大了。今见于《汉书·艺文志》，凡列有黄帝名号的诸子百家之书就几达二十种，谨录于后：

《黄帝四经》四篇
《黄帝铭》六篇
《黄帝君臣》十篇
《杂黄帝》五十八篇（以上道家）
《黄帝泰素》二十篇（以上阴阳家）
《黄帝说》四十篇（以上小说家）
《黄帝》十六篇（以上阴阳家）
《黄帝五家历》三十三卷（以上历谱家）
《黄帝阴阳》二十五卷
《黄帝诸子论阴阳》二十五卷（以上五行家）
《黄帝长柳占梦》十一卷（以上杂占家）
《黄帝内经》十卷（以上医经家）
《泰始黄帝扁鹊俞方》二十三卷
《神农黄帝食禁》七卷（以上经方家）
《黄帝三王养阳方》二十卷（以上房中家）
《黄帝杂子步引》十二卷
《黄帝岐伯按摩》十卷
《黄帝杂子芝菌》十八卷
《黄帝杂子十九家方》二十一卷（以上神仙家）

以上诸书绝大多数已失传，只有作为医书的《黄帝内经》流传至今。此外，也算是幸运，作为道家之首的《黄帝四经》亦在失传多年以后于1974年随长沙马王堆三号汉墓的发掘而重见天日。这也间接说明了有关黄

· 93 ·

帝的著作在汉时确实不少。

  值得关注的是上述神仙家类的黄帝著作，其数量在所有冠以黄帝之名的书籍中占比不少。众所周知，汉代是一个讲求神仙方术的时代，黄帝既是一位高高在上的祖先，又距离现实社会足够遥远，自然很容易被人们幻化为神仙类人物。再加上道教本身继承了不少道家的理论，遂使黄帝进入了道教设置的神仙谱系。

  如论者所称，现在整个中国南方，也就浙江缙云保存着最多黄帝的故事。我想，这其中最主要的原因，还应归诸道教文化的南迁。已经有不少资料表明，魏晋南朝时期，江浙一带是道教文化兴盛的地方。于此，我们也明白了何以缙云有仙都之称，并仍保持着对黄帝的隆重祭祀。

  （沈长云：中国先秦史学会顾问、河北师范大学历史文化学院教授）

黄帝、黄帝文化初论

——兼说缙云黄帝祭祀的重要意义

彭邦本

经过长期酝酿筹备,由中国先秦史学会、浙江省缙云县人民政府联合主办的"中国第四届黄帝文化学术研讨会",今天在黄帝文化的圣地之一——浙江省缙云县顺利召开。这次学术盛会,适逢缙云仙都黄帝祭祀正式晋级省级祭祀的首届大典的隆重举行,因而意义格外重大。

众所周知,中国先秦史学会和缙云县政府合作举行黄帝文化学术研究和黄帝祭祀活动由来已久。为了传承中华文脉,坚定文化自信,进一步挖掘黄帝文化内涵,研讨新时代黄帝文化的传承与弘扬,助力缙云作为中国南方黄帝文化辐射中心、祭祀中心、研究中心的建设和提升,本文谨结合传世文献记载、考古发现和浙江缙云本土相关资料,作以下几个方面的初步探讨,敬祈指正。

一 黄帝传说的史实素地

中国是世界上著名的四大文明古国之一,而且是其中唯一未曾中断过、一以贯之的文明。因此,中国不仅拥有五千年辉煌灿烂的文明史,而且正是在距今五千年前后,涌现出了若干为中华民族及其文明的发生发展做出了巨大贡献、史称"圣王"的人文初祖,其中最有名望、影响最深最远、堪称中华人文初祖之首的,就是历代国人顶礼膜拜的轩辕黄帝。

西汉著名历史学家司马迁的《史记·五帝本纪》记载:"黄帝者,少典之子,姓公孙,名曰轩辕。"其下唐代张守节《正义》案:"黄帝,有熊国君,乃少典国君之次子,号曰有熊氏,又曰缙云氏,又曰帝鸿氏,亦曰帝轩氏。"传世文献中,黄帝初见于成书于战国时期的《左传》《国语》《世本》《大戴礼记》等典籍。金文则见于著名的陈侯四器。根据太史公自述,其《五帝本纪》正是基于上述传世文献,再加上他的实地调研所获资料,综合考订后写成的。

需要说明的是,由于考古确证我国最早的文字仍然是三千多年前的商代甲骨文,黄帝时代则距今已五千年左右,因此,前述文献包括金文中关于黄帝的记载,虽然自秦汉以来历代奉为信史,但在近现代学术视野中则只能属于传说性质。而且这些传说在近世以来,遭到了疑古学派等的怀疑甚至否定。但也有不少学者认为既不能全盘接受,也不可一概否定。对此,王国维先生指出:

> 研究中国古史为最纠纷之问题,上古之事,传说与史实混而不分,史实之中固不免有所缘饰,与传说无异;而传说中亦往往有史实为之素地。二者不易区别。此世界各国之所同也。……吾辈生于今日,幸于纸上之材料外更得地下之新材料,由此种材料,我辈固得据以补正纸上之材料,亦得证明古书之某部分全为实录;即百家不雅驯之言,亦不无表示一面之事实。此二重证据法,惟在今日始得为之。虽古书之未得证明者,不能加以否定;而其已得证明者,不能不加以肯定,可断言也。①

王国维先生此说甚是。按其倡导的二重证据法,和徐中舒先生加以发展而成的多重证据法,在考古发掘和研究已经取得长足进展的今天,已经可以从宏观或一般历史进程的视角,考察和提取《史记·五帝本纪》关于黄帝时代记载的史实素地亦即真实的历史信息。

《史记》等传世文献反映,五帝三代时期"天下万邦"林立,这些众多的"邦国"又被习称为"诸侯"。《五帝本纪》记叙当时的情形云:

---

① 王国维:《古史新证——王国维最后的讲义》,清华大学出版社1994年版,第1页。

黄帝、黄帝文化初论

> 轩辕之时，神农氏世衰。诸侯相侵伐，暴虐百姓，而神农氏弗能征。于是轩辕乃习用干戈，以征不享，诸侯咸来宾从。而蚩尤最为暴，莫能伐。炎帝欲侵陵诸侯，诸侯咸归轩辕。轩辕乃修德振兵，治五气，蓺五种，抚万民，度四方，教熊罴貔貅䝙虎，以与炎帝战于阪泉之野。三战，然后得其志。蚩尤作乱，不用帝命。于是黄帝乃征师诸侯，与蚩尤战于涿鹿之野，遂禽杀蚩尤。而诸侯咸尊轩辕为天子，代神农氏，是为黄帝。东至于海，登丸山，及岱宗。西至于空桐，登鸡头。南至于江，登熊、湘。北逐荤粥，合符釜山，而邑于涿鹿之阿。迁徙往来无常处，以师兵为营卫。官名皆以云命，为云师。

所谓"诸侯咸归轩辕"，"诸侯咸尊轩辕为天子，代神农氏，是为黄帝"，反映炎黄时期，天下万邦中的许多邦国已经结为族群或曰邦国联盟，炎帝（神农氏）、黄帝（轩辕氏）相继称为联盟首领或曰共主。这正是中国五千年文明开始形成的特征或标志。而所谓"官名皆以云命，为云师"，正是黄帝号"缙云氏"的制度性体现。

尤其值得注意的是，黄帝"东至于海，登丸山，及岱宗。西至于空桐，登鸡头。南至于江，登熊、湘。北逐荤粥，合符釜山，而邑于涿鹿之阿。迁徙往来无常处，以师兵为营卫"。黄帝族群这一在东亚大陆上大幅度"迁徙往来无常处"的记载，不仅反映了早期文明形成过程中的不稳定状况，而且反映了其时东亚大陆广阔范围内各地区、族群、邦国之间互动联系的日益发展深化。其"北逐荤粥"，"东至于海"，"西至于空桐（韦昭曰：'在陇右。'）"，尤其是"南至于江（长江），登熊、湘（《集解》：地理志曰湘山在长沙益阳县）"，是其足迹所至，已经南达长江流域及其以南。

作为伟大的历史学家，司马迁《史记》的上述记载，是有一定根据的。对此，他曾经特别指出：

> 学者多称五帝，尚矣。然《尚书》独载尧以来；而百家言黄帝，其文不雅驯，荐绅先生难言之。孔子所传宰予问《五帝德》及《帝系》姓，儒者或不传。余尝西至空桐，北过涿鹿，东渐于海，南浮江

> 淮矣，至长老皆各往往称黄帝、尧、舜之处，风教固殊焉，总之不离古文者近是。予观《春秋》、《国语》，其发明《五帝德》、《帝系姓》章矣，顾弟弗深考，其所表见皆不虚。书缺有间矣，其轶乃时时见于他说。非好学深思，心知其意，固难为浅见寡闻道也。余并论次，择其言尤雅者，故著为本纪书首。

显然，司马迁的《五帝本纪》不仅有《尚书》《春秋》《国语》和收入《大戴礼记》的《五帝德》《帝系姓》等诸多先秦文献为基础，而且他本人又加以大范围的实地考察，收集各地关于黄帝的民间传说。需要指出的是，这里太史公自称"南浮江淮"，甚为简略，而他在《史记》卷一百三十《太史公自序》中则稍微详叙其曾于年"二十而南游江、淮，上会稽，探禹穴，窥九疑，浮于沅、湘"。说明司马迁亲自到过长江以南颇远的广阔地区进行过历史考察，故其搜集的黄帝传说非常丰富。他对文献和口碑资料进行了严格的考订互证，最后以他认为"皆不虚"的、亦即可信的材料为依据，写成了著名的《五帝本纪》，可见该本纪确应含有珍贵的史实素地，不可轻忽。需要强调的是，这些真实的历史信息，也正在越来越多地获得现代考古发现和学术研究的印证。例如，《五帝本纪》不只一次提到黄帝实即黄帝族群曾经"南至于江"亦即长江流域，并且根据《五帝德》等文献的资料特别写道：

> 黄帝居轩辕之丘，而娶于西陵之女，是为嫘祖。嫘祖为黄帝正妃，生二子，其后皆有天下：其一曰玄嚣，是为青阳，青阳降居江水；其二曰昌意，降居若水。昌意娶蜀山氏女，曰昌仆，生高阳，高阳有圣德焉。黄帝崩，葬桥山。其孙昌意之子高阳立，是为帝颛顼也。

这实际上反映了黄河流域的黄帝族群与长江上游蜀地族群互动联姻的史实，而且得到了近年川西高原考古发现的印证。在岷江上游著名的营盘山遗址一带，考古出土资料中不仅有大量土著因素，而且引人注目地发现了来自黄河上游马家窑文化、黄河中游仰韶文化庙底沟类型的彩陶。这些陶器的器型尤其色彩纹饰特色非常鲜明，因而考古学家可以清晰地辨明其来源。由于这些器物自身不能跑路行走，只能是因为人的迁徙流动带过来，至少是这些迁徙流动的人群把原居地的工艺技术、审美理念和宗教信仰带来以后，在长江上游的新居地生产制作出来的。如果真是如此，那就一定是通过移民徙居等深度的互动交流才能导致的文化传播。

尤其值得注意的是，出土资料揭示，庙底沟类型在距今五千年左右出现了空前的繁荣局面，发生过大规模人群和文化四面扩散传播的考古学现象，因而它正是被考古学家探索黄帝文化的重要追踪目标。这就进一步至少从宏观和一般历史进程上印证了《五帝本纪》的古老记载，说明长江上游等地区由来已久的、包括南方缙云等地的黄帝历史传说，应该都含有真实的历史信息，不容轻率否定。

张广志先生在上一次缙云黄帝文化研讨会上曾撰文指出：

> 有可能把数千年前的缙云同浙地的缙云搭上边的是《左传》文公十八年和《史记·五帝本纪》中关于舜曾把包括缙云氏的不才子饕餮在内的"四凶族"流放，投诸四裔的记载。有研究者认为，这个被放逐的缙云氏不才子饕餮后人中的一支后辗转南下，进入今浙江缙云境，并认为此即浙江缙云黄帝文化之源头。①

上述看法是否成立，因材料所限，实难以遽断。但有一点似可肯定，即先秦时期即使黄帝或其族人并未到过浙地的缙云，但这并不妨碍黄帝的名字及其事迹早在先秦时期就已被包括缙云在内的江南人民所熟知并予以崇敬了。长期以来，人们往往对古代先民们的跨地域的人员交往和文化交流的能力估计不足。事实上，早在距今四五千年前，江浙地区的良渚文化就曾对中原文化产生过强烈影响；而中原地区的"王油坊类型"文化亦曾远播与浙地比邻的今上海松江广富林地区（引者按：这说明黄河流域中原与南方长江流域的文化交流是双向互动的）。进入三代，据传，大禹曾到

---

① 张广志：《简论缙云黄帝文化发展的四个阶段》，宫长为、王峻主编：《缙云黄帝文化研究——中国第三届黄帝文化学术研讨会论文集》，西泠印社出版社2011年版，第8页。

过浙江,并死于会稽;古越国,传为禹后,而禹又是黄帝的后人。有这种历史大背景作依托,说缙云早在先秦时期就有了黄帝文化的孕育,当不会失之太远吧。

时至今日,张先生此说,不仅言之成理,而且持之有故,非常严谨,可成一说,进一步呼应了我们的上述观点。

二 黄帝文化浅析

随着上古黄帝历史传说的发生和广泛流传,这些传说作用于社会历史,又衍生出了内涵极为丰富、博大精深,外延多元多样、源远流长的黄帝文化,包括物质、制度和精神哲理三大层面。黄帝文化作为最具代表性的中华优秀传统文化,理应在新时代得到进一步的研究和弘扬。限于时间和篇幅,这里侧重对黄帝文化的精神层面作一些初步的探讨。

(一) 认同中华

《五帝本纪》反映了黄帝以高度的政治智慧和巨大的号召动员能力,联合天下万邦,建立起华夏文明,进而发展为中华文明。从此而后,认同华夏—中华文明,以之为精神旗帜,代表了东亚大陆的古典文明及其发展方向,黄帝文化成为中华民族精神上不可替代的主心骨,中华文明及其多元一体宏大格局的政治灵魂,成为自觉维护国家统一的深刻精神力量。

(二) 凝聚四方

黄帝以其崇高的声威,在"东至于海"、"西至于空桐"、"南至于江"、"北逐荤粥"的辽阔范围内,整合四方邦国族群,《五帝本纪》称之为"度四方",结果是建立起"天下"这一东亚大陆远古的巨大联盟共同体,造就了"协和万邦"的和谐格局,孕育形成了中华文明"天下一家"、四海归宗的家国情怀。

(三) 崇尚道义

黄帝"习用干戈,以征不享,诸侯咸来宾从",展示了战无不胜的军威。但其崇尚道义，武力虽然天下无敌，却只用于对付那些"侵陵诸侯""暴虐百姓"的野蛮势力，此种"除暴安良"的勇武兼人道精神，不仅顺乎天理，合乎人情，而且成为贯穿人间正义和天地人之道的中华神圣精神传统。

（四）开放包容

《五帝本纪》反映"轩辕之时，神农氏世衰。诸侯相侵伐，暴虐百姓，而神农氏弗能征。于是轩辕乃习用干戈，以征不享"，但黄帝的目的显然不在以暴易暴，而是意在使"诸侯咸来宾从"，体现了政治文明的开放包容精神和情怀。当时，"蚩尤最为暴，莫能伐。炎帝欲侵陵诸侯"，成为破坏天下秩序安宁的巨大威胁，黄帝虽然先后以"阪泉之战"和"逐鹿之战"击败之，使得"诸侯咸归轩辕（黄帝）"但所用战略仍然是"修德振兵"，以求建立起"治五气，蓺五种，抚万民，度四方"的天下和谐秩序，因而"诸侯咸尊轩辕为天子，代神农氏，是为黄帝"。正因为是"修德振兵"，以德为先，因而战胜炎帝、蚩尤之后，不是将其赶尽杀绝，而是将其族群邦国和平纳入新的更为巨大的联盟，体现了开放包容的恢弘气度和博大胸怀。

（五）文明创新

司马迁《五帝本纪》开篇即揭示，黄帝是华夏文明的伟大缔造者和最早传承者。其政治文明的划时代伟大首创，就是正式建立了"天下"为最高尺度的"天邦国联盟"制度，由此奠定了中国早期文明的基本政治模式。不仅如此，黄帝复将之传承于唐虞和夏商周三代，并在此基础上孕育发展创造出秦汉以后的大一统中央集权古典文明模式，而其终结野蛮、肇造文明的创新精神则光耀古今。

黄帝也是富于创造创新精神的伟大技艺发明家。《世本》记载了黄帝本人或其领导臣下创造出的许多重大发明，如"黄帝穿井"，"造火食旃冕"，其妻嫘祖发明蚕桑丝织，而文字图像、甲子律吕、舟车弓矢和衣履服饰，相传则为其臣下的发明创造；尔后其后裔颛顼到尧舜时期，更发明了集市贸易、规矩准绳、城郭宫室。[①] 传说固然神奇,却并非先民的向壁虚造,而是有相当的史实为真实内涵,因而在考古发掘中大致得到印证。如新石器时代晚期遗址中的蚕茧化石、独木舟、诸多水井和大量器物,无不展示了这一时期物质文化方面的巨大进步。许多器物制作考究精致,而用陶、石、骨、木和金属制作的乐器、礼器及造型艺术品,其器形、文饰、色彩的设计施用,更反映了高超的审美水平、丰富的艺术情趣和强烈的宗教意识,生动地再现了我们祖先多姿多彩的精神生活。黄帝及其子孙的上述伟大创造创新精神,无疑是古老而充满活力的中华文明永远不会枯竭的源头活水。

三 缙云黄帝祭祀及其升格的重要意义

由上已经可知,缙云一带和江浙更广大地区的黄帝传说不仅源远流长,而且理有固然,那么,缙云仙都成为自中古以降由来已久的南方黄帝祭祀中心也就事有必至,可谓顺理成章。

黄帝是中华民族的头号人文初祖,早已成为中华民族和中华文明统一的人格化崇高象征,受到中华民族数千年来一以贯之的顶礼膜拜,历来享有高规格的祭祀。近年来,在地方政府和中国先秦史学会等各方力量共襄盛举之下,我们迎来了缙云仙都黄帝祭祀规格的再上新台阶和新里程:从2021年起正式定期举行省级祭祀黄帝大典,此盛世盛举亦可谓"势有必至",意义重大。由此必然进一步推进新时代黄帝文化的传承与弘扬,在巩固缙云作为中国南方黄帝文化辐射中心、祭祀中心、研究中心即"三个中心"的基础上,应该通过深入研究探索,打造中国南方黄帝文化养生中心,着力将缙云黄帝文化打造成为中华民族精神力量新高地和浙江历史文化金名片。

需要特别指出的是,缙云黄帝祭祀典礼的升格还有更为深远的意义,即必将进一步在我国形成与陕西省黄陵县和河南省新郑市黄帝祭祀南北东

[①] 《世本·作篇》,(清)秦嘉谟辑补本,载《世本八种》,商务印书馆1957年版,第355—364页。

西呼应、鼎足而立的宏大格局，为传承中华文脉，坚定文化自信，实现中华民族的伟大复兴增添力量。

（彭邦本：中国先秦史学会副会长，四川大学古文字与先秦史研究中心主任、历史文化学院教授）

拨开历史的迷雾

——文化浙江与缙云黄帝文化研究论纲

李学功

2021辛丑年,在缙云乃至丽水、浙江的大事年表中,注定是不平凡的一年。缙云仙都作为海内外炎黄儿女祭祀黄帝的又一重要圣地,是年7月获批国务院台办"海峡两岸交流基地",不久前缙云仙都黄帝祭典又被国家批准升格为省级祭典。作为参与论证研究的一分子和历史研究者,在分享这份喜悦的同时,也在思考缙云黄帝文化对文化浙江和文化中国的价值意蕴。

过去,论及黄帝文化及其历史渊薮,人们多将注意力集中于北方。近年来随着对地方性文化叙事的关注,以及各地考古发掘所带来的新发现,人们开始放宽研究和思考的视域,重新审视、解读包括黄帝在内的文献典籍中关于"五帝"等的传统知识构建问题。

在这个知识重新发现与建构的过程中,人们认识到,知识发现永远在路上。在中国南方向称江南文化腹地的浙江,黄帝文化在缙云的"横空出世"便是一个颇具范本意义的文化事件。说黄帝文化在缙云"横空出世",这是就新时期知识发现的意义而言。其实,早在东晋缙云黄帝文化就被文化学者郭璞所注意,在唐代被张守节重新认识。到改革开放的新时期,缙云黄帝文化在当地党委和政府的高度重视,以及热心缙云文史的地方学者的发掘整理下,逐渐撩开她神秘的面纱。犹记得当时国内先秦史研究的许多著名学者,大都是怀着赵世超先生所表达的类似"疑问":"到了张守节生活的唐代,黄帝或黄帝之后的封地却被认为是远在江南浙东的缙云县,岂非咄咄怪事？百思不得其解。"①回顾这段新时期黄帝文化知识发现的往事，人们也就不难理解，为什么笔者要用黄帝文化在南方"横空出世"这样的表述语。由此亦更加证明了历史学家顾颉刚先生"层累的造成中国古史说"认识的伟大。当然，这样讲不是否认黄帝文化，对黄帝其人及其时代的认识可以存疑、待证，但并不妨碍我们从文化的角度和立场去认识理解缙云黄帝文化这个事实。接由前叙，带着这样的疑问，2000年赵世超先生与中国先秦史学会孟世凯、张广志、詹子庆、刘宝才等诸位先生和当时正值人生风采年华的杜勇老师等一众先秦史专家来到缙云考察研究，②并撰写发表了多篇后来引起广泛影响的缙云黄帝文化研究文章。因此，知识发现很重要。

如所周知，缙云是黄帝文化在中国南方的一个非常重要的身份识别，也是源远流长浙江文化中最具辨识度的文化标识之一。缙云作为中国黄帝文化南方故里，全国唯一一个以黄帝名号称名的县。对这个事情如何去看？尤其我们是研究历史，研究先秦史的，怎么去看黄帝和缙云的关系。

当然，研究这个问题，离不开文献和考古材料。顾颉刚先生曾分析，司马迁当年对待包括黄帝在内的五帝问题的认识，是采取了"二重证据法"，即"民间故事和书本（按，文献）记载"比而观之。③太史公司马迁，一方面，从文献的角度，梳理了"百家言黄帝"④；一方面，则亲身"西至空桐，北过涿鹿，东渐于海，南浮江淮"⑤，做了一番既问西东，又访南北的范围广阔的社会调查，真实记录下民间流传的黄帝故事和传说，正所谓"长老皆各往往称黄帝、尧、舜之处，风教固殊焉，总之不离古文者近是"⑥。清人金圣叹读到《史记》中的这段文字，感慨系之，写下"此以自身亲历为断……所嫌诸书，但不深考，以今亲历验之，乃皆诚有"⑦。

---

① 赵世超：《中西早期历史比较研究》，科学出版社2016年版，第61页。
② 参见孟世凯《孟世凯主要学术活动编年》（未刊本）。
③ 顾颉刚：《中国上古史研究讲义》，中华书局1988年版，第91页。
④ （汉）司马迁：《史记·五帝本纪》，中华书局1982年版，第46页。
⑤ （汉）司马迁：《史记·五帝本纪》，中华书局1982年版，第46页。
⑥ （汉）司马迁：《史记·五帝本纪》，中华书局1982年版，第46页。
⑦ （清）金圣叹撰，陆林辑校整理：《金圣叹全集》（修订版）5，《散文杂著卷》（上），凤凰出版社2016年版，第270页。

翻检《史记》，我们知道《五帝本纪》为本纪第一，而《黄帝纪》又置于开篇书首。说明作为史家的司马迁是确信中华民族历史上，有黄帝这样一位文化智慧和力量象征的神人远祖存在的。

具体到缙云而言，如何理解和认识黄帝与浙江、与缙云的关系？我们知道，传说中的黄帝以及五帝时期，是中国由前国家时代部族社会向国家形态迈进的一个重要时段，这在学术界不存在大的问题。以史志所见浙江缙云黄帝文化遗迹及其文化价值立题思考，是试图从一个侧翼或个案探讨文化的"乾坤大挪移"现象，表述的理论化一些，就是试图研究一种文化信仰如何通过一种方式从一个地方转移到另一个地方，进而实现了文化的旅行和传播。

窃以为，缙云黄帝文化的知识传播与旅行，所折射的信息恰是历史的第二重含义和第三重含义的叠加呈现（即第一历史是历史的本体，我们很难完全复原、完全认识，这就需要第二历史——知识的建构包括考古和文献的建构，努力走近和尽最大可能靠近历史，第三历史就是人类对历史的价值认识与判断）。从第一历史去看，黄帝研究或黄帝时代研究仍是一个迷雾重重，"同志仍需努力"的行行复行行过程。而从第二历史和第三历史出发，黄帝文化层累造成，根深叶茂。从文化的角度和意义上来讲，缙云作为中华黄帝文化在南方的重要传播地和辐射地，无疑具有先天的文化品牌基因优势。

一　缙云黄帝文化的历史渊源

梳理缙云与黄帝文化的关联，有两点值得注意的地方：即一是历史的联系，这是从脉络上说；二是文化的联系。说到历史的联系，司马迁《史记·五帝本纪》中提到一个重要事件——"颛顼氏""缙云氏"不才子被舜流"迁于四裔"。[①] 唐张守节《史记正义》注"缙云氏"谓："今括州缙云县，盖其所封也。"[②] 我们认为，这或许可以从源头解释何以黄帝传说流

---

① （汉）司马迁：《史记·五帝本纪》，中华书局1982年版，第37页。
② （唐）张守节：《史记正义》卷一，文渊阁《四库全书》本。

传于浙江，流传于缙云的问题。

翻检史籍，晋郭璞《山海经》注提到缙云"三天子都""黄帝曾游此"[①]。晋崔豹《古今注》，宋乐史《太平寰宇记》亦保存有魏晋南朝时期关于黄帝到浙江缙云山、黄帝乘龙上天的传说。兹撮录如下：

> 黄帝炼丹于凿砚山，乃得仙，乘龙上天，群臣援龙须，须坠而生草，曰龙须。……龙须草，一名缙云草。[②]

> 缙云山，《舆地志》云：永康县南忠义村下有石亭，长二十里，有缙云堂。即三天子都也。谢灵运《记》云：凡此诸山多龙须草，以为攀龙而坠化为此草，又有孤石从地特起，高三百丈以临水，绵连数千峰，或似羊角之状。[③]

根据史传资料，缙云建县于武周时期，县既名缙云，则与"缙云氏"——黄帝自然关系甚大。唐李吉甫《元和郡县志》载："缙云县，万岁登封元年（696），分丽水县东北界，婺州永康县南界置，因山为名。缙云山，一名仙都，一曰缙云。黄帝炼丹于此。"[④] 清光绪《缙云县志》亦载，缙云县于"万岁登封元年，分丽水县东北界、婺州永康县南界置"[⑤]，因境内有缙云山，按缙云山之名"（唐）天宝七载，有彩云仙乐之异，敕改今名（仙都山）"[⑥]，故以缙云名。迄宋，这种认识相沿不改。

宋祝穆《方舆胜览》谓：

> 缙云山，在丽水县，旧传黄帝游仙之处。有孤石特起，高二百丈，峰数十，或如羊角，或如莲花。有龙须草，云是群臣攀龙髯所坠

[①] 按，《山海经·海内南经》有"三天子鄣山"，（晋）郭璞注"即三天子都也"。《太平御览》卷四七《缙云山》谓："括苍县缙云山，黄帝游仙之处，有孤石特起，高二百丈，峰数十，或如羊角，或似莲花，谓之三天子都。"文渊阁《四库全书》本。
[②] （晋）崔豹《古今注》，文渊阁《四库全书》本。
[③] （宋）乐史：《太平寰宇记》卷九九，《江南道·处州》，文渊阁《四库全书》本。
[④] （唐）李吉甫：《元和郡县志》卷二七，文渊阁《四库全书》本。
[⑤] 光绪《缙云县志》卷一，台湾成文出版社有限公司1970年版，第161—162页。
[⑥] 光绪《缙云县志》卷一，台湾成文出版社有限公司1970年版，第193页。

者。徐凝题诗：黄帝旌旗去不回，空余片石碧嵬嵬，有时风卷鼎湖浪，散作晴天雨点来。①仙都山，在缙云东三十里，谢灵运《名山记》：山傍有孤石屹然，高二百尺，三面临水，周围一百六十丈，山顶有湖，生莲花。《舆地志》云：即三仙子都。②

宋李昉等《太平御览》记：

括苍县缙云山，黄帝游仙之处，有孤石特起，高二百丈，峰数十，或如羊角，或似莲花，谓之三天子都。有龙须草，云群臣攀龙髯所坠者。③

凡此，说明浙江缙云黄帝文化渊源有自。也因此在文化层面上有了缙云对黄帝的庙祭礼拜。检校史籍和方志材料，缙云庙祭黄帝起始时间，却有如鼎湖之云雾，缥缈难考。据清光绪《缙云县志》记载，唐代在仙都建

---

① 按，"黄帝旌旗去不回，空余片石碧嵬嵬，有时风卷鼎湖浪，散作晴天雨点来"在历代诗人题咏缙云鼎湖诗作中最负盛名。因所著录版本不同，诗文个别文字有差，但所咏内容、文意一致，不存在两个作品问题。惟其作者，版本书录不一。一说为唐白居易，一说为唐徐凝。寻检史籍，元道士陈性定撰《仙都志》，谓鼎湖诗作者为白居易，诗云"黄帝旌幢去不回，片云孤石独崔嵬，有时风激鼎湖浪，散作晴天雨点来"。参见（元）陈性定撰《仙都志二卷》（卷下），涵芬楼影印明正统刻道藏本。至于鼎湖诗题咏系徐凝所作，则分见：《御定全唐诗》卷四七四，《题缙云山鼎池二首》和《方舆胜览》《诗话总龟》《梅溪后集》《记纂渊海》等。诗作内容，宋阮阅《诗话总龟》作："黄帝旌旗去不回，空遗片石碧嵬嵬，有时风卷鼎湖浪，散作青天雨点来。"宋王十朋《梅溪后集》作："黄帝旌幢去不回，片云孤石独崔嵬，有时风击鼎湖浪，散作晴天雨点来。"宋潘自牧《记纂渊海》与《诗话总龟》同："黄帝旌旗去不回，空遗片石碧嵬嵬，有时风卷鼎湖浪，散作青天雨点来。"不惟如此，清陶元藻辑《全浙诗话》，绍介徐凝，并引《容斋随笔》《唐摭言》《唐语林》《郡阁雅谈》等笔墨析说白居易与徐凝的友情交往，以及白居易对徐凝诗才诗作的欣赏与赞评，其中所引《郡阁雅谈》谓"唐人徐凝多吟绝句……《题处州缙云山鼎湖》诗云：'黄帝旌旗去不回，空携片石碧嵬嵬。有时风卷鼎湖浪，散作青天雨点来。'"誉此绝句"后无题者"。《浙江通志·人物·文苑》卷一八二亦谓：徐凝"缙云一诗后来无敢题者"。基此，庶可定谳缙云仙都鼎湖诗作者当为徐凝。《仙都志》所持"白居易乐天"说，无妨备参。考索此诗坛故事，于吉光片羽之过隙了解唐诗之路画卷在浙江山川大地的云卷云舒，亦研究之幸事。参见文渊阁《四库全书》本；《全浙诗话》（外一种），浙江古籍出版社2015年版，第92—94页；《仙都志二卷》，涵芬楼影印明正统刻道藏本。

② （宋）祝穆：《方舆胜览》卷九，文渊阁《四库全书》本。

③ （宋）李昉等：《太平御览》卷四七，文渊阁《四库全书》本。

有"黄帝祠",时任缙云县令的大书法家李阳冰篆额"黄帝祠宇"四字,[①]后人相与摹写之。宋人胡志道[②]曾有《黄帝祠宇李阳冰篆》诗礼赞:"李侯神仙才,宇宙在其手。古篆夸雄奇,铁柱贯金钮。标榜黄帝祠,字画气浑厚。"[③]南宋时人王铚亦有"行人鞠躬下马拜,仙都妙理吾能言。威神可畏凛如在,有台今亦祠轩辕"[④]的诗句。因此,从所能考见的史籍文献,不难看出,至迟在唐代,缙云地区已有官方祭祀黄帝的活动,黄帝祠宇即其证。

不惟如此,不少学者如詹师子庆先生等都注意到一个现象:即缙云黄帝文化的发展与东汉以来道教的兴起,特别是东晋南朝和隋唐时期道教在南方的发展密切相关。[⑤]翻检相关资料,宋人著作如《路史》《太平寰宇记》《太平御览》等皆记载缙云有"缙云堂",言之谓"黄帝炼丹处"。[⑥]此外,元道士陈性定有《仙都志》传世,明人白云霁《道藏目录详注·记传类》载《仙都志》云:

  仙都山,古名缙云山。按道书洞天三十六所,其仙山第二十九名。玄都祈仙洞,周回三百里,黄帝驾火龙上升处。山巅有石屋,世传为洞天之门。其山隐名不一,而曰独峰山、步虚山、童子峰,山岩有隐真洞,山麓有水仙洞,东有金龙洞、天堂洞、双龙洞、忘归洞、

[①] 光绪《缙云县志》卷三,台湾成文出版社有限公司1970年版,第390页。
[②] 按,检校(明)李裛《宋艺圃集》卷十三和(清)厉鹗《宋诗纪事》卷三十,两书均载作者为胡志道,胡氏遗有《撷芳轩诗》,据《浙江通志·处州府》记载,撷芳轩在仙都山。《宋艺圃集》收录胡诗6首,《宋诗纪事》收录胡诗2首,参见文渊阁《四库全书》本。据此判断,光绪《缙云县志》卷三所载胡志通应为胡志道,估计是县志刊刻时误将"道"刻作"通"。参见光绪《缙云县志》,台湾成文出版社有限公司1970年版,第390页。
[③] 按,胡志道诗分见(明)李裛《宋艺圃集》卷十三,(清)厉鹗《宋诗纪事》(卷三十),参见文渊阁《四库全书》本。翻检光绪《缙云县志》卷三记载诗句与《宋艺圃集》《宋诗纪事》略有差异,诗谓:"李侯神仙才,宇宙归其手。古篆夸雄奇,玉柱贯金钮,瞻兹黄帝祠,运画出神授。"参见光绪《缙云县志》,台湾成文出版社有限公司1970年版,第390页。
[④] (宋)王铚:《缙云县仙都山黄帝祠宇》,《雪溪集》卷一,文渊阁《四库全书》本。分见光绪《缙云县志》卷三,台湾成文出版社有限公司1970年版,第390页。
[⑤] 詹子庆:《略论缙云黄帝文化的形成》,《古史拾零》,东北师范大学出版社2005年版,第208页。
[⑥] 《路史》卷二五,《太平寰宇记》卷九九,《初学记》卷二四,《太平御览》卷一七六。参见文渊阁《四库全书》本。

初旸谷，西有伏虎岩、翔鸾峰、灵龟石，练溪之下有小蓬莱、仙释岩、天师岩、东蒙岩、玉甑岩、杨郎洞、仙岩洞、梯云洞、鼎湖丹井。①

《浙江通志·处州府》亦载：

> 仙都山，《仙都山志》古名缙云山。按道书洞天三十六所，仙都第二十九名。元都祁先洞天，周回三百里，黄帝驾火龙上升处。山巅有石屋，世传为洞天之门。《史记》载，缙云本黄帝夏官之名，张守节云：括苍缙云县，其所封也。《太平寰宇记》云：唐置缙云县，又以括州为缙云郡，盖以其地有缙云山故也。今县在山之西二十三里，《图经》云：唐天宝七年六月八日，彩云起于李溪源，覆绕缙云山独峰之顶，云中仙乐响亮，鸾鹤飞舞，俄闻山呼万岁者九，诸山皆应，自申至亥乃息。刺史苗奉倩上其事于朝，勅改今名。②

从上引史志资料和目今所能考见的资料，不难看出，因着道教文化力量的推波加持，缙云黄帝祠宇之庙祭，至唐，可谓水到渠成。迄宋，据郑樵《通志》，缙云黄帝祠宇仍在。③元代学者虞集《道园学古录》和清代《浙江通志》记载，北宋英宗治平三年（1066），黄帝祠宇扩建为玉虚宫，此后"连年敕修"，藏书家叶梦得游历缙云，撰《仙都观记》，看到"唐李阳冰为令时，书'黄帝祠宇'四大字尚存"④。南宋孝宗朝，时任参知政事的楼钥于乾道五年（1169）十月曾赴仙都祭拜黄帝，据其《北行日录》载：

> 二十日……渡溪，入仙都玉虚宫路。回顾南岸，石笋森列，有亭

---

① （明）白云霁：《道藏目录详注》卷二，《记传类·仙都志》，参见文渊阁《四库全书》本。
② （清）《浙江通志》卷二一，《处州府》，参见文渊阁《四库全书》本。
③ （宋）郑樵：《通志》卷七三，参见文渊阁《四库全书》本。
④ （元）虞集：《道园学古录》，卷四八；（清）《浙江通志》卷二三四，《温州府》，分别参见文渊阁《四库全书》本。

翼然。仆夫曰：此初旸谷也。中有石鼓，扣之有声，以既济不复往。路转山回，已见独峰大松夹立，清溪映带，眇视林间，有巨石屹据如雪，且行且观，遇道童问石之名……真使人忘归也。下行里许，益近独峰，峰之上相传有鼎湖，尝有巨莲，叶因风而下，石壁隐隐有车辙，世言黄帝由此飞升。塘曰：黄履，言遗履之地。地曰：静乐，言钧天至此。……是知此峰真众山之宗，非凡目所可窥测也。后山有石空洞，跻攀而上，一窦通明，昔刘先生于窦之外，横木为床以居，至今遗簀犹在，号隐真洞。……宫前有门，书祈仙总真洞天。是日行四十五里。二十一日癸卯晴……谒"黄帝祠宇"李阳冰篆额，今留县庠。①

据缙云当地学者项一中先生的研究，明万历年间，时任浙江巡抚常居敬曾率藩台、臬台等官员专程到仙都祭拜黄帝，并遗墨"鼎湖胜迹"传世。迄清，黄帝祠宇已是断壁残垣，清末已无迹可寻。②

放宽历史的视界，从全国范围看，对黄帝的祭祀，最早从《尚书》记载"有虞氏禘黄帝"，到《礼记》所记"夏后氏亦禘黄帝"，及《史记》载战国初秦灵公"祭黄帝"，至汉、唐、宋、元、明、清的皇朝庙祭，祭黄活动遂成为一项定制。具体到缙云而言，明确史有载记的官方祭黄活动，目今只能追溯到隋唐这样一个大时段范围，其后历宋元明清以及民国，缙云祭黄时续时断。新中国建立后，特别是改革开放新时期，缙云县与浙江省历史学会合作开启黄帝文化研究之旅，1998年缙云举行首次黄帝祭典。2000年10月，缙云县人民政府与中国先秦史学会合作举办全国首届黄帝文化学术研讨会，自此学术研究与文化传播成为缙云祭黄活动的显著特征。经过二十多年的挖掘和研究，缙云祭黄已形成了自己独特的祭典文化——南祠祭黄。直入苍穹的仙都鼎湖峰为黄帝信仰和黄帝文化深入人心，提供了一个典型的具象化的不可替代的文化标识。

---

① （宋）楼钥：《北行日录》（上），《攻媿集》卷一一一，参见文渊阁《四库全书》本。
② 项一中：《风雨千秋黄帝祠》，《缙云黄帝文化研究》，西泠印社出版社2011年版，第61—62页。

二 缙云黄帝文化的价值认识

黑格尔曾说:"密纳发的猫头鹰要等黄昏到来,才会起飞。"① 意思是说,对一个历史现象或事物的认识,需要等到这一过程结束之后才能看得清楚些。对缙云黄帝文化的价值认识与反思也是如此。

作为中国南方黄帝文化的研究中心、祭祀中心和辐射中心,应当说,缙云的黄帝文化研究,一开始就是高起点学术研究,高站位思考谋划。缙云县与国家一级学会中国先秦史学会的合作,就是这种高起点、高站位的生动体现。在中国先秦史学会的大力推动下,缙云黄帝文化的发掘和研究,始终坚持以科学的精神进行学术探讨和文化研究,双方先后举办了三届全国规模的黄帝文化学术研讨会(按,2021年是第四届),极大地增强和凸显了缙云作为中国南方黄帝文化传承地的唯一性和不可替代性。多年心血,玉汝于成。

有鉴于此,充分认识缙云黄帝文化对文化浙江建设和建设中国南方黄帝文化的重要窗口有重大意义。

缙云举办的祭黄活动,吸引着海内外炎黄子孙纷至沓来。这种对黄帝文化的信仰是将祖源认同与文化认同合为一体,早已超越单纯的血统探源,而升华为一种文化的寻根。黄帝既名号以轩辕,又号有熊氏、缙云氏、帝鸿氏、帝轩氏,② 折射出黄帝族系来源的多元性,表明黄帝族本身就是一个部族融合体。《国语》所谓"黄帝之子二十五宗""十二姓"③ 恰是部族融合的反映。凡此说明黄帝文化在地域上的广布性和多样性。

由有虞氏禘黄帝,夏后氏禘黄帝,到司马迁《五帝本纪》以《黄帝纪》为第一纪,到历代祭黄,近代以降,民主革命志士为唤起民众,以黄帝子孙相号召,《黄帝魂》④ 等书和文字再一次聚焦黄帝,并以黄帝纪元为

---

① [德]黑格尔:《法哲学原理》,商务印书馆1961年版,第14页。
② (唐)张守节:《史记正义》卷一,参见文渊阁《四库全书》本。
③ 《国语·晋语四》,参见文渊阁《四库全书》本。
④ 按,《黄帝魂》编辑者署名"黄帝子孙之一个人",据章士钊考证,"此一个人证明为湖南黄藻"。参见章士钊《疏黄帝魂》,《章士钊全集》(第8卷),文汇出版社2000年版,第182—185页。

革命主张。抗日战争期间，国共两党共同祭祀黄帝，以黄帝文化传人砥砺民族斗志等等。凡此种种，说明了黄帝文化具有穿越时空的巨大影响力。黄帝信仰整合了民族的统绪，使中华民族各个民族有一个共同的心理归属，起到了巩固中华民族共同体的作用。因此传承黄帝文化，对于铸牢中华民族共同体意识，增强中华民族的民族认同和文化认同，无疑具有深刻的历史意义和重要的现实意义。

由此观之，不难理解发生在浙江缙云的中国南方黄帝信仰及其所形成的黄帝文化，毫无疑问，即是在部族迁徙和文化播迁与融合的过程中形成的社会集团文化记忆与文化信仰的具体体现。

黄帝文化及其信仰从上古三代流播影响迄今。笔者浅见，其价值意义有两点：一是农耕文明下，积久形成的众志成城，抵御自然和人为灾害，抗争不屈的民族凝聚力精神；二是黄帝文化在部族融合过程中，历史层累的创构所赋予黄帝的那种面对危机与困难，坚毅果敢、自强不息、创新发展的伟大品格，已深深沉淀在中华民族的精神魂魄里。由此铸就了中华民族的底气与根基，成为中华民族文化自信的价值本源。也因此，黄帝"修德抚民，始垂衣裳以班上下""舟楫之利，以济不通。服牛乘马，以引重致远"的人文初祖、上古圣王形象，为后世树立了一座典范人格的道德丰碑——黄帝文化信仰。

据史学家常金仓先生的研究，中国古代存在丰富的"典范政治"资源。其中黄帝文化，可以说在一定意义上集中反映了华夏文明初始阶段文化英雄的典范政治色彩。研究黄帝文化信仰，有益于从新的视角审视传统与现代的关系。

我们知道，中国政治传统或者说中国文化的本色、要旨：不在"规范"而在"示范"，不在"命令"而在"教化"。即传统社会是以树立道德标杆和榜样，追求建立贤人政治、典范政治为它的价值诉求。在典范政治目标的影响、作用下，古代中国形成了"法先王""见贤思齐"的重要政治和文化传统，形成了"述往思来""鉴往知来"的历史思维特点。

作为一种历史的传承、文化的延续，黄帝文化信仰所凝聚的伦理价值观念、典范政治要义，至今仍存在于我们的生活和现实之中，存在于人们的头脑和思想中，它承载着历史，表达着一个民族的文化认同和知识重构。这样一种以先贤为表，"以身作则"，教化人心，注重风化的政治传统和文化思维，使得黄帝信仰的文化意象经由工具伦理的诠释，达到一种高山仰止的德性伦理层面。

三 浙江黄帝文化名片与文化形象塑造：意见、建议

如所周知，文化名片与文化形象是一个地方外在面貌和内在性格互为表里的统一。它既是一个地方历史文化个性的印证，也是一个地方文化理念、行为和景观的外在表现。一般意义上说，文化形象包含三个层次：

第一层次形象，是物质层面。它包括相关建筑的布局及其建筑风格、基础设施的状况和水平、经济实力及社会公共秩序状况等。目前的缙云黄帝祠宇主体建筑，无论是规模还是建筑风格，与升格后祭典的硬件要求，应当说基本匹配，问题主要还是在与祭祀大典配套的一些基础设施，需要进一步加以完善。考虑到祭典升格后，随着缙云——中国南方黄帝文化故里影响力的不断扩大，人数总量势必会呈几何级数增加，现有的观礼场区显然无法容纳，对此应请专业团队（除却专业设计人员，还应有文史专家、文博专家参与把关）早做预案和规划。

第二层次形象，是制度层面。它包括相应的体制机制问题和社会治理层面所展示的服务水准及其所透射出的管理水平和治理能力等方面内容。提升仙都景区周边环境的整治和祭祖接待服务能力，仍需进一步加大力度，要有相应的制度跟进和措施保障；将黄帝文化典范政治这一优秀传统文化转化为清廉浙江、法治浙江、平安浙江、幸福浙江建设的重要内涵。

第三层次形象，是文化层面。是指居民言行、人际关系、风土人情等所反映出来的民众素质和观念。这是就一般层面而言，站在浙江省建设中国南方黄帝文化研究中心、祭祀中心和辐射中心的高度来看问题，文化形象很重要。浙江缙云黄帝文化流传久远、滋养民族、影响后世，黄帝文化不仅是文化浙江的金名片和重要文化印记，也是优秀传统文化传承转化的重要抓手。应当把黄帝文化这一具有标识性的文化现象和文化资源发掘好、传承好、保护好，要充分认识到黄帝文化的生命力在民间、在群众，因此相关社会和文化工作，要与黄帝文化濡染乡风民俗建设有机结合起

来，提升民众的文化自豪感和文化自信。

总之，轩辕黄帝作为大至浙江、中及丽水、小到缙云历史文化传说的地标性人物和典范文化形象，在文化名片和文化形象塑造方面，在上述三个层次都有诸多大量工作要做。这里引申一个话题：

笔者注意到缙云黄帝文化学者王达钦先生总结缙云黄帝文化六大特征，其中"地域性""连续性""凝聚性"印象深刻，藉此也谈谈我对这一问题的理解。

地域性：即浙江缙云是中国南方黄帝文化三大中心——祭祀中心、研究中心、辐射中心，更为突出的是已成功转化为浙江弘扬中华优秀传统文化、传承中华文脉的新时代文化高地。接下来的工作是如何充分发挥三个中心的效应，发展好、传承好、创新好这一文化高地，使之具有经典性和不可替代性。

连续性：缙云官方祭黄自唐以来赓续不断，形成了以祠宇庙祭为特征的黄帝祭典，改革开放以来，黄帝祭典在传承中发展，2021年成功升格省级祭典，相信浙江会以一张蓝图绘到底的精神，办出特色，办出水平，越办越好。

研究性：或曰学术性。缙云黄帝文化研究起点高。从20世纪90年代起，缙云党政领导和地方文化研究者与浙江省历史学会，特别是与中国先秦史学会的合作，使缙云黄帝文化研究一开始就是以学术研究的高站位思考，事实证明，地方文化研究必须借助和站在学术的肩膀上，才能行稳致远，取得成效。这是一条文化建设的重要经验。

关于研究性，这里再借缙云岩画谈一点粗浅的认识。2021年7月受缙云县委县政府的邀请，在缙云黄帝文化研究院杜卫建院长和柯国明同志的悉心安排下，由笔者带队会同中国社会科学院中国历史研究院考古所、古代史所、历史理论所和浙江省部分文史研究专家一起专程赴缙云考察岩画遗迹。考察和研讨过程中发现缙云岩画这样几个特点：一是岩画多分布在山前；二是岩画不是立体展示，而呈一种平面分布；三是岩画多系抽象而少具象。岩画所呈现的山前、平面分布特点，似更多地反映、体现出岩画的祭祀属性。试想一下，在空旷的山坡，日出阳光可能首先就照到这一块。岩画直面苍穹，显然它不是给普罗大众看的，在考察现场，岩画带给我们的直观认识,即它是信仰。我们知道,在中华文化的主流形态中,第一个就是天命信仰,而缙云岩画带给我们的就是这样一种认识——对天道大自然的敬畏。在走山爬坡的一路考察中,发现的岩画有疑似日轮状图案,有疑似羽人,疑似云梯(天梯),疑似星图和疑似农耕器具耒耜状图案等等,考察中还有一个有趣的发现,即仙都鼎湖峰面朝黄帝祠宇大殿的峰顶崖壁上,竟出现了与岩画耒耜形状相类的图案。当然这是一个巧合。从文化的视角看,却很容易使人联想中华农耕文化的代表黄帝,以及缙云氏黄帝羽化升仙的传说。也因此黄帝文化总能带给人们一种常说常新的感觉和认知。当然由于岩画年代很难确证,且时间明显不一,甚至还有今人刻画的现象。但无论怎样,必须尽快启动对缙云岩画的立项保护。值得肯定的是缙云县博物馆在原馆长王琼英的带领下和文史学者项一中、岩画爱好者胡玉丰等的参与下,前期已经做了大量的实地普查工作,现在要做的就是摸清家底,保护先行,做好图录,推动研究。

凝聚性:主要表现在三个方面,一是物质层面。建议以陕西黄陵、河南新郑和浙江缙云仙都三地沿线主题明确、内涵清晰、影响突出的黄帝文化资源为主干联合创建国家文化公园,通过国家文化公园建设,生动呈现黄帝文化所蕴含的中华民族独特的伦理文化、祖宗信仰和天道信仰及其价值理念;二是精神文化层面。缙云凭依中国南方黄帝文化祭祀、研究和辐射中心的优势,2021年成功获批"海峡两岸交流基地"和祭典升格。要以此为契机,将缙云建设成为具有鲜明浙江文化印记的凝聚海内外中华儿女的又一精神家园和文化圣地;三是大众生活层面。这里不妨展开一谈。

缙云黄帝文化研究院不仅要做好历史文化的宣传、发掘和整理工作,还要做好黄帝文化中健康养生这篇大文章。充分依托养生福地丽水绝佳的绿色山水自然环境,建设中国南方黄帝文化养生福地。需说明的是,康养不是一般意义上的健康养生。而是一个随着时代发展不断孕育产生新内涵的涵盖范围较广的包容性概念。正如有学者指出的康养要兼顾生命的三个"度":长度(寿命)、厚度(精神层面)、自由度(生命质量)。从生命的三个维度的认识出发,可以说,康养涵括了人生的各个年龄段。据《中国健康养生大数据报告》分析,如今18岁至35岁的群体已经占据了康养运动群体的八成。也就是说越来越多的年轻人正在汇成一股新的康养浪潮,成为健康养生群体的生力军。一种全新的康养概念：全龄康养正在颠覆我们的传统认知。正是基于这样一种新理念、新认识，国务院制订了《"健康中国 2030"规划纲要》，其中"康养小镇"建设已上升为国家战略，以健康产业为核心，以生态环境为旨归，将健康、养生、养老、休闲、文化和旅游等多元功能融为一体，形成以绿色、生态康养为特色的文明新业态和新发展模式。

以历史为基，从文化的角度看问题，无疑是黄帝文化研究应予坚持的方向。要把黄帝文化提高到建设中华民族共同体的政治高度和传承创新中华优秀传统文化的文化高度，重新加以认识。

浙江缙云拥有优越的山水自然生态禀赋，一流的历史文化底蕴，得天独厚的黄帝文化品牌基因优势。在中国先秦史学会的学术引领和关心助力下，已成为世所公认的中国南方黄帝文化研究中心、祭祀中心和辐射中心。值此海峡两岸交流基地获批和轩辕黄帝祭典升格之际，提出建言和建议：在三个中心建设的基础上，创新建设好第四个中心！即将浙江缙云打造成为中华民族文化根脉展示中心，使之成为文化浙江独有的新时代文化高地。

衷心祝愿美丽的缙云深耕细作"黄帝文化"这块金字招牌，在践行"绿水青山就是金山银山"理念的新时代，创造出传承中发展与发展中传承的文化传奇和经济传奇！

（李学功：中国先秦史学会副会长、浙江省历史学会副会长、
湖州发展研究院院长、湖州师范学院教授）

论国家祭祀缙云轩辕黄帝大典与
民族团结的重大意义

徐日辉

《处州日报》2021年9月17日报道："中国仙都祭祀轩辕黄帝大典主办单位已经被批准变更为浙江省人民政府，是目前浙江省唯一经批准的省政府主办的祭祀类节庆活动。"值得庆贺，感谢所有为争取由市祭提升为省祭付出辛勤努力的各级党委政府、国内各界朋友特别是缙云县的朋友们，真正是功德无量。

2021年9月12日在杭州举行了由中国先秦史学会牵头、缙云县人民政府主办的"中国仙都祭祀轩辕黄帝大典规格提升专家论证会"，对提升缙云轩辕黄帝大典为国家级规格做出了详细的论证，获得了丰硕的成果。经过中共缙云县委员会、缙云县人民政府的大量工作，在全社会的努力下，已经迈出了可喜的一步，确实来之不易。

展望未来，我们的发展目标是将缙云仙都祭祀轩辕黄帝大典提升为国家级祭祀，这是增强炎黄子孙民族认同感的有效载体和铸牢中华民族共同体意识的历史必然，是历史赋予我们的责任，在目前浙江省祭祀的基础之上，百尺竿头更进一步，势在必行。

一 缙云仙都是中国南方黄帝文化的核心区

中华文明源远流长，"炎黄"受到全球华人华裔的认同，但长期以来人们在谈及炎黄文化的地域分布时，"南炎北黄"则成为潜意识概念。事实上南方不仅有炎帝文化，更盛行黄帝文化，以浙江的缙云仙都为代表,不仅是南方黄帝文化的核心区,更是南方黄帝文化的传播中心、研究中心、祭祀中心和祈福中心,尤其以祈福文化为特色,有别于其他地区。

考察中国历史发展的过程,黄帝作为历史时期的杰出代表,在整个中华民族发展史的长河中是认同的始祖。根据出土文献记载,黄帝建邦立国"始有树邦,始有王公。四荒、四宄、四柱、四唯、群祇、万貌焉始相之"①。简文是说黄帝有天下之后,得到四方首领的支持。又《清华简·为政之道》称"昔黄帝方四面","四佐是谓"②。四佐,即四方。正因为黄帝得到四方诸侯等的拥护,为民族团结民众幸福,一生不辞辛劳亲临四方"未尝宁居",足迹遍及祖国山川大地,为后人留下了众多的文化史迹,至今被人们传承、瞻仰、研究和开发利用。《史记·五帝本纪》记载:

> 东至于海,登丸山,及岱宗。西至于空桐,登鸡头。南至于江,登熊、湘。北逐荤粥,合符釜山,而邑于涿鹿之阿。迁徙往来无常处,以师兵为营卫。官名以云命,为云师。置左右大监,监于万国。万国和,而鬼神山川封禅与为多焉。

正因为黄帝"未尝宁居""往来无常处",南方的缙云不仅是他"往来无常处"中之最著名的一处形胜宝地,而且是最终的归宿地。司马迁依据《尚书》《周礼》《国语》《左传》等史籍为基本素材,结合实地考察所得终于完成《五帝本纪》的撰写,为我们留下了不可多得的珍贵资料,包括缙云仙都的黄帝的史迹。《史记·封禅书》记载:

> 黄帝采首山铜,铸鼎于荆山下。鼎既成,有龙垂胡髯下迎黄帝。黄帝上骑,群臣后宫从上者七十余人,龙乃上去。余小臣不得上,乃

---

① 程浩:《清华简〈五纪〉中的黄帝故事》,《文物》2021年第9期。
② 清华大学出土文献研究与保护中心编,黄德宽主编:《清华大学藏战国竹简(玖)》,中西书局2019年版,第126页。

悉持龙髯，龙髯拔，堕，堕黄帝之弓。

百姓仰望黄帝既上天，乃抱其弓与胡髯号，故后世因名其处曰鼎湖，其弓曰乌号。

缙云古有仙都之称，来源于黄帝在此升天的故事，得益于司马迁的实录。上述记载中的荆山、鼎湖均在缙云，都与黄帝在此活动息息相关。

鼎湖，在今浙江的缙云，以奇峰著称。刘宋《东阳记》称："缙云山，一名丹峰山，孤石撑云，高六百尺，世传轩辕游此升天。"作为缙云黄帝文化的节点，荆山、鼎湖等，得到了南北朝时大旅行家谢灵运的认可。其《名山志》曰：

缙云山旁有孤石，屹然干云，高二百丈，三面临水。周围二百六十丈；顶在湖生莲花，有岩石近名步虚，远而望之，低于步虚，近而视之，步虚居其下。……中岩上有峰，高数十丈，或如莲花，或如羊角。古志云："黄帝练丹于此。"

谢灵运是南北朝山水诗之执牛耳者，《名山志》亦是我国旅游文献中之翘楚，所言孤石者，即今缙云鼎湖峰，一峰兀突，形如春笋，拔地而起，高达170.8米，[①] 顶部面积710平方米，底部面积2468平方米，实为天下一大奇观。

面对如此天然形成之峰，而且顶上面又那么大，我相信会有建筑等遗迹。2020年重阳节在缙云考察时，陪同我的马利兴告诉我，以前有人上去过，有自然形成的积水，隐隐约约说有建筑痕迹。可惜由于时间关系，没有走访到当年登峰的人，我也就无缘得见了。

《史记》的记载给我们提供了几条极为珍贵的信息。首先，对照《五帝本纪》的记载，得知黄帝最终的去向。《史记·五帝本纪》曰："黄帝崩殒，葬桥山。"此处记载与《封禅书》完全不同。司马迁曾经跟随汉武帝

---

① 轩辕黄帝与缙云仙都编辑委员会编：《轩辕黄帝与缙云仙都》，浙江人民出版社2001年版，第242页。

祭祀黄帝，他提出黄帝葬桥山当所据有本。不过司马迁说的葬桥山之地，不是今天的黄帝陵。如《括地志》记载："黄帝陵在宁州罗川县东八十里子午山。"宁州罗川县，即今"庆阳地区正宁县东部五顷塬一带"①。以及河北"涿鹿"②多种说法等。《史记正义》引《列仙传》云：

  轩辕自择亡日与群臣辞。还葬桥山，山崩，棺空，唯有剑舄（xì，鞋子）在棺焉。

《列仙传》的记载提供了一个与众不同的信息，似乎是在说黄帝葬桥山就是一种说法。套用今天考古学的观点，充其量是衣冠冢而已。

其实，黄帝成仙的说法在汉代之前就已经广为流传，被司马迁记录在册。《史记·孝武本纪》记载，汉武帝到桥山祭祀黄帝时，对手下人说："吾闻黄帝不死，今有冢。何也？"有人对曰："黄帝已仙上天，群臣葬其衣冠。"可见，司马迁记载黄帝在缙云升天，不仅是当时社会认同的观点，而且还是以汉武帝为代表的官方观点。所以，《太平御览》称：

  《郡国志》曰：括州括苍县缙云山，黄帝游仙之处，有孤石特立，高二百丈，峰数十，或如羊角，或是莲花，谓之三天子之都。有龙须草，云群臣攀龙须所堕者。

美好的传说，反映出人们与黄帝至深至爱的情感，是不愿意黄帝离世升天的现场直播。晋人崔豹在《古今注》里讲的很明白：

  孙云公问曰："世称黄帝炼丹于凿砚山乃得仙，乘龙上天，群臣援龙须，须堕而生草曰龙须，有之乎？"答曰："无也。有龙须草，一名缙云草，故世人为之妄传。"

---

① 张耀民：《黄帝冢原址考——黄帝冢在"宁州罗川县东八十里子午山"》，《西北史地》1994年第1期。
② 曲晨：《桥山考辨》，《河北北方学院学报》2016年第1期。

龙须草，又名龙须、龙修、龙华、龙珠、悬莞、草续断、缙云草等，属于草部。所谓缙云草者，因缙云"仙都山产此草，因以名之"。此仙都峰，即今缙云仙都山，亦古之缙云山。而"云群臣攀龙须所堕者"，从一个侧面讲是黄帝曾经到过这里的真实反映。

黄帝好神仙，史称"黄帝且战且学仙，患百姓非其道，乃断斩非鬼神者"①。在出土文献《黄帝四经》中亦有类似的记载。② 由此可见，黄帝在缙云升天成仙的事迹不是向壁虚构，至少在秦以前就已经形成，才遗留下如此丰富的传说和与之相关的历史故事。对此，有三点值得关注：第一，黄帝协和万邦，他在"四方""四佐"的辅佐之下，其统治范围已达缙云；第二，缙云如诗如画的秀美风光，是黄帝在考察中国大地之后的选择；第三，作为黄帝本人巡游祖国各地活动的记录，更重要的是中华民族团结共进砥砺前行的反映。

二　国家祭祀缙云仙都轩辕黄帝是社会发展的必然

缙云仙都是黄帝文化在南方的重要核心区，有着悠久的历史传承和文化绵延，而文化是一个动态发展的过程，人类正是在相互学习相互借鉴中，不断革故鼎新相向而行，黄帝文化也是一样，虽发源于北方却融入南方，遍及全国。目前，国内祭祀黄帝，大体上以三个核心区为代表，分别为陕西黄陵县黄帝陵；河南新郑市；浙江缙云县，习惯上称"三个中心"。以此三地而言，从地域分布看，西北、中原、东南。但是，从历史文献有明确记载考察，则是北方的黄帝陵与南方的缙云仙都。浙江"缙云作为东南黄帝文化的胜地，放在整个中华民族发展史的长河中去考察，则是中华儿女认祖同宗的文化信息和现象"③，司马迁在《史记》中记载黄帝葬桥山和在浙江缙云升天，至少证明桥山与缙云是两处黄帝文化非常重要的历史节点。不过，桥山是埋葬黄帝的衣冠冢；缙云则是御龙升天的仙都，文化

---

① 《汉书·郊祀志》。
② 余光明：《黄帝四经今注今译》，岳麓书社1993年版。
③ 徐日辉：《缙云黄帝文化的定位与旅游开发》，载《黄帝文化研究》，山西古籍出版社2005年版。

论国家祭祀缙云轩辕黄帝大典与民族团结的重大意义

内涵大不一样。

缙云仙都"黄帝祠宇"作为黄帝文化的重要载体,数千年来传承和发散的正是祈福文化,这是黄帝陵无法替代的。

由于历史上南方的战争少于北方,平静富饶的生活,是南方人感恩黄帝祈福黄帝的文化基础,且绵延甚久,民间祈福黄帝最晚在春秋以前就已经开始,至南北朝时期发展为第一个高峰,形成了国内黄帝文化的祈福中心,延续到唐朝缙云的黄帝文化成为历史性的标志,唐代大书法家李阳冰就曾为"缙云堂"题额"黄帝祠宇",以代表唐王朝的重视。实际上,唐王朝在关注缙云"黄帝祠宇"前后期间,曾在黄帝铸宝鼎"象天地人"的地方,[①] 即今河南灵宝市铸鼎塬,大兴土木以示纪念,现存唐贞元十七年(801)所立《唐轩辕黄帝铸鼎塬碑铭并序》就是实证,[②] 该碑与缙云的"黄帝祠宇"堪称一对珍宝。

我的田野考察证明:铸鼎塬一带民间流行的鼎湖锣鼓等祭祀黄帝的民风民俗,与缙云仙都至今流传的鼎湖锣鼓等民风民俗,完全相同。从人类学考察,作为黄帝文化的祭祀与祈福民俗,表明南北方在祭祀黄帝时有着相同的仪式和相同的文化表现以及相同的民俗。

国家祭祀仙都轩辕黄帝,以凸显南方"黄帝祠宇"为核心的黄帝文化。过去的历史表明,北方大动乱的时期,正是南方祭祀黄帝,传承黄帝文化,弘扬黄帝文化的高峰期,特别是东晋之后南方的祭祀应该成为常态,这是经济状态和社会发展所提供的优越条件。值得注意的是,当时陕西黄帝陵的名气及祭祀的热度远远不及缙云仙都,这就是为什么南北朝时期黄帝陵资料短缺的原因。作为历史,是谁也改变不了的事实。

一个民族的强盛与衰亡,和谐团结是基础。一个民族若没有统一的意志,便不会屹立于世界民族之林。翻开中国历史,统一意志始终贯穿着中华文明。炎黄文化的内涵之一,就是统一意志的内聚力和向心力文化[③]。

---

① 《史记·封禅书》。
② 李久昌:《中原名人墓祠文化》,三秦出版社2004年版,第359页。
③ 徐日辉:《走出"神话"的伏羲》,载《华人时刊》2001年第9期。

黄帝对于中华文明起着十分重要的作用，其影响之大早已经被全球的华人所公认。司马迁认为"黄帝是草创国家的第一人"[①]，从文化认同上讲，这既是华夏民族的感情产物，也是华夏民族共同心理的需要。黄帝文化植根于浙江缙云，表明缙云自古就与黄帝有着密切的血缘关系，由此黄帝的事迹、神话、传说等文化在这里世代传袭发扬光大。

黄帝文化虽然融合南北，但还有所差异，表现在祭祀方面、尤其在细节方面不尽相同，各有各的特点。如缙云黄帝祭祀有菱角，北方祭祀就没有，这个就是南祠北陵的地方差异，同样是历史积淀而无法改变的祭祀载体。

缙云仙都黄帝文化是文献记载中华民族五千年文明史从北到南的具体实证，打破了"南炎北黄"的传统理念，并与黄陵、新郑形成了"南祠北陵中"的历史格局，三足鼎立绵长无穷。

在以血缘关系为纽带的中华传统文化当中，祠堂是家族、宗族的象征，祠堂祭祀是祭祖宗，是后人对祖先的崇拜，以祈求平安幸福。

缙云的黄帝祠宇正是凝聚华夏民族团结的总祠堂，是慎终追远认祖祭祖的唯一的总祠堂。中华民族和各民族的关系，是一个大家庭和家庭成员的关系，各民族之间是一个大家庭里不同成员的关系，家园不可分、民族不可散、文明不可断，必须像石榴籽一样紧紧抱在一起，必须铸牢中华民族共同体意识，这个意识是国家层面最高的社会归属感、面向世界的政治归属感。所以说提升缙云祭祀黄帝为国家级大典规格，具有弘扬缙云黄帝文化和加强民族团结的重大意义，势在必行。

三　结语

国家祭祀轩辕黄帝是彰显文化自信，社会发展的必然。"南祠北陵中"凸显缙云为祖国南方黄帝文化的核心地位，要将黄帝从天上请下来，从地上升起来，成为国家传统文化的核心之一。实现缙云仙都国家级祭祀黄

[①] 徐日辉：《鼎文化与七千年前甘肃饮食说略》，《饮食文化研究》（2009年上），黑龙江科学技术出版社2009年版。

帝，是一项利国利民的千秋大业，关系到文化自信和民族复兴大业。作为系统工程，努力构建成为：

第一，中国南方黄帝文化辐射中心；

第二，中国南方轩辕黄帝祭祀中心；

第三，中国南方轩辕黄帝祈福中心；

第四，中国南方黄帝文化研究中心；

第五，世界级旅游目的地。

我们相信在中共缙云县委县政府的坚强领导下，在全县人民齐心合力的支持下，国家祭祀"中国仙都祭祀轩辕黄帝大典"，一定能够在最短的时间内呈现在世界面前。

（徐日辉：浙江工商大学人文学院教授、中国旅游文献研究所所长）

缙云仙都祭祀轩辕黄帝

——中华文明"多元一体"的一个地方性阐释

孙竞昊

2021年10月14日，正值重阳节之际，社会各界人士代表、海外侨胞代表齐聚浙江丽水市缙云县仙都黄帝祠宇，庄重祭告中华民族人文始祖轩辕黄帝。这样的仪式既具有鲜明的地方特色，又与全国其他地方的传统纪念活动一样，有力地诠释了中华文明"多元一体"范式的合理性。

一 新时期"传统"的复活与浙江地方祭祀中的黄帝

改革开放以来浙江在市场经济方面敢为人先，生机勃勃，取得了非凡成就。同时，浙江各地在挖掘历史遗产方面也不遗余力，其中大规模先祖祭祀活动的影响远远超出了地方范围和层面。

坐落在绍兴附近会稽山的大禹陵，是历史上延绵不绝的祭禹圣地。自从秦始皇"上会稽，祭大禹"，历代祭祀规格高端，清朝时包括康熙、乾隆二帝都曾亲临致祭。民国时改为特祭，每年9月19日举行，一年一祭。新中国时期，在1995年4月20日举办的"浙江省暨绍兴市各界公祭大禹陵典礼"之后，公祭每五年一次，地方民祭和后裔家祭则每年一次，2013年始，每年由绍兴市政府组织祭祀。

湖南永州和山西运城都有舜陵，近年来举办恭祭，但盛大的祭舜仪式并不限于这两地。浙江上虞因为传说是舜的后裔的受封地，早在唐代就建起了舜帝庙，如今巍峨的大舜庙也是浙江主要的先祖崇拜场所之一。

缙云祭祀轩辕黄帝历史源远流长，始于东晋之前，盛于唐宋，民间祭祀绵延未断，与陕西黄帝陵形成祭祀轩辕黄帝"北陵南祠"格局。明清后黄帝祠宇不存，1998年重建并恢复公祭轩辕黄帝典礼。二十多年来，经过省、市、县党委政府不懈的努力，在中国先秦史学会、浙江省历史学会等学会的专家学者大力支持下，缙云仙都祭祀轩辕黄帝的规模越来越大，在海内外的声誉越来越高，并于2021年由全国清理和规范庆典研讨会论坛活动工作领导小组批准，中国仙都祭祀轩辕黄帝大典主办单位由丽水市政府、缙云县政府变更为浙江省人民政府。

在中国广袤的疆域上，各个地方、区域的自然、经济、人文环境不同，所以展现出不同的自然与社会特征，但彼此之间何以异中有同？上述活动，说明了各地之间的汇通性：拥有共同祖先圣贤的认同，是中华文明多元一体生动的显现。这种存异求同的特征既有思想与文化的基因，也是中国历史演进的结果。

二 中华文明"多元一体"形成历程中的"天下"和"大一统"

在中华文明长期的发展过程中，"多元"与"一体"相辅相成。历史上的"中国"不断演革，不仅有空间的历时性变化，而且还有"久合必分"的多政权割据状况的时段。中华文明的整体性特征动态地体现在各个同中有异、异中有同的区域里。

黄河流域通常被视作中华文明的摇篮，几位带有重要符号意义的华夏先祖的行迹向来被定位在北方黄河流域，他们的功业奠立了生生不息的中华文明形态的基础。

像其他拥有悠久文明的部族一样，华夏先人的创世纪神话传说同样色彩斑斓。然而，孔子"祖述"的"先王"牌位上没有更遥远的传说人物。但自孔子以降，在儒家主导的中国传统的主流历史认知系统中，从尧、舜、禹相袭，到夏、商、周三代更始，再到以后的世代，华夏谱系沿循了一脉相承的主线。儒家虽然体认"和而不同"，海纳百川，但其终极理想却是四海升平、差别消泯的天下大同。

秦始皇帝首次统一了华夏，尽管其因暴政而声名狼藉，但他开创的

"书同文，车同轨"之"大一统"秩序成为帝制国家与社会的模板，从而规范了一代代人的思维方式。而接下来的两汉王朝命祚四个多世纪，奠定了"中国"的地理界域与文化身份。

司马迁无疑受到这种政统与意识的深刻影响，尽管其哲学带有自然主义的道家倾向。面对"不传"或"缺有间"的纷杂缥渺的上古传闻，虽然"难言"，他还是认为"其所表见皆不虚"，竭力绘出华夏文明滥觞的曙光。在《史记》的开篇《五帝本纪》中，太史公以黄帝为帝系之首，排除了相传黄帝同时期的众多"诸侯"，如炎帝、蚩尤，因为不存在可并立的"天子"。在他看来，"自黄帝至舜、禹，皆同姓而异其国号"，居于作"天下"的中心。

司马迁撰述的轶闻并未被后来所有的史学家全部认可，但他所传颂的一体化"天下"观念成为生命力顽韧的权威话语。实际上，在秦汉以来长达两千年前的帝制时代，王朝循复，治乱、兴亡、合分不歇，但追求"分久必合"的"大一统"是压倒性共识。

在今天中国版图，历史上统一时期的政治中心多在北方，或者说传统意义上的"中原"。这也是为什么即便少数族控制的中原政权，也往往被认作华夏或中华的正统。即便在分裂时代，如唐瓦解之后的五代（907—960）十国（907—979），北方的后梁、后唐、后晋、后汉、后周被后世史书如《资治通鉴》奉为"正朔"，而不是奉南方诸国。而五代里中间的三代皆由沙陀首领建立。在蒙元时代，忽必烈的第一个年号"中统"，取"中华开统"之意。

所以，中国传统重视文的力量，而非简单的血统，显示了吸纳性、包容性。所谓"华夷之防"在历史进程中对时人来说并不纠结。为西晋落下帷幕的"五胡乱华"政权，国号多援引中土过往的国家，不少首领往往依托中土帝系家姓为姓。其中，北齐人魏收撰写的《魏书》是第一部关于少数族的"正史"。他把拓跋氏的始祖与黄帝等五帝联系起来，使其成为中原正宗的一个分支。

在有文字记载以来的历史上，长江中下游地区的南方很久以来处于华夏文明圈的外围，甚至是"化外"。孔子、孟子先后周游列国，但都拒绝去"南蛮鴃舌之人"之楚国。春秋战国之际，吴、越先后称霸，虽然都县花一现，但"逐鹿中原"的一个效应是冲突与交流中文明形态的趋同。秦汉统一阶段，南方的经济与政治黯淡无光，但"大一统"格局下华夏文化的强大辐射力、同化力改变了其文化边缘、离心的态势。

汉末、三国时期，北方战祸惨烈，北人开始大量南迁，带来了南方的实质性开发，并促进了南北各地文化、信息的传播、交换。随后的南北朝时期发生了中国经济重心的南移，长江流域的生产水平超过了黄河流域。而在宋元以至明清阶段，商业化、城市化发达的江南或东南沿海，人文荟萃，成为中华文明新的中心地。迄今，浙江依然是经济和文化最发达、最有活力的地区。

还值得一提的是，现代考古及相关研究工作证明在浙江及周边存在多个史前文化，如上山、河姆渡、良渚，支持着文化起源多元说；同时，也发现各个文化之间存在着相互沟通和影响，反映出南北混溶、整合的特点。这种情形有助于后来"多元一体"历史发展模式的形塑。

三 近代以来"民族"认同营建中的黄帝符号及其当代意义

近代欧洲列强的坚炮利舰把中国"轰出中世纪"，也舶来了"民族国家"的概念和模式，从而冲击了原来的"天下"观。与日本可以现成地应用"万世一系"天皇制度相比，对同样向西方学习的近代中国的仁人志士来说，王朝替代频繁、信仰繁复、民族混溶、经济分散的历史遗产使得民族国家的理论建构异常困难。流亡东瀛的章太炎等革命党人提出黄帝纪年，于是乎传说中本来作为诸多先民领袖之一的黄帝，有时连同炎帝，一跃而成为现代民族国家叙事的一体化民族记忆。

然而，虽然"排满"革命一度鼓吹"驱逐鞑虏"，却已经进入近代西方式民主共和的范畴。故而民国伊始，满、汉、蒙、回、藏"五族共和"的立国方针蔚然成型，适应了在一个存在族群多元、区域差异的土地上创建现代国家和社会的需要。"中华民族"的内涵更加丰富，同时自我认同更加明晰。

在民国时期内忧外患的暴风骤雨中，黄帝作为中华民族的人文始祖，连同其他传统元素，如泰山、黄河、长城、龙等，被赋予了凝聚民族精神以救亡图存的时代旨趣涵义。"炎黄子孙""长城抗战""黄河颂""龙的传人"……构成象征自强不息的一幅幅震撼的画面。

《史记·封禅书》所载黄帝南下，在山清水秀的缙云铸鼎炼丹、驭龙升天，是一个悠久隽永的美丽故事。但当地民众积极作为，绵延不绝的缙云黄帝祭祀说明了历史遗产的魅力。今天，它作为国家认定的宝贵"非物质文化遗产"，还将继续推动着灿烂绚丽的"多元一体"文明的进一步丰富和提升，体现了其宏富的现实价值。

(孙竞昊：浙江大学江南史研究中心主任、教授)

炎黄二帝与中华龙文化

霍彦儒

自古以来，在中国人的心目中，"龙"是人世间最神秘和最神圣之物，具有无比崇高的地位。因而，上至皇亲国戚，下至平民百姓，均对龙怀有有一种敬畏之心。数千年来，"龙"所形成的博大精深的龙文化，不仅成为中华民族的文化标识、基因，而且"龙"所形成的"龙精神"，成为中华民族的精神象征和精神纽带。追溯龙和龙文化的起源和形成，炎黄时代、炎黄二帝与龙和龙文化的起源和形成有着密切的关系，也就是说，龙和龙文化起源、形成于炎黄时代。

一 炎黄时代与龙文化

关于龙文化的研究，历代研究者有两种根本对立的意见，一种意见认为龙是神话动物，根本不存在；另一种意见认为龙是自然界中真实存在的动物。前者是指龙是"神话动物"和"祥瑞动物"，如《说文解字》说："鳞虫之长，能幽能明，能巨能细，能短能长，春分可登天，秋分儿潜渊。"《瑞应图》说："黄龙者，四龙之长，四方之正色，神农之精也。能巨细，能幽明，能短长，乍存乍亡。"

后者是指龙是"蛟龙古鳄""蛇"以及马、鱼、蚕等等，如《左传·襄公二十一年》："深川大泽，实生龙蛇。"《荀子·致士篇》："川渊者，龙、鱼之居也。"《孟子·滕文公下》："当尧之时，水逆行，泛滥于中国，蛇龙居之，民无所定……禹掘地而注入海，驱龙蛇而放之菹。"尽管认识不同，但龙作为一种文化现象，依然为古今人们所重视和崇敬。

据考古发现可知，我国最早的龙形象出现于新石器中晚期，即我们前面所说的炎黄时代（距今约7000—5000年），在中国大地上先后发现了多处"龙"文化遗存。被学术界广泛确认的有：属于仰韶文化的陕西宝鸡北首岭遗址（距今约7000年）发现的鱼形龙、浙江余姚河姆渡遗址（距今约7000年）发现的鹰形龙，河南濮阳西水坡遗址（距今约6400年）发现的鳄形龙，甘肃甘谷西坪遗址（距今5500年）发现的鲵形龙，河南陕县（距今约5000年）发现的蜥蜴形龙；属于赵宝沟文化的内蒙古赤峰敖汉旗小山遗址（距今约6000年），分别发现了猪、鹿、鹰、牛等龙形；属于良渚文化的有浙江余杭反山遗址（距今约5000年）发现的虎形龙；属于红山文化的有内蒙古赤峰三星他拉村遗址（距今约5000年）发现的马形龙，辽宁建平县发现的距今约5000年的熊形龙；属于马家窑文化的有甘肃武山傅家门遗址（距今约5000年）发现的鲵形龙；属于大溪文化的有湖北黄梅焦墩遗址（距今约6000年）发现的牛形龙；属于屈家岭文化的有湖北天门石河镇遗址（距今约4800年）发现的猪形龙等。另外，在距今约4500年的大汶口文化山东莒县陵阳河遗址、龙山文化的陕西石峁古城遗址、山西襄汾陶寺遗址和山东日照两城镇遗址分别发现的蛇、鹰、虎等龙形及龙形纹图案。而"这些动植物在先民崇拜、敬畏的文化滤镜下被逐渐神化，形象上更经由不断加工、融合、创新，形成了不同区域各有特色的原始龙形象。简言之，仰韶文化中不同地区的鱼龙、蛇龙、鳄龙，均是现实生活中鱼、蛇、鳄等自然形象神格化的产物"[①]。

炎黄时代与龙文化的关系，不仅反映在考古上，历代文献典籍中也多有记载。

炎帝与龙文化。古籍记载有《帝王世纪》："炎帝神农氏……母曰任已……游华山之阳，有神龙首感女登于尚（常）羊，生炎帝。"《春秋元命苞》："少典妃女登，游于华阳，有神龙首感之于常羊，生神农。"《史记·五帝本纪·正义》："神农氏姜姓也。母曰任姒，有蟜氏女登为少典妃，游华阳，有神龙首感生炎帝。"《宋史·符瑞志》："有神龙首感女登于常羊

---

① 袁广阔：《龙图腾：考古学视野下中华龙的起源、认同与传承》，《光明日报》2020年12月3日第11版。

山，生炎帝神农。"《路史·后记三》："女登感神于常羊，生神农于烈山之石室……龙颜而大唇。"许顺湛解释以上记载说："炎帝母族是有蟜氏，父族是少典氏。女登与龙交而生炎帝，说明少典氏必是龙图腾，炎帝是龙之子。'任巳'与'任姒'同，巳本身就是蛇，炎帝母族中也有蛇图腾崇拜。少典为有熊氏国君，也崇拜熊图腾。蛇和熊都是龙的组成部分。因此，炎帝的父族、母族都是龙图腾。"其父族、母族以龙为图腾，那么，说明炎帝与龙图腾也有关系。但在有些古史传说中，将炎帝说成"人身蛇首"（《北堂书钞》卷一《异表》）、"龙首龙颜"（《诗含神雾》）、"人首牛身"（《竹书纪年》笺按）。这里所说"牛首""龙首龙颜"，不能理解为我们生活中的牛或想象中的龙，而应从图腾崇拜的角度去理解，是说炎帝与炎帝族曾有过龙或牛（其实为羊）的图腾。再者，在炎帝世系里，与龙有关系的还有共工氏。如《路史·后记二》注音《归藏·启筮》："共工人面，蛇身，朱发。"《淮南子·坠形训》："共工氏有子曰句龙，为后土。"《山海经·大荒北经》："共工臣名曰相繇，九首蛇身自环。"此外，民间也多有炎帝与龙的传说。如炎帝出生到九龙泉"洗三"，九龙游出向其喷水；炎帝的妻子是龙女；炎帝三岁就去拜见龙王请其降雨要均匀；炎帝养龙犬上天盗谷种，等等。

黄帝与龙文化。关于黄帝及其后裔颛顼、帝喾、尧、舜、禹以及夏商周都与龙文化有着直接或间接的关系。如《竹书纪年》："黄帝轩辕氏，其母附宝，见大电绕北斗枢星，光照郊野，感而孕二十五月而生帝于寿丘。生而能言，龙颜，有圣德，刻百神朝使之。"前面说到炎帝父族为龙图腾，黄帝与炎帝同为少典族分支，也当为龙图腾。黄帝居住有熊，理应为熊图腾，熊为龙的组成部分，也可理解为龙图腾。黄帝母因见大电绕北斗而怀孕，大电是雷的表象，与雷同一体，雷只可听，电只可见。《论衡》说："雷龙同类。"也可说"电龙同类"。依此可说，黄帝的出生与附宝感龙有关。[①] 所以，史书中也多有黄帝与龙关系的记载。如《史记·天官书》："轩辕黄龙体。"《史记·五帝本纪》："（黄帝）生日角龙颜，有景云之瑞，以土德王，故曰黄帝。"《山海经·海外西经》：轩辕国"人面蛇身，交尾首上"。《淮南子·天文训》："中央土也，其帝黄帝，其佐后土……其寿黄

---

① 参见许顺湛《许顺湛考古论集》，中州古籍出版社2001年版，第325页。

· 133 ·

龙。"据古史传说，黄帝的生不仅与龙有关系，而且黄帝的死也与龙有关系。《史记·封禅书》："黄帝采首山铜，铸鼎于荆山下。鼎既成，有龙垂胡髯下迎黄帝。黄帝上骑，群臣后宫从上龙七十余人，龙乃上去。余小臣不得上，乃悉持龙髯，龙髯拔，堕，堕黄帝之弓。百姓仰望黄帝既上天，乃抱其弓与胡髯号，故后世因名其处曰鼎湖，其弓曰乌号。"黄帝骑龙上天显然是不可能的，而是在凸显黄帝的神圣性和对黄帝的崇拜。还有说黄帝的军事等活动也与龙分不开。如《山海经·大荒北经》："蚩尤作兵伐黄帝，黄帝乃令应龙攻之冀州之野。"《管子·五行》：黄帝"得苍龙而辨于东方"。《淮南子·冥览训》："黄帝治天下……青龙进驾。"

在古史传说中，不仅传说黄帝与龙有关系，而且传说其后裔颛顼、帝喾、尧、舜、禹与龙也有关系。如《大戴礼·五帝德》："颛顼乘龙而至四海。"《山海经·海内经》："汉水出鲋鱼之山，帝颛顼葬于阳，九嫔葬于阴，四蛇卫之。"《五帝德》："帝喾春夏乘龙，秋冬乘马。"有学者认为这里所说的马不是一般的马，是马类龙，是龙马。① 传说尧、舜的出生也与龙有关。《竹书纪年》："（尧）母曰庆都，生于斗维之野，常有黄云覆其上，及长，观于三河，常有龙随之。"《竹书纪年》："帝舜有虞氏，母曰握登，见大虹，意感而生舜于姚丘……龙颜，大口，黑色。"禹之父鲧，《说文解字》："鲧，鱼也。"《归藏·启筮》："鲧死三岁不腐，剖之以吴刀，化为黄龙。"《列子·黄帝篇》：夏后氏"蛇身人面"。许顺湛说："禹母'修巳'就是一条长蛇，因巳与蛇古为同字，金文龙字多从巳，蛇的儿子当然还是蛇。禹为姒姓，姒与巳同，因此禹应该是蛇姓，说夏后氏'蛇身人面'是正确的。不论是蛇姓还是蛇身，都说明龙图腾痕迹在禹的身上表现得还很明显，难怪禹巡游、治水都有龙相助。"② 《淮南子·精神训》："禹南省方济于江，黄龙负舟。"

关于炎黄与龙的关系，还有一条重要史料，《国语·晋语四》说炎帝、黄帝都是由有蟜氏族的女子所生。有蟜氏即蛇氏。《说文解字》十三云："蟜，虫也。"古"虫"字像蛇盘曲之状。《山海经·海外南经》："虫为

---

① 参见许顺湛《许顺湛考古论集》，中州古籍出版社2001年版，第326页。
② 参见许顺湛《许顺湛考古论集》，中州古籍出版社2001年版，第326页。

炎黄二帝与中华龙文化

蛇,蛇为鱼。"郭璞注:"以虫为蛇,以蛇为鱼。"郝懿行注:"今东齐人亦呼蛇为虫也。"至今在民间也多有将蛇叫作"长虫"的。说明此说是颇为古老的。又知蛇为"龙"之原生型。所以,炎黄二帝其母族则以"蛇"为图腾,也就是说以"龙"为图腾。因炎黄二帝已处在母系氏族社会向父系氏族社会的过渡时期或初步进入父系氏族社会,所以只能继承父族图腾,即炎帝以"羊"为图腾,黄帝以"熊"为图腾。

从以上考古学文化和古史传说看,炎黄时代是中华龙文化的重要起源和形成时期,为以后夏商周和春秋战国龙文化的发展和繁荣奠定了社会基础。随着历史的发展,龙文化成为人们意识中的重要观念,产生了各种各样的类型龙,如有学者将龙分类为"生物龙""文化龙""艺术龙"。生物龙即指在民间将蛇、鱼、鲵、蜥蜴、鳄鱼等自然界动物视为龙家族进行崇拜和祭祀。文化龙是指因信仰而创造的生物界没有的龙,包括"政治龙""宗教龙"。"政治龙"就是宫廷龙,如皇帝被称为"真龙天子""龙的年号"等。宗教龙即指儒教龙、道教龙、佛教龙等。艺术龙是指五色龙、有角、有翼、有足、有珠与无角、无翼、无足、无珠等的龙。[①] 正是这些形形色色、林林总总的各种各样的龙,构成了一个庞大而系统的龙的世界,构成了一个内涵丰富而精深的龙文化体系,成为中华民族文化的重要组成部分。

二 中华民族与龙文化

在中国大地上,广为流传着一句话——"龙的传人"。这是对中华民族与龙的关系最朴素也是最精炼、最高度的概括,凝结着中华民族悠久的历史和深厚的文化积淀。这里所说的"龙",已不是一般意义上的龙,而是中华民族的象征,是中华民族团结、力量和精神的象征,龙文化是中华文明的标识、基因。那么,为什么在中国人的心目中对龙和龙文化有如此浓烈、真挚、持久的感情?概括地说,这与中华民族特殊的起源、形成、

[①] 参见何星亮《关于龙文化的若干问题》,《龙文化与现代文明》,中国经济文化出版社2003年版,第8—15页。

发展和壮大分不开，与中华民族在长期的历史发展中所铸造的独特的心理、性格、品格、精神有着渊源关系。具体来说大概有以下三个方面的原因：

一是由祖先崇拜即图腾崇拜所产生的。中华民族是一个知恩图报的民族，慎终追远，崇拜祖先，是中华民族的优秀品格和精神。远在史前时期，就产生了祖先崇拜的心理意识，且流传至今而不灭。"国之大事，在祀与戎"（《左传·成公·成公十三年》），"凡治人之道，莫急于礼；礼有五经，莫重于祭"（《礼记·祭统》），将"祀"和"祭"视为国家和国家礼制的头等大事。而在对"三皇五帝"的始祖祭拜中，炎黄二帝以"三皇五帝"代表性人物，受到历代华夏儿女的崇敬，被尊称为中华民族人文始祖，炎黄文化被视为中华文化的根脉文化、源头文化。

从前文我们知道，炎黄二帝与龙和龙文化有着密切的关系，炎黄二帝的生与死都离不开龙，龙成为炎黄二帝的化身。所以，龙也就成为华夏（炎黄）联盟集团的图腾。我们说，炎帝、黄帝、蚩尤在阪泉、涿鹿之战后，"诸侯咸尊轩辕为天子"，以黄河中下游为居地，建立起华夏（炎黄）联盟集团。联盟集团中的东夷族，古史传说"太皞氏以龙纪，故为龙师而龙名"，到了"少皞挚之立也，凤鸟适至，故纪于鸟，为鸟师而鸟名"（《左传·昭公十七年》）。从这条记载看，东夷族在太皞时代是以龙为图腾，到了少皞时代而以鸟为图腾。黄帝在统一了东夷族后，为了稳定、团结强大的东夷族，凝聚华夏联盟集团，便以由多种动物（部分）融合而形成"一体"的"龙"代替"熊"，作为华夏联盟集团的图腾。闻一多说：龙"是一种图腾（Totem），并且只存在于图腾中而不存在于生物界中的一种虚拟的生物，因为它是由许多不同的图腾糅合成的一种综合体"，是"蛇图腾兼并与同化了许多弱小单位的结果"。"大概图腾未合并以前，所谓龙者，只是一种大蛇，这种蛇的名字便叫'龙'。后来有一个以这种大蛇为图腾的团族（Klan）兼并了、吸收了许多别的形形色色的图腾的团族，大蛇这才接受了兽类的四蹄，马的头，鬣的尾，鹿的角，狗的爪，鱼的鳞和须……于是便成为我们现在所知道的龙了。"[①] 何星亮说："龙原是

[①] 闻一多：《伏羲考》，《闻一多全集·神话与诗》（第一卷），生活·读书·新知三联书店1982年版，第26页。

一种图腾。但它又与其他图腾有区别。它最初可能是一个部落的图腾,后来演变为超图腾、超民族的神,称为中华民族共同敬奉的、延续时间最长的图腾神。"① 此说不无道理。

为什么龙能成为中华民族共同敬奉的图腾神？这可能与炎黄时代赋予龙"祥瑞动物"的传说不无关系。《史记·五帝本纪》说：黄帝"有土德之瑞,故号黄帝"。《索引》则曰："黄龙地螾见。"《封禅书》亦曰："黄帝得土德,黄龙地螾见。夏得木德,青龙止于郊,草木畅茂。"又曰："昔秦文公出猎,获黑龙,此其水德之瑞。"《龙鱼河图》曰："黄龙从洛水出,诣虞舜鳞甲成字,令左右写文章,龙去。"《尚书·中候》曰："舜沉璧于河,荣光休矣。黄龙负卷舒图,出入坛畔。"《汉书·孝文本纪》："文帝十五年春,黄龙见于成纪。上乃诏议郊祀。"类似于这样的记载,古籍中是比较多的。从这些记载里,我们可以看到,龙的出现是大吉大利的征兆,不管是黄龙、青龙、黑龙,都是兆瑞吉祥的"神灵"。②

那么,龙又怎么会成为吉祥物呢？王大有解说："龙之当初所以为吉祥物,是因为本初龙,亦即原生龙,是与族民的生产、生活发生极其密切的关系的物候动物,因为它的春苏冬眠的生活习性而成为某些族团人们的徽标。当这些族团内部出现婚姻关系时,或与别的族团发生婚姻关系时,龙的徽标就成为族称。于是龙就在观念上而不是在事实上成为父母双亲系族团子裔们的祖先。恰恰是龙的最初的物候性征,或生命节律性征,被远古人视作'同类相感'的'祥瑞'性征。当族团人群因各种原因终于分裂为统治者和被统治者时,本来属于族全体成员的祖先神——祥瑞图腾神,却被统治者独占。统治者为了强化其统治地位,就把龙的兆瑞吉祥一面极端夸大,成为自己皇权的护身符,成为夸耀自己政绩的粉饰物。"③ 这种说法是有一定的道理的。

从此,随着华夏联盟集团的壮大和发展,经过华夏民族、汉民族,再到中华民族,龙作为最初华夏联盟集团的图腾神,也愈来愈深入人心,抽

---

① 何星亮：《中国图腾文化》,中国社会科学出版社1992年版,第356页。
② 参见王大有《中华龙种文化》,中国时代经济出版社2006年版,第30页。
③ 参见王大有《中华龙种文化》,中国时代经济出版社2006年版,第30页。

象为一种文化、意识，即"龙的传人"意识，直至今天成为中华民族的象征和标识。于是，龙崇拜就成为祖先崇拜，敬畏龙就是敬畏祖先，敬畏炎黄二帝，敬畏中华民族。

二是由龙文化的形成与中华民族的形成的相似性所产生的。学者们基本认可，龙是由多种动物形象融合而成的形象。宋罗愿《尔雅翼·释龙》说："角似鹿，头似驼，眼似鬼，项似蛇，腹似蜃，鳞似鱼，爪似鹰，掌似虎，耳似牛。"闻一多说："龙图腾，不拘它局部的像马也好，像狗也好，或像鱼、像鸟、像鹿都好，它的主干部分和基本形态却是蛇。这表明在当初那众图腾单位林立的时代，内中以蛇图腾为最强大，众图腾的合并与融化了许多弱小单位的结果。"① 庞进在其《中华龙文化》② 一书中认为："龙是中国古人对蛇、鳄、鱼、鲵、猪、马、牛、鹿、虎、熊等动物，和雷电、云、虹霓、龙卷风、星宿等自然天象多元融合而产生的一种动物。"在龙形成之前，这些动物已分别为有关氏族的图腾崇拜对象。"而龙的形成过程，实际上也就是将这些崇拜融合在一起的过程。"③ 而对今天的中华民族而言，其"多元一体"，是经过长期的历史发展过程而逐渐形成的，即以炎黄二帝为核心的华夏集团，首先通过融合东夷族团，组成华夏联盟集团；再由华夏联盟集团融合苗蛮族团而组成华夏族；再由华夏族通过融合"四夷"，到秦汉时期，汉民族开始出现；汉民族经过魏晋南北朝一直到明清，经过近2000年的不断与周边少数民族的融合，像滚雪球一样形成了今天具有56个民族的中华民族。从中华民族融合过程的简要叙述中，我们不难看出，中华民族多族群的融合过程与龙和多动物的融合过程何等相似。这正好反映了二者形成的一致性。所以，龙不仅是华夏/汉民族的象征，也是中华民族的象征。正如《龙的传人》歌词所说的："古老的东方有一条龙/它的名字就叫中国/古老的东方有一群人/他们全都是龙的传人/巨龙脚底下我成长/长成以后是龙的传人/黑眼睛黑头发黄皮肤/永永远远是龙的传人。"

---

① 闻一多：《伏羲考》，《闻一多全集·神话与诗》（第一卷），生活·读书·新知三联书店1982年版，第26页。
② 庞进：《中华龙文化》，重庆出版社2007年版，第3页。
③ 庞进：《中华龙文化》，重庆出版社2007年版，第3页。

三是由龙精神与中华民族精神的相通性所产生的。龙文化在其漫长的历史发展过程中，逐渐形成了瑞祥、和合、利民、奋进的文化精神和品格。"瑞祥"，前面已谈到，中华民族远古以龙为图腾，今又自称"龙的传人"，是因为龙能为人类带来祥和安宁、能为人类除恶驱邪。尤其是中国古代封建帝王，不仅独占龙，而且视其为皇家瑞气，衣食住行等等都离不开"龙"。上行下效，在民间龙也成为人们心目中至高无上的神。因而，人们在社会生活和经济活动中，不论是地名，还是人名；不论是企业名，还是产品名，多以"龙"为名。如地名有龙山、龙洞、龙城等；人名有大龙、小龙、宗龙等；企业名有中华龙网、华龙集团、九龙公司等；产品名有海龙啤酒、龙须面、双龙酒等。人们以龙为名，其目的就是希望因"龙"而带来吉祥和时运，幸福和美满。"和合"，是指龙涵容化用"百物"的特点，即取多种动物的某一部分而组合成的一种新的"龙"形象，所以体现在龙的身上，具有兼容、包容、综合、化和的品格，体现了中华民族协和万邦、海纳百川的博大胸怀。"利民"，是指为人间带来的各种好处和利益。如传说龙能兴云布雨，司水理水，止雨致雨的本领。"奋进"，是说龙具有与时俱进、开拓进取、奋发有为、自强不息的精神。与时俱进是说龙能适应时代的不断发展变化而改变其形象，如在历史上先后出现过"原龙""夔龙""角龙""飞龙""黄龙""祥龙""黑龙"等等。《易经》第一章载："潜龙勿用""见龙在田""飞龙在天""亢龙有悔"，以此说明事物的发展变化，解释"天行健，君子以自强不息"（《易大传·象传》）。这句话意思是说，自然界的事物都在按一定规律健康的不断地运行着，而人们也应该像自然界那样积极上进、永不停息。[1]

三　结语

龙文化和炎黄文化共同构成了中华传统文化的重要组成部分，成为中华文明的标识和基因，在漫长的历史进程中，对中华民族的孕育、起源和形成，对中华民族的发展和壮大，发挥了重要的团结、凝聚作用，其自强

---

[1] 参见庞进《中华龙文化》，重庆出版社2007年版，第293—294页。

不息、厚德载物的精神品质不断激励着中华民族开拓进取、砥砺前行。正如袁广阔先生所说："中华龙的形象，是撷取拼合多种动物交融的神物，其形成与演变过程正是中华文明不断发展的真实写照：从仰韶时代以中原为主星，带动周边满天星斗；到龙山时代的逐渐融合，最终形成夏商时期多元一体的格局。经历数千年的创造、演进、融合与涵育，龙最终升华为中华民族的精神象征、文化标志、信仰载体和情感纽带。"①

(霍彦儒：宝鸡市姜炎文化与周秦文化研究会会长)

---

① 袁广阔：《龙图腾：考古学视野下中华龙的起源、认同与传承》，《光明日报》2020年12月3日第11版。

从炎黄二帝到黄帝

李 锐

炎黄二帝的故事,来源久远。像《逸周书·尝麦》就记周成王时:

王若曰:"宗揖、大正,昔天之初,□作二后,乃设建典,命赤帝分正二卿,命蚩尤于宇少昊,以临四方,司□□上天未成之庆。蚩尤乃逐帝,争于涿鹿之河,九隅无遗。赤帝大慑,乃说于黄帝,执蚩尤,杀之于中冀。以甲兵释怒,用大正顺天思序,纪于大帝,用名之曰绝辔之野。乃命少昊请司马鸟师①,以正五帝之官,故名曰质。天用大成,至于今不乱。其在殷(启)之五子,忘伯禹之命,假国无正,用胥兴作乱,遂凶厥国。皇天哀禹,赐以彭寿,思正夏略。今予小子闻有古遗训而不述,朕文考之言不易……"

在这里,有赤(炎)帝、黄帝、蚩尤、少昊,其后记禹、启、五观之事。虽然关于《尝麦》的时代有不同意见②,但可以说明有关的故事来源

---

① 黄彰健读"乃命少昊请司马鸟师,以正五帝之官"为"乃命少昊请(清)司(嗣),马(为)鸟师以正五帝之官",认为此文据《左传》,"正五帝之官"则为晚周阴阳家言(见氏著《中国远古史研究》,台北"中央"研究院历史语言研究所1996年版,第48页),今不从。
② 刘起釪认为《尝麦》篇"保存了西周原有史料,其文字写定可能在春秋时……《尝麦》为成王亲政后的纪录文献",见氏著《尚书学史(订补本)》,中华书局1989年版,第96页。李学勤则认为此篇时代和《吕刑》接近,见氏著《〈尝麦〉篇研究》,《古文献丛论》。刘起釪后来也说:"与《吕刑》基本同时保存了西周资料的有《逸周书·尝麦篇》","《尝麦》所记礼制与《顾命》相近,亦知其为西周资料",见顾颉刚、刘起釪《尚书校释译论》,中华书局2005年版,第1918页。

久远。

不过根据笔者的意见，古训古史的流传，和古史得到政治上的承认，并被编入一朝的古史系统，是两回事。即便周成王时有关于炎黄二帝的古训、古史流传，但此时周人并没有将之编入古史系统，直到黄帝二十五子得姓，并且以姬为第一姓，才是在政治上承认了炎黄古史系统为周朝的古史。

《国语·晋语四》所载晋文公重耳的随从司空季子说的黄帝之子得姓的故事，旧解多有问题。杨希枚从唐兰之说而发展，提出是注文混入正文，可以读通，今从之：

> 黄帝之子二十五人凡黄帝之子二十五宗。其同姓者二人而已；唯青阳青阳，方雷氏之甥也与夷鼓夷鼓，彤鱼氏之甥也皆为己姓唯青阳与苍林氏同于黄帝，故皆为姬姓。其同生而异姓者，四母之子，别为十二姓其得姓者十四人，为十二姓。姬、酉、祁、己、滕、箴、任、荀、僖、姞、儇、依是也①。同德之难也如是。昔少典娶于有蟜氏，生黄帝、炎帝。黄帝以姬水成，炎帝以姜水成。成而异德，故黄帝为姬，炎帝为姜，二帝用师以相济也……

可以看出，不但姬被列为第一姓，而且将其同盟"姜"姓和炎帝联系在一起，为兄弟。

这种古史系统的建构，显然不是始于司空季子之时，年代还要早一些。《左传·庄公二十二年》记：

> 陈厉公，蔡出也，故蔡人杀五父而立之。生敬仲。其少也，周史有以《周易》见陈侯者，陈侯使筮之，遇观䷓之否䷋，曰："是谓

---

① 杨希枚：《〈国语〉黄帝二十五子得姓传说的分析（上）》，《先秦文化史论集》，中国社会科学出版社1995年版，第216页。此段原文作："黄帝之子二十五人，其同姓者二人而已，唯青阳与夷鼓皆为己姓。青阳，方雷氏之甥也。夷鼓，彤鱼氏之甥也。其同生而异姓者，四母之子，别为十二姓。凡黄帝之子二十五宗，其得姓者十四人，为十二姓。姬、酉、祁、己、滕、箴、任、荀、僖、姞、儇、依是也。唯青阳与苍林氏同于黄帝，故皆为姬姓。"夷鼓即苍林。

'观国之光，利用宾于王。'此其代陈有国乎？不在此，其在异国；非此其身，在其子孙……若在异国，必姜姓也。姜，大岳之后也……"

可以注意这里是周史在说"姜，大岳之后"。大岳即四岳，后来《国语·周语下》载周灵王的太子晋之言，证明了四岳为姜姓的炎帝后裔：

> 晋闻古之长民者，不堕山，不崇薮，不防川，不窦泽……昔共工弃此道也，虞于湛乐，淫失其身，欲壅防百川，堕高堙庳，以害天下。皇天弗福，庶民弗助，祸乱并兴，共工用灭。其在有虞，有崇伯鲧，播其淫心，称遂共工之过，尧用殛之于羽山。其后伯禹念前之非度，厘改制量，象物天地，比类百则，仪之于民，而度之于群生。共之从孙四岳佐之，高高下下，疏川导滞，钟水丰物，封崇九山，决汩九川，陂鄣九泽，丰殖九薮，汨越九原，宅居九隩，合通四海……皇天嘉之，祚以天下，赐姓曰"姒"，氏曰"有夏"，谓其能以嘉祉殷富生物也。祚四岳国，命以侯伯，赐姓曰"姜"，氏曰"有吕"……此一王四伯，岂繄多宠？皆亡王之后也。唯能厘举嘉义，以有胤在下，守祀不替其典。有夏虽衰，杞、鄫犹在；申、吕虽衰，齐、许犹在……夫亡者岂繄无宠？皆黄、炎之后也……自后稷以来宁乱，及文、武、成、康而仅克安民。自后稷之始基靖民，十五王而文始平之，十八王而康克安之，其难也如是。厉始革典，十四王矣。吉德十五而始平，基祸十五其不济乎……
>
> 王卒壅之。及景王多宠人，乱于是乎始生。景王崩，王室大乱。及定王，王室遂卑。

《左传·哀公九年》也记史墨说："炎帝为火师，姜姓其后也。"但太子晋之言则详细说明了炎帝——共工——四岳（姜）——齐、许，和黄帝——鲧——禹——有夏——杞两个系谱，还有有虞时期的尧殛鲧的故事，更兼以周人的世系：后稷之后十五王至文王，加武、成、康为十八王，其后厉王至灵王有十四王；后人补述太子晋的预言，加景王为十五王，始生祸乱，至（贞）定王，王室就衰微了。由太子晋之言可以看出，

· 143 ·

黄帝、炎帝、共工等与虞夏的关系已经大体清楚了。但是周人在后稷后只列得出十五王①，这比之夏商之君，要少近一半。然而后稷之前既为黄帝后，那就不必像之前祭公谋父那样说后稷是职官名了②。

考虑太子晋所提到的"许"，则周人这一古史系统的形成时间，还可以更确定一些。《左传·隐公十一年》（前712）郑伯（庄公）"使公孙获处许西偏"，说："凡而器用财贿，无寘于许。我死，乃亟去之。吾先君新邑于此，王室而既卑矣，周之子孙日失其序。夫许，大岳之胤也。天而既厌周德矣，吾其能与许争乎？"其言语和《国语·郑语》中史伯教导其祖郑桓公之言有相承之处，但是所论古史则完全不同。郑庄公之言和太子晋接近，认许为四岳之后③，不同于史伯所说的"姜，伯夷之后也"。郑庄公元年是周平王二十八年（前743），因此周人炎黄古史系统的成立，恐怕应该是在平王东迁不久之后，并很快得到了诸侯的认同。其变化之快，影响之深，令人惊叹。

春秋至战国，经过列国兼并，田氏代齐之后，不但太皞、少皞的后裔渐至亡绝，炎帝的后裔也亡绝了，因此新的黄帝一元型的古史系统应运而生。而且周人以炎黄为主体的多元古史系统，本来就是以黄帝系为主，大框架接近。因此黄帝一元的古史系统，容易让人接受。只是这个黄帝一元的古史系统，必须把旧有的以炎黄为主体的多元古史系统中的人物安排进来，才不致承传中断；同时这个古史系统不仅仅是时间先后一元，而且黄帝、颛顼、帝喾、虞、夏、商、周皆是亲属，不免需要弥缝辈分；而邹衍的五德终始说流行之后，帝数要应五，而且五行五色五方要相配，则又需有所选择而又要照顾"历史"成说。

---

① 《周语下》记周敬王时卫彪傒也说及"后稷勤周，十有五世而兴，幽王乱之，十有四世矣，敬王之后为元王，再下为（贞）定王。彪傒说周之祸乱虽与太子晋小异，但主体相同。

② 《国语·周语上》记祭公谋父谏周穆王征犬戎，言及"昔我先王世后稷，以服事虞、夏。及夏之衰也，弃稷不务，我先王不窋用失其官，而自窜于戎、狄之间……"说"后稷"是一个世袭的官职，中间有多少代人已经不清楚。此时周的古史系统还是以后稷为最早的祖先，照《吕刑》所说，后稷和禹、伯夷并列为三后。

③ 清华简第五册《封许之命》篇，可惜脱首简一支，所见只讲吕丁辅佐文王武王，被（成王）封于许。从简2的"膺受大命"来看，简1讲的恐是文王之事，从一简容字上考虑，殆没有讲吕的先世。

可见在周人的古史系统之后，诸侯、诸子之说导致了古史系统的差异，不仅不同地域有不同的整理和认同，甚至同一大门派之内的小宗派之间也有不同说法，其代表作是《五帝德》《帝系》《世本》等书。不幸的是，这个古史系统出现了与系统化相伴随的紊乱，特别是辈分上的错乱颠倒。某些新构是和传承有矛盾的，如将"高阳"和"颛顼"合并，但其实在春秋时期周人的古史系统里，这些人是不同的（或者说在多数人眼中是不同的）。《左传·文公十八年》季文子让大史克答宣公，就同时提及"高阳氏有才子八人"，"颛顼氏有不才子"，还提及"高辛氏"，也没有说他是帝喾。因此顾颉刚会对此生疑，认为与其说高阳是颛顼，不如说高辛是颛顼[①]。

从炎黄二帝到黄帝一元的古史系统，后者虽然不是周王朝政治确立的古史系统，但是《五帝德》却是以孔子的口吻讲五帝，虽然此书"儒者或不传"，郭店简《子羔》中孔子之言也与之不同，但是《史记》或许没有看到《子羔》类的材料，要折中于孔子，其他古史也依从之，孔子的地位又非常神圣，于是黄帝一元的古史系统就成为我们民族的古史。

（李锐：北京师范大学历史学院教授）

---

① 顾颉刚：《中国上古史研究讲义》，中华书局1999年版，第8页。

略论"五帝"时代的社会形态

吕文郁

一

杰出的历史学家、文学家司马迁的不朽名著《史记》是以《五帝本纪》开篇的①。那么，中国远古的五帝时代究竟是个什么样的时代？我们今天应当如何定义五帝时代的社会形态？被司马迁称之为"五帝"的这些历史人物在当时所扮演的究竟是什么样的历史角色？对这些问题如果不进行认真深入地研究探讨，恐怕很少有人能够清楚地作出回答。

"五帝"之称在我国很早以前就已广泛流行，这在先秦典籍中多有记载，由此可知五帝在中国古代历史上有极其深远的影响。儒家经典如《周礼》《礼记》《大戴礼记》《谷梁传》，先秦诸子如《管子》《文子》《韩非子》《鹖冠子》《孙膑兵法》《尹文子》《庄子》《列子》《荀子》《孔子家语》等；此外如先秦史籍《逸周书》《山海经》《战国策》《世本》《古本竹书纪年》《晏子春秋》《吴越春秋》《越绝书》，还有楚国浪漫主义诗歌总集《楚辞》等典籍都经常出现"五帝"的称谓。特别是先秦诸子书中的《吕氏春秋》，全书共有14篇提到了五帝，是先秦典籍中"五帝"一词出现次数最多的著作。

需要特别说明的是："五帝"一词虽然出现很早、流行很广，但在不同的古代典籍中"五帝"的具体内涵却存在较大差异。具体来说，就是中

---

① 唐代以后的一些《史记》版本由唐代著名学者、《史记索隐》一书的作者、被称为"小司马"的司马贞补写了一篇《三皇本纪》，置于《五帝本纪》之前，此篇非司马迁之原著。

略论"五帝"时代的社会形态

国古代被称为"五帝"者究竟是指哪几位,这在不同的学者、不同的典籍中所指并不完全相同①。尽管五帝的内涵存在这样的差别,但是"五帝"作为一个历史时代的代称其含意并无太大的差别。我赞同司马迁《史记·五帝本纪》和戴德《大戴礼记·五帝德》的说法,即"五帝"是指黄帝、颛顼、帝喾、唐尧、虞舜这五位。因此,本文所说的"五帝时代"就是指从华夏人文始祖黄帝开始到虞舜把权力禅让给夏禹为止的这一历史时代。

以往很多学者都对远古时期五帝的活动范围是否能够到达长江以南地区持怀疑甚至否定的态度。我近年来先后参加过三次缙云黄帝文化学术研讨会,也曾在河南、山西、陕西、四川等地多次参加过与五帝历史文化相关的学术研讨会。在这些研讨会上也常常听到一些学者谈过类似的学术观点。之所以如此,我认为最根本的原因就在于大多数学者都对五帝时代的社会形态做了错误的判断,并因此而得出了完全错误的结论。

我以前读过一些很著名的中国古代史专家的著作,他们中的绝大多数都把五帝称之为部落首领或部落联盟首领。这实质上就是把五帝时代认定为原始社会的氏族时代。因为只有氏族社会才存在氏族、部落和部落联盟。众所周知,氏族社会是以血缘关系为基础的社会。氏族社会中的每一个氏族、部落的成员都有共同的血缘关系,若干个有共同血缘或血缘相近的部落可以联合成部落联盟。

在氏族社会里,氏族和部落的成员,包括部落和部落联盟的首领在内,他们都只能在本氏族、本部落居住的狭小区域里活动,除非受到对方特别的邀请,否则他们是不可以也没有权力到其他氏族和部落生活的区域里去随意活动的。那么,五帝时代的情况究竟如何呢?让我们看一看司马迁在《史记·五帝本纪》中的记述吧:

> 轩辕之时,神农氏世衰,诸侯相侵伐,暴虐百姓,而神农氏弗能征。于是轩辕乃习用干戈,以征不享,诸侯咸来宾从。而蚩尤最为暴,莫能伐。炎帝欲侵陵诸侯,诸侯咸归轩辕。轩辕乃修德振兵,治五气,艺五种,抚万民,度四方。教熊罴貔貅䝙虎,以与炎帝战于阪

---

① 详参日本学者泷川资言《史记会注考证·五帝本纪考证》。

泉之野。三战然后得其志。蚩尤作乱，不用帝命。于是黄帝乃征师诸侯，与蚩尤战于涿鹿之野，遂禽杀蚩尤。而诸侯咸尊轩辕为天子，代神农氏，是为黄帝。天下有不顺者，黄帝从而征之，平者去之。披山通道，未尝宁居。东至于海，登丸山，及岱宗。西至于空桐，登鸡头。南至于江，登熊、湘。北逐荤粥，合符釜山，而邑于涿鹿之阿。迁徙往来无常处，以师兵为营卫。

引文中的"轩辕"即黄帝之名。所谓"诸侯""天子"乃是太史公司马迁用后世习用的概念来称谓彼时的各级别首领。黄帝在"炎帝侵陵诸侯""蚩尤为暴"之时，敢于"与炎帝战于阪泉之野"，结果大败炎帝；"与蚩尤战于涿鹿之野"，终于"禽杀蚩尤"[①]。阪泉在今河北保定（或云在山西运城），涿鹿在今河北省张家口一带（或云涿鹿在今江苏省徐州市）。最终黄帝的势力"东至于海，登丸山，及岱宗。西至于空桐，登鸡头。南至于江，登熊、湘"。丸山在今山东琅邪，岱宗指东岳泰山。空桐山在今甘肃省平凉市，鸡头在今湖北省荆门市北。熊、湘即熊耳山和湘山，熊耳山在河南省卢氏县，湘山又称君山，位于湖南省岳阳市西南洞庭湖中。荤粥又称猃狁，汉代称之为匈奴，是当时北方的少数民族。釜山位于今河北省涞水县县城西北。"邑于涿鹿之阿"即指黄帝选择涿鹿一带的平坦之地为都城。从《五帝本纪》的这段记载中，我们可知作为华夏人文始祖的黄帝当时所统辖的范围已大体包括了华夏的主要区域。黄帝升遐之后，其孙颛顼继位，帝颛顼时的统治区域进一步扩大。《五帝本纪》这样记载颛顼的特长和他所开拓的疆域：

帝颛顼高阳者，黄帝之孙，而昌意之子也。静渊以有谋，疏通而知事，养材以任地，载时以象天，依鬼神以制义，治气以教化，絜诚以祭祀。北至于幽陵，南至于交趾，西至于流沙，东至于蟠木。

[①] 蚩尤为传说中之战神，原本与炎帝结盟，后因产生分歧而脱离炎帝，并与炎帝抗争，于是炎黄联合以战蚩尤，终被黄帝战败。近闻新出的清华简十一辑《五纪》篇称"黄帝有子曰蚩尤"，这与人们的传统认知大相径庭。

略论"五帝"时代的社会形态

可知颛顼继任后,其疆域比黄帝在位时又扩大了许多:北方扩展到幽燕一带,南方到达今天的越南北部,西部则扩展到张掖、居延一带,东部则到达东海扶桑。到了唐尧主政时,他们的活动范围进一步扩大。《尚书·尧典》记载尧为了观象授时,制定历法,"分命羲仲宅嵎夷""申命羲叔宅南交""分命和仲宅西""申命和叔宅朔方"。羲仲、羲叔、和仲、和叔都是唐尧亲自任命的负责掌管四方天象观测的专职官员。从这些观测点的设置可知唐尧所统辖的区域已经与后世秦汉的疆域相差无几。虞舜接班后任命禹负责治水。"禹敷土,随山刊木,奠高山大川。"[①]"予决九川距四海,濬畎浍距川"[②],并把"天下"划为"九州"[③],以便于更好地进行规划治理。这表明从黄帝到虞舜,五帝时代的疆域是在逐步扩大的。五帝的权限也是在不断提升的。试想,如果我们把五帝时代看作氏族社会,如果我们把"五帝"看作部落或部落联盟的首领,那么,区区的几个部落或部落联盟的首领,究竟是谁赋予他们这样大的权力,把如此辽阔的疆域划分为若干行政区域?又哪里会有这么大的神通在如此广大的领域里实施政令、修筑道路,兴建水利工程、甚至率领武装部队纵横驰骋,南征北战,发生如此大规模的军事冲突呢?可见,把五帝时代认定为氏族社会、说五帝是氏族社会的部落首领或部落联盟首领,是无法解释五帝时代发生的种种历史事实的。

二

事实上中国的五帝时代早已超越了氏族社会,五帝时代的社会族群也早已不是部落或部落联盟了。上述大量的历史事实证明:中国的五帝时代已经开始向文明社会迈进。五帝时代的社会族群已经进入部族和部族联合体的时代。所谓部族是一种超越了血缘联系而以地域联系为基础的社会群体。部族往往是伴随着私有制的出现而产生,部族进一步发展就成为民

---

① 《尚书·禹贡》。
② 《尚书·皋陶谟》。
③ 《尚书·禹贡》。

族。从这一意义上讲，我们可以把部族理解为民族的前身。为了自身的生存，为了抵御共同的敌人，一些相邻或有共同利益的部族需要进一步联合，于是这些联合起来的部族就成为部族联合体。部族联合体的最高领导者当然要由众多的部族首领中最具实力、最有威望的部族首领来担任。黄帝在战胜炎帝、蚩尤之后就成为中国最早的部族联合体的首领。后来的颛顼、帝喾、唐尧、虞舜等都是部族联合体的最高首领。由此可知：中国上古时代的"五帝"实质上就是部族联合体的最高首领。把五帝称作部落或部落联盟首领是个严重的认知错误。部族联合体所管辖的区域已经非常辽阔、非常广大。我们仔细研究《史记·五帝本纪》的记述，就不难发现：中国古代的"五帝"与古希腊、古罗马的那些部落和部落联盟首领的巨大差别。试问：能够发动如此大规模的战争、征服如此强大的敌对势力、开拓如此辽阔的疆域，建立如此显赫的丰功伟绩，这岂能是区区几个部落联盟的首长所敢梦想？

司马迁是个非常审慎的历史学家。他撰写《史记·五帝本纪》时，因为时代久远，缺少更多确凿、可信的史料，他自己已经感到难以下笔，因而发出了这样的感叹：

> 学者多称：五帝尚矣！然《尚书》独载尧以来。而百家言黄帝，其文不雅训，缙绅先生难言之。孔子所传宰予问《五帝德》及《帝系姓》，儒者或不传。余尝西至空峒，北过涿鹿，东渐于海，南浮江淮矣！至，长老皆各往往称黄帝、尧、舜之处，风教固殊焉，总之不离古文者近是。予观《春秋》、《国语》，其发明《五帝德》、《帝系姓》章矣，顾弟弗深考，其所表见皆不虚。《书》缺有间矣！其轶乃时时见于他说。非好学深思，心知其意，固难为浅见寡闻道也。余并论次，择其言尤雅者，故著为本纪书首。

可见，司马迁为了还原五帝时代的历史，不惜跋山涉水，亲自去踏查那些与五帝相关的历史遗迹，倾听民间那些长老的传说和指点，并结合相关的文献记载，尽可能把那些"缙绅先生难言之"的"不雅训"之言通通摒弃，而选择了那些较为可信的"尤雅"之言写成了《五帝本纪》，表现了历史学家严肃认真的谨慎态度。司马迁在《五帝本纪》中的记载虽然不可避免的仍有一些传说的成分，不能全部视为确凿的历史事实，但其基本内容应当说大体上是可信的。因此我们应当重视司马迁在《五帝本纪》中传递的这些重要信息，这对我们正确地认识五帝时代的社会形态有非常重大意义。

三

人类从原始社会进入文明社会的主要标志有：金属的使用，文字的产生，城市的出现，此三者最具标志意义。此外还有礼制的形成，贫富的分化，国家的建立等等。① 如果用这些标准来衡量，我们完全有理由认定中国的五帝时代已经基本上迈入了文明社会的门槛。确切地说，中国的五帝时代正是从原始社会向文明社会挺进的过渡时期。这里我们仅从以下三个主要方面来略加论证。

（一）五帝时代金属器具的使用

《史记·五帝本纪》说黄帝擒杀蚩尤，战胜神农氏后，"获宝鼎，迎日推策"。又说："黄帝采首山铜，铸鼎于荆山下。"《史记·孝武本纪》说得更为明确："黄帝作宝鼎三，象天地人也。禹收九牧之金，铸九鼎，皆尝鬺烹。"《世本·作篇》说："蚩尤以金作兵器。"② 金即指青铜。又说"蚩尤作五兵：戈、矛、戟、酋矛、夷矛"③。同一篇又说"垂作铫"④。宋仲子注曰："铫，刈也。"垂为舜时主管制作的官员，铫为收割用的工具，相当于后世农用的镰刀之类。《作篇》还说："垂作钟。"⑤ 钟为打击乐器，也属于比较大的器具。《管子·五行》篇说：

---

① 参见李学勤《文明的失落》，上海文艺出版社 1997 年版，第 78—92 页。
② 见《广韵》十二庚注引。《世本》一书南朝时已有缺失，至南宋则全书亡佚。后世很多学者依据各种古籍的引用对《世本》进行了辑佚，先后出现八种辑佚本，商务印书馆 1959 年曾出版《世本八种》。
③ 见《路史·后记四》注引。
④ 见《诗·周颂》正义引。
⑤ 见《礼记·明堂位》正义引。

> 昔黄帝以其缓急作五声，以政五钟。令其五钟：一曰青钟大音，二曰赤钟重心，三曰黄钟洒光，四曰景钟昧其明，五曰黑钟隐其常。五声既调，然后作立五行，以正天时、五官，以正人位。人与天调，然后天地之美生。

《吕氏春秋·古乐》篇说：

> 黄帝又命伶伦与荣将铸十二钟，以和五音，以施英韶，以仲春之月，乙卯之日，日在奎，始奏之，命之曰《咸池》。

这些记述不可能都是后人凭空编造的，这表明五帝时金属冶炼和制造已相当普遍。考古工作者1975年在甘肃省马家窑文化遗址发现了一把青铜刀，刀长12.5厘米，还有一些青铜器的残片。其年代在公元前3000年左右，属于五帝时代的早期。考古工作者还在山西襄汾陶寺遗址先后发现了多件青铜器具或青铜器具的残片。有的考古工作者称陶寺遗址发现的是中国最早的"铜器群"。其中包括一个直径12厘米齿轮形的器物，一个铜盘、一个铜圈、一枚铜铃等等。这些出土青铜器表明五帝时代人们已经掌握了范铸青铜容器技术，从而成为夏商周三代辉煌的青铜文明的主要源头。[①] 这些都是五帝时代已经开始制造和使用青铜器的实物证据。禹铸九鼎一事在中国古代影响尤为深远。禹用九鼎代表"天下"九州。此后禹铸的九鼎遂成为王权的象征，谁得到了九鼎，就代表他获得了华夏的最高统治权。《左传·桓公二年》记载："武王克商，迁九鼎于雒邑。"《逸周书·克殷解》也说周武王克殷之后，"乃命南宫伯达、史佚迁九鼎三巫"。这都表明周人推翻殷商政权后从殷人手中夺得了九鼎，从而向世人宣告周人已经取代了殷商的政权。由此可见九鼎之重要。《左传·宣公三年》还有如下一段有趣的记载：

> 楚子伐陆浑之戎，遂至于雒，观兵于周疆，定王使王孙满劳楚

[①] 参见高江涛、何驽《陶寺遗址出土铜器初探》，《南方文物》2014年第1期。

子。楚子问鼎之大小轻重焉。对曰:"在德不在鼎。昔夏之方有德也,远方图物,贡金九牧,铸鼎象物,百物而为之备,使民知神奸。故民入川泽山林,不逢不若。螭魅罔两,莫能逢之。用能协于上下,以承天休。桀有昏德。鼎迁于商,载祀六百。商纣暴虐,鼎迁于周。德之休明,虽小。重也;其奸回昏乱,虽大,轻也。天祚明德,有所底止。成王定鼎于郏鄏,卜世三十。卜年七百,天所命也。周德虽衰,天命未改,鼎之轻重,未可问也。"

这段引文中的"楚子"即春秋时代的"五霸"之一、以"一鸣惊人"而闻名于世的楚庄王。楚庄王乘攻打陆浑之戎的机会,向周定王的使臣王孙满打听九鼎的大小轻重。这表明楚庄王有觊觎周朝王权的野心,他妄图有朝一日取周王而代之。他的这种僭越行为和企图被王孙满一眼看穿,因而遭到了王孙满的严厉斥责。这表明九鼎作为王权的标志早已深入人心。于是后世王朝的兴替遂称"鼎革"。夏、商、周、秦王朝更迭时新的统治者都以获得九鼎为最高荣耀。少数考古工作者认为鼎类器物铸造工艺复杂,五帝时代尚未掌握这些技术,因而禹铸九鼎一事不可信,这种观点是有待商榷的。

(二) 五帝时代已有文字出现

很多古代典籍都提到黄帝时已经设立史官。《世本》云:"黄帝之世,始立史官,苍颉、沮诵,居其职矣。至于夏商,乃分置左右。"[1] 而且黄帝的史官还不止一两个。《世本·作篇》:"黄帝令大挠作甲子。"[2] 宋衷注云:"大挠,黄帝史官。"《作篇》又说:"隶首作算术。"宋衷注云:"隶首,黄帝史也。"《作篇》还说:"容成造历。"宋衷注曰:"容成,黄帝史官。"刘歆《七略》云:"《盘盂书》者,其传言孔甲为之。孔甲,黄帝之史也。"[3] 以上见于记载的黄帝史官就有六人。史官的主要任务当然是负责

---

[1] 见《路史·发挥一》所引。
[2] 《路史·后记一》注引。
[3] 见马骕《绎史》卷五注引。

记录和整理各种文字资料，使之便于保存、查阅和流传后世。如果当时没有文字，设立那么多史官又有何用？但应当指出的是，黄帝时代虽然已经初步有了文字，但那时的文字毕竟还属于初创时期，是一种在使用过程中需要不断修改、不断增补、不断规范和不断完善的文字。正因为如此，就要求史官们根据实际需要，不断地创造出一些新的文字，以满足不断增长的迫切需要。黄帝的史官仓颉在这一过程中充分地发挥了他的聪明才智，贡献最大，名气最高，因而备受后世颂扬，遂被后世传为造字始祖。仓颉在典籍中又写作苍颉。他在炎黄两帝对立时原本是史皇氏部族的首领，故典籍中又称仓帝史皇氏。他原本对文字搜集、整理和创造就很有专长，很有兴趣。后来归顺黄帝，黄帝了解他的才华，任命他为史官。他充分发挥自己的专长，为汉字的创造、改进和发展作出了重大贡献。因而被称为造字的圣贤。《淮南子·本经训》说："苍颉作书而天雨粟，鬼夜哭。"卫恒《书势》说："黄帝之史沮诵、苍颉，视彼鸟迹，始作书契，纪纲万事，垂法立则。"当然，任何一个国家或民族的文字从创立到完全成熟，都是一个逐步发展和完善的漫长历史过程，仓颉仅仅是众多为汉字的发展做出重大贡献的代表者之一。

《尚书》，顾名思义，即上古之书。[①] 是现存中国古代最早的一部历史文献汇编。《尚书》中的《尧典》是全书的第一篇。《尧典》篇记载了尧时代观象授时、制订历法、官吏选拔、禅让制度等重大历史事实，是五帝时代流传下来的珍贵历史文献。以往受疑古思潮的影响，人们大多数都不相信尧时代会有文字，认为《尧典》是后人依据古代传说而追述的，不是尧时代的第一手文献。但考古工作者们在山西襄汾陶寺遗址经过先后四十多年的考古发掘，有了重大的发现。陶寺一带据郦道元《水经注》记载即上古帝尧时代的都城平阳。考古工作者在陶寺遗址发掘中发现了一处尧时代的观象台遗址。根据遗址把观象台复原后进行实地观测，仍能精确地测定每年"四至"（即春分、夏至、秋分、冬至）等重要节气日出的精确时间。这一考古发现证明了《尚书·尧典》篇里记载的"乃命羲和，钦若昊天，历象日月星辰，敬授人时"的记载是真实可信的，从而进一步证明

[①] 古代尚、上两字通用，详见《尚书》孔传。

《尚书·尧典》篇确为尧时代真实的历史文献。

（三）五帝时代城市的出现

《帝王世纪》记载："少昊帝是为玄嚣，降居江水，有盛德，邑于穷桑，以登帝位，都曲阜。""邑"与"都"皆为古代居民聚落。《左传·庄公二十八年》这样解释"邑"与"都"的区别："凡邑有宗庙先君之主曰都，无曰邑。"此外从规模上讲都往往大于邑。《尸子》一书说："舜一徙成邑，再徙成都，三徙成国。尧闻其贤，征之于草茅之中……而托天下焉。"《史记·五帝本纪》说：

> 舜耕历山，历山之人皆让畔；渔雷泽，雷泽上人皆让居；陶河滨，河滨器皆不苦窳。一年而所居成聚，二年成邑，三年成都。

《史记正义》注曰：

> 《周礼》郊野法云："九夫为井，四井为邑，四邑为丘，四丘为甸，四甸为县，四县为都。"

可见，由于虞舜深孚众望，又有很强的领导和管理能力，因而甚得民心，他所到之处，很快就成为四方效法的样板，也吸引了大批周围的民众迁到这里来安居乐业，仅仅三年时间，历山脚下就从一个小小的聚落变成为远近闻名的都市。《世本·作篇》云："鲧作城廓。"① 《意林》卷四引《风俗通》云："城，盛也；郭，大也。"可见"城"的本义是把都市包围、保护起来。古代的都市一般有内外之分，为防御敌人入侵，要修筑城墙，便于护卫。城特指内城的城墙，郭特指外城的城墙。

以上仅仅是传世文献中关于五帝时代城市的部分零星记载。关于五帝时代存在城市的最生动、最有说服力的证明是陶寺遗址考古的重大发现。经过几十年的发掘，考古队员们发现了规模空前的城址。陶寺城址平面呈

---

① 《礼记·祭法》正义引。《路史·后记》注引作"鲧置城廓"。

圆角长方形，它由早期小城、中期大城和中期小城三部分组成，呈现出一个大城套小城的格局。总面积约300万平方米，最早的遗址年代距今4300年左右，与帝尧活动的年代相符。小城里还有宏伟的宫殿遗址。宫殿核心建筑区出现大块装饰印纹的白灰墙皮、蓝彩白灰墙皮、陶板瓦、大玉石璜等普通居住区难得见到的器物，显示出居住者的等级是最高的。除宫殿外，从城址遗迹中，还可清楚地辨认出屋舍、祭坛、观象台，甚至还发现了具有仓储功能的仓储区和不同阶层的王族墓地。陶寺的城墙遗址、宫殿遗址、祭祀遗址和普通居民区的全面发掘及其出土的大量文物为证明陶寺一带就是尧都平阳提供了令人信服的证据。[1]

四

中国五帝时代的部族联合体实质上就是中国古代的早期国家。"五帝"实质上就是中国早期国家的最高领导者。在早期国家的最高领导机构中已经形成了一支分工明确的官吏队伍，官吏选拔制度也已经初步形成。这一点我们在《尚书·尧典》等篇中可略见其端倪。在最高领导机构中担任各部门重要职务的主要官员，必须经由四岳[2]或十二牧[3]的推荐。再经过最高领导机构中的主要成员的民主评议，然后由最高领导人批准，才可以正式上岗。上岗后要经过实践考验，如发现不能胜任，要随时替换，或被追究责任。如唐尧担任早期国家最高领导人时，向大家征询哪些人可委以重任，有人推举唐尧的儿子丹朱，还有人推举共工，但尧都出于公心，予以否决。当时洪水泛滥，危害生灵，唐尧问何人能够治理水患，很多人都推举鲧。尧提出异议，但大家都说可以让鲧试试，尧同意了。结果鲧治水九年，未能成功，获罪被杀。唐尧年老后，虞舜继承了最高领导人的位置。舜担任最高领导者后经四岳和十二牧的举荐，任命鲧的儿子禹作司空，继续负责治水。任命契为司徒，负责掌管土地和人民。契为殷人先祖，又称

---

[1] 参见高江涛《四千多年前一座圣都的前世与今生》。
[2] 四岳相当于最高领导人委派的负责巡视四方各部族的巡视员。
[3] 十二牧，即十二个州的地方长官。

殷契，也是殷部族的首领。舜还任命弃为掌管农业生产的后稷。弃又称周弃，他是周人的先祖，也是周部族的首领。舜还任命皋陶作士，即掌管司法、刑罚的最高官吏。皋陶又称嬴繇，他是嬴（秦）部族的首领，如此等等。这项制度可以确保国家最高领导层的重要官吏尽可能由各个部族中被推举的精英来担任。这一制度反映了早期国家官吏选拔制度中某些氏族社会军事民主制度的残余。这正是由野蛮向文明过渡的早期国家最典型的特征。

如果我们把中国古代早期国家产生的途径与古希腊、古罗马早期国家产生的途径加以比较，就会发现二者是有很大差异的。古希腊、古罗马由野蛮进入文明的发展途径是：氏族——胞族——部落——部落联盟——城邦国家。城邦国家基本上都是以一个城（镇）为中心、包括周围的一片农村而形成的规模有限、机构比较简单的小型国家。其实，不仅仅古希腊、古罗马如此，欧洲的大多数国家从野蛮进入文明的途径大同小异，最早出现的国家绝大多数都是规模很小的城邦国家。因而欧洲在历史上长期形成小国林立的局面。虽然欧洲在历史上也有被罗马帝国那样的强权国家通过武力征服而形成的兼并、统一的局面，但这种局面在历史的长河中毕竟过于短暂，而小国林立的局面在欧洲人的观念中则是根深蒂固的。中国古代由野蛮进入文明的途径则是：氏族——部落——部落联盟——部族——部族联合体——领土国家。领土国家与城邦国家相比的最大区别是疆域非常辽阔、国家的机构相对复杂，国民的数量极为庞大。当然，从五帝时代的早期国家到秦汉以后中央集权的大帝国，必然要经历长期、复杂的发展演变过程。其间随着王朝的衰落、政权的更替，也不可避免地会出现暂时的诸侯纷争、南北对立、多政权并存的分裂局面。但华夏一统，中华民族同为炎黄子孙的认同感却永远溶铸于华夏儿女的血脉中。这一传统观念的源头我认为可以一直追溯到中国的五帝时代。黄帝之所以被称为中国的人文始祖，正是因为黄帝是中华民族从野蛮向文明迈进过程中最具标志性的历史人物。

（吕文郁：吉林大学古籍整理研究所教授）

五帝时代与中华文明起源

江林昌　李笑笑

从公元前 3000 多年到公元前 2000 年之间，也就是五千多年文明史的最前面一千多年，是我国历史上的五帝时代。从考古学角度观察，这一时期正是陶器刻划文字、青铜冶炼技术等文明因素的发生期，玉器、城市、宗教礼仪中心等文明因素的兴盛期。从社会学角度考察，这是一个由部族、部族集团向早期国家发展的过渡期。著名考古学家苏秉琦先生称这个发展过程为"由古文化，而古城，而古国"三部曲。[1] 我们概称这一阶段为中华文明的起源时期。五帝时代是中华民族文化的源头。研究中华文明，首先要研究五帝时代。

一　考古学视野里的五帝时代

清代著名历史哲学家章学诚在其《文史通义》里提出一个著名论断，即先秦时期经孔子整理的《诗》《书》《礼》《易》《乐》《春秋》"六经"，实际上都是认识中国上古历史文化的史书："六经皆史也。古人不著书，古人未尝离事而言理。六经皆先王之政典也。"司马迁作《史记》正是以先秦"六经"为主要依据。他在《伯夷列传》的赞序里明确指出："夫学者载籍极博，尤考信于六艺。"在《太史公自序》里，又指出："厥协六经异传，整齐百家杂语"，而"为《太史公书》"。在《报任安书》里，司马迁进一步指出，他作《史记》的目的是希望以先秦六经及百家杂语等材料

---

[1] 苏秉琦：《中国文明起源新探》，生活·读书·新知三联书店 2019 年版，第 115—152 页。

为依据，而"究天人之际，通古今之义"；在此基础上，"述往事，思来者"，"成一家之言"。

《史记》开篇为《五帝本纪》，继之以《夏本纪》《殷本纪》《周本纪》。在这四大本纪中，贯穿一条主线，即：以黄帝为始祖，以中原为核心，从五帝开始，直至夏商周三代，前后相因，多元一体，绵延发展。这充分体现了五千多年文明史的前面三千多年历史是一脉相承的。此后的历代史书，凡论及先秦史，基本上都以《史记》的《五帝本纪》与《三皇本纪》为基础而有所增益。

自晚清以来，在今文学派思想的影响下，一些学者开始怀疑先秦秦汉古籍的可信性，进而对五帝及夏商的历史也产生怀疑。这样就涉及对《五帝本纪》《夏本纪》《殷本纪》的评价问题。

另一方面，随着19世纪末殷墟甲骨文的发现，20世纪20年代以来现代考古学在中国的系统展开，更多的甲骨文、青铜铭文、简牍帛书以及陶器刻文、石刻文、封泥印文等等出土文字资料的出土，学者们在王国维二重证据法的引导下，展开了一系列的古书新证工作。其中对《五帝本纪》《夏本纪》《殷本纪》《周本纪》所作的相关印证结果表明，司马迁的记载大致可信，但也有许多地方需要补证。

新中国成立以来，考古发掘在全国各地普遍展开，揭开了大量遗址与遗物，开拓了我们认识五帝时代的新视野，取得了许多新认识。事实表明，五帝时代是中华文明的起点，也是中华民族精神形成与中华民族优秀文化生成的基因所在；而先秦六经、诸子百家以及汉代司马迁《史记》等对五帝时代的文献记载，既不能完全肯定，也不能完全否定，需要对其作综合分析，辨证认定。

（一）考古材料证明五帝时代是真实存在的

在先秦秦汉文献里，常常提到五帝时代。如《左传》《国语》《战国策》《尚书》《逸周书》《竹书纪年》《五帝德》《帝系姓》《世本》等史书，以及《论语》《孟子》《荀子》《墨子》《韩非子》等诸子书中，均有相关记载。这说明五帝时代的存在在先秦时已成共识。而且，在一些出土文献中，也有五帝的一些名号。如关于黄帝，战国时代的铜器陈侯因𫲨敦铭文里，有"绍申高祖黄帝"之说。先秦文献多处记载"黄帝伐蚩尤"故事，而现藏辽宁博物馆的春秋战国之交的鱼鼎匕铭文也有"参蚩尤命"的记录（见图1），长沙马王堆汉墓出土的帛书《十六经》则有"黄帝于是出其锵铖，……以遇蚩尤，因而擒之"的叙述。长沙子弹库战国楚帛书、湖北江陵包山战国楚简和河南新蔡葛陵战国楚简则有炎帝、共工、祝融、老童、陆终等名号。1993年，在湖北江陵王家台出土的秦简《归藏》里涉及的古族名号则有黄帝、炎帝、蚩尤、共工等。2002年开始陆续出版的《上海博物馆藏战国楚竹书》，有《容成氏》《唐虞之道》《子羔》等篇，论述从容成氏到尧舜禹等数十个帝王名号及其史事。这一系列出土文献资料进一步说明，五帝时代作为夏商周之前的一段历史，是可以肯定的。

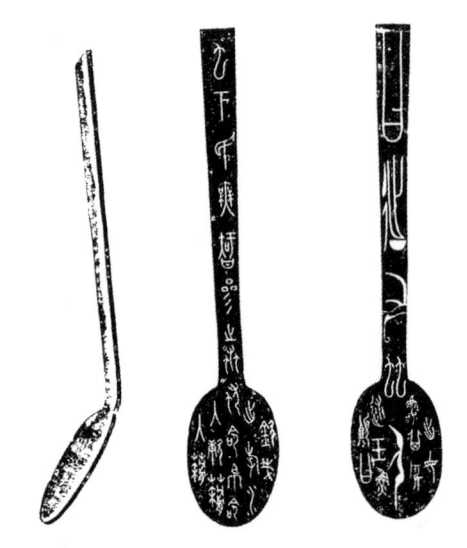

图1 鱼鼎匕里的蚩尤故事（据《李零自选集》）

（二）考古研究表明，传世文献对五帝时代的记载有相当片面性

近一百年来的中国现代考古学所取得的一项重大成果，是对相当于五帝时代的新石器时代晚期，在广泛开展、科学发掘、占有大量考古材料的基础上，进一步作考古学区系类型学的文化历史分析，与聚落形态学的社会历史分析。最终，获得的一个总体认识是，中华文明在五千多年前已在燕山内外、黄河上下、长江南北多个地点同时并起；在相当于五帝时代的一千多年时间里，这些多点起源的文明，各自独立并行发展，而又相互影响。直到五帝时代晚期，才出现融汇到中原的迹象，到了夏商周三代，才逐步完成了以中原文化为核心的多元一体格局。

关于五帝时代中华文明多点同时起源、多元并行发展的认识，实际上经过了以苏秉琦、夏鼐等为代表的老一代考古学家，以严文明、张忠培、俞伟超、李伯谦等为代表的第二代考古学家，以赵辉、栾丰实、王巍、陈星灿等为代表的第三代考古学家的长期探索，而逐步完善的。在这期间，考古学与历史学还经历了20世纪80年代的重估中华古文明讨论，90年代的夏商周断代工程，21世纪初的中华古文明探源工程为代表的集体努力，最终，学术界将五帝时代的文明起源的分布，概括为七大区域（见图2）：

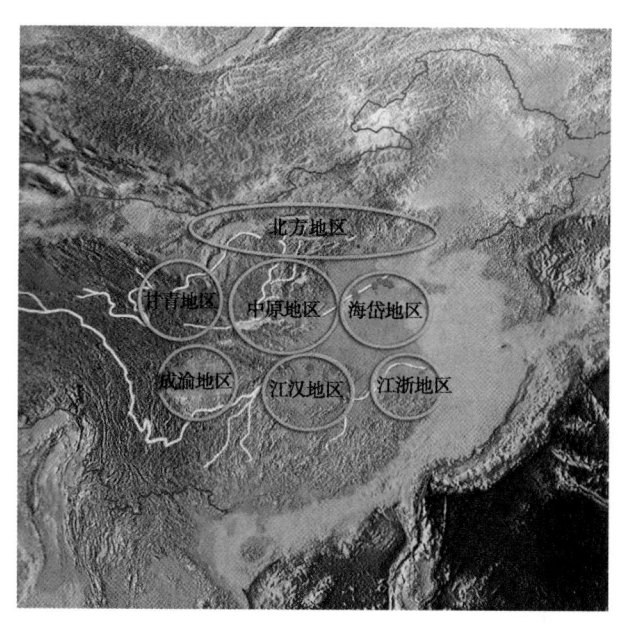

图2 新石器时代晚期文化分区图（据科技部、文物局编《早期中国：中华文明起源》）

对这七大文明区域，学术界还有不同意见，如栾丰实先生根据文明程度与发展系列的不同，将这七大区域区分为5+2，即：北方地区、中原地区、海岱地区、江汉地区、江浙地区为较先进的5，而甘青地区、成渝地区为次一等的2。

考古学上关于中华文明起源发展分为七大区域的认识，对历史学文献学是一个重大挑战。因为这七大区域内成系统有特色的考古遗址与遗存，

· 161 ·

都是先民们所创造的文明成果。这说明在五千多年前开始贯穿整个五帝时代的一千多年时间里,是有许许多多的远古部族先民在这七大区域里生存发展的。《左传》昭公七年:"禹合诸侯于涂山,执玉帛者万国。"《吕氏春秋·用民》:"当禹之时,天下万国。"由此推测,夏代以前的五帝时代更应该是部族众多,世族如林,有千国万国遍布在这七大文明区域内的。

然而,现在我们看到的先秦秦汉典籍关于五帝时代的记载,不仅信息少,而且仅有的少量信息也只局限在中原地区、海岱地区和江汉地区,此外的几个区域相当于五帝时代的资料几付阙如。这种历史文献记载的片面性造成了与考古七大文明区域的不对称现象,严重妨碍了我们对五帝时代文明起源的认识。相关问题需要我们展开深入研究。

二 历史文献学里的五帝时代

(一) 文献学上对五帝时代的记载既稀少又片面的原因分析

那么,是什么原因造成了先秦秦汉文献对五帝时代的记载既稀少又片面呢?这是需要特别研究的。到目前为止,我们的分析认为,这有客观与主观两个方面的原因。

1. 时间上的客观原因

客观方面的原因主要是五帝时代离我们太遥远了。《荀子·非相》说:

> 五帝之外无传人,非无贤人也,久故也。五帝之中无传政,非无善政也,久故也。禹、汤有传政而不若周之察也,非无善政也,久故也。传者久则论略,近则论详。略则举大,详则举小。

《韩诗外传》卷三第二十八章:

> 夫五帝之前无传人,非无贤人,久故也。五帝之中无传政,非无善政,久故也。虞、夏有传政,不如殷、周之察也,非无善政,久故

也。夫传者久则愈略,近则愈详。略则举大,详则举细。

以上材料说明,在五帝之前已有贤人存在,只因时代久远,没能传下来。五帝时代,已有相关的贤人记载了,但是有关这些贤人的具体史事,则没有传下来,也是因为时代久远的缘故。到了虞、夏两代,贤人与史事都有流传了,只不过其具体情况不如殷、周两代详细而已。这也是时代早晚的缘故。所以,其结论说,时代越久远,文献记载就越简略,时代越临近,文献记载就越详细。因为简略,所以只能记些重大人物与事件;因为详细,所以记载更为具体的人物与事件。这样的认识是比较符合历史事实的。司马迁的《史记》,由《五帝本纪》而《夏本纪》《殷本纪》《周本纪》,正是越往前越简略,而越往后越详尽。

五帝时代各自独立的血缘部族在黄河上下、长江南北、燕山内外应该是遍布的,其有名号的部族酋长数,也当以千万计。然而,现在我们所看到的五帝时代的部族名号只有寥寥一二十个而已。这正是由于时代久远这一客观原因造成的。司马迁作《史记·五帝本纪》已在他的结尾"太史公曰"里感叹说:

> 学者多称五帝,尚矣。然《尚书》独载尧以来,而百家言黄帝,其文不雅驯,荐绅先生难言之。孔子所传《宰予问五帝德》及《帝系姓》,儒者或不传。……予观《春秋》《国语》,其发明《五帝德》《帝系姓》章矣,顾弟弗深考,其所表见皆不虚。书缺有间矣,其轶乃时时见于他说。非好学深思,心知其意,固难为浅见寡闻道也。

2. 空间上的主观原因

造成先秦文献记载五帝时代名号史事相对稀少的主观原因主要体现在政治方面。

五帝时代的部族帝号留传下来的不仅数量少,而且,从空间角度看,这些仅留的少数部族帝号的活动范围还主要集中在中原地区、海岱地区和江汉地区,至于其他地区几乎是空白。这是不正常的。

黄河流域有关五帝时代的古族名号虽因时代久远而仍在文献中有所留存，那么，其他区域有关五帝时代的古族帝号也应该在文献上有所反映。然而却没有。造成这种文献记载在空间上不平衡的原因是，商周以来因政治需要，在"华夷之辨"观念支配下，对中原以外部族文化作了有意的淡化甚至删除。这一点在以往的学术研究中被忽略了，所以需要特别揭示。

远古时代，每个氏族部族都有他们自己的族名称号，有他们部族的起源、发展、迁徙、战争、生产以及相应的宗教礼仪、伦理制度等。在部族酋长兼巫师主持的部族全体族民祭祀活动中，先民们用载歌载舞的形式、口耳相传的方式，将他们的部族称号、历史文化世代流传下来。这传唱的内容便是口传文本。当文字发明之后，又将这些口传文本记录下来，传之后世，便是书面文本。这些口传文本与书面文本，都是部族史诗。各远古部族都有他们由口传到书面的史诗。古今中外皆同。如，中国的少数民族有纳西族的《东巴经》、瑶族的《密洛陀》、苗族的《亚鲁王》、蒙古族的《江格尔》、藏族的《格萨尔王》；在国外则有古希腊的荷马史诗《伊利亚特》《奥德赛》、古巴比伦的《吉尔伽美什》、古印度的《摩诃婆罗多》《罗摩衍那》等。由此例推，则在中国上古三千多年的五帝时代文明起源与夏商周三代早期文明发展过程中，数以千万计的部族，应该就有数以千万计的史诗。

当然，原来吟唱的史诗，到了文明时代，可以发展成散文形式流传。如在中国，到了商周早期文明时期，由于政事繁杂，原来兼任巫师的酋长，已变为方国联盟之共主，封国联盟之君主。共主与君主虽仍为群巫之领袖，而作为巫史的具体内容则已分解给各种具体的职位来管理。

《礼记·礼运》："王前巫而后史，卜、筮、瞽、侑，皆在左右。"

《国语·周语上》："天子听政，使公卿至于列士献诗，瞽献曲，史献书，师箴，瞍赋，矇诵，百工谏，庶人传语，近臣尽规，亲戚补察，瞽史教诲，耆艾修之，而后王斟酌焉，是以事行而不悖。"

这些"卜""筮""祝""瞽""史""师""瞍""矇"等职，原来即由酋长兼巫师一人承担，后来则是分工细密，各守其职了。陈梦家先生曾总结这些情况说："由巫而史，而为王者的行政官吏；王者自己虽为政治领袖，同时仍为群巫之长。"这些行政管理体系随着国家机构的扩大而更加分工细密化、系统化。如《周礼》一书记载相关的官职，在《天官》《地官》《春官》《夏官》《秋官》《冬官》六大类基础上，再细分为三百六十余职，形成了一个十分完备的管理网络。《周礼》因此又称《周官》。

这些宗教历史文化职官，所记当各有侧重，于是到了周代以后，远古部族在吟唱史诗基础上进一步出现了散文式的历史文化典籍的繁荣。《国语·楚语上》记载申叔时为楚国王室贵族公子开列的教科书有：

> 教之《春秋》……教之《世》……教之《诗》……教之《礼》……教之《乐》……教之《令》……教之《语》……教之《故志》……教之《训典》。

这里提到的古籍有九种之多。其中，《春秋》《世》《礼》《语》《故志》等等，都是散文式的史诗。这是楚部族的情况。其他部族情况当亦如此。如在中原，到了春秋时代，孔子即整理为《诗》《书》《礼》《易》《乐》《春秋》六经。这六经实际上都是相关的部族史诗，所以有"六经皆诗""六经皆史"的说法。

总之，先秦时期有关五帝时代的历史文化典籍本应该是很普遍、很丰富的。五帝时代各部族都有他们的口传史诗，这些口传史诗到了周代以后，都应该发展为文本史诗，或演化为他们各自的《语》《志》《书》《春秋》等等历史文化典籍。然而，一个令人遗憾的文化现象是，这些丰富的历史文化典籍，因为政治的原因，除中原地区还有较多保留外，其他地区则大多被淡化删除了。

近一百年的现代中国考古发现与研究表明，相当于五帝时代的从距今五千多年开始至距今四千年共一千多年的新石器时代晚期，中华文明在前述的七大区域内差不多同时起源，然后各自独立发展。各区域之间虽有相互影响，但并没有改变各支文化的主体性。这是一个无中心的多元并行发展的文明起源状态。总体上看，这些多元文明还有两个现象：一是如栾丰实先生等所总结的，中原地区与海岱地区两支文明表现出较多的"世俗"

模式，而江浙地区与北方地区两支文明则表现为较多的"宗教"模式①；二是如俞伟超先生等所总结的，北方地区、海岱地区、江浙地区较之其他地区则更具有先进性，如果不是当时自然气候环境等因素发生了意外，实际上应该是这东部的三支区域文化最先进入早期国家阶段的②。

然而，真是沧桑巨变。在距今四千年之前，北方地区、江浙地区、海岱地区、江汉地区的几支文化都先后衰落，乃至中断。唯独中原地区持续发展，终于在距今四千年开始，在夏禹与夏启为酋长的努力下，夏部族率先建立以部落联盟共主世袭制为特征的早期文明国家。继夏代之后，中原地区又先后有以商族为方国联盟共主的商代、以周族为封国联盟共主的周代。由于夏商周三代都以中原地区为活动中心，前后持续发展又达一千多年之久，因此，中华文明的发展模式出现了以中原文化为中心的多元一体发展格局，这相对于五帝时代无中心的多元文化并行发展的文明模式来说，是一种根本性的转变。这一转变深刻影响了以后中华文明的发展走向。

这种以中原为核心的多元一体发展模式，便是以中原部族为核心不断融合周边部族而逐渐华夏化的过程。这个过程到了西周以后，在政治上，因为以分封建侯为手段的姬、姜两姓文化殖民扩大而出现了质的飞跃。在文化上，周公"制礼作乐"，孔子编定《六经》，司马迁撰著《史记》，均强调中原文化的核心地位，倡导"华夷之辨"。其结果便是，在进一步确定并弘扬中原文化的同时，淡化乃至淹没了中原以外广大地区丰富多彩的各部族各邦国文化。这就是五帝时代数以千万计的部族文化只留下中原地区以及海岱地区、江汉地区部族文化部分资料的原因。

总之，由于时间上的久远客观性，造成了有关五帝时代文献记载稀少；由于空间上的政治主观性，造成了有关五帝时代的文献记载只重视中原"华夏"部族历史文化而淡化"四夷"部族历史文化的片面性。这两点，是我们研究五帝时代所需要特别注意的。不仅如此，即使对于现在所

---

① 栾丰实：《中国古代社会的文明化进程和相关问题》，《东方考古》第 1 辑，科学出版社 2004 年版。

② 俞伟超：《龙山文化与良渚文化衰变的奥秘》，《文物天地》1992 年第 3 期。

仅存的有关五帝时代中原"华夏"部族历史文化的文献记载,也需要注意考辨。此可以"后羿代夏四十年"这一历史事实的文献记载为例。《山海经》与《楚辞》站在海岱东夷部族的角度叙述这一段历史,所以既赞美后羿,又记录详细;《尚书》《史记》因站在中原华夏文化角度考虑,所以就完全删去了这一段历史;《左传》襄公四年、哀公元年虽然采用了楚地传说保留了这一段历史,但其叙述立场却是站在中原,因而把后羿作为历史反面人物看待。傅斯年、童书业、姜亮夫先生都已注意到了这一事实,我们也曾经就此有所讨论①,此不赘述。

(二) 对文献所见五帝时代部族活动的时间分期与空间分区

在以上认识的基础上,我们再来看以中原为核心的五帝时代文献资料,一个值得庆幸的事实就是,黄帝作为黄河流域实力最强大的部族,相关文献对他的记录还算是最系统最全面了。有关黄帝部族的文献,虽然因为黄帝时代久远而有神话色彩,但其相关的历史内核还是可以得到基本考辨的。

考古资料及相关研究表明,在五帝时代,黄河流域的中原文化与海岱文化由于区域相近,两者一直保持互动,苏秉琦称其为兄弟关系。作为兄弟文化,有交流也有相争。具体表现便是,新石器时代晚期的前段,中原文化影响海岱文化多一些,后段则反之。另一现象是,相对于江浙地区与北方地区两支文化"宗教"色彩较浓而言,中原文化与海岱文化则表现为较多的"世俗"色彩。这表明中原文化与海岱文化有趋同的一面。正是这种原因,在五帝时代晚期,出现了中国历史上夷夏两大部族集团的大联盟,这就是禅让共政的所谓"夷夏东西说",后代史学家称之为中国历史上的第一个"黄金时代"。也正因此,后世文献中对五帝时代的中原部族有较多记录外,对海岱部族也有相应的记录。

在五帝时代早期,江汉地区的部族文化由于与中原关系不密切,因而相关文献记载较少。后来,由于中原地区炎帝部族与黄帝部族先融合再冲突,之后从五帝时代中期开始,炎帝部族偏居秦岭淮河以南,对江汉地区

---

① 详见傅斯年《夷夏东西说》、童书业《春秋左传研究》、姜亮夫《古史学论文集》、江林昌《书写中国文明史》等。

· 167 ·

有重大影响。而到了五帝时代晚期的尧舜禹时代，中原各族与江汉地区的三苗部族有过长期的拉锯战。因此，在后世文献中，因记载中原部族、海岱部族的需要而自然联系到江汉部族，所以对江汉地区的远古部族文化也有相应记载。

总之，在先秦秦汉文献里，对中原、海岱、江汉三区域的五帝时代部族文化都有所反映，但关于五帝的名号仍然集中在五六个以内，而且还有些出入：

《左传》文公十八年：黄帝、颛顼、帝喾、少昊、太昊

《左传》昭公十七年：黄帝、炎帝、共工、太昊、少昊

《国语·鲁语上》：黄帝、颛顼、帝喾、尧、舜、禹

《大戴礼记·五帝德》：黄帝、颛顼、帝喾、尧、舜、禹

《周易·系辞下》：包羲、神农、黄帝、尧、舜

《史记·五帝本纪》：黄帝、颛顼、帝喾、尧、舜

以上六说，只有黄帝是共同的认识，其他帝号则各有选择。黄帝属于中原华夏文化。这与上述考古学文化与历史文献记载所反映的情况基本一致。

大约在五帝时代，文献记载较集中的中原地区、海岱地区和江汉地区各部族，一直处于迁徙征战、或胜或否、时强时弱的状态，情况是比较复杂的。其称帝号者既非一族一姓可以长期占有，其势力所涉及的时间长度与空间广度也是动态变化的。这些情况，与其后的夏商周三代前后交替、持续直线发展仍有不同。现综合先秦秦汉文献，将五帝时代有影响的各部族帝号分为时间上的前后四期与空间上的东西南三区。

	西系：中原地区	东系：海岱地区	南系：江汉地区
第一期	黄帝、炎帝	蚩尤、少皞、太皞	
第二期	黄帝、炎帝、共工、相繇	颛顼、重、黎、虞幕	
第三期	黄帝、朱明、颛顼、祝融	烈山氏、夔	炎帝、驩兜、梼杌
第四期	黄帝、尧、禹、契、后稷、四岳	舜、后羿、皋陶、伯益、涂山	炎帝、祝融、三苗

以上分期，只是大致划分，其实每个帝号都是可以跨期的，这里将其列入某期，是就其繁盛期而言。如黄帝、炎帝、蚩尤、少皞在五帝时代之初，都已成为影响较大的部族首领，所以列在第一期。而其影响实际上是贯穿了整个五帝时代。如，古文献所谓"黄帝二十五子"，实际上是说黄帝部族集团强大，分支众多，空间布局广阔。又说"黄帝八百岁"，那是指黄帝部族集团在中原地区生存发展八百年以上，表明其活跃时间跨度长。所以我们将黄帝列在第一、二、三期的中原系里。又因为有些部族的势力范围变动较大，如炎帝族在五帝时代第一、二期的中心在中原，到第三、第四期便南移了，所以将其划在江汉系。

从文明史角度看，英雄时代正是人类社会由氏族部族解体走向国家建立的一个过渡时期。这个过渡时期经历了较长的历史过程，我们称为文明起源阶段。五帝时代，正是中华文明起源的"英雄时代"。而黄帝是这个英雄时代出现最早、影响最大的部族集团。

三 五帝时代三大部族集团的形成与中华文明起源的动态观察

在一千多年漫长的五帝英雄时代，数以万计的氏族部落风起云涌，此起彼落，或西坡举旗，或东山称号，最后逐渐融合为几个较大的集团。有关这些部族大集团的情况，便以某某英雄故事的形式流传了下来。如黄帝与炎帝、颛顼与共工之类。起初，这些英雄故事在黄河上下、长江南北、燕山内外都应该是到处流传的。只因为夏商周以后政治文化的中心在黄河流域，所谓"华夏"；而长江、辽河等地则被视为落后文化，边远地区，所谓"四夷"。于是黄河流域有关五帝时代的部族英雄故事，流传下来较多；而长江流域、辽河流域等地有关五帝时代的部族英雄故事，流传下来就很少。这是历史的遗憾。现在，我们只能根据存世的文献资料，结合考古资料的印证，对黄河流域的相关情况，作出分析。

(一) 黄帝族与炎帝族的起源及东移

据有关文献可知，黄帝、炎帝两大部族起源于西部黄土高原。《国语·晋语四》：

> 昔少典娶于有蟜氏，生黄帝、炎帝。黄帝以姬水成，炎帝以姜水成。成而异德，故黄帝为姬，炎帝为姜。

远古时代，部落首领的名字就是该部落的名字。说少典氏娶于有蟜氏，说明这两个氏族互为通婚。而少典氏生黄帝、炎帝，则是说黄、炎两族由少典部族分化而来。至于其具体地望，应由姜水和姬水推知。《水经注》"渭水"条下说："岐水又东，经姜氏城南为姜水。"岐水在岐山的南面。今天的陕西岐山县东面，就有一条西出岐山、东过武功、南入渭水的小河。另，在宝鸡市境内有个姜城堡，又有一条源自秦岭的清姜河，北流入渭水。在姜城堡与清姜河之间，还有一座炎帝神农庙。这些也应该与炎帝"以姜水城"有关。总之，炎帝族的发祥地大概就在陕西省西部的渭水上游，今宝鸡市境内。

《晋语》说"黄帝以姬水成"。《说文》也称"黄帝居姬水，因水为姓"。姬水的具体地望不可考。但据黄帝族的其他踪迹考察可知，其氏族的起源及早期活动范围大致在今甘肃东部的平凉、庆阳至陕北地区，相当于流经甘、陕的泾水中上游与洛河中上游一带。《史记·五帝本纪》称"黄帝崩，葬桥山"。今陕北洛水中游洛川县南有黄陵县，境内有黄帝陵。桥山，据张大可《史记今注》："桥山，又名子午山，在今陕西黄陵县北，上有黄帝冢。"《庄子·在宥》说："黄帝闻广成子在于空同之山，故往见之。"《史记·五帝本纪》称"黄帝西至于空桐，登鸡头"。《汉书·武帝本纪》说武帝于元鼎五年"逾陇，登空同"。这次出游，司马迁随同。"空同""空桐"即"崆峒"。《新唐书·地理志》"原周平高县"条下有"崆峒山"。平高县在今甘肃平凉市东北向的镇原县境内，正在泾水上游，离庆阳市不远。

根据以上分析，徐旭生先生在《中国古史的传说时代》中推测"黄帝氏族的发祥地大约在今陕西的北部。它与发祥在陕西西部偏南的炎帝氏族的居住地相距并不很远"①。因为黄帝与炎帝同为少典部族的分支，属于兄弟氏族，在其生发阶段应该相近。徐旭生先生的分析是合理的。

就现在考古材料分析可知，在新石器时代晚期，黄河流域的东部因地理气候条件优越，率先得到发展。也许正是这个原因，黄帝部族与炎帝部族的一部分开始向东拓展。这与考古学上所显示的距今五千年左右甘陕地区以彩陶文化为标志的仰韶文化大规模地向东部、东北、东南扩展相一致（见图3、图4）。根据徐旭生先生的分析："黄帝氏族东迁的路线大约偏北，他们大约顺北洛水南下，到了大荔、朝邑一带东渡黄河。"今陕西东部的大荔市，正是泾水与北洛水相汇后注入黄河的地方。黄帝氏族东渡黄河，即到了晋南、豫西地区。而炎帝氏族向东迁移的路途"大约顺渭水东下，再顺黄河南岸向东。因为路线偏南，所以他们的建国有同苗蛮集团犬牙交错的地方"②。

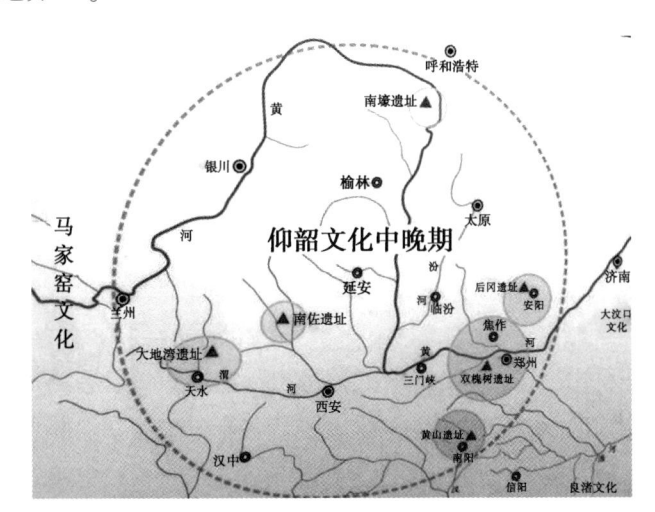

图3 仰韶文化中晚期的黄河流域（据双槐树考古现场示意图）

---

① 徐旭生：《中国古史的传说时代》，广西师范大学出版社2003年版，第48—51页。
② 徐旭生：《中国古史的传说时代》，广西师范大学出版社2003年版，第48—51页。

黄帝缙云　文化浙江——中国第四届黄帝文化学术研讨会论文集

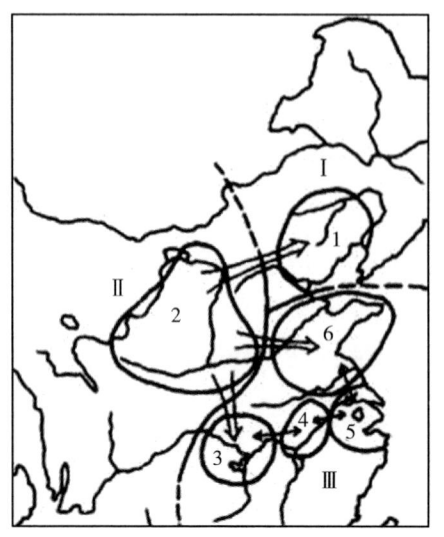

公元前5000—前3000年的文化形势和
文化交流的主要方向

1.赵宝沟文化　2.仰韶文化　3.大溪文化　4.薛家岗—北阴阳营文化　5.崧泽文化　6.大汶口文化
Ⅰ.筒形罐文化圈　Ⅱ.彩陶文化圈　Ⅲ.鼎文化圈

图4　仰韶文化东扩图（据赵辉《文物》2000年第1期文章图）

（二）三场战争与五帝时代三大部族集团板块的形成

黄帝部族、炎帝部族在向东发展过程中，自然会与中原地区、海岱地区原驻氏族部落有冲突、有融合。其中有三次大的战争最为有名：涿鹿之战、中冀之战、阪泉之战。这三次战争使得五帝时代前期各自独立发展而整体杂乱无序的一大批氏族部族得到重新调整合并，形成了有序统一的几个较大的部族集团。这实际上是中国历史上第一次初具规模的部族融合，所以影响巨大。

1. 炎帝族与蚩尤族的涿鹿之战

炎帝族的东进，曾一度到了山东西部直至东北部，与当地的东夷部族先是融合，后有冲突。炎帝部族与东夷集团的联系是从与蚩尤部族发生关系开始的。当炎帝部族初到东夷之地时，曾与蚩尤部族和睦相处了一段时期。《逸周书·尝麦解》：

> 昔天之初，□作二后，乃设建典，命赤帝分正二卿，命蚩尤宇于少暤，以临四方。

赤帝即炎帝。"二后"指炎帝与蚩尤，他们同时被称为"后"，可见当时影响之大。蚩尤居于后来的少暤族范围内，而少暤之墟即在鲁国曲阜一带（详后）。又，《史记·五帝本纪》集解谓：

> 蚩尤冢在东平郡寿张县阚乡城中，高七丈，民常十月祀之。有赤气出，如匹绛帛，名为"蚩尤旗"。肩髀冢在山阴郡钜野县重聚，大小与阚冢等。

"寿张"在今山东东平县，"钜野"在东平西南向的济宁与荷泽之间，均在鲁西。由此可见，蚩尤族的活动范围就在鲁西南一带。

后来，蚩尤族与炎帝、黄帝两部族都发生了冲突，即《史记·五帝本纪》所谓"蚩尤最为暴，不能伐"。"蚩尤作乱，不用帝命。"在这个过程中，先有了蚩尤族与炎帝族的涿鹿之战。《逸周书·尝麦解》：

> 蚩尤乃逐帝，争于涿鹿之河，九隅无遗。赤帝大慑。

涿鹿的地望说法不一。吕思勉《先秦史》据《帝王世纪》引《世本》云"涿鹿在彭城南"而推测在徐州境内。联系炎帝的居地"陈"（淮阳）在徐州之西，而蚩尤冢（郓城、巨野）居徐州北。他们的方位连在豫东南、苏西北、鲁西南一线。可见，涿鹿在徐州说较合理，蚩尤与炎帝的"涿鹿之战"应该就发生在这里。

2. 黄帝族与蚩尤族的中冀之战

涿鹿之战以蚩尤获胜、炎帝挫败而告终。但炎帝族并不甘心，于是又求助于黄帝族。《逸周书·尝麦解》说赤（炎）帝：

> 乃说于黄帝，执蚩尤，杀之于中冀。

"中冀"当为"冀中"之倒。有关这场黄帝与蚩尤的战争,又见于《山海经·大荒北经》:

蚩尤作兵伐黄帝,黄帝乃令应龙攻之冀州之野。应龙畜水。蚩尤请风伯雨师,纵大风雨。黄帝乃下天女曰"魃"。雨止,遂杀蚩尤。

这里的"冀州之野"即上文的"中冀"。古时冀州在东西黄河之间,即在陕西与山西交界处的由北向南流的西黄河,与由河南开封向北流往天津的东黄河之间,包括今天的山西全境、河南中北部、河北西部。"冀中之战"大概是在今河北的中西部与河南北部一带进行的,大约在今石家庄到安阳之间。这场战争说明,东夷人西进中原的势头遭到了黄帝部族的遏制,蚩尤部族最后只能退回鲁西一带。

3. 黄帝族与炎帝族的阪泉之战

黄帝族打败了东夷族的蚩尤之后,控制了中原地区。但不久,炎帝族在今安徽西部的淮河上游与河南东南部的汝水、颍水流域,恢复整顿之后,又北上与黄帝族争夺中原。于是有了黄帝族与炎帝族的阪泉之战。

《列子·黄帝篇》:"黄帝与炎帝战于阪泉之野,帅熊、罴、狼、豹、貙、虎为前驱,雕、鹖、鹰、鸢为旗帜。"

《大戴礼·五帝德》:"黄帝与赤帝战于阪泉之野,三战,然后得行其志。"

《史记·五帝本纪》:"黄帝教熊、罴、貙、虎,以与炎帝战于阪泉之野,三战,然后得其志。"

《论衡·率性》:"黄帝与炎帝争为天子……以战于阪泉之野,三战,得志,炎帝败绩。"

阪泉之战的地点,学术界还没有定论。学者或考证在河北中部保定境内,或在河北南部磁县一带。大致可信。这场战争打得很艰难,黄帝族率领以熊、罴、雕、鹖等为图腾的各联盟部落,与炎帝"三战",最后终于

五帝时代与中华文明起源

取得了成功。于是黄帝族奠定了在中原地区的统治地位。

涿鹿之战，蚩尤战胜了炎帝。中冀之战，黄帝战胜了蚩尤。阪泉之战，黄帝战胜了炎帝。各部落联合体之间的力量得到了较量与调整，最后出现了黄帝联盟集团居于中原、蚩尤联盟集团居于海岱、炎帝联盟集团退居长江中游的三足鼎立局面，从而奠定了五帝时代英雄部落分布的大致框架。徐旭生先生在《中国古史的传说时代》中所说的华夏集团、东夷集团、苗蛮集团，蒙文通先生在《古史甄微》中所说的河洛民族、海岱民族、江汉民族，即以此为基础。综合徐、蒙两说，便是河洛地区的华夏集团、海岱地区的东夷集团、江汉地区的苗蛮集团（见图5）。这三大集团的形成过程实际上是众多氏族部族重新调整融合的过程。这是中国历史上的第一次部族大融合，在中华文明史上有重要意义。

三集团形成后，在中原地区的华夏集团，继黄帝族之后，有共工、相繇、帝喾、帝尧、夏禹、周弃等著名部族；海岱地区的东夷集团继蚩尤之后，有少皞、颛顼、帝舜、后羿、皋陶、伯益等著名部族；江汉地区的苗蛮集团，继炎帝之后，有祝融、三苗、驩兜、梼杌等著名部族。

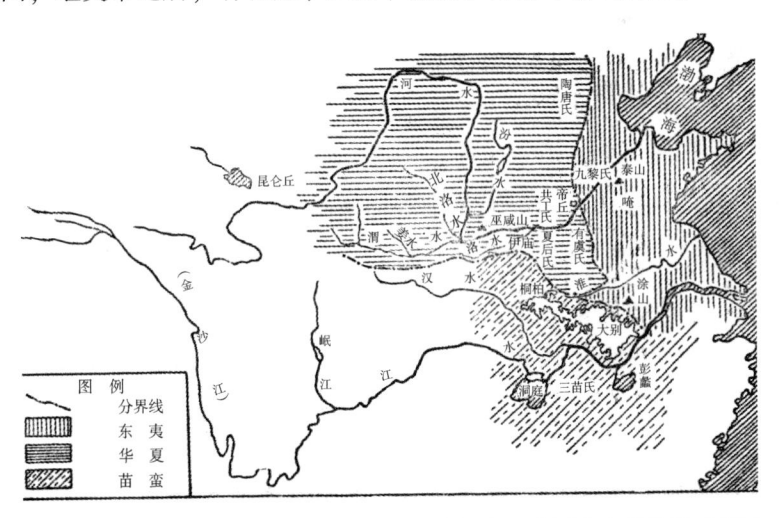

图5 五帝时代三大部族集团分布图（据徐旭生《中国古史的传说时代》）

五帝时代前期，成千上万的氏族部族，经过迁徙、交流、冲突，到了五帝时代中期逐步调整为三大部族集团的大致统一格局。到了五帝时代后期，这三大集团基本稳定发展，形成各具特色的较大范围的区域文化，这在考古学区系类型学的文化历史分析与聚落形态说的社会历史分析中，已经得到了证明。中原地区与华夏集团相对应的考古学文化有仰韶文化后期至中原龙山文化，海岱地区与东夷集团相对应的考古学文化有大汶口文化晚期到山东龙山文化，江汉地区与苗蛮集团相对应的考古学文化有屈家岭文化到石家河文化。此外，考古学上，长江下游还有良渚文化，燕辽地区有红山文化，甘青地区有齐家文化等，在当时也都相当发达了。但由于文献上缺乏线索记载，相应的讨论无法展开。

四 黄帝部族在中原的发展壮大与中华文明绵延发展的基础奠定

（一）黄帝部族集团的活动范围以中原地区为核心

当黄帝部族集团、东夷部族集团、苗蛮部族集团三足鼎立、稳定发展之后，黄帝部族集团在中原的活动范围大致以河南新郑、新密一带为核心而全面展开。《史记集解》引徐广曰："黄帝号有熊。"皇甫谧《帝王世纪》曰："有熊，今河南新郑是也。"《元和郡县图志》："郑州新郑县，本有熊之墟。"前引《庄子·在宥》篇说，黄帝曾经到崆峒山上向广成子问道。崆峒山原在泾水上游，甘肃东部的平凉市镇原县。那应该是黄帝部族早期活动时的地名。当黄帝部族迁徙到中原之后，"崆峒山"的地名连同"广成子"的名字也都带到了河南新郑地区，形成新的地名。这是古代部族迁徙文化的常例。《嘉庆一统志》"汝州条"："崆峒山，在州西南六十里。"汝州还有"广成泽水"。《水经注》"汝州"条："广成泽水出狼皋山北泽中，东南入汝水。"顾炎武《天下郡国利病书》卷五十三："崆峒山在汝、禹二州境，上有广成子庙及崆峒观。下有广成墓及城，即黄帝问道处。"汝州与禹州均在今新郑市西南方向的汝水、颍水上游，是当时黄帝部族的活动中心地区。又《庄子·徐无鬼》：

> 黄帝将见大隗乎具茨之山……至于襄城之野……无所问途。

襄城在河南禹州稍南，属于汝水上游。而大騩山、具茨山在禹州城稍北的嵩山山脉东部。《嘉庆一统志》"开封府"：

> 大騩山在禹州北，亦曰具茨山。《国语》史伯谓郑桓公曰：主芣騩而食溱洧。注：芣騩，山名，即大騩也。……《汉书·地理志》：密县有大騩山。《水经注》：大騩山即具茨山也。黄帝登具茨山，又有大騩镇，在密山东南大騩山下。

大騩山又见于《山海经》之"中山经"：

> 又东三十里，曰大騩之山，其阴多铁、美玉。
> 凡苦山之首，自休与之山，至于大騩之山……苦山，少室，太室，皆冢也。
> 又东五十里，曰大騩之山，其阳多赤金，其阴多砥石。

其上第一、第二两条见于《中次七经》，第三条见于《中次十一经》。就其中提到的少室山、太室山可知，其地望在河南登封、新密、新郑一带的嵩山山脉。徐旭生先生说："中山七经载十九山，而少室、太室为最著。……最东至敏山、大騩之山，当今密县境而山势尽。"[1]

从此以后，黄帝部族即以中原为核心而团结融合了更大范围、更为众多的氏族部族。司马迁《五帝本纪》叙述黄帝族即以中原为中心而将其势力范围扩大至东西南北四方："东至于海，登丸山，及岱宗；西至于空桐，登鸡头；南至于江，登熊、湘；北逐荤粥，合符釜山。"这虽然是以汉人的天下观为依据而略有扩大，但当时黄帝集团影响所至大致也不差。经过涿鹿、中冀、阪泉三场战争之后，黄帝部族结束了迁徙不定的游牧生活，在中原地区开始了聚族定居的农耕畜牧生活，并逐步迈向早期国家形态。对此《五帝本纪》有所描述：

---

[1] 徐旭生：《中国古史的传说时代》，广西师范大学出版社2003年版，第350页。

> （黄帝）置左右大监，监于万国。万国和，而鬼神山川封禅与为多焉。获宝鼎，迎日推筴。举风后、力牧、常先、大鸿以治民。顺天地之纪，幽明之占，死生之说，存亡之难。时播百谷草木，淳化鸟兽虫蛾，旁罗日月星辰水波土石金玉，劳勤心力耳目，节用水火材物。有土德之瑞，故号黄帝。

这段话主要提供了两个信息。其一，黄帝族的管理机构初步形成，如"置左右大监"，又"举风后"等贤人"以治民"，这些都是国家公共权力的象征。其二，发展农业、畜牧业，所谓"顺天地之纪""时播百谷""淳化鸟兽""节用材物"等。司马迁的叙述虽有夸张，但大致上还是反映了当时的相关情况。

（二）从姬、姜两姓的分支后裔分布看黄帝部族文化在中原地区的绵延发展

中原地区既有黄河主流，又有许多山陵支流。如，由内蒙古包头折向南流的黄河西边的陕西境内有延河、北洛河、渭河、泾河等，黄河东边的山西境内有汾河、涑水河等。河南境内，在东西走向的黄河两岸，南面有伊河、洛河，北面有沁河、淇水、漳河等。在嵩山山脉以南，则有汝水、颖水、贾鲁河、涡河、惠济河、大沙河、东沙河等，这些河流都东南向注入淮河。鲁西地区则有泗水、济水等等。这些支河的上游为茂密的山林，有丰富的动物，可供游猎。下游则与黄河主流或淮河主流共同冲积成一片一片肥沃的土地，宜于农业耕作。山林与河流正是发展农业与畜牧业的天然条件。再加上黄河流域地处北纬35度的温带气候，极适宜于农牧业与人类的生存发展。黄帝部族与炎帝部族到了中原地区之后，正是利用这样的地理气候水利条件而发展农业与畜牧业，从而壮大了部族。他们的分支后裔也都在中原地区的黄河两岸继续发展壮大，《国语·周语下》有一段关于黄、炎两大部族后裔的世系传说：

> 昔共工弃此道也，虞于湛乐，淫失其身。欲壅防百川，堕高堙庳，以害天下。皇天弗福，庶民弗助，祸乱并兴，共工用灭。

其在有虞，有崇伯鲧播其淫心，称遂共工之过。尧用殛之于羽山。其后伯禹念前之非度，釐改制量，象物天地，比类百则，仪之于民，而度之于群生。共之从孙四岳佐之，高高下下，疏川导滞，钟水丰物。……

皇天嘉之，祚以天下，赐姓曰姒，氏曰有夏：谓其能以嘉祉殷富生物也。祚四岳国，命以侯伯，赐姓曰姜，氏曰有吕：谓其能为禹股肱心膂，以养物丰民人也。……

有夏虽衰，杞鄫犹在。申吕虽衰，齐许犹在。惟有嘉功，以命姓受祀，迄于天下。……皆黄炎之后也。

《国语》韦昭注："鲧，黄帝之后也。共工，炎帝之后也。"这样，我们可得黄炎两族的后裔世系如下：

少典氏＋有蟜氏 { 黄帝（姬）——鲧——禹（姒）——杞、鄫
　　　　　　　　炎帝（姜）——共工——四岳——申、吕、齐、许

这里，黄帝的后裔为夏族鲧、禹，赐姓为姒。鲧、禹的后代则为杞、鄫两族。他们都在中原。其中鲧、禹在河南嵩山南北，考古发现的登封王城岗遗址、禹县瓦店遗址、新密新砦遗址，都在淮河支流的汝水、颍水上游。学者们推测，这些遗址就是鲧、禹时期夏部族的活动中心。杞即今天的杞县一带。《史记·周本纪》载武王封"大禹之后于杞"，《史记正义》引《括地志》："汴州雍丘县，古杞国。"鄫在杞县东向的睢县。《春秋经》襄公元年："曹人、邾人、杞人次于鄫。"杜预注："郑地，在陈留襄邑县东南。"总之，杞国与鄫国都在今开封市与商丘市之间，在淮河的支流惠济河、大沙河、东沙河中上游。

而炎帝、共工的后代如四岳、申、吕、许等，则偏往河南的南面。四岳即太岳，也就是今天的嵩山。"申"在今河南唐河县境内，"吕"在南阳县境内，"许"在许昌县境内，他们都在河南的西南或正南。正因为如此，所以传说河南东南部的淮阳曾经是炎帝族的中心。《史记·五帝本纪》正义引《帝王世纪》："炎帝，初都陈。"陈即今淮阳境内。

· 179 ·

如前所述，黄帝族与炎帝族经过阪泉之战后，得胜的黄帝族便在中原地区进一步扩大势力范围，而失败的炎帝族则逐渐退向汝水、淮河以南，直至长江流域。在中原地区，黄帝族的分支后裔除以上所述的夏、杞、鄫之外，其实还有很多。《国语·晋语四》说：

> 黄帝之子二十五人，其同姓者二人而已。唯青阳与夷鼓皆为己姓。青阳，方雷氏之甥也。夷鼓，彤鱼氏之甥也。其同生而异姓者，四母之子别为十二姓。凡黄帝之子，二十五宗，其得姓者十四人，为十二姓：姬、酉、祁、己、滕、箴、任、荀、僖、姞、儇、依是也。唯青阳与苍林氏同于黄帝，故皆为姬姓。

这段话涉及较多的有关氏族社会婚姻制度、继承制度、氏族命名制度等问题。限于篇幅，此不展开。我们只就黄帝之子二十五人成为二十五宗，后来又分为十二姓来考察即可明了，黄帝族的后裔发展是多分支多线条的。这些多线条的多分支发展，又当各有世系。但时代久远，已不可全部考索。从地理分布看，这得姓的十二支大多在中原地区。据董立章《国语译注辨析》考证，"滕"在鲁西滕州，"箴"在河南濮阳，"任"在鲁西济宁，"僖"在河洛地区，"儇"在河南罗山县，"依"在安阳地区。至于"姬"姓，既是黄帝族的本姓，也是周族的始封之姓。《史记·周本纪》：

> 周后稷，名弃。……帝舜曰："弃，黎民始饥，尔后稷播时百谷。"封弃于邰，号曰后稷，别姓姬氏。

据有关文献可知，周弃初始所封的"邰"地，实际上是在晋南汾河流域。而陕西渭河流域的"有邰氏"，是后来才迁徙过去的新地名。《左传》昭公元年：

> 昔高辛氏有二子，伯曰阏伯，季曰实沈，居于旷林，不相能也。……迁实沈于大夏，主参。唐人是因，以服事夏、商。其季世曰唐叔虞。当武王邑姜方震大叔，梦帝谓己："余命而子曰虞，将与之

唐，属诸参，其蕃育其子孙。"及生，有文在其手曰："虞"，遂以命之。及成王灭唐而封大叔焉，故参为晋星。由是观之，则实沈，参神也。

昔金天氏有裔子曰昧，为玄冥师，生允格、台骀。台骀能业其官，宣汾、洮，障大泽，以处大原。帝用嘉之，封诸汾川。沈、姒、蓐、黄，实守其祀。今晋主汾而灭之矣。由是观之，则台骀，汾神也。

这里说"台骀氏"被"封诸汾河"，成为"汾神"。原因是台骀氏能"宣（疏通）汾、洮"二水，"处大原"。而周弃被封于"邰"，是因为他"好耕农"，"相地之宜谷稼穑"。也就是说，周弃能考察选择适合农作的地方而从事稼穑。台骀氏疏导汾、洮之水，以处晋南广大肥沃的大原，也是为了农业生产。可见，这汾神"台骀氏"与周弃所封的"邰"所指的是同一件事。

因为周族与黄帝族同为"姬"姓，说明周族是黄帝族的嫡系本支。因此，到了西周初年，周王朝分封时，出于政治、经济、军事、文化等方面的考虑，就先在中原地区广泛建立姬姓据点。先营建洛阳成周，又封唐叔虞于晋，封周康叔于卫，封周公旦于鲁。这样，成周、晋、卫、鲁就沿黄河形成了东西主轴。同时，又封召公于燕，封虞叔于宜，形成南北两翼。周公、召公、康叔是武王兄弟，唐叔是成王兄弟，虞叔是康王兄弟，他们都是姬姓王室成员，是西周王室政权的重要支撑，所以分封地都在关键位置。在此基础上，再封五十余个姬姓国，分布在这东西主轴与南北两翼这一骨架的周围。

《左传》僖公二十四年："昔周公吊二叔之不咸，故封建亲戚以蕃屏周。管、蔡、郕、霍、鲁、卫、毛、聃、郜、雍、曹、滕、毕、原、酆、郇，文之昭也。邗、晋、应、韩，武之穆也。凡、蒋、邢、茅、胙、祭，周公之胤也。"

《左传》襄公二十九年："虞、虢、焦、滑、霍、扬、韩、魏，皆姬姓也。"

此外，见于《左传》的姬姓国还有芮（桓公三年）、荀、贾（桓公九年）、狐（庄公二十八年）、耿（闵公元年），见于《国语》的还有魏（《郑语》）。这些姬姓国，基本上都在中原地区的黄河两岸。现结合相关文献及有关研究成果，将以上姬姓国的分布情况列表如下：

黄河北岸	黄河南岸
霍：山西霍县 杨：山西洪洞 荀：山西新绛 晋：山西翼城 贾：山西襄汾 耿：山西河津 魏：山西芮城 韩：山西韩城 虞：山西平陆 原：河南济源 单：河南孟县 邘：河南沁阳 雍：河南焦作 凡：河南辉县 共：河南辉县 胙：河南延津 箴：河南濮阳 依：河南安阳 邢：河北邢台	焦：河南陕县 北虢：河南陕县 东虢：河南荥阳 毛：河南宜阳 祭：河南郑州 聃：河南开封 儇：河南罗山 应：河南汝山 蒋：河南上蔡 息：河南息县 僖：河洛地区 曹：山东定陶 郜：山东成武 茅：山东金乡 郕：山东宁阳 滕：山东滕县 任：山东济宁

至于这种分封的原因，相关文献有所分析：

《左传》昭公九年："文武成康之建母弟，以蕃屏周。"

《左传》昭公二十六年："昔武王克殷，成王靖四方，康王息民，并建母弟以蕃屏周。"

《左传》昭公二十八年："武王克商，光有天下，其兄弟之国者十有五人，姬姓之国者四十人，皆举亲也。"

《荀子·儒效》："（周公）杀管叔，虚殷国，而天下不称戾焉，兼制天下，立七十一国，姬姓独居五十三人。"

《史记·汉兴以来诸侯王年表》："武王、成、康所封数百，而同姓五十五。地，上不过百里，下三十里，以辅卫王室。"

由此可见，西周王室将姬姓分支分封在中原地区的黄河两岸，既有政治、经济、军事等目的，也有血缘、地缘等文化的背景。而正是这种多方面的因素，保证了中原地区自黄帝以来，一直保持文化绵延发展，不断裂，不转型。夏商周三代在此基础上，形成了以中原华夏文化为核心的多元一体格局，秦汉以后则形成了以汉民族为主体的多民族统一体与统一的多民族国家。五帝时代的黄帝部族在中原的发展壮大为此奠定了基础。这也是中华文明的重要特点，值得注意。

五　余论：五帝时代与中华文明起源的几个相关问题

前面四个部分，我们主要是从文献学角度，就黄帝、五帝时代与文明起源的有关问题作了考辨梳理。本文的讨论，可以就此结束了。然而，由于黄帝与五帝时代影响了整个中华文明五千多年，是中华民族精神、中华优秀传统文化的根系基因，所以，上述讨论实际还仅仅是开始。以此为基点，还有一些重要问题值得思考。作为余论，兹列要点如下。

（一）关于部族神话人物分合转化的梳理认定问题

前面我们根据相关文献资料，将五帝时代分为时间发展的前后四期与空间布局的东西南三区。这就为整体把握五帝时代建立了定点框架。以这个定点框架为基础，我们可以将相关的部族神话传说人物分合转化的错综复杂关系，从文献学上作出合理的梳理；并从历史学角度作出合理解释。

1. 颛顼与少昊

前面，我们已就黄帝族、炎帝族的分合转化情况作了说明，这里再就颛顼族情况作出梳理。颛顼本是东夷部族的酋长名。《山海经·大荒东经》："东海之外大壑，少昊之国。少昊孺帝颛顼于此，弃其琴瑟。"少昊是五帝时代第一期海岱地区的部族酋长名。据《帝王世纪》等文献可知，少昊部族的活动中心在"穷桑"，即今曲阜一带。而"少昊孺帝颛顼于此"，说明颛顼部族是在少昊部族的扶持下，在穷桑之地发展起来的。

《国语·楚语下》说，"及少昊之衰"的时候，出现了"九黎乱德"

事件，颛顼因此作出整顿，命"重"与"黎"将原始巫术变革为原始宗教，这就是有名的"绝地天之通"事件。已有学者指出，"九黎"即"九夷"，而"重"又是少昊氏的"四叔"之一（《左传》昭公二十九年）。由此可见，颛顼部族及其支族"重""黎"都属于东夷集团，而"绝地天通"事件最早也发生在海岱地区。因此，我们将颛顼部族列为五帝时代第二期的海岱系。

2. 颛顼与黄帝

颛顼部族强大之后，便往西向中原地区发展，先到了河南东部的濮阳一带。《左传》昭公十七年："卫，颛顼之墟也，故为帝丘。"杨伯峻注："帝丘，即今河南濮阳西南之颛顼城。"考古学上发掘的濮阳西水坡仰韶文化遗址，学者们推测即为颛顼部族当时活动所留下的遗址。

颛顼族再西进，便到了河南新乡、辉县一带。《列子·汤问》："共工氏与颛顼争为帝，怒而触不周之山。"共工部族属于中原华夏集团，其活动中心在今新乡市的辉县一带。《左传》隐公元年"大叔出奔共"。《史记·周本纪》正义："卫州共城县，本周伯之国也。""共""共城"即《汉书·地理志》"河内郡共县"，也就是今天的河南新乡辉县。共工部族还与洪水有关。《左传》昭公十七年："共工氏以水纪，故以水师而水名。"《淮南子·本经训》："共工振滔洪水。"《史记·律书》："颛顼有共工之陈，以平水害。"考古学上有孟庄龙山文化城址的发现。孟庄城址有城墙、城壕以及南北城墙被洪水冲垮的现象。主持发掘的袁广阔先生综合考证分析认为，这就是当时的共工城及共工治水失败的遗迹。① 共工部族的活动中心既然在辉县，那么颛顼与共工争为帝的事件当发生在此。

颛顼先在濮阳留下帝丘，又到辉县与共工氏争为帝，说明颛顼族到了中原后，不仅时间长，而且影响大。也正因此，文献记载的神话资料里又将颛顼与中原地区的黄帝部族挂上了钩。《山海经·海内经》：

黄帝……生昌意。昌意……生韩流。韩流……生颛顼。

---

① 袁广阔：《孟庄龙山文化遗存研究》，《考古》2000 年第 3 期。

《大戴礼记·帝系》：

> 黄帝产昌意。昌意产高阳，是为帝颛顼。颛顼产鲧，鲧即文命，是为禹。

就这样，五帝时代第二期海岱地区东夷集团少昊系的颛顼，到了第三期便又归入中原地区华夏集团黄帝系了。

3. 颛顼与炎帝

不仅如此，颛顼部族到了中原之后，有一支重要后裔为祝融族。《山海经·大荒西经》："颛顼生老童，老童生祝融。"而据《国语·郑语》可知，祝融之后又发展出八个族姓。这八姓中，部分在中原，另部分则在淮河、长江流域。在长江流域者，以先楚芈姓族最为有名，即《郑语》所说"融之兴者，其在芈姓乎"。因此之故，颛顼之后的祝融族又与炎帝族挂上了钩。《山海经·海内经》：

> 炎帝……生炎居。炎居生节并。节并生戏器。戏器生祝融。

长沙子弹库战国楚帛书《宇宙》篇也说："炎帝乃命祝融，以四神降。"就这样，五帝时代第三期中原地区的华夏黄帝系的颛顼、祝融，到了第四期又归入江汉地区炎帝苗蛮系里去了。

在20世纪，学者们研究神话的一大进步是揭示了神话传说人物的分合转化现象。但如何分合转化，其原因背景是什么？由于缺乏一个客观统一的标准，以致众说纷纭。现在以海岱东夷少昊、颛顼——中原黄帝、颛顼、祝融——江汉炎帝、祝融的分合转化为例，说明分析神话传说人物的分合转化，必须以文献资料与考古资料互证的二重证据法为手段，从部族起源——迁徙——融合——转化——发展为线索，把握其随时间的动态发展而有空间的布局转化这一规律，相关问题便可作出合理解释。五帝时代其他神话人物的情况，均当以此类推。

(二) 关于历史学上的部族活动中心与考古学上的都邑聚落中心如何对应问题

在 20 世纪，历史学界与考古学界一直在探索考古学文化的族属问题。安阳殷墟甲骨文的发现，使得《史记·殷本纪》所载商史得到确定无疑的证明。这是考古学文化与历史族属认同的成功案例。但商代以前的夏代以及上至五帝时代的历史族属，如何用考古资料来证明，情况就复杂多了。由于相当于这个时期的考古资料，缺乏出土文字资料，有关族属问题，不能得到明确答案，只能是一种合理的推测。当然，推测的合理性程度，可以随历史文献解析的深入与考古发掘资料的增多而提高。前述颛顼部族在河南濮阳、新乡辉县一带活动的历史文献证据与濮阳西水坡遗址、辉县孟庄遗址的发掘研究又比较深入，两方面都获得较多可信的信息，因此其结论便比较可靠。

又如，前文我们已从文献学角度，推论黄帝部族来到中原后，其活动中心当在嵩山山脉以南的新乡新密一带，此即所谓"有熊之居"。而考古工作者于 20 世纪末、21 世纪初在新密发掘的龙山文化古城寨遗址，恰好提供了有力佐证。该城址已有用板筑夯土而成的城垣，城外有护城河，城内则有大型宫殿区。整个城址面积达 17.6 万平方米。联系同时期在新密市西侧有登封王城岗城址以及城内灰坑里发现的青铜器残片，北侧有郑州牛寨城址及熔铜炉壁、青铜块。此外，还有十余个同期遗址布局在新密、新郑周围。学者们经过综合分析，认为新密古城寨遗址就是一处都邑聚落中心，周边的一些城址则围绕古城寨这个最大的中心城而构成一个范围较广的聚落群。

以上例证说明，文献学上的历史地理探索，如何与考古学上的都邑聚落中心发掘作出有机对应结合，是研究五帝时代、探索中华文明起源的一个重要方向。历史学与考古学的对话融合，越来越得到学界共识。

(三) 关于"夷夏东西说"与文字起源不同体系问题

有关五帝时代的文献历史地理研究与考古学区系类型研究、聚落形态研究都表明，五帝时代的文明起源，主要表现为多区域文明差不多同时起源、无中心多元并行发展的格局态势。

这种格局在黄河流域则表现为中原地区华夏部族集团与海岱地区东夷部族集团之间，实行联盟禅让两头共政制，所谓"夷夏东西说"。学者们进一步研究表明，这"夷夏东西说"在文字起源方面也有不同体系的具体反映。

20世纪，考古工作者在海岱地区的多个地点发现了史前文字资料。如，在山东邹平丁公村龙山文化城址内发现了丁公陶文，在江苏高邮龙虬庄南荡村发现了龙山时代的南荡陶文，在莱阳市的前河前镇则征集到西周中晚期的陶盉刻文。学者们通过研究认为，这些陶文属于海岱地区独有的自成体系的古夷文。

而中原地区则发现了另一系统的文字资料。如，在陶寺遗址龙山时代的一个扁陶壶上发现了"文□"两字；在登封王城岗龙山文化黑陶平底器上发现了一个"共"字；在河南偃师商城与河北藁城台西发现了二里岗时期的陶文"目""止""刀""大""巳"等刻文；在郑州商城还发现了两片二里岗时期的有字甲骨。这些刻文与殷墟甲骨文前后相因，自成体系。学者们认为这是中原地区的汉字系统，与东夷古文字应该加以区别。

2002年，冯时先生发表《文字起源与夷夏东西》一文，指出："陶寺文化的朱书文字明确显示了其与商代甲骨文属于同一体系的文字，因此它无疑应是以商代甲骨文为代表的汉字的直接祖先。这个事实明确证明了中国文字的起源至少具有两个独立的系统。即以山东丁公龙山时代文字为代表的东方夷（彝）文字系统和以山西陶寺文化文字为代表的西方夏文字系统。由于殷承夏制，周承殷制，夏文字随着夏商周三代政治势力的强大，逐渐作为华夏民族的正统文字而得到强劲的发展。"[①] 冯时先生的观点无疑是合理的，并进一步证明了我们前文关于五帝时代"四期三系"框架建立的可信性。

但问题并没有结束，具体情况还要复杂得多。在海岱地区，龙山文化丁公陶文之前，还有大汶口文化大陶尊上的象形刻文。这些象形刻文有三

---

① 冯时：《文字起源与夷夏东西》，《中国社会科学院古代文明研究中心通讯》2002年第2期。

个共同特点使学者们相信，其应该与文字起源有关。其一，这些象形刻文是可以作结构分析的。学者即据此隶定为"炅""炅山""戌（钺）""斤""封""豊（礼）""皇""凡"等字。其二，这些象形刻文都刻在大型陶尊上，而这些大陶尊在当时是重要的礼器，都出于贵族酋长级墓葬里。其三，这些相同的象形刻文同时见于泰安宁阳、莒县陵阳河、大朱村、诸城前寨、安徽北部蒙城尉迟寺等不同地点。其中的"炅"字还见于长江流域的良渚文化玉器、陶器与石家河文化陶器上。特点一说明刻文与汉字的象形文字、指示文字、会意文字有关。特点二说明这些象形刻文已跨越空间与时间，成为广大地区共同认可的象征标志，这正是文字的功能特征。特点三说明这些象形刻文用于宗教祭祀场合，是神权、族权、政权的象征。这是中国文字不同于西方文字的特点。因为这三个特点，学者相信这是中国最早的文字源头，而且直接影响了中原地区的陶器刻文甚至甲骨文。

  在海岱地区可以和大汶口文化陶文联系起来的另一重要文字资料是济南大辛庄殷墟期甲骨文。大辛庄甲骨文是到目前为止除安阳殷墟甲骨文之外，唯一的同时期异地文字。大辛庄甲骨文也是用于祭祀的，即"御"祭。正卜："御四母、毚、豕、豕、豕"，反卜："弜（勿）御"。这种正反卜问的特点，与安阳殷墟甲骨文相同。但是大辛庄卜辞没有如同殷墟卜辞的前辞、贞辞、验辞，体现了鲜明的自身特点。李学勤先生曾从多个角度分析，认为"唯一合理判断，是（大辛庄）这些甲骨文属于当地"①。据此，我们认为，大辛庄卜辞虽然在商王朝统治下受到了安阳王都殷墟卜辞的影响，但也同时保留了东夷当地的特点。这一特点是否也与大汶口文化陶文有渊源关系呢？

  如果有内在关系，我们就可以做出一个大胆设想。即海岱地区的东夷文字有两个系统。一个系统是从大汶口文化陶文到济南商代方国都邑大辛庄甲骨文，这是一个官学系统文字，是部族酋长、方国权贵用于宗教祭祀、统治族民的巫术法典，是神权、族权、政权的象征。而中原地区的汉字系统也是用于宗教祭祀，也是神权、族权、政权的象征。两者有相同

---

① 李学勤：《大辛庄甲骨卜辞的初步考察》，《文史哲》2003 年第 4 期。

性。而在年代上，大汶口文化陶文早于中原陶寺龙山文化陶文。我们有理由推测，东夷官学陶文既影响了中原官学陶文，又在海岱地区继续发展。这就是大辛庄甲骨文既保持东夷自身特点，又受中原安阳王都殷墟卜辞影响的原因。

东夷古文字的另一系统就是前文讨论的丁公陶文、龙虬庄陶文、前河前陶文。这些陶文成句成短文，更接近世俗口语，而没有宗教祭祀气氛。这一系统应该是民间的通俗文字。在理论上，这些通俗文字，符合西方语言学所定义的"文字是口头语言的记录符号"这一范畴。大汶口文化陶文至大辛庄甲骨卜辞用于宗教祭祀的部族权贵官学文字，与丁公陶文等民间通俗文字，分别在海岱地区东夷部族的社会上层与下层并行发展使用数千年，而且其中的部族权贵官学文字还影响了中原汉字的起源与发展。这是一个重大的历史文化现象，应当引起我们的高度重视。

（四）关于中华文明绵延发展、从未间断的中原文化依据问题

五帝时代，虽然从考古学上表现为多点同时并起、多元并行发展的状态；但一个重要事实是，当中原华夏部族集团、海岱东夷部族集团、江汉苗蛮部族集团成三足鼎立局势之后，只有中原文化在黄帝华夏部族集团的努力下，一直保持稳定持续发展趋势，并不断融合周边文化而扩大空间势力范围。这为以后中华文明多元一体格局的形成奠定了基础。

到了五帝时代晚期，海岱文化、江汉文化均出现衰落间断现象，而中原文化在夏禹、夏启为酋长的夏部族领导下，变革原先夷夏联盟禅让二头共政的民主制，建立了夏族父子世袭的一头专政的专权制。中华文明从夏代开始进入多元一体格局。中华文明持续发展、绵延发展的特点，只有在中原文化中得到了体现。其他区域文明则表现为断而再续的特点。

以上这些特点，文献学上所见黄帝部族在中原的发展已经体现得十分明显了。司马迁《史记》开篇为《五帝本纪》，并以黄帝为核心，充分体现了司马迁对中华文明起源的全局性认识与主体性把握的超人识见。而这一识见又得到了考古学的证明，即"中原地区考古学文化承袭了黄河中游地区仰韶文化，直接发展为公元前2500年至前2000年的中原龙山文化。它又是中国历史上开启王国时代的夏文化的源头，从庙底沟文化到中原龙

· 189 ·

山文化、夏文化，也就是中华五千年不断裂文明的起点"①。这个起点就是五帝时代的黄帝。所以黄帝祭祀成了历代王朝都认可的国家行为。研究中华五千多年文明绵延不断发展的特点，应该到中原文化中去寻找依据，这是历史学与考古学相关研究的最新认识。

（五）关于中原黄土农耕青铜文化与欧亚草原游牧青铜文化的交流互进问题

仰韶文化北至河套，南括秦岭，西达兰州，东囊太行。在这样的大背景下，黄帝与炎帝两大部族文化由陕西泾渭流域为起点随着仰韶文化的东扩步伐而东迁，最后以黄帝部族为核心定居中原，发展黄土农耕生产，而影响海岱地区与江汉地区。夏商周三代、西汉、东汉进一步在中原地区从事农耕青铜文化与农耕铁器文化，使中华文明得以持续繁荣发展。

以往对中华文明的研究，从司马迁《史记·五帝本纪》开始，直到20世纪前半叶，基本上是围绕中原文化这个核心而展开。这虽然是抓住了核心文化，但没有从更广阔的背景下去分析这个核心文化之所以形成的深层次原因。即忽略了促使中原文化发展的一个十分重要的西北方向的欧亚草原游牧青铜文化的影响问题。仰韶文化圈的北线与西线，恰好在童恩正先生早年所指出的龙山时代至夏商周时期从东北至西南连成的一条狭长的半月形青铜文化带的中间发达地带上。正是这个狭长成半月形的中间地段，连接了欧亚草原游牧青铜文化与中原黄土农耕青铜文化，使两种不同质的文化在这里交流、融合、转化成新的发展生机。黄帝部族与炎帝部族起源于这两种文化的交流地段，同时吸收了两种文化的优势。到了中原之后，虽然以黄土农耕青铜文化为主，但同时充分吸收了欧亚草原游牧文化的优势（这在考古学的陶器类型上有明确反映），因而得以率先发展。而东部海岱文化、东南良渚文化、南部江汉文化由于空间上离半月形青铜文化带太远，再加上其他客观原因，而失去了其持续发展的动力。

夏部族的起源在晋南。商部族的起源在太行山东麓。周部族在晋南起源后，又在夏末至商代前中期窜入河套地区的戎狄之间，最后又到了泾渭

---

① 刘庆柱：《中华文明五千年不断裂特点的考古学阐释》，《中国社会科学》2019年第12期。

流域黄帝族与炎帝族的起源地。也就是说，夏商周三族都处于这条半月形青铜文化带的核心地区。李零先生讲，夏商周三族"都大有胡气"。西汉建都西安，乃在这条半月形文化带的近边。也就是说，中华文明从五帝时代黄帝族奠基，夏商周秦汉完成的多元一体、多民族融合特点形成，既有中原内部的有利条件，也有西北半月形青铜文化带所给予的诸多先进因素。对于这一重要现象，张弛先生曾有很精彩的分析："欧亚草原与中国半月形地带存在长期而稳定的文化交流，形成了相似的生活方式。因此，青铜时代全球化也应当是甘青、北方和燕辽地区农业、手工业经济体系形成的一大原因，为这一地区社会文化的繁荣和人口的大量增加奠定了基础，半月形地带从此才有了重要的战略地位。""从地缘关系看，龙山至二里头文化时期是中国历史乃至东亚历史的一个关键时段，此前和此后的中国乃是两个世界。此前中国的世界体系在东亚。""此后中国的世界体系一变而成了欧亚，……处于欧亚接触地带的半月形地带兴起，在与豫西和晋南这一唯一没有衰落并保存了新石器时代以来复杂社会的区域互动中，形成了随后中原地区的青铜时代文明新格局。"[1]

过去，我们常常说三代王廷所在的中原为"天下之中"。大家理解的重点是以中原王朝所在的政治之"中"与中原处于东西南北交通枢纽的地理之"中"，实际上"天下之中"的"天下"观更需要关注。因为"天下"概念已超越了"国家"的狭隘范围，而具有更广阔的世界视野。先秦时期的"天下"观，是包括半月形文化带为纽带的中国的欧亚世界体系与此前的东亚体系的。儒家文化所凝练提升的"包容性与同化力""坚韧性与生命力"等等中华民族精神，都应该在这个大背景下去理解。

（江林昌：山东大学历史文化学院特聘教授、中国先秦史学会副会长；
李笑笑：山东大学历史文化学院博士）

---

[1] 张弛：《龙山至二里头》，《文物》2017 年第 6 期。

风胡子说黄帝之时为玉器时代得到
考古发掘的印证

陈立柱

近年来随着考古发掘的日益丰富，古史记载得到越来越多的考古证实。20世纪90年代李学勤先生率先提出"走出疑古时代"，在学术界产生了很大影响，虽然有一部分人仍表怀疑，认为顾颉刚的论述还没有过时。但是总的趋势看，考古新发现不是在证明、维护古史辨派意见的更可取，而是一点点不间断地在证实古史记载的比较可信与可取。在这个背景中，我们来看古人风胡子关于黄帝时代历史特点的总结，认识文献记载的价值与意义。

一 风胡子对于远古以来历史的总结基本可信

《越绝书·宝剑篇》记载楚王与风胡子的对话，其中一段内容如下：

……楚王闻之，引太阿之剑，登城而麾之。三军破败，士卒迷惑，流血千里，猛兽欧瞻，江水折扬，晋郑之头毕白。楚王于是大悦，曰："此剑威耶？寡人力耶？"风胡子对曰："剑之威也，因大王之神。"楚王曰："夫剑，铁耳，固能有精神若此乎？"风胡子对曰："时各有使然。轩辕、神农、赫胥之时，以石为兵，断树木为宫室，死而龙藏。夫神圣主使然。至黄帝之时，以玉为兵，以伐树木为宫室、凿地；夫玉亦神物也，又遇圣主使然，死而龙藏。禹穴之时，以铜为兵，以凿伊阙，通龙门，决江导河，东注于东海。天下通平，治

风胡子说黄帝之时为玉器时代得到考古发掘的印证

为宫室,岂非圣主之力哉？当此之时,作铁兵,威服三军。天下闻之,莫敢不服。此也铁兵之神,大王有圣德。"楚王曰:"寡人闻命矣。"

《越绝书》的作者,从春秋战国之际的子贡到汉末的袁康等说法很多,但不会晚到西晋也是学者的共识,这就是说以上一段对话反映的是两千年前中国古人的认识不会有问题。风胡子将上古以来中国历史的演变,从"兵"之广义即武器与生产工具、礼器的角度分为石器、玉器、铜器、铁器为代表的四个时期,这四个时期依次更替,他对每一个时期代表器物的材质、代表人物、器物工具的主要功用等等,都做了简明扼要的说明。比较风胡子所论与一百多年来考古与历史学者研究的结果,可以说基本相同,精当程度犹有过之,更多了代表人物的举例,人与物都在这种历史认识中展示出来,更可信,也更精彩,与以人为中心的中国史学精神相契合,显然更可取。

初次接触风胡子之言,我感到十分震惊,远古石器时代的情况他是如何知晓的？为什么五千年前后黄帝时期玉器的重要性他也能说出来？大禹前后中国开始铜器时代是考古学初步揭示的,两千多年以前的他何以知之？石、玉、铜、铁器的依次演进长达数千上万年,也是中国现代考古学逐步总结的,他是如何得而述之的？两千多年前的古人有今天学者都不一定能概括好的认知,不是惊天地泣鬼神的事情吗？

近代以来的古史与考古学人有些也注意到了这个记载,或者以为是猜的,或者说是巧合,这些说法显然不可取。因为风胡子的概括不仅时段、演进序列分的清楚明白,器具名称符合历史发展的实际,选取代表人物以为说明也比较可取,工具的主要功用说的与时代情况完全吻合,尤其是"时各有使然"总结的好,各个时代各有侧重都是因为时代不同造成的,与马克思主义通常所说的历史地看问题,完全一致。应该是深入研究了历史发展过程中有关具体情况才会有如此精当的总结与分析。否则何以能如此之确当？还有的学者觉得他说法很惊奇而不得不注意,但是又不作任何解释,似乎没什么好说的。卫聚贤早年著《中国考古学史》,尝言"石兵""玉兵"是《越绝书》的作者袁康"自古墓中发掘出来的",并说他是

"世界上最古的考古学者"。其说太过玄乎，不要说袁康明言此说乃风胡子之言，就算是袁康说的，也难以说是他发掘古墓所得，除非袁康具备现代考古学知识，而这是不可能的。卫氏把"龙"解释为丘陇之陇，以为几种"兵"都是古代坟墓中挖出的，却忽视中原上古是"墓而不坟"的，而"以铜为兵"不言"龙臧"又何以知自禹始？这些他又不管不问了。何况每一时代，风胡子都举出代表人物，这是发掘坟墓所难以挖出来的。所以他的说法今日看来与猜谜没区别。

其实，除了风胡子从生产工具角度的历史总结外，先秦诸子对于古史的总结还有很多，角度各不相同，从社会表象与道义层面论述的比较更多一些，也都值得重视，与现代古史学与考古学的研究可以相互比较。试举几例。如孔子对于远古以来历史的认识见于《礼记·礼运篇》，主要分为"天下为公"的"大同"时代："大道之行也，天下为公。选贤与能，讲信修睦，故人不独亲其亲，不独子其子，使老有所终，壮有所用，幼有所长，鳏寡孤独废疾者，皆有所养……"之后则是"各私其私各子其子"的"小康"社会："货力为己，大人世及以为礼，城郭沟池以为固，礼义以为纪……禹汤文武成王周公，由此其选也。"两个时代的具体情况差异很大，从而分别成为两个历史阶段。这后一个时代以禹汤文武成王周公为代表，无疑即夏商周"三代"。把儒家孔子对于远古以来历史的分析总结拿来与今天的古史学研究新成果进行对照，今天大家认可的原始社会是氏族公社为主的阶段，之后随着生产力的发展，以私有制为基础的国家逐渐形成，这不就是"大人世及以为礼，城郭沟池以为固"的情况吗？私有制是对于这个时期的总认识，国家出现与发展即是建立在这个基础之上的，说法不同，角度有别，意思很接近。还有《庄子·缮性篇》一段对于远古以来社会历史的概括：

> 古之人，在混芒之中，与一世而得淡漠焉。当是时也，阴阳和静，鬼神不扰，四时得节，万物不伤，群生不夭，人虽有知，无所用之，此之谓至一。当是时也，莫之为而常自然。逮德下衰，及燧人、伏羲始为天下，是故顺而不一。德又下衰，及神农、黄帝始为天下，是故安而不顺。德又下衰，及唐、虞始为天下，兴治化之流，泪淳散

风胡子说黄帝之时为玉器时代得到考古发掘的印证

朴。离道以为，险德以行，然后去性而从于心。心与心识知，而不足以定天下，然后附之以文，益之以博。文灭质，博溺心，然后民始惑乱，无以反其性情而复其初。

这里对于远古以来至唐虞时期即三代之前的论述主要从自然道德方面出发，所分的四个阶段比之儒家也更细。在道家人物看来，远古以来的社会是世风日下越来越不如的情况，与现代古史学研究认为越是上古越是朴实的观念也是不相违误的。以后的"三代"时期，《庄子》讨论的更多，如认为"自三代以下者，天下莫不以物易其性矣"，"甚矣，夫好知之乱天下也，自三代以下者是已"，"自三代以下者，匈匈焉终以赏罚为事，彼何暇安其性命之情哉？"如此等等，私有制发展的更加充分，人们越来越重视物质利益，自然本真的性情受到物质利益越来越大的迷惑，社会治理只能依靠法律赏罚来维持，自然更加混乱了。

把"三代"作为一个新的历史时期的观念，是当时儒家、道家、墨家、法家等共同的认识，"三代"以前与以后是不同的。《墨子》一书论述"三代"如何如何，也有几十处之多，意思与儒、道二家的也接近。法家如韩非子所分的"上古""中古""近世"，也主要偏于道德。秦汉以后，"三代"成为中国人看待历史的一个重要界标。诸子之外，还有大量古史官的历史总结与认识，留下很多著述，见于《墨子》《荀子》等许多先秦古籍以及《汉书·艺文志》的记载中。后来偶尔出土、几千年不断的竹木简牍中也有一些，如《竹书纪年》以及近年来的各种简帛佚籍。

中国古代学者从社会表征、道义变化和生产力的发展等角度对于古史演变的总结性论述，与现代考古学和古史学的研究成果在一些细节上有些不同，但主要方面则大体相当，基本一致，是可以相信的。经过一百多年来的考古学与古史学研究，现在我们知道，原始社会有一个氏族公有制阶段，这是一个漫长的时期，在这个阶段的氏族内部，生产生活资料基本共有，彼此互帮互助，共同努力才能维持生存，是以没有私有观念。这种情况在先秦的夷族中间还存在很长时间，被后人总结为"夷俗仁"，就是彼此之间"仁以为人"，同族同类意识深厚，与儒道墨家总结"天下为公"的情况相仿佛，生产力的水平也与风胡子总结的接近，使用石器进行生产。但是,古代学者的这些总结论述被近代以来很多学者认为是理想设定,不是真正的历史研究,尽管古人明确提出不同时代的古人分别以为代表,比如"三代"的代表为"禹汤文武成王周公",之前的有"五帝",更早的有大庭氏、容成氏、轩辕氏、神农氏等等很多族群。之所以出现这种情况,主要是因为近代学人先入为主地认为上古时代是神话社会,这些神话表现的历史人物都是后人"层累地造成的",不可以为据,因而不予深论,掩盖了中国古人对于历史的深刻认知。今天的考古学与古史学研究的新成果要求我们重新审视相关论述。

现代学者与一般社会大众都比较相信考古,认为考古发掘出来的才是真实的,李玄伯在20世纪20年代已经提出考古是古史问题"解决的唯一办法"。王汎森因而总结说20世纪二三十年代考古学已经成为解决中国诸古史问题的"最高法院"。今天中国学者对于古史问题的态度还大致如此,如朱凤瀚先生最近提出解决夏史可信与否问题的办法与李玄伯的还是大差不差:"考古学已成为最终解决若干笼罩于夏史上层层疑团的唯一手段。"这种"眼见为实"的朴素历史观尽管在中国先秦已经被人病诟,认为不合适,但是近代以来随着西方史学理念的传入已经为中国学界所广泛接受。我们已另外为文专门讨论。以下我们还是结合中国考古学研究的具体情况,对风胡子总结的黄帝之时为玉石时代的说法做些具体的讨论,以为补充论述。

二 黄帝之时玉器在整个社会中居于中心的位置,代表着玉器时代的盛期

中国玉器的考古发现,目前所知最早的是八千年前内蒙古兴隆洼文化遗址发现的,主要为小件的玦耳饰,也就是说当时人已经把玉石雕琢成饰品。是以,一般学者从此推断,中国的玉器开始应该有一万年左右。一万年以来,中国的玉器文化不断发展,距今四千年前后,中国逐渐进入青铜器为主的阶段,玉器虽然继续发展而且更加精美,但在社会中的核心地位逐渐让位于铜器,青铜鼎等成为中国礼器中的重器代表,玉器成为这个礼仪制度文化的重要组成部分。

风胡子说黄帝之时为玉器时代得到考古发掘的印证

依据玉器演进的情况，学者们一般把中国早期的玉器发展分为三个时期，这就是距今一万年到六千年之间为中国玉器发展的早期或发生期，其时玉器制作主要为玉玦、玉璜、玉匕、玉管、玉珠、玉斧、玉刀、玉凿、玉锛等。不少玉器虽然也可能是礼器，但主要是女性巫师之类使用的居多，可能是玉石的光亮温润使其也成为礼神的圣物。

玉器的发展期或者说鼎盛时期是距今 6000—4000 年间，其特点是从装饰性小件器物与小规模生产发展为玉工具、玉礼器与玉兵器。就其形制而言，玉镞、玉璧、玉环、玉镯、玉琮、玉琥、玉钺等等先后流行，各种勾云形、双联璧、马蹄形玉器等是这一时期特有的。这一期的后段玉钺很多，可能就是风胡子所说的"兵"之代表，一种体现权力的礼制性器物，这在仰韶文化后期墓葬以及整个东方南方很多墓葬中都有发现，有时数量很多，如在凌家滩文化墓地的一个墓中就发现 32 件玉钺，十数件的玉钺在不少墓中经常一次发现，很多是在男性大墓之内。四千年以后是玉器发展的第三个时期，生产工艺、器形样式都有很多进步，也更加精细华美，只是这一时期青铜器逐渐进入礼仪制度的核心，玉器虽然也有很大发展与提高，但只是整个礼仪制度中的重要组成部分，不再是核心部分。《周礼》所谓的"六瑞"即圭、璋、璧、璜、琮、琥等，即是这一时期玉礼器的代表。当然，由玉制成的装饰物件以及生产工具等，三代也是很多的。

风胡子说玉兵时代之后接着是大禹开始的"以铜为兵"时代，也就是说黄帝至大禹之间都是"玉兵"的时代。这个时期在文献上无疑即"五帝"时代，黄帝是这个时代的开始与代表。结合考古发现情况，黄帝开始的这个时期相当于玉器第二期的后段，具体说可以归在距今 5300—4100 年之间的一千二百年间。

距今 5300 年前后是一个重要的历史变革时刻。此时的红山文化、凌家滩文化走向没落，屈家岭文化、仰韶文化盛极而衰，良渚文化、马家窑文化、庙底沟二期文化兴起，大汶口文化发展到高峰。尤其是在仰韶文化 5300 年的西坡遗址发现十多件玉钺，是黄河中游地区首次发现。还有南阳的黄山遗址不仅发现玉钺、玉锛、玉琮等，而且发现大量的治玉工具，学者推断这是一处大型玉石器加工基地。稍晚的坡头遗址也发现多种玉器（"坡头玉器"），如玉刀、玉钺、玉环、玉琮等都有。还是 5300 年左右遗存的郑州双槐树遗址也有重要发现，这个遗址不仅发现牙雕家蚕、九星聚会、三重环壕，还有已初具中国早期宫室建筑特征的大型建筑群，其"品"字形布局、"一门三道"的宫殿形制在二里头、偃师商城等后世遗址中多次被发现，三处经过严格规划的大型公共墓地、夯土祭台遗迹也是仰韶文化遗址中的首次发现，这一切被学者认定为"中华文明的胚胎"，可能即黄帝时期的都邑。而牙雕桑蚕的出土，与文献记载黄帝夫人嫘祖开始栽桑养蚕教民纺织，开启了中国的农桑文明也完全一致。西坡遗址在铸鼎原，发现的大墓结构复杂，规模宏大，这里有很多关于黄帝的传说，因此也被一些人认为是黄帝时期的一处都邑。从此开始，仰韶文化区出现广大东方地区常见的玉礼器，此时东部大汶口文化区也出现了西部仰韶文化区流行的彩陶，说明很可能与黄帝五十余战而天下服有关，东西部（仰韶与大汶口）文化开始交汇融合，东方夷族重视的玉礼器也为西部的黄帝部族所认可，因而开始出现于仰韶文化区内。这与文献记载中国自五千年前后开始了黄帝等"五帝"时期大体吻合。五帝，是春秋战国时期学人们总结"三代"之前的一个历史时期而给出的命名。中国文化以人为本，很自然选择五位有代表性的人物作为这一个时代的代表。从此开始到"禹穴"时期"以铜为兵"止，都是玉器作为重要礼器、生产工具与兵器的时代，也是玉器时代的最盛期，与风胡子所谓黄帝之时"以玉为兵"完全一致。《礼记》记载"黄帝正名百物，以明民共财"，《国语》作"黄帝能成命百物，以明民共财。颛顼能修之"，即黄帝开始给万事万物统一命名。以前是万国并存各不统属的局面，现在黄帝所在的大邦开始成为天下共主，也即国家开始走向统一，统一命名即是想在万邦之上寻找一个统一性的问题，体现了黄帝初步统一大中原即当时的"天下"后的努力取向。只是，这个工作到了颛顼的时候才告成功。这一切无疑都可以说明文献记载的黄帝时期与考古学上距今5300—4100年即玉器时代，大体相当。

三 结语

玉的光洁华美使得它最初主要成为装饰品（也可能含有某种与神沟通的意味)，后来随着器形的改变与寓意的增多，玉器逐渐成为礼神通灵的宝器礼器，从而也成为时代器物的代表与权力的象征。《山海经》经常提到的黄帝时期与玉甚多关联，如黄帝所在的昆仑山上，各种玉制品琳琅满目。这些都是大家所熟知的。

中国的礼仪制度起始于宗庙祭祀，人死后灵魂升到山上、天上，子孙（包括族人）在宗庙进行祭祀，事神主要是祭祀祖先，所以对于死人的态度与方式构成早期中国历史文化的核心，玉礼器即是这种祭祀仪式中最重要的物事。现在看来，它与死、灵魂飞升以及不朽观念等等可能皆有关系。风胡子总结远古以来"兵"即生产工具等的发展，将"玉兵"排在石器时代之后与铜器时代之前，得到考古发现的完全证实。其他历史时段的总结概述也符合历史演进的一般情况。何以如此？无疑是古史学研究的一个重大工作，甚至是紧迫的问题。这又需要另文讨论了。

（陈立柱：华南师范大学历史文化学院教授）

黄帝的文明基因与民族凝聚力

罗运环

中国这一文明型大国,其凝聚力何在。最初的文明基因,有的追溯到秦汉,有的从殷商开始探索。但无论文献材料,还是考古材料,尤其是近年来"中华文明探源工程"所获取的成果,都给我们提供了比较丰富的研究资源,最起码是可以上溯到黄帝时代的。下面将着重探讨黄帝时代的文明基因与民族凝聚力。

一 黄帝及神农的世系和年代的考察

黄帝文明基因是指黄帝时期所奠定的中华文明的基因。黄帝名轩辕,又称缙云氏,这就是缙云县县名的来历,本姓公孙,因长于姬水而以姬为姓。黄帝居五帝之首,历来被尊为中华民族的始祖。黄帝之名最早见于西周穆王时的《逸周书·尝麦解》以及《国语》的《晋语四》及《鲁语》等,并非战国时才有的。起初轩辕可能以有熊国为宗主国,逐渐扩张成为古帝国,即黄帝帝国。黄帝既是黄帝帝国国名,也是帝国之帝的职称,同时也成为轩辕的个人称谓。首任黄帝的轩辕死后,黄帝名称仍为帝国新任之帝,即轩辕的子孙所袭用,成为黄帝帝国历任之帝的通用职称。故《竹书纪年》有"黄帝至禹,为世三十"[①]、汉代《春秋纬命历序》有"黄帝

[①] (宋)罗泌:《路史·发挥》卷三引《竹书纪年》。

传十世，一千五百二十岁"的传说。① 所以本文是把黄帝作为五帝时代的第一个时段，即黄帝帝国时期（简称黄帝时期）来研究的。

五帝时代的五帝在每个帝国中当各自先后拥有自己的宗主国，又各自以其宗主国的实力或禅让的方式用新的帝国取代旧有帝国，而被取代后的原有帝国当降格为新帝国的盟国。当五帝中的第二帝颛顼新建的颛顼帝国取代黄帝帝国后，黄帝子孙所继续传承的国家当为黄帝国（即有熊国），而不再是黄帝帝国了。这些后继位的黄帝子孙并非都是黄帝帝国之帝，应分为两类，即：在颛顼帝国取代黄帝帝国之前在位者为帝国之帝，之后在位者当为黄帝国（即有熊国）国君。

《史记·三代世表》司马迁有言曰："余读《牒记》，黄帝以来皆有年数。"上面所引《竹书纪年》《春秋纬命历序》所载黄帝世系及其传承年数，当出于先秦传说，并非汉代人所杜撰。综合二书所载，黄帝至禹即位以前，轩辕黄帝子孙相继传承10代或30代，共计1520年。若按"夏商周断代工程"所给出的夏代上限为公元前2070年（实为2071年），也就是禹即位年，再加上轩辕黄帝子孙相承的1520年，等于公元前3590年。则黄帝帝国时期（即黄帝时期）当始于公元前3590年或稍后。《帝王世纪》黄帝"在位百年而崩，年百一十岁"，"或传言为仙，或言寿三百"。一个人不可能在位一百年，活到三百岁。如果把这些传说年数理解为多位在黄帝帝国为帝者的职称性质的"黄帝"的话，所谓黄帝在位到三百年都不是问题，黄帝也不会被逼得为仙了。若3590年减去300年，为公元前3290年。也就是说公元前3590—3290年左右大体属于黄帝帝国活动的时间段，即黄帝时期。

黄帝时期与神农氏时期晚段相交错并发生过密切联系。因而在此也有必要探讨神农氏时期的世系和年代。

神农氏应是以神农氏族为核心发展起来的具有中心性质的部落体，即神农部落的简称，而神农是首任部落首领的职称和个人称号。神农部落因其强势，可能经常组织部落联盟活动，到晚期发展成古帝国，即炎帝帝

---

① （东汉）无名氏著，（三国）宋均注，（清）黄奭辑：《春秋纬命历序》，学识斋，1868年。

国，其帝称之为炎帝，或炎帝神农氏。当然也不排除首位神农被追认为炎帝神农。

神农氏的首位神农，据说因长于姜水而以姜为姓。其后继者也称神农，实即神农氏。关于神农氏的世系和子孙相承年数，《春秋纬命历序》："炎帝（神农），传八世，合五百二十岁。"《初学记》卷九引《帝王世纪》："神农氏在位百二十年而崩，至榆罔凡八世，合五百二十年"。《周易·系辞》正义引《帝王世纪》："神农纳奔水氏女曰听谈，生帝临魁，次帝承，次帝明，次帝直，次帝厘，次帝哀，次帝榆罔，凡八代，及轩辕氏也。"或作："凡八代，五百三十年，而轩辕氏兴焉。"神农（首位）至榆罔共8代，520年，神农之世晚期所发展成的炎帝帝国之帝当为榆罔，全称为炎帝神农氏榆罔，也可单称之为炎帝或炎帝神农氏。《帝王世纪》说神农至榆罔传八代而"轩辕氏兴"，《史记·五帝本纪》作："神农氏世衰"，表明神农之世晚期发展成的炎帝帝国与黄帝帝国并存，炎帝榆罔与轩辕黄帝同时。轩辕黄帝即位之始在公元前3590年或稍后，若加上神农氏的八代520年，神农氏时期的起点在公元前4110年。若减去炎帝榆罔与轩辕黄帝相重合的年数，大体神农氏时期的起点，也即首位神农的即位之年，约在公元前4000年左右。炎帝榆罔时的炎帝帝国与轩辕黄帝相重合，当在黄帝帝国时期（公元前3590—3290年左右）前段。若按轩辕在位百年传说来看，炎帝榆罔活动时间在公元前3500年左右或稍后。

正是由于神农之世晚期发展成的炎帝帝国与新兴起的黄帝帝国并立，炎帝榆罔与轩辕黄帝同时，更由于二者的战和关系，尤其是姬姜二族的长期通婚，最后融为一体，故历来就有"炎黄"或"黄炎"之称。①

二　炎黄之际的社会变革与中华文明的根基

从神农之世开始到黄帝帝国时期，在公元前4000年到公元前3300年前后，是远古中国社会大变革时期，中华文明由此而生。结合一些炎黄传

---

① 罗运环：《战国农家学派与神农及神农故里》，《炎帝与炎帝文化》，湖北人民出版社1991年版。

说，综合考察这一时期具有代表性的考古遗存及遗址，极有助于解读这一远古中国社会的重大变革和文明的起源。

文明起源是指史前社会向文明社会过渡的阶段。农业和手工业是文明的基础，社会分化是文明形成的前提。没有农业和手工业的长期发展，就不可能产生文明；没有社会分化，就不会有文明起源，更谈不上国家和文明社会。

公元前10000年左右，旧石器时代向新石器时代过渡，中国产生了南北两大农业起源中心区，即黄河流域的粟、黍旱作农业中心区和长江中下游稻作农业中心区，并相伴产生了以制陶为标志的新的手工业。但农业和手工业的发展有个较长的过程。新石器中期（约公元前7000—前4000年），农业和手工业虽然得到发展但还未能导致贫富贵贱分化，如著名的仰韶文化半坡期（公元前4500—前4000年）具有代表性的仰韶文化半坡遗址和姜寨遗址，又如长江下游的河姆渡文化遗址等，就没有贫富贵贱分化的迹象，尚处于文明起源的前夜。

公元前4000年进入新石器晚期前段，随着农业和手工业的进一步发展，在一些比较发达的地区开始进入文明起源阶段。相当于此时期的主要有庙底沟期（公元前4000—前3500）的仰韶文化，此外，黄河下游的大汶口文化、长江中游的大溪文化、西辽河流域的红山文化，都是这一时期重要的文化遗存。其中庙底沟文化是最强势、最具代表性的文化，而河南三门峡市灵宝的铸鼎原遗址群则是其典型遗址群。在这个遗址群中，出现了数处大中型聚落遗址，而小型遗址很多且分布密集，形成聚落群。其中西坡遗址是规模最大的遗址之一，壕沟围绕遗址，中心区广场附近数座大型房址已初显权贵的气派。壕沟外侧的公共墓地，大小悬殊，随葬品差异明显，大型墓随葬的精致玉钺，更彰显出墓主人较高的地位和军事首领权力。这是中原地区已发现的最早出现明显社会分化的遗址。且从当时中国文化格局来看，以铸鼎原遗址群为代表的庙底沟文化是这一时期中国文化圈中最强势的文化。庙底沟文化不仅遍布整个黄河中游地区，到公元前3500年左右，影响所及西达甘青地区，东至黄河下游，北至河套地区，南达长江流域。这是中国历史上的一次文化大融合，社会已开始出现明显的贫富贵贱阶层分化，正酝酿着一场重大社会变革。传说中的神农之世大体与此时期相当。

公元前3500年至前3300年前后，随着社会分化加剧，社会发生重大变革。在黄河流域出现了双槐树文明，在长江流域产生了良渚文明、屈家岭文明这样的大型社会。双槐树遗址及周围同时期的青台、汪沟等遗址由三重环壕围绕，公共墓地也在环壕的范围内。中心区域大型建筑群，开启中国古代宫殿建筑布局的先河，高等级建筑基址，反映了当时中原地区社会分化严重，出现了权贵阶层。陶罐摆放成北斗星的形状，表明双槐树人当已掌握北斗七星的运行轨迹与季节变换的关系。考古发掘认为这是此一时期已发现的黄河中游地区规模最大和等级最高的遗址，应是这一时期中原地区的政治中心。良渚文明也是一个超大型社会，良渚古城直接辖治的疆域可达约2000平方千米，大幅超过一般古国的规模。最高等级的贵族墓葬，大型祭坛与祭祀众多玉器，彰显了良渚国家首领集军事和祭祀权力于一身的崇高地位。

总之，这一时期社会分化加剧，形成了集军事权力与祭祀权力于一身的王者和帝者，产生了早期国家，业已进入文明社会。这个时期，在中原地区正是前面所说的黄帝帝国与炎帝帝国相融合的时期，在长江中游地区正是以屈家岭文化为代表的三苗文明也产生的时期。中华文明的根基正是在这一重大的社会变革中奠定的。

（罗运环：中国先秦史学会副会长、武汉大学历史学院教授）

黄帝的标识意义与中华民族共同体意识

李桂民

在战国时期,出现了五帝三王同宗共祖的谱系,近代以后这种谱系受到了怀疑和挑战,进而形成对于古史传说截然不同的两种态度。尽管如此,学界和民间对于黄帝有着广泛的共识,这也是今天祭祀黄帝的认识论基础。黄帝祭祀有着久远的历史传统,并留下了丰富的历史文化遗存,从中可以深切感受到中华文明的清晰历史脉络。陕西黄陵县、河南新郑市、浙江缙云县、甘肃清水县等地多年来举办黄帝祭典,产生了极大的社会影响。浙江缙云作为南方地区唯一祭祀人文始祖黄帝的地方,在宣传黄帝文化、促进文化认同方面,有着不可替代的作用。有鉴于此,本文拟结合文献记载和当代各地祭祀黄帝的情况,谈谈黄帝的文化标识意义和民族认同方面的价值,不当之处,敬请指正。

一

传说中的五帝时代和考古学上的龙山时代大体相当,就黄帝而言,大约相当于公元前3000年,中国五千年的文明史就是从黄帝算起的[1]。黄帝不仅在历史上实有其族,同时还是一个时代的代名词,这是一个中华文明初起的时代,在这一时期的中国,诸多文明要素开始萌芽,而黄帝正是文

---

[1] 在历史上,黄帝有时被归入五帝,有时被归入三皇,当代对于黄帝时代对应的考古学文化的认识也不一致,主要有仰韶文化和龙山文化两说,笔者根据《古本竹书纪年》"黄帝至禹,为世三十"的说法,对应的考古学文化的推论以此记载为基础。

明肇启时期的著名首领。因此,从这个意义上来讲,黄帝是中华文明的象征,具有重要的标识作用。

黄帝作为中华文明的象征,认同黄帝就是对中华文明的认同,在这一点上,黄帝具有超越时代的意义。固然,黄帝、颛顼、帝喾、尧、舜无法横跨一千年的时间长河,即便有些传说人物寿龄长达百年[①],依然还有相当大的时间间隔,而远古传说的不周全,恰恰是原生传说的特点,这说明战国时期的五帝三王出于一统的世系并不是凭空造出来的,充其量是在原生传说基础上的整合。

黄帝之所以能够成为中国文明的象征,在于黄帝时期社会所发生的巨大变化。尽管在父系氏族确立以来,社会生产力就有了长足进步,一些文明要素业已萌芽,只不过到了龙山时代,中国文明进程明显加快。城址的出现有着久远的历史,龙山时代则进入了广泛的筑城建邑时代,城址的筑建并不完全是防御洪水的需要,其主要功能是军事防御,反映了龙山时代族邦之间冲突日益加剧,只不过这一时期族邦内部的社会分化还不显著,早期人类共同体安全的需要促使了族邦内部的团结,像修筑城墙这么庞大的工程,就是群心群力的结果。

不可否认,这一时期的科技和文化成就还比较贫乏,当时尽管已经出现了金属冶炼,但铜器质地尚不足以制作坚硬的金属工具,因而当时的农业耕作、农作物的收获主要是依靠石器、木器完成的,这种局面一直延续到春秋战国时期,铁农具的应用使得耕作效率大为提高。而在远古时代,农业生产尚处于粗放经营状态,产品的剩余不是依靠单位面积产量的提高,而是有赖于地广人稀的土地资源。当时的人们借助符号表达一定的意义,而文字还没有正式产生,社会虽然已经开始分层,但还没有完全脱离族邦的藩篱,这种文明要素从产生到质的飞跃,在中国经历了将近千年的时间。

在这千年的时空里,黄帝、颛顼、帝喾、尧、舜,成为黄河流域君临

[①] 对于传说人物的寿龄,有一种当代学术意义上的解释,是由山西陶寺墓地的发现而受到的启发,该墓地五代首领延续时间在百年上下,和传说中尧、舜、禹年龄均达百岁相合。参见李学勤主编《中国古代文明与国家形成研究》,云南人民出版社1997年版,第209—210页。

天下的帝王代表,他们是黄河流域族邦首领的典型①,而更多的首领则早已淹没在历史的长河中。由于中国远古史的扑朔迷离,使得后世有学者把古史传说等同于神话,秦汉以后出现的历史上存在多位炎帝、黄帝的说法,就是为了弥补帝王世系的缺环。夏朝以前,没有完整世系的原因正在于没有文字,当时的知识、信仰只能通过口耳相传的方式传承。传说和神话有着根本不同,即便是后世的神话,也与人类社会有着极大关系,完全面壁虚造的神话是不存在的。

在古人视域中的远古时代,自黄帝开始,国家业已初具规模,很多发明创造就出现在这一时代,而这些发明则基本能够和当代的考古成果相印证,反映了远古传说的真实历史背景。中国远古传说之所以存在碎片化问题,而不是一个无懈可击的体系,正是由于其原生性,战国时期出现的帝系,更多地反映了战国时期的文化认同,"世之所高,莫若黄帝"就是五帝三王出于一统的历史背景②,可见,黄帝作为中国文明的标识是历史上自然形成的,这一点,对于今天我们认识黄帝,有着非常重要的意义。黄帝、颛顼、帝喾、尧、舜的排序反映的是族邦之间的兴衰更替,在考古学文化上也可以看出,黄河流域的各种文化有着相似的文化面貌,都属于以农耕为主的文化。因此,在传说时代研究中,必须正视远古传说的价值,如果否定了早期的文献记载,对远古时代的叙述就只剩下考古学文化,而对于这种文化的创造者则陷入了不可知论。

二

黄帝是中华民族的人文初祖,又被历史上的诸多民族奉为血缘的祖先,进而成为中华民族的象征,发挥着精神标识的重要作用。在远祖的认

---

① 对于文明初曙时期社会组织形式,有部落联盟、军事民主制、酋邦等诸多观点,美国人类学家塞维斯等人提出的酋邦理论,经张光直介绍到国内后,被学界普遍接受。笔者倾向于使用"族邦"的概念,并提出了族邦的四个特征,即族邦处于文明形成前的过渡期、宗族是社会的基本单元、有了初步的社会分层和天下之中的认识、公共权力的有限性和领土边界的模糊性。参见李桂民《黄帝史实与崇拜研究》,中国社会科学出版社2014年版,第35—36页。

② 《庄子·盗跖》,陈鼓应:《庄子今注今译》,中华书局1983年版,第778页。

同上，存在这么一种现象，不应过分注重血缘关系，实际上许多民族由于缺乏早期文献记载，对本民族的早期历史并不清楚。就中国而言，华夏族的历史意识最早诞生，并留下了中国早期文献。早在战国时期，黄帝的地位就已经确立，可见，黄帝的历史地位是历史上自然形成的。尽管对中国历史的追溯，并不仅仅止步于黄帝，但由于黄帝时期是历史上的一个重要标志和转型期，因此，黄帝地位的上升并不意外。

尽管对于黄帝族的发源地有诸多争论，即便是主张黄帝起源于边地的学者，也不否认黄帝与中原的关系。历史上关于炎黄的传说，表明在炎黄时期中原地区具有中心地位，而这种地位的形成，除了中原族邦的强大以外，还和黄河及其众多支流有着直接关系。在广大的北方地区，黄河中游地区无疑有着得天独厚的生存和发展优势，尽管黄河也曾给上古人民带来灾难，但是毕竟水患的偶然性和得天独厚的自然条件，使得这里成为远古人的乐园。黄帝是在东方的蚩尤向中原扩张，炎帝不能制的情况下，打败蚩尤控制中原地区的，只不过这时尚未出现后世所谓的大一统国家。不过，中原地区的正统地位在公元前三千年左右已经开始萌芽。黄帝之所以能够战胜其他部族，在于其族邦的强大。"黄帝之子二十五人""其得姓者十四人为十二姓"①，说明黄帝族包括25个支族，其中有14个支族日后势力显赫。在以前的研究中，笔者曾经把高阳氏、高辛氏看成是和黄帝并存的部族，而不是黄帝族的分支，对三个部族进行对比，说明高阳氏和高辛氏没有黄帝部族强大。而在《帝系》中高阳氏（颛顼）和高辛氏（帝喾）都是黄帝的后裔，高阳氏和高辛氏各有才子八人，此十六族都有着极高的声名②，这也是黄帝族日后保持强盛态势的重要记载。如果换一种思维角度，不怀疑《帝系》记载，就可以看出黄帝族邦日后的线性发展，其后裔长期保持着优势地位，并成为早期文明发展中的璀璨明珠。

---

① 《国语·晋语四》，上海师范学院古籍整理组校点：《国语》，上海古籍出版社1978年版，第356页。
② 《左传》文公十八年称："昔高阳氏有才子八人：苍舒、隤敳、梼戭、大临、尨降、庭坚、仲容、叔达，齐圣广渊，明允笃诚，天下之民谓之八恺。高辛氏有才子八人：伯奋、仲堪、叔献、季仲、伯虎、仲熊、叔豹、季狸，忠肃共懿，宣慈惠和，天下之民谓之八元，此十六族也，世济其美，不陨其名。"

黄帝的标识意义与中华民族共同体意识

进入文明社会以后，在黄河中下游地区率先建国的多是黄帝后裔，后世追溯族源追宗黄帝的主要有十二姓。在史前史考察中，族姓制度有着非常重要的作用，尤其在先秦时期，族姓有着超强的稳定性。最近读到陈恒的一篇文章，写的很好，谈到考古学不能取代史前史研究，心颇有共鸣①。在史前族群发展中，族姓制度非常重要，古人一般不会乱认祖宗，他们对自己族源的追溯应该引起足够重视，这也是我们认为黄帝实有其族的重要原因。对于黄帝十二姓在后世的发展，笔者曾经做过专门考证②。黄帝十二姓中，要以姬、姞、祁、任等姓族发展突出，其中又尤以姬姓发展最为显著。周人代商以后，将其子弟不断分封到各地做诸侯，仅仅周初文王、武王、周公之子被分封的就有26人之多，管、蔡、郕、霍、鲁、卫、毛、聃、郜、雍、曹、滕、毕、原、酆、郇等16国为文王之子封国；邢、晋、应、韩等4国为武王之子封国；凡、蒋、邢、茅、胙、祭等6国为周公之子封国，其后陆续又有姬姓治国分封，进一步扩大了其远祖黄帝的影响。早期的黄帝十二姓追宗黄帝的说法较为可信，这属于血缘上的认同。在西周时期，不同族群的来源大体清楚，周武王在位时期，实行"兴灭国，继绝世，举逸民"的做法，在克殷之后，"武王追思先圣王，乃褒封神农之后于焦，黄帝之后于祝，帝尧之后于蓟"③，让这些族群保持对其远祖的祭祀。西周大封同宗子弟是为了"封建亲戚，以蕃屏周"，而对于传说中古帝王之后的分封尽管是象征性的，但由于其得到周王朝的承认和认可，使这些传说中帝王之后得以长期"保姓受氏，以守宗祊，世不绝祀"④。

黄帝在历史上实有其族，种种迹象表明，战国时期的文化认同有着真实的历史背景。黄帝十二姓后世大多建国，不少在战国时期犹存。因此，《帝系》《五帝德》的出现并不是出自人为编造，而有着真实的血缘认同背景。《左传》襄公二十四年和《国语·晋语八》都载有晋国权臣范宣子追溯族源的话："昔匄之族，自虞以上为陶唐氏，在夏为御龙氏，在商为豕韦氏，在周为唐杜氏，晋主夏盟为范氏。"范氏出自陶唐氏，古人一般不

---

① 陈恒：《考古学取代不了史前史》，《读书》2021年第10期。
② 李桂民：《黄帝族姓考》，《西江大学学报》2000年第1期。
③ 《史记·周本纪》，（汉）司马迁：《史记》，中华书局1982年版，第127页。
④ 《左传》襄公二十四年，杨伯峻：《春秋左传注》，中华书局1990年版，第1088页。

会错认祖先,因此,他们对自己族源追溯的可信度是很高的。西汉建立者刘邦,出自唐尧,春秋时晋国蔡墨云:"有唐氏既衰,其后有刘累,学扰龙于豢龙氏,以事孔甲,能饮食之。夏后嘉之,赐氏曰御龙。"① 西汉开国之君刘邦自称为刘累之后,还极力宣扬其为赤龙感生的新神话。秦人嬴姓,原居于山东曲阜一带,商代被迫西迁,迁到今甘肃天水一带,西犬丘和秦亭就是秦人的两个早期都城,这也是秦人早期发迹之地,后来东迁雍城、咸阳,逐渐完成统一六国大业。秦公一号大墓出土的一件编磬上铭文"高阳有灵,四方以鼏",说明秦人认同的远祖的确是颛顼高阳,帝颛顼则是黄帝后裔。不过,秦人严格说来算不上黄帝的后裔,因为秦人视颛顼为远祖是因为女修,秦人是通过女性祖先女修而上溯到颛顼的。这就说明黄帝的后代并不限于男性,还有女性,如果考虑到通婚的因素,我们再来看《帝系》和《五帝德》,会对五帝三王同宗共祖的世系就会有新的理解。

春秋时期的展禽,曾对我国古代崇拜祖先神的宗教祭祀制度有过论述,指出我国古代的祖先之祭,除了崇拜血统上的祖先以外,同时还包括"有功烈于民者"。因此,"有虞氏禘黄帝而祖颛顼,郊尧而宗舜;夏后氏禘黄帝而祖颛顼,郊鲧而宗禹;商人禘舜而祖契,郊冥而宗汤;周人禘喾而郊稷,祖文王而宗武王"②。这条记载非常重要,说明这时期的祭祀原则有所改变,对古帝王的祭祀不局限于血缘至亲,还包括了对民众有重要贡献的人。这应是后世建立历代帝王庙的早期文献依据。

如果说魏晋南北朝之前,尽管在一定时期黄帝同时作为方帝和始祖被尊崇,魏晋南北朝以后从发展趋势看,日益把黄帝作为上古有功帝王进行祭祀。不过,血缘上的认同依然存在,这不仅有汉族政权宋王朝,还有拓跋族建立的北魏政权。北宋政权的黄帝祭祀依然具有多元属性,不过黄帝人性和神性的纠葛业已厘清,由于在古人的视界里,人神并不是截然两分的,民间信奉的诸神有许多是从人到神的。黄帝神性的淡化,使得其人文始祖属性彰显。对于有功帝王黄帝的祭祀,也有多种形式,除了墓祭以

---

① 《左传》昭公二十九年,杨伯峻:《春秋左传注》,中华书局1990年版,第1501页。
② 《国语·鲁语上》,上海师范学院古籍整理组校点:《国语》,上海古籍出版社1978年版,第166页。

外，还有庙祭，关于黄帝的墓祭和庙祭，曾经产生过争论，事实上墓祭和庙祭并不冲突，古代既有对黄帝的庙祭，也有对黄帝的墓祭，墓祭的历史甚为久远[①]。要进行墓祭，就需要确定陵寝所在，黄帝陵墓在中国古代非一，不过最终确定了桥山黄帝陵的地位。北魏时期见于记载的在桥山有4次对黄帝的祭祀[②]，唐玄宗时详定先代帝王礼仪，方"于京城置三皇、五帝庙，以时享祭"[③]。黄帝作为三皇之一享祀，祭以太牢，以春秋二时致享。在传统的礼天、明堂祭祖和郊迎中礼祀黄帝以外，又出现了对黄帝的庙祀，在唐代对黄帝的庙祭已扩展到地方诸州[④]。宋代曾对黄帝祠庙和陵寝进行修缮[⑤]，元明清时期都沿袭了对古代帝王黄帝的祭祀，尤其是历代帝王庙的建立，秉持了春秋以来有功于民则祀之的原则。可见，在中国古代，黄帝具有跨越族群的文化意义，其不仅被作为血缘祖先广受尊崇，还作为上古圣王得到了不同民族的认同，这是民族共同体意识形成的重要表现。

三

在中国近现代史上，辛亥革命和抗战时期的黄帝观颇受关注，这一时期主要宣扬了黄帝的民族属性。梁启超1901年在《中国史叙论》中曾提出"中国民族"的概念，只不过在这里他所谓的"中国民族"不能等同于汉族，在讲中国人种时把国内人种分为六种，除了汉种外，还有苗种、图

---

① 李桂民：《"古不墓祭"再思考》，《光明日报》2016年7月11日第16版。
② 《魏书·太宗纪》载太宗明元皇帝在神瑞二年和泰常七年两次驾幸桥山，"使使者以太牢祠黄帝庙"；世祖太武皇帝时期，"东幸广宁，临观温泉。以太牢祭黄帝、尧、舜庙"；北魏皇帝高宗文成帝在位时，于"和平元年正月，帝历桥山，祀黄帝"。参见（北齐）魏收《魏书》，中华书局1974年版，第74、2739页。
③ 《旧唐书·玄宗纪下》，（后晋）刘昫：《旧唐书》，中华书局1975年版，第221页。
④ 《阌乡县志》载铸鼎原上建有黄陵庙，今陵庙犹存，并存有唐代碑铭，说详杨宝顺《灵宝荆山轩辕黄帝陵与铸鼎原唐碑铭》，《中原文物》1993年第1期。
⑤ 宋真宗时又令"崇饰诸州黄帝祠庙"，宋代建隆元年下诏针对前代帝王陵寝不禁樵采、风雨不庇的情况，"宜以郡国置户以守，隳毁者修葺之"。乾德初又诏："先代帝王，载在祀典，或庙貌犹在，久废牲牢，或陵墓虽存，不禁樵采。其太昊、炎帝、黄帝、高辛、唐尧、虞舜、夏禹、成汤、周文王武王、汉高祖光武、高祖太宗，各置守陵五户，岁春秋祠以太牢。"参见（元）脱脱等《宋史》，中华书局1977年版，第154、2558页。

· 211 ·

伯特种、通古斯种、匈奴种、蒙古种,而"汉种,即我辈现时遍布于国中,所谓文明之胄,黄帝之子孙也"。

1902年,梁启超在《论中国学术思想变迁之大势》一文中,又提出了"中华民族"的概念,"立于五洲中之最大洲而为其洲中之最大国者,谁乎?我中华也;人口之居全地球三分之一者,谁乎?我中华也;四千余年之历史未尝一中断者,谁乎?我中华也","齐,海国也。上古时代,我中华民族之有海权思想者,厥惟齐。故于其间产出两种观念焉,一曰国家观;二曰世界观"。梁启超在"中华民族"这一概念刚提出时,与今天使用的"中华民族"含义并不相同,当下的中华民族相当于他所谓的"中国民族"。梁启超的"中华民族"实指汉族,即所谓的炎黄遗胄、黄帝子孙,"我中国主族,即所谓炎黄遗胄者","今之中华民族,即普通俗称汉族者,自初本为一民族乎,抑由多数民族混合而成乎?吾所欲研究之第一问题"。1903年,梁启超的民族观念不再局限于小民族,而把中华民族和大民族联系起来,在《政治学大家伯伦知理之学说》一文中说:"吾中国言民族者,当于小民族主义之外,更提倡大民族主义。小民族主义者何?汉族对于国内他族是也。大民族主义者何?合国内本部属部之诸族以对于国外之族是也。"1905年,在《历史上中国民族之观察》一文中又说:"中华民族自始本非一族,实由多民族混合而成。"

以梁启超为首的改良派尽管倾向于认为黄帝子孙是汉族,但并没有过分强调国内不同民族间的区别,而这一时期的革命派出于反清的需要,则强调了黄帝子孙的汉族与满族之间的民族冲突,这类言论甚多,如1903年,邹容在著名的《革命军》一书中称"满洲人与我不通婚姻,我犹是清清白白黄帝子孙也";"吾同胞今日之所谓朝廷,所谓政府,所谓皇帝者,即吾畴昔之所谓曰夷、曰蛮、曰戎、曰狄、曰匈奴、曰鞑靼;其部落居于山海关之外,本与我黄帝神明之子孙不同种族者也。其土则秽壤,其人则膻种,其心则兽心,其俗则毳俗,其文字不与我同,其语言不与我同,其衣服不与我同,逞其凶残淫杀之威,乘我中国流寇之乱,闯入中原,盘据上方,驱策汉人。以坐食其福。故祸至则汉人受之,福至则满人享之";"当知中国者,中国人之中国也。中国之一块土,为我始祖黄帝所遗传,子子孙孙,绵绵延延,生于斯,长于斯,衣食于斯,当共守而如替。有异种贱族,染指于我中国,侵占我皇汉民族之一切权利者,吾同胞当不惜生命,共逐之以复我权利。"刘师培在《攮书》中说:"炎黄之裔,厥惟汉族。"陈天华在《警世钟》里认为:"始祖黄帝于四千三百余年前,自中国的西北来,战胜了蚩尤,把从前在中国的老族苗族赶走,在黄河两岸,建立国家。现在中国内部十八省的四万万人,皆是黄帝公公的子孙,号称汉种。"革命派的尊黄排满思想在推翻帝制方面发挥了一定作用,不过这种思想则不利于国内的民族团结,在推翻帝制以后,这种思想更不合时宜,因此,其思想的转变则是必然的了。

抗日战争时期,在外敌当前,国共两党正是在黄帝子孙认同基础上实现了两党合作。"九·一八"事变后,蒋介石在其日记中就曾多次谈到黄帝子孙,如1934年10月20日,蒋介石在日记中写道:"见贺兰山之雄伟,而不起汉族复兴之念者,非黄帝子孙也。"[1] 1936年4月13日,蒋介石乘船经过三峡时说:"凡入峡睹此壮观,而不起中华自豪自强之念者,非黄帝子孙也!"1937年2月10日,中共中央致中国国民党三中全会电称:"我辈同为黄帝子孙。"1937年8月8日,蒋介石在《告抗战全体将士》中说:"我们大家都是许身革命的黄帝子孙,应该要怎样的拼死,图报国家,以期对得起我们总理与过去牺牲的先烈,维持我们祖先数千年遗留给我们的光荣历史与版图。"[2] 1937年清明节,国共两党首次派出代表共祭黄帝陵。在新中国建立以后,除了短时间内黄帝祭祀一度中断外,总体上延续了历史上对人文始祖黄帝的祭祀活动,对于黄帝的尊崇观念,这从当前国内每年多地举办对黄帝的祭祀活动可见一斑。

"黄炎之后"的说法出现于春秋时期,既然有"黄炎之后"之说,那么称之为"黄炎子孙"也未尝不可,至于为什么炎帝位于黄帝之前称"炎黄子孙",这种说法和中国的历史观念有关,由于炎帝时代被认为是黄帝时代之前的一个历史阶段,致使炎帝冠名在黄帝之前。以炎帝、黄帝作为中华民族象征性祖先,这种认同是历史上形成的,仅仅局限于血缘而忽视

---

[1] 黄自进、潘光哲编:《蒋中正"总统"五记·游记》,台北"国史馆"2011年版,第78页。

[2] 彭明主编:《中国现代史资料选辑》第5册,中国人民大学出版社1989年版,第34页。

中国历史上的文化认同，其看法是狭隘的，通婚是中国上古时期团结异族的重要手段，也成为民族融合的重要催化剂。对于黄帝的尊崇是历史上自然形成的，为什么在战国时期黄帝的地位这么高，这和黄帝后裔大多建国有关，也和战国时期文化繁荣相关，不能因为黄帝未见于某一时期文献就说黄帝不存在。目前许多学者利用金文等资料，来说明黄帝或轩辕氏出现的更早，不要说存在诸多对于黄帝不是面壁虚造的证据，即便没有历史记载对于上古历史也不可断然否定，如果不能证有也不能证无，最多只能存疑而不是否定，因为否定后世文献记载所依靠的只能是逻辑的推断了。如果说黄帝是战国时期人为造出来的，为什么时人竟没有怀疑，反而会出现"世之所高，莫若黄帝"的现象，还不仅如此，秦统一六国以后，历代王朝的建立者皆以黄帝后裔自称，如何看待这种文化现象？尊重中国历史传统和民族认同，这是我们当今依然需要强调的问题。

在中国古代，黄帝以来的政统为历代所承认，不仅汉族建立的王朝，即便少数民族建立的政权也是尊崇黄帝的，甚至还自认是黄帝苗裔，而且少数民族建立的政权还对黄帝进行祭祀。这一时期对于黄帝的认同不仅仅是政统的认同，还有血缘上的认同，只不过到了近代，对于黄帝的血缘认同有所变化，革命党人处于反清的需要，片面强调黄帝子孙，但在推翻帝制以后，则转而主张汉、满、蒙、藏、回等五族共和了。抗战时期的大量文献倾向于强调中华民族的一体性，"抗战时期关于'中华民族是一个'的辩论，促进了中国民族理论的发展，奠定了'中华民族多元一体格局'理论的基础"[1]。需要指出的是，中国历史上疑古思潮的兴起有其特殊的时代背景，其有关黄帝的观点对当时社会观念的影响毕竟有限，其影响主要在学术领域。徐旭生说"疑古学派几乎笼罩了全中国的历史界"[2]，可见其学术影响之大，不过，在学术界当时还存在截然不同的观点。黄帝神性与人性的纠葛并不能得出"神话历史化"的结论[3]，在古史认识上，不仅要看到民族差别，同时更应该看到民族融合和文化认同，只有这样，才能更

---

[1] 高强：《抗日战争时期炎黄文化的勃兴》，《清华大学学报》2018年第6期。
[2] 徐旭生：《中国古史的传说时代》，文物出版社1985年版，第23页。
[3] 李桂民：《先秦诸子的黄帝观述论》，《西北大学学报》2005年第6期。

好地理解和把握中华民族的发展史。

从民族融合和文化认同角度看，黄帝作为中华民族的标识是没有问题的。树有根，水有源，中华民族也需要一个共同的远祖，这个远祖非黄帝莫属，因为黄帝的始祖地位是历史上自然形成的，这是传统，这是一代代国人的选择，我们当代祭祀黄帝的意义也在于此。黄帝不仅是全体中国人的精神标识，它同样是团结海外华人的旗帜，因此，黄帝在增强中华民族共同体意识方面有着非常重要的作用。

（李桂民：聊城大学教授）

《史记》的民族认同观

杜 勇

1923 年，顾颉刚先生在《读书杂志》发表文章，提出研究古史自应分析出信史和非信史两部分，在推翻非信史方面必须打破民族出于一元的观念。他说："在现在公认的古史上，一统的世系已经笼罩了百代帝王，四方种族，民族一元论可谓建设得十分巩固了。但我们一读古书，商出于玄鸟，周出于姜嫄……他们原是各有各的始祖，何尝要求统一！自从春秋以来，大国攻灭小国多了，疆界日益大，民族日益并合，种族观念渐淡而一统观念渐强，于是许多民族的始祖的传说亦渐渐归到一条线上，有了先后君臣的关系，《尧典》《五帝德》《世本》诸书就因此出来。中国民族的出于一元，俟将来的地质学及人类学上有确实的发见后，我们自可承认它，但现在所有的牵合混缠的传说我们决不能胡乱承认。我们对于古史，应当依了民族的分合为分合，寻出他们的异同状况。"[①] 所谓民族一元论，就是虞夏商周秦汉同祖黄帝的观念。在古典文献中，司马迁所著《史记》对上古帝王世系的记载较为系统，全面体现了这种民族出于一元的观念。不过换个角度看，其实这也是一种民族认同观念。本文拟就《史记》的民族认同观念略加梳理，以观其影响和意义。

一 《史记》民族认同观述略

司马迁所撰《史记》是中国第一部纪传体通史，在中国文化史上具有

[①] 顾颉刚：《答刘胡两先生书》，顾颉刚编《古史辨》（一），上海古籍出版社 1982 年版，第 96—101 页。

《史记》的民族认同观

开创性和划时代意义。书中所记古帝王世系或其源流,比《尧典》《五帝德》《帝系》《世本》等都更为明确和系统。黄帝作为中国早期文明的奠基者,犹如一棵参天大树,在中华大地后续兴起的众多民族和早期国家,即是这棵根深叶茂的大树上的不同分枝。

(一) 五帝时代部族联合体首领的血缘关系

五帝时代是中国古代文明的肇始期。黄帝部族通过与炎帝部族联姻,支裔繁衍,瓜瓞延绵,从而形成源远流长的民族大家庭。《史记》以《五帝本纪》开篇,以黄帝、颛顼、帝喾、尧、舜为五帝,成为后世公认的主流说法。从《史记》看,继黄帝之后担任部族联合体首领的颛顼、帝喾、尧、舜都是黄帝的后裔,与黄帝保持着或远或近的血缘关系。《五帝本纪》说:

> 黄帝居轩辕之丘,而娶于西陵之女,是为嫘祖。嫘祖为黄帝正妃,生二子,其后皆有天下:其一曰玄嚣,是为青阳,青阳降居江水;其二曰昌意,降居若水。昌意娶蜀山氏女,曰昌仆,生高阳,高阳有圣德焉。黄帝崩,葬桥山。其孙昌意之子高阳立,是为帝颛顼也。……帝颛顼生子曰穷蝉。颛顼崩,而玄嚣之孙高辛立,是为帝喾。帝喾高辛者,黄帝之曾孙也。高辛父曰蟜极,蟜极父曰玄嚣,玄嚣父曰黄帝。……帝喾取陈锋氏女,生放勋……是为帝尧。①

关于舜的世系情况,《五帝本纪》未作具体交代,但为《五帝本纪》所取材的《帝系》说:

> 黄帝产昌意,昌意产高阳,是为帝颛顼。颛顼产穷蝉,穷蝉产敬康,敬康产句芒,句芒产蟜牛,蟜牛产瞽叟,瞽叟产重华,是为帝舜。②

---

① (汉)司马迁:《史记·五帝本纪》,中华书局1982年版,第13页。
② (清)王聘珍:《大戴礼记解诂·帝系》,中华书局1983年版,第 页。

· 217 ·

根据这些材料，可将黄帝之后的颛顼、帝喾、尧、舜的世系分别排列如次：

　　黄帝→昌意→颛顼

　　黄帝→玄嚣→蟜极→帝喾

　　黄帝→玄嚣→蟜极→帝喾→尧

　　黄帝→昌意→颛顼→穷蝉→敬康→句芒→蟜牛→鼓叟→舜

由此可知，帝颛顼是黄帝之孙，帝喾是黄帝曾孙，尧是黄帝四世孙，舜是黄帝八世孙。他们在黄帝之后相继担任部族联合体的首领，其继承方式不是直线型的传子制，而是多线并举，似带有选贤与能的禅让制色彩。

（二）黄帝后裔建立夏商周三代国家

五帝时代之后，中国早期国家进入夏商周时期，古代文明灿然大备。

夏朝国家的开创者是禹，以其治水有功，继舜之后成为部族联合体的首领，进而将其改造为我国第一个统一的中央集权的君主制国家。大禹死后，由其子启继位，从而形成影响中国数千年来的家天下政治格局。关于禹的身世，《史记·夏本纪》说："夏禹，名曰文命。禹之父曰鲧，鲧之父曰帝颛顼，颛顼之父曰昌意，昌意之父曰黄帝。禹者，黄帝之玄孙而帝颛顼之孙也。"这里说禹为黄帝的四世孙，在他之前担任部族联合体首领的舜却是黄帝的八世孙，各自的世系或有错漏。

历经470年的统治，夏被汤建立的商王朝所取代。商族的始祖是契，商汤是其裔孙。《史记·殷本纪》说："殷契，母曰简狄，有娀氏之女，为帝喾次妃。三人行浴，见玄鸟堕其卵，简狄取吞之，因孕生契。契长而佐禹治水有功……封于商，赐姓子氏。契兴于唐、虞、大禹之际，功业著于百姓。"这是说契为帝喾之子，黄帝的四世孙。商王朝统治550多年，是世界上极具影响力的东亚国家。商代后期已有相当成熟的文字，有甲骨文和金文等书写形式，从而把中国古代文明的发展推向新的高峰。

武王克商，代为天下共主，周王朝得以建立，礼乐文明进一步发展，作为汉族前身的华夏民族开始逐渐形成。周族历史悠久，其始祖为弃，与黄帝也有血缘关系。《史记·周本纪》说:"周后稷,名弃。其母有邰氏女,曰姜原。姜原为帝喾元妃。姜原出野,见巨人迹,心忻然说,欲践之,践之而身动如孕者。居期而生子,以为不祥,弃之隘巷,马牛过者皆辟不践;徙置之林中,适会山林多人,迁之;而弃渠中冰上,飞鸟以其翼覆荐之。姜原以为神,遂收养长之。初欲弃之,因名曰弃。"后稷为帝喾之子,亦即黄帝的四世孙,主要活动于尧舜禹时代。"周弃播殖百谷蔬,以衣食民人",在中国文明史上被视"成天地之大功"① 的圣人之一,数千年来备受称颂,甚至被奉为农神予以祭拜。周文王、武王、周公即其后裔,开创了中国历史上立国时间最长的八百年基业。

(三) 秦汉帝国也是黄帝后裔建立的国家

春秋战国时期,礼崩乐坏,诸侯力政,历史进入了大国争霸和武力兼并的分裂时期。最后秦灭六国,统一天下。在《史记》记载中,秦人的祖先也是黄帝之后。《秦本纪》说:"秦之先,帝颛顼之苗裔孙曰女修。女修织,玄鸟陨卵,女修吞之,生子大业。大业取少典之子,曰女华。女华生大费,与禹平水土。已成,帝锡玄圭。禹受曰:'非予能成,亦大费为辅。'帝舜曰:'咨尔费,赞禹功,其赐尔皁游。尔后嗣将大出。'乃妻之姚姓之玉女。大费拜受,佐舜调驯鸟兽,鸟兽多驯服,是为柏翳。舜赐姓嬴氏。"是说帝颛顼的孙女名叫女修,吞食了玄鸟掉下的蛋,便生下大业。大业生大费,大费佐禹治水有功,被舜赐为嬴姓。其后裔造父,以善御被周穆王封于赵城,为赵氏。至秦王政时,海内为郡县,法令由一统,自封始皇帝,建立了中国历史上第一个统一的中央集权的专制帝国。

秦王朝的暴虐统治仅仅十五年即被推翻,取而代之的是刘邦建立的西汉王朝。刘邦看似出自平民,只是泗水一个小小的亭长,但追溯起来也是圣胄后裔。《史记·夏本纪》说:"帝孔甲立,好方鬼神,事淫乱。夏后氏德衰,诸侯畔之。天降龙二,有雌雄,孔甲不能食,未得豢龙氏。陶唐既衰,其后有刘累,学扰龙于豢龙氏,以事孔甲。孔甲赐之姓,曰御龙氏。"这里说上天降下两龙,一雌一雄,夏王孔甲不能喂养它们,也未找到能够

---

① 《国语·郑语》,上海古籍出版社1988年版,第511页。

饲养的人。但帝尧衰败后，有其后裔名刘累，学会了养龙的本领，便去侍奉孔甲，孔甲赐姓御龙氏。后来那条雌龙死了，刘累害怕被问罪，就逃到了鲁县。这位帝尧之后刘累，就是刘姓的始祖，因而刘邦也就成为帝尧之后了。《史记·高祖本纪》记刘邦起事时，沛中父老率子弟共杀沛令，开城门迎接刘邦，推他做县令。刘邦几经推辞，最后接受请求做了沛公。随即"祠黄帝，祭蚩尤于沛庭，而衅鼓旗，帜皆赤"。刘邦举起反秦大旗，首先"祠黄帝"，应与刘姓奉帝尧为始祖有关。后来"诸侯将相相与共请尊汉王为皇帝"，"乃即皇帝位于氾水之阳"。《史记正义》引《括地志》云："高祖即位坛在曹州济阴县界。"济阴在今山东定陶一带，据说帝尧曾在这一带建都立国，以治天下。刘邦戎马倥偬，选择"氾水之阳"作为即皇帝位的地方，看来也是饶有深意的。班彪曾作《王命论》，称高祖刘邦为"帝尧之苗裔"①，东汉《帝尧碑》也说："圣汉龙兴，缵尧之绪。"② 刘邦为帝尧之后，自是黄帝裔孙。

（四）楚、越、匈奴的族源可上溯于黄帝

荆楚源起中原，后迁江汉，成为周代南方大国。秦末陈胜吴广起义国号"张楚"，即以张大楚国为旗帜。然上溯其族源，亦与黄帝之孙颛顼有关。《史记·楚世家》说："楚之先祖出自帝颛顼高阳。高阳者，黄帝之孙，昌意之子也。高阳生称，称生卷章，卷章生重黎。重黎为帝喾高辛居火正，甚有功，能光融天下，帝喾命曰祝融……而以其弟吴回为重黎后，复居火正，为祝融。吴回生陆终。陆终生子六人……六曰季连，芈姓，楚其后也。"楚的直系祖先是季连，但季连的先祖可上溯到帝颛顼，故为黄帝之后。

越国在春秋末年曾与吴国争霸，是东南地区一大强国。上溯其族源，亦非边陲异族，而是夏禹苗裔。《史记·越王句践世家》："越王句践，其先禹之苗裔，而夏后帝少康之庶子也。封于会稽，以奉守禹之祀。"越人奉夏王少康庶子为始祖，同夏人一样也是黄帝后裔。

---

① （汉）班固：《汉书·叙传上》，中华书局1962年版。
② （宋）洪适：《隶释》卷一《帝尧碑》，文渊阁《四库全书》本。

匈奴是北方一个少数民族共同体，国力强盛，长时间与秦汉帝国为敌。然其先祖亦为夏后氏苗裔。《史记·匈奴列传》说："匈奴，其先祖夏后氏之苗裔也，曰淳维。唐虞以上有山戎、猃狁、荤粥，居于北蛮，随畜牧而转移。"夏朝是黄帝后裔禹所建立的国家，作为夏后氏苗裔的匈奴族，在族源上也就与黄帝有了关系。

依据《史记》所述，不仅五帝时代黄河流域部族联合体首领与黄帝有较近的血缘联系，而且夏商周秦汉等王朝的君主，甚至一些少数民族国家的统治者，也都是黄帝的后裔。这些说法，即是民族一元论的体现。

二　《史记》民族认同观的影响和意义

《史记》虽以私家著述的面貌问世，但司马谈、司马迁父子毕竟都做过西汉王朝的太史令，故其著述实际带有半官方的色彩。史公对中国早期国家的起源和形成，对秦汉帝国历史发展的记述，无疑具有极大的权威性。书中体现的民族一元论，亦即民族认同观，对后世产生了巨大的影响。汉族作为中华民族的主体民族在秦汉时期形成，与这种民族认同与国家认同观念的促动是分不开的。黄帝被视为中华民族共同的人文始祖，中华儿女自称黄帝子孙或炎黄子孙，都与此密切相关。

《五帝本纪》最后称太史公曰："学者多称五帝，尚矣！然《尚书》独载尧以来。而百家言黄帝，其文不雅驯，荐绅先生难言之。孔子所传宰予问《五帝德》及《帝系姓》，儒者或不传。余尝西至空桐，北过涿鹿，东渐于海，南浮江淮矣，至长老皆各往往称黄帝、尧、舜之处，风教固殊焉，总之不离古文者近是。予观《春秋》《国语》，其发明《五帝德》《帝系姓》章矣。"这说明司马迁之时，尚能见到有关黄帝的诸多说法，只是文辞多不典雅，那些有地位的官宦人士都不屑于谈及。太史公具有高度的历史理性自觉，他结合个人的游历探访，对文献博加考验，认为《五帝德》《帝系》所载五帝之事，可与《左传》《国语》相互发明，并非全为虚言，故择其典雅者载入《史记》之中。这里表达了一种历史观，即远古传说固然有事实不清的一面，但也有其历史素地的一面，不可偏废。

顾颉刚先生在前贤欧阳修、洪迈、崔述等疑古思维的启发下，提出打破民族出于一元的传统观念，以重建信史，是很有见地的。但由于文献不足征，考古也跟不上，短时间内弄清这一问题是有困难的。就目前的学术进展情况来说，要做到辨伪正误，弄清历史真相，条件并不成熟。但需要注意的是，不管民族一元论背后的史实是否可信，汉代已有这种民族认同观念的存在却是不容否认的客观事实。法国历史学家马克·布洛赫曾说，中世纪作家撰写了大量的"圣徒行传"，其中不乏子虚乌有之事，但是，若把这些材料作为反映作者所处时代的生活和思想资料来加以参照，其价值就无与伦比了。① 陈寅恪先生也说："然真伪者，不过相对问题，而最要在能审定伪材料伪之时代及作者而利用之。盖伪材料亦有时与真材料同一可贵。如某种伪材料，若迳认为其依托之时代及作者之真产物，固不可也；但能考出作伪时代及作者，即据以说明此时代及作者之思想，则变为一真材料矣。"② 以此观之，司马迁所用的材料不管其真伪状况如何，至少在汉代已然形成不同民族都是黄帝子孙的观念。这种民族认同观和国家认同观的形成，对于增强民族的凝聚力和向心力，促进民族的团结和统一，激发民族的自强意识和创新精神，推动中华文明的不断发展与进步，都是具有积极意义的。我们不能因为追求信史，而忽略了《史记》民族认同观的传统价值。当然也不能只强调其积极意义，忘记历史学追求事实真相的本质特征。恰当处理好二者的关系，才能更好地发挥历史求真致用的功能，不断推动学科的创新发展和破浪前行。

（杜勇：中国先秦史学会副会长、天津师范大学历史文化学院教授）

---

① ［法］马克·布洛赫：《历史学家的技艺》，上海社会科学院出版社1992年版，第50页。
② 陈寅恪：《〈中国哲学史〉审查报告一》，冯友兰：《中国哲学史》，中华书局1947年版，第2页。

《史记》与黄帝为中华民族
人文始祖观念的形成

李 岩

中华五千年的文明史始于黄帝时期。黄帝是中华民族的人文始祖这一说法已经是我们的共识,然而其形成过程却经历了漫长的岁月和历史的积淀才得以完成,大概用了两千年的时间。这期间,黄帝先是中原地区部落联盟首领,商周时期人们逐渐对其认可,华夏始祖的概念基本形成,并且对其进行崇拜和祭祀等,到了汉代司马迁创作《史记》,不仅将黄帝作为华夏始祖进行描述,而且作为全中华民族的人文始祖来对待,对后世影响深远,直至今日,我国很多少数民族仍然认为黄帝是他们的祖先。从这一点上,我们可以说,司马迁是中华民族共同体意识的最早提倡者。

一 黄帝崇拜形成于三代

黄帝文化形成于春秋战国时期[①],这些文化主要存在于记录当时的历史文献当中,十三经、诸子百家的著作如《尚书》《山海经》《左传》《逸周书》《世本》《战国策》大都有关于黄帝事迹的记载,内容主要是关于对黄帝历史功绩的追述、评价以及对祖先的祭祀等事项,而这些内容为黄帝在先秦时期被华夏先民所崇拜甚至承认其为始祖奠定了基础。

黄帝的历史功绩,首先是统一中原各部落联盟,为国家建立奠定基

---

① 李岩:《试论黄帝文化的形成》,《西安文理学院学报》2005 年第 2 期。

础。史载："遇黄帝战于阪泉之兆。"①黄帝"执蚩尤，杀之于中冀，以甲兵释怒，用大正顺天思序，纪于大帝。用名之曰：绝辔之野。乃命少昊清司马、鸟师，以正五帝之官，故名曰质。天用大成，至于今不乱"②。黄帝带领部族通过两大著名战役即黄帝与蚩尤的涿鹿之战和与炎帝的阪泉之战，统一中原各部，成为部落联盟首领，从后来司马迁的游历调研可知，其势力已经达到或影响"东至于海……西至于空桐……南至于江"这样一个辽阔的地域。

同时，这一时期的各种发明与创造往往皆归功于黄帝。据记载："黄帝始制冠冕，垂衣裳，上栋下宇，以避风雨，礼文法度，兴事创业"③、"明民共财"④。大到科学技术，国家治理，小到日常生活所需，几乎黄帝时代所有的社会历史的进步都是黄帝的功绩，黄帝成了无所不能的神的形象，受到人们的崇拜。也正是由于黄帝的功绩，后人都纷纷称赞黄帝，说黄帝"中央土，其日戊己，其帝黄帝"⑤，真正成为人们心目中的黄帝。

再者，黄帝后裔影响广泛。根据史书记载，黄帝有二十五子，"其得姓者十四人"，有十二姓，黄帝子孙所封之国更多，有七十多个，加之黄帝是当时的部落联盟首领，其部族的子孙后代也大量存在；虞夏商周时期，黄帝及其部族的后代们枝繁叶茂，建有诸多诸侯国，统治了中原及其周边地区，他们都以黄帝作为自己的祖先，例如春秋时期的郯子就说黄帝："吾祖也，我知之。昔者黄帝氏以云纪，故为云师而云名"⑥，等等。可以说，到了春秋战国时期，黄帝的影响极为广大而深远。

黄帝在先秦时期即成为华夏民族的祖先，从当时历代各地各政权对黄帝以祖先的名义对其进行祭祀也可以看出。先秦时期，特别重视祭祀，所谓"国之大事，在祀与戎"，而虞夏商周四代的重大祭祀中都有对黄帝及

---

① 杨伯峻：《春秋左传注》，中华书局1990年版，第431页。
② 贾二强点校：《逸周书》，辽宁教育出版社1997年版，第53页。
③ 王利器：《风俗通义校注》，中华书局2010年版，第10页。
④ 徐元浩：《国语集解》，中华书局2002年版，第159页。
⑤ （东汉）高诱注：《吕氏春秋》，《诸子集成（六）》，上海书店1996年版，第55页。
⑥ 杨伯峻：《春秋左传注》，中华书局1990年版，第431页。

《史记》与黄帝为中华民族人文始祖观念的形成

其后裔祭祀的记载,"有虞氏禘黄帝而祖颛顼,郊尧而宗舜;夏后氏禘黄帝而祖颛顼,郊鲧而宗禹;商人禘舜而祖契,郊冥而宗汤;周人禘喾而郊稷,祖文王而宗武王"①。"武王克殷反商,未及下车而封黄帝之后于蓟、帝尧之后于祝、帝舜之后于陈"②,各代各王都纷纷通过祭祀来表示自己是黄帝的后裔,以此证明其政权的合法性,同时也是为了与各部族拉近关系,以维护政权的稳定。

与传世文献相印证,战国时期的考古和出土文献中也发现黄帝在先秦时期就被认作始祖的诸多证据。如,1973年长沙马王堆汉墓出土的春秋战国时期的《老子》乙本的《十六经》,又称《黄帝》,其中有文曰:"昔者,黄宗(黄帝)质始好信,方四面,傅一心,四达自中,前参后参,践立履参,是以能为天下宗。"更值得一提的是,考古发现的战国中期齐威王时期的一件"陈侯因 (谘)敦",其铭文上说:"唯正六月癸未,陈侯因曰:皇考孝武桓公,恭哉,大谟克成。其唯因次扬皇考,绍申高祖黄帝,迩嗣桓、文,朝问诸侯,答扬厥德,诸侯寅见吉金,用作孝武桓公祭器敦,以登以尝,保有齐邦。世万子孙,永为典尚。"③这是黄帝一词在铭文上的最早出处,在这里,齐威王将黄帝认作自己的祖先,结合前面文献对黄帝作为祖先的记载,这篇铭文就信而有征,从文学与考古两个方面再次证明黄帝在先秦时期被认作华夏族的祖先。

由上可见,先秦时期,特别是春秋战国时期,黄帝已经为中原各地各族所认可,他们崇拜黄帝,形成了黄帝文化,初步将黄帝作为华夏多氏族的共同祖先。

二 《史记》将黄帝成为华夏始祖定型化

秦国祚虽然短促,但是其建立的多民族统一国家在中华民族历史发展进程中具有不可替代的地位,及至西汉时期,国家再度统一,各民族进一

---

① 孙希旦:《礼记集解》,中华书局1989年版,第1192页。
② (西汉)司马迁:《史记》,中华书局2020年版,第1109页。
③ 中国社会科学院考古研究所编:《殷周金文集成》(修订增补本),中华书局2007年版,第3025页。

步融合，对黄帝的认识也进一步深化。正是在此情形下，全国各地都对黄帝有了自己一定的认识，这就是司马迁"西至空桐，北过涿鹿，东渐于海，南浮江淮"时所发现的"长老皆各往往称黄帝、尧、舜之处，风教固殊焉，总之不离古文者近是"的状况，土地辽阔的祖国各地，虽然民风不同，但都知道黄帝，称颂黄帝，说明黄帝不再仅仅是先秦时期上层统治阶级和精英人士的认识，而是到了秦汉时期，已经深入民间，成为全体人民的共识。因此，我们认为，司马迁的《史记》正是在这种背景下对黄帝进行了全面而深刻的记述，将黄帝定型为华夏始祖。

《史记》是我国第一部纪传体通史，鸿篇巨著，而中国历史极其悠久，究竟应该从何时开始，以哪位领袖为开篇？我们知道，先秦时期特别是春秋战国时期，人们尊崇的祖先很多，不仅仅是黄帝一人，而且黄帝也不是最早的。盘古、伏羲、女娲等都是早于黄帝的传说人物。稍早于黄帝或与黄帝同时代的英雄人物更多了，有我们所熟知《国语·鲁语上》所记载的"昔烈山氏之有天下也，其子曰柱，能殖百谷百蔬。夏之兴也，周弃继之，故祀以为稷。共工氏之伯九有也，其子曰后土，能平九土，故祀以为社。黄帝能成命百物，以明民共财，颛顼能修之"。也有我们不太熟悉的，如《庄子·箧》云："子独不知至德之世乎？栗陆氏、骊畜氏、轩辕氏、赫胥氏、时也，民结绳而用之。昔者容成氏、大庭氏、伯皇氏、中央氏、尊卢氏、祝融氏、伏牺氏、神农氏，当是时也，民结绳而用之。"

但是，司马迁却唯独将黄帝列为开篇人物，原因有三：其一，黄帝功绩甚伟。在《五帝本纪》中，司马迁用一整段文字列举了黄帝的功绩：

> 轩辕之时，神农氏世衰。诸侯相侵伐，暴虐百姓，而神农氏弗能征。于是轩辕乃习用干戈，以征不享，诸侯咸来宾从。而蚩尤最为暴，莫能伐。炎帝欲侵陵诸侯，诸侯咸归轩辕。轩辕乃修德振兵，治五气，蓺五种，抚万民，度四方，教熊罴貔貅䝙虎，以与炎帝战于阪泉之野。三战，然后得其志。蚩尤作乱，不用帝命。于是黄帝乃征师诸侯，与蚩尤战于涿鹿之野，遂禽杀蚩尤。而诸侯咸尊轩辕为天子，代神农氏，是为黄帝。天下有不顺者，黄帝从而征之，平者去之，披山通道，未尝宁居。

《史记》与黄帝为中华民族人文始祖观念的形成

正因为如此,司马迁说:

> 维昔黄帝,法天则地,四圣遵序,各成法度……厥美帝功,万世载之。作《五帝本纪》第一。

其二,黄帝资料多而集中。《五帝本纪》中说"学者多称五帝,尚矣。然《尚书》独载尧以来,而百家言黄帝,其文不雅驯,缙绅先生难言之。孔子所传《宰予问五帝德》及《帝系姓》,儒者或不传。……予观《春秋》《国语》,其发明《五帝德》《帝系姓》章矣,顾弟弗深考,其所表见皆不虚。书缺有间矣,其轶乃时时见于他说。非好学深思,心知其意,固难为浅见寡闻道也"。从上可知,从春秋战国时期起,学者们通过不同的形式开始讨论黄帝,不过,"百家言"中虽有"文不雅驯"之说,但是"百年之间,天下遗闻、古事靡不毕集太史公"①,西汉建立至司马迁写《史记》的百年之间,对上古人物特别是五帝的讨论集中到黄帝身上,司马迁对众多的材料,特别是《春秋》《国语》《五帝德》《帝系姓》等资料进行梳理归纳,再结合自己的实地调研考察所得,"余并论次,择其言尤雅者,故著为本纪书首",以黄帝作为《史记》一书的开端。

其三,黄帝影响深远。在前引《五帝本纪》《太史公自序》诸篇中,将黄帝说成是功绩卓著的部落联盟首领,而且在司马迁的心目中,黄帝、颛顼、帝喾、尧、舜五帝,不仅其世系前后相次,他们的事业也上下相承。再者,前文有述,夏商周三代及他们的后世又继续发展,其影响益甚。

司马迁在《史记》中还对黄帝的形象进行特别塑造。"黄帝者,少典之子,姓公孙,名曰轩辕。生而神灵,弱而能言,幼而徇齐,长而敦敏,成而聪明。"② 我们知道,三皇五帝虽然说法不一,但是都以黄帝为最尊,而且,在《五帝本纪》中,黄帝、炎帝和蚩尤同时出现,但后二者是作为黄帝的对立面而出现,也可以说是为了凸显黄帝的丰功伟绩与英明伟大的

---

① (西汉)司马迁:《史记》,中华书局2020年版,第2874页。
② (西汉)司马迁:《史记》,中华书局2020年版,第1页。

光辉形象。

由于《史记》是我国第一部纪传体通史，也是我国第一部正史，其"通古今之变，成一家之言"，不仅对后世学者影响深远，是后世学者所效仿的典范，而且对后世的政治文化的影响亦至为深远。因此，黄帝的影响随《史记》的影响也不断扩大。经《史记》的传播和影响，黄帝成为华夏民族人文始祖的地位正式形成，因而，人们对黄帝的祖先崇拜也不断延续。

三 黄帝是中华民族的始祖归因于《史记》

《史记》内容丰富，包罗万象。在世系传承上，虽然司马迁在《史记·三代世表》中说"自殷以前诸侯不可得而谱"，但是又说"余读谍记，黄帝以来皆有年数"。他根据《五帝系谍》和《尚书》中关于上古黄帝以来世系的记载，整理出《三代世表》，据此，五帝时期的后四帝都是黄帝的后裔，夏商周三代都是黄帝的后裔，包括后来西周分封的众多诸侯国，吴越楚晋齐鲁等等，不论同姓异姓，不论地处中原还是四周边陲所谓的蛮夷戎狄之地，都能将源头追溯到黄帝，这构成了中原王朝普天之下皆为黄帝后裔的格局。

不仅如此，在民族史观问题上，可以说《史记》通篇都闪耀着民族大一统的思想。大家知道，中国古代在民族史观上是以中原为正统，歧视周边民族，蔑称其为蛮夷戎狄，但是司马迁却不如此，《史记》按照朝代顺序，将历史发展中所涌现出来的重要的民族、人物，和各种重大制度都一一记载，不偏不倚，体现出一个优秀史学家的史识。司马迁在《史记》中，根据民族发展情况，在祖国的北方、南方、东南、东北、西南、西北等少数民族较为集中的地区，选取五类民族，专门为其列传，主要有《匈奴列传》《南越尉佗列传》《东越列传》《朝鲜列传》《西南夷列传》《大宛列传》。这里特别值得指出的是，在这些民族列传中，司马迁不仅将周边各民族与中原华夏族平等对待，还特别指出，这些分布于祖国四周的各民族的族源都来自黄帝，是黄帝的后裔，具体论证出各民族同祖先的民族统一和共同体思想，以及四海一家的民族起源观。例如，对于匈奴、东越和朝鲜几个民族，他们的族源关系和民族发展脉络，在这三个民族列传中，记载的清清楚楚。

"匈奴，其先祖夏后氏之苗裔也，曰淳维。"对此，刘宋裴骃《集解》解释道："乐产《括地谱》云'夏桀无道，汤放之鸣条，三年而死。其子獯粥妻桀之觿妾，避居北野，随畜移徙，中国谓之匈奴'。其言夏后苗裔，或当然也。"①

> 闽越王无诸及越东海王摇者，其先皆越王句践之后也，姓驺氏。秦已并天下，皆废为君长，以其地为闽中郡。及诸侯畔秦，无诸、摇率越归鄱阳令吴芮，所谓鄱君者也，从诸侯灭秦。当是之时，项籍主命，弗王，以故不附楚。汉击项籍，无诸、摇率越人佐汉。汉五年，复立无诸为闽越王，王闽中故地，都东冶。孝惠三年，举高帝时越功，曰闽君摇功多，其民便附，乃立摇为东海王，都东瓯，世俗号为东瓯王。②

> 朝鲜王满者，故燕人也。自始全燕时尝略属真番、朝鲜，为置吏，筑鄣塞。秦灭燕，属辽东外徼。汉兴，为其远难守，复修辽东故塞，至浿水为界，属燕。燕王卢绾反，入匈奴，满亡命，聚党千余人，魋结蛮夷服而东走出塞，渡浿水，居秦故空地上下鄣，稍役属真番、朝鲜蛮夷及故燕、齐亡命者王之，都王险。③

正史中的这种记载和传播，客观上必然对黄帝成为中华民族人文始祖起到了促进和定型的作用。

除此之外，对于当时所谓的蛮夷戎狄，《史记》也认为他们和华夏族要么原本就是一家，要么通过民族交流交融交往的方式，有意识的对其不断施加影响，将其逐渐融合为与黄帝始祖一致的民族共同体意识文化的一员。如曾"奔戎狄间"周的先祖，对戎狄旧俗采取"贬戎狄之俗"措施；

---

① （西汉）司马迁：《史记》，中华书局2020年版，第2510页。
② （西汉）司马迁：《史记》，中华书局2020年版，第2589页。
③ （西汉）司马迁：《史记》，中华书局2020年版，第259页。

楚威王时，"使将军庄蹻将兵循江上，略巴、（蜀）黔中以西。……以其众王滇，变服，从其俗，以长之"①。"南越王尉佗者，真定人也，姓赵氏。秦时已并天下，略定杨越，置桂林、南海、象郡，以谪徙民，与越杂处十三岁。……秦已破灭，佗即击并桂林、象郡，自立为南越武王。"②《吴太伯世家》则直接指出吴越皆为黄帝后裔，是兄弟："余读《春秋》古文，乃知中国之虞与荆蛮勾吴兄弟也"，"闽越王无诸及越东海王摇者，其先皆越王勾践之后也"，"越王勾践，其先，禹之苗裔，而夏后帝少康之庶子也"。等等，在中华民族交流与融合的历史上不乏其例。

四 余论

综之，由于《史记》作为正史之首，地位显赫，司马迁的"一家之言"的正统地位，是后世各族对祖先观念认识的主流和重要依据。加之民族融合的不断进行，民族之间的界限和隔阂逐渐模糊。随着岁月的流失，人们对年代更为久远的祖辈记忆越来越不是那么清晰，一些民族，特别是一些少数民族对自己的族源不是很清楚了，此时，随着黄帝影响的日益扩大，逐渐认同了黄帝亦是其始祖的观念。据史家考证，有一些少数民族也自称是由黄帝子孙蔓延发展而成的，也是黄帝之子的后裔。诚如于右任先生所言："中华民族之全体均皆黄帝子孙也。"③ 郭沫若先生也认为："传说中的黄帝，就是这些（夷人和羌人）氏族部落想象中的祖先。传说黄帝号有熊氏，又号轩辕氏（即天鼋），也号缙云氏，这显然是把北方许多氏族部落的理想祖先集中到所谓黄帝的头上了。"④ 我们认为，这一现象出现的原因，正是《史记》的影响所致。

（李岩：丽水学院民族学院教授）

---

① （西汉）司马迁：《史记》，中华书局 2020 年版，第 2601 页。
② （西汉）司马迁：《史记》，中华书局 2020 年版，第 2579 页。
③ 刘宝才、韩养民：《黄帝文化志》，陕西人民出版社 2008 年版，第 459 页。
④ 郭沫若：《中国史稿》（第 1 册），人民出版社 1979 年版，第 118 页。

再论黄帝神话

卫崇文

在20世纪的黄帝神话研究中，多数学者认为黄帝原本是自然神，后来才演变为人间帝王。杨宽认为"'黄帝'实出'皇帝'之变字……'黄''皇'古本通用……古'皇帝'本指上帝……东西民族之上帝本有专名，及春秋战国之世，既皆一变而为人世之古帝，上帝无专名以称之，于是泛称为皇帝，后乃字变而作'黄帝'，亦转演而为人间之古帝矣"①。丁山认为"'黄帝'名词的来源，是春秋士大夫糅合后土'黄示'与'皇天上帝'两个天神地祇为一神的创举，不是晚周阴阳家以五色配五方的原理凭空杜撰出'黄帝以土德王'的新说"。即"周人所谓'黄帝'，直接蜕变于殷商地神的'黄示'"②。陆思贤在此基础上进一步指出："'示'为图腾柱，'帝'为图腾柱最高贵的称呼，故黄帝为黄土地上的图腾柱，也可称为'地帝'。"③ 而何新则认为："黄帝可释作'光帝'，所谓黄帝、皇帝，其本义就是光明之神……黄帝实际就是太阳神。"④ 袁珂认为："'黄帝'，古书又常写作'皇帝'，即'皇天上帝'的意思。他是宇宙的最高统治者，相当于希腊神话里的宙斯，或罗马神话里的朱匹忒。"⑤ 但是近年来，越来越多的历史学家认为："黄帝，作为一个原始部落的总称，或者酋长之名，

---

① 杨宽：《中国上古史导论》，《古史辨》（7上），上海古籍出版社1982年版，第195—196页。
② 丁山：《中国古代宗教与神话考》，上海文艺出版社1988年版，第423页。
③ 陆思贤：《神话考古》，文物出版社1995年版，第178页。
④ 何新：《诸神的起源》，光明日报出版社1996年版，第65—66页。
⑤ 袁珂：《古神话选释》，人民文学出版社1979年版，第109页。

作为一个文明初始时代的代称，应该是真实存在的。"[1]

实际上，把历史人物神话化是世界各民族中曾普遍存在过的一种现象，而那些被神话化的历史人物多是一些部族或民族中的文化英雄，因为英雄崇拜的历史几乎和人类文明史一样悠久。甚至原始人就已认识到，他之所以能够在异己的和经常上是敌对的世界中生存下来，全靠其杰出首领的英勇和足智多谋。于是就有了各部族所尊敬的一系列文化英雄，人们在故事、舞蹈、歌唱中赞美这些人物的技能和勇敢。

当这些文化发展得比较成熟，其历史演变较为复杂时，那些熟记本部落大量口头传说的长者就开始巩固和充实他们的历史，从而使某些前辈完全具有神话的性质。久而久之，这种进程就把英勇的斗士变成战无不胜的半人半神，并把贤哲尊奉为偶像化的圣人。这种圣人包括世界三大宗教的创立者在内。"佛陀、基督和穆罕默德都是真实的历史人物，但经过数百年的历史演变，他们自身的个性特征已被纯粹神话的气氛所湮没。"[2] 中国古代亦不例外，据《国语·鲁语上》记载展禽论述圣王制祀的原则时指出："夫圣王之制祀也，法施于民则祀之，以勤死事则祀之，以劳定国则祀之，能御大灾则祀之，能捍大患则祀之。非是族也，不在祀典。"紧接着他列举了烈山氏、柱、弃、后土、黄帝、颛顼、帝喾、尧、舜、鲧、禹、冥、汤、文、武等被后人世代崇奉的部落英雄。其中，作为兴起于陕西黄土高原，后来东迁到中原的一支强大部族的首领———黄帝，[3] 到战国中后期已被列于五帝之首。这种最具传奇色彩的人物极易成为历史神话化的首选对象。本文试就黄帝神话化的过程进行梳理，以期对战国中后期历史人物神话化作一个案研究。

---

[1] 江林昌：《中国首届黄帝文化学术研讨会综述》，《中国史研究动态》2001年第4期。
[2] 戴维·利明、埃德温·贝尔德：《神话学》，上海人民出版社1990年版，第37页。
[3] 徐旭生认为"炎帝、黄帝及颛顼时代为氏族社会发展的后期，大约已进入部落及部落联盟时期，部落即将兴起。从这个时候起才有比较可靠的传说，也是很可以理解的。"见《中国古史的传说时代》，文物出版社1985版，第37页。金景芳认为："黄帝的帝和帝尧、帝舜的帝一样，实际上是中国原始社会部落联盟时期军事首长的称谓。"见《中国奴隶这会史》，上海人民出版社1983年版，第2页。王玉哲认为："黄、炎集团是北方的部落，居留之地，西到陕、甘，东与东夷部落交错，南与苗蛮部族为邻，是我国古代传说中的显赫部落。"见《中华远古史》，上海人民出版社2000年版，第129—130页。

再论黄帝神话

据《大戴礼记·五帝德》记载："宰我问于孔子曰：'昔者予闻诸荣伊，言黄帝三百年。请问黄帝者人邪？亦非人邪？何以至于三百年乎？'……孔子曰：'黄帝，少典之子也，曰轩辕。生而神灵，弱而能言，幼而慧齐，长而敦敏，成而聪明。治五气，设五量，抚万民，度四方，教熊罴貔豹虎，以与赤帝战于版泉之野。三战然后得行其志。黄帝黼黻衣，大带黼裳，乘龙扆云，以顺天地之纪，幽明之故，死生之说，存亡之难。时播百谷草木，故教化淳鸟兽昆虫，历离日月星辰，极畋土石金玉，劳心力耳目，节用水火材物。生而民得其利百年，死而民畏其神百年，亡而民用其教百年，故曰三百年。'"孔子的解释十分明白，黄帝本人并没有活三百年，而是黄帝的功德对后世影响了三百年。可以看出，由于历时久远，到春秋时人们对黄帝的真实性已产生疑问，到战国中后期，神仙方士在"死而不亡者寿"的观念的支配下，正好利用这一传闻，宣传其神仙思想，他们认为不但黄帝长寿，而且其后裔亦长寿："轩辕之国，在此穷山之际，其不寿者八百岁。"[①] 由于这一观念的流行，又引发出"郑人争年"的故事来："郑人有相与争年者，一人曰：吾与尧同年。其一人曰：我与黄帝之兄同年。讼此而不决，以后息者为胜耳。"[②] 透过"不寿者八百岁"即可看出黄帝已非常人了。

关于黄帝神话还有一则，即《尸子》所载："子贡问孔子曰：'古者黄帝四面，信呼？'孔子曰：'黄帝取合己者四人，使治四方，不谋而亲，不约而成，大有成功，此之谓四面也。'"[③] 那些坚信黄帝原本是自然神，而后被历史化的学者认为："'黄帝四面'的神话传说便是负载着同样文化信息的一种语言符号残存形式。由于历史的变迁，神话思维时代的逝去，也

[①] 《山海经·海外西经》，第221页。关于《山海经》一书的性质参阅拙著《〈山海经〉与先秦神话研究》，《陕西师范大学学报》2001年第1期，本文《山海经》引文均采用袁珂《山海经校注》，上海古籍出版社1980年版。

[②] 《韩非子集释·外储说左上》，《诸子集成》，上海书店1986年版，第202页。

[③] 《二十二子》，上海古籍出版社1986年版，第374页。"黄帝四面"神话亦见于1973年湖南长沙马王堆三号汉墓出土的战国佚书《十六经·立命》："昔者黄宗（帝——引者注）质始好信，作自为象（像），方四面，傅一心。四达自中，前参后参，左参右参，践立（位）履参，是以能为天下宗。"国家文物局古文献研究室编：《马王堆汉墓帛书》壹，文物出版社1980年版，第61页。

· 233 ·

由于这种残存符号过于简略,所以这种神话早自春秋时代就已丧失了真意,再加上先秦理性主义的最大代表孔子对该神话本文的'消解',它终于成了莫名其妙的远古密码,逐渐被后人冷落、遗忘……。'"① 这种观点忽略了"中国在很早的时候就缺乏高昂的宗教热情而以现实主义为文化的基调"②的社会现实。孔子的解释还是符合历史实际的,黄帝作为原始部落联合体的大酋长,由于历时久远,"自春秋时代就已丧失了真意"是完全可能的,之所以演变为长着四张脸面的怪神,当与四方崇拜和五行说的兴盛有关。"四方"崇拜起源颇早,殷墟卜辞中已有"四方之祭"的记载,③ 周代则"天子祭天地,祭四方,祭山川,祭五祀,岁遍,诸侯方祀,祭山川,祭五祀,岁遍"④。可见,在周代只有天子才有权祭祀四方之神,表示天子对四方的神圣主权。不过,在殷周时代,四方神的神性还比较模糊,主要是地域的象征,是地神之一。《墨子·贵义》中有这样一段记载:"帝以甲乙杀青龙于东方,以丙丁杀赤龙于南方,以庚辛杀白龙于西方,以壬癸杀黑龙于北方。"据此而推,五行与五方、五色之配当在战国之前。五行起源虽然很早,但其兴盛却在战国。据《史记·孟子荀卿列传》记载:"驺衍……乃深观阴阳消息而作怪迂之变,《终始》、《大圣》之篇十余万言,其语闳大不经,必先验小物,推而大之,至于无垠,先序今以上至黄帝,学者所共术,大并世盛衰,因载其禨祥度制,推而远之,至天地未生,窈冥不可考而原也……然要其归,必止乎仁义节俭,君臣上下六亲之施始也滥耳。王公大人初见其术,惧然顾化……"可见,驺衍把传统的阴阳五行思想改造成历史哲学,深得当时君主的青睐。"是以驺子重于齐。适梁,惠王郊迎,执宾主之礼。适赵,平原君侧行撇席。如燕,昭王拥篲先驱,请列弟子之座而受业,筑碣石宫,身亲往师之。作《主运》。其游诸侯见尊礼如此,岂与仲尼菜色陈蔡,孟轲困于齐梁同乎哉!'⑤ 由于驺衍的大力推行,五行、五色、五方、五帝等便被联系起来了。"孟春之

---

① 叶舒宪:《中国神话哲学》,中国社会科学出版社1992年版,第177页。
② 常金仓:《〈山海经〉与战国时期的造神运动》,《中国社会科学》2000年第6期。
③ 陈梦家:《殷墟卜辞综述》,中华书局1988年版,第583页。
④ 《礼记·曲礼》,《十三经注疏(上)》,中华书局1980年版,第1268页。
⑤ 《史记·孟子荀卿列传》,中华书局1979年版,第2345页。

再论黄帝神话

月,……其帝太皡,其神句芒……天子亲率三公九卿诸侯大夫以迎春于东郊。""孟夏之月,……其帝炎帝,其神祝融……迎夏于南郊。""中央土……其帝黄帝,其神后土。""孟秋之月……其帝少皡,其神蓐收……迎秋于西郊。""孟冬之月……其帝颛顼,其神玄冥……迎冬于北郊。"① 这样,居于中央的黄帝就由"执绳而制四方"的部落酋长变为非常奇特的长着四张脸面的怪神了。非但如此,而且具有"神们的行事"了。"昔者黄帝合鬼神与西泰山之上,驾象车而六蛟龙,毕方并鎋,蚩尤在前,风伯进扫,雨师洒道,虎狼在前,鬼神在后,腾蛇伏地,凤皇覆上,大合鬼神,作为《清角》。"② 俨然一幅令人神往的仙境。

随着黄帝本人神性的增强,就连黄帝的随身物品亦带有神性,这就是"黄帝遗玄珠"的神话。"黄帝游乎赤水之北,登乎昆仑之丘,而南望还归,遗其玄珠。使知索之而不得,使离朱索之而不得,使口契诟索之而不得也,乃使象罔,象罔得之。黄帝曰:'异哉! 象罔乃可以得之乎?'"③ 庄子的这一则寓言原本是"比喻道不是感觉的对象,感官、言辩都无从求得'象罔得之',喻无心得道——弃除心机智巧,在静默无心之中领会道。"④ 到了战国方士口中,"黄帝遗玄珠"的寓言就带有神话的性质了。"山,其上多丹木,员叶而赤茎,黄花而赤茁,其味如饴,食之不饥。丹水出焉,西流注于稷泽,其中多白玉,是有玉膏,其源沸沸汤汤,黄帝是食是飨。是生玄玉。玉膏所出,以灌丹木。丹木五岁,五色乃清,五味乃馨。"黄帝乃取"山之玉荣,而投之钟山之阳。瑾瑜之玉为良,坚粟精密,浊泽而有光,五色发作,以和柔刚。天地鬼神,是食是享;君子服之,以御不祥。"⑤

汉武帝时,方士李少君为了说明自己方术的有效性,即以黄帝为例:

---

① 《吕氏春秋·十二纪》。《礼记·月令》与此同。《淮南子·天文训》略异"东方木也,其帝太白白本,其佐句芒,执规而治春……南方火也,其帝炎帝,其佐朱明,执衡而治夏……中央土也,其帝黄帝,其佐后土,执绳而制四方……西方金也,其帝少昊,其佐蓐收,执矩而治秋……北方水也,其帝颛顼,其佐玄冥,执权而治冬……。"
② 《韩非子集释·十过》,第44页。
③ 《庄子集释·天地篇》,《诸子集成》,上海书店1986年版,第185—186页。
④ 陈鼓应:《庄子今注今译》,中华书局1983年版,第294页。
⑤ 《山海经·西山经》41。

"祀灶则致物，致物而丹沙可化为黄金，黄金成以为饮食器则益寿，益寿而海中蓬莱仙者乃可见，见之以封禅则不死，黄帝是也。"① 接着便有黄帝飞升登仙的故事："黄帝且战且学仙……黄帝采首山铜，铸鼎于荆山下，鼎既成，有龙垂胡髯，下迎黄帝。黄帝上骑，群臣后宫从上者七十余人，龙乃上去。余小臣不得上，乃悉持龙髯，龙髯拔，堕，堕黄帝之弓。百姓仰望黄帝既上天，乃抱其弓与胡髯号，故后世因名其处曰鼎湖，其弓曰乌号。"② 黄帝既已升仙，所以后来，汉武帝在北巡朔方回京之路上，经过桥山，遇到黄帝冢，感到很奇怪，"'吾闻黄帝不死，今有冢，何也？'或对曰'黄帝已仙上天，群臣葬其衣冠。'"③ 从此，黄帝就完成了由人而神仙的神话化过程。之后，在道教中，黄帝虽被尊为仙人，但其地位并不高，处于道教真灵七阶中的第三阶中的一员。④

总之，我们认为黄帝神话发端于战国中后期方士之口，兴盛于战国后期及秦汉时期，两汉之后，黄帝虽一度被道教尊奉为仙人，但因其地位不高，因而很快其神性趋弱，而人性趋强，直到今天，黄帝还被尊奉为中华民族的伟大祖先。

（卫崇文：长治职业技术学院院长、教授）

---

① 《史记·封禅书》，第 1385 页。
② 《史记·封禅书》，第 1393—1394 页。
③ 《史记·封禅书》，第 1396 页。
④ 傅家勤：《中国道教史》，上海书店 1984 年版，第 102—103 页。

黄帝形象的演绎

——《申报》中的黄帝

廖大伟　高红霞

轩辕之时，神农氏世衰，诸侯相侵伐，而蚩尤最为暴，莫能伐。炎帝欲侵陵诸侯，诸侯咸归轩辕。轩辕乃修德振兵，治五气，艺五种，抚万民，度四方。教熊罴貔貅貙虎，以与炎帝战于阪泉之野，三战，然后得其志。蚩尤作乱，不用帝命，于是黄帝乃征师诸侯，与蚩尤战于涿鹿之野，遂禽杀蚩尤，而诸侯咸尊轩辕为天子，代神农氏，是为黄帝。[①]

经数千年演绎堆叠，黄帝造百物，已为华夏图腾，人文始祖。黄帝有无其人，不得确切，但黄帝文化则实实在在。人们崇拜黄帝，也在不断祈求黄帝，借助于黄帝。检索《申报》，1874年至1949年，约有近千个文本提到黄帝，黄帝于近代仍依旧火热，为何，有用！

1874年10月12日《申报》有《劝办铁战船说》一文，意立国要有文教武功，缺一不可。"黄帝尚有蚩尤之征哉，可知文教之不能治者必仍赖武功以补之也"，所以中国今日"宜多购铁甲战船多造火轮战船并多购造至精至利之枪炮置诸各省海口以为自守之计"[②]。文中，黄帝战蚩尤是举例来作证的，意思如文德之代表黄帝尚且要打仗，何况岌岌可危的时下。

[①] 《史记·五帝本纪》。
[②] 《劝办铁甲战船说》，《申报》1874年10月12日第2版。

黄帝不仅为文德的代表、教化的圣人，抑或儒教的先贤，[1] 甚至还是治病除疫的鼻祖。[2]《辛丑条约》签订后，民族危机更重，民族意识更强，因此有识之士呼吁练兵以自强，以"黄帝无涿鹿之师，何以成垂裳之治"而设问，其结论是如各处空虚，无兵可守，"何以为国"。《辛丑条约》虽订，但"和议不能久恃，即中国人心亦安能久靖"[3]。

清末，革命党人宣传与动员，多尊黄帝以否清帝，如绍兴府发布秋瑾的罪状为查抄的文告，文告云"呜呼！北胡韬隙入主中华，谓非古今来一大羞辱之纪念耶。故当汉种不绝如缕之秋，欲保我汉族四万万同胞之生存，必以尊黄帝为急。黄帝者，汉族之鼻祖也，以之纪年可以推汉种民族之观念"[4]。

该文告也许转抄自刘师培的《黄帝纪年说》一文，并做了适当修改。刘氏是这样说的：

> 民族者，国民特立之性质也。凡一民族，不得不溯其起原。为吾四百兆汉种之鼻祖者，谁乎？是为黄帝轩辕氏。是则黄帝者，乃制造文明之第一人，而开四千年之化者也。故欲继黄帝之业，当自用黄帝降生为纪年始。
>
> 吾观泰西各国，莫不用耶稣降世纪年；回教各国，亦以摩哈麦特纪年；而吾中国之纪年，则全用君主之年号。近世以降，若康梁辈渐知中国纪年之非，思以孔子纪年代之。吾谓不然。盖彼等藉保教为口实，故用孔子降生为纪年；吾辈以保种为宗旨，故用黄帝降生为纪年。
>
> 夫用黄帝纪年，其善有三：黄帝以前历史之事实少，孔子以前历史之事实多。故以黄帝纪年，则纪事一归于简便，而无由后溯前之难。其善一。日本立国，以神武天皇纪年，所以溯立国之始也。中国帝王虽屡易姓，与日本万世不易之君统不同。然由古迄今，凡汉族之

---

[1] 《书玉筍生生死论》，《申报》1874年2月6日第1版。
[2] 《论今秋时疫》，《申报》1885年9月9日第1版。
[3] 《论中国急图自强不外练军制造》，《申报》1901年11月23日第1版。
[4] 《绍兴府贵寿銮宣布秋瑾罪案》，《申报》1907年8月18日第11版。

主中国者，孰非黄帝之苗裔乎？故中国之有黄帝，犹日本之有神武天皇也。取法日本，择善而从。其善二。中国政体达于专制极点，皆由于以天下为君主私有也。今纪年用黄帝，则君主年号徒属空文，当王者贵之说，将不击而自破矣。其善三。

呜呼！北敌蹈隙，入主中华，谓非古今来一大变迁耶？故当汉族不绝如线之秋，欲保汉族之生存，必以尊黄帝为急。黄帝者，汉族之黄帝也，以之纪年，可以发汉族民族之感觉。伟哉，黄帝之功！美哉，汉族之民！①

事实上，武昌起义爆发后曾一度用黄帝纪年，②首义成功后的鄂军都督黎元洪明文规定："国民军既得武昌，黄帝纪元旗号以为黄族复起之纪念日。"③为什么？因为"民族者，国民特立之性质也。凡一民族必有渊源之可溯，而黄帝轩辕氏者，四百兆汉种之祖也"④。原来非常时期，需要以民族之别凝聚汉人心志。

有篇文章的态度更是雌雄分明，反对议和：

我黄帝子孙屈伏刀锯斧钺下三百春秋，虽啖其肉犹不足雪其愤，岂一二白纸空言所能鼓动哉。今且息干戈来乞和，而施其缓兵之计，以利禄笼络吾子孙，吾黄帝子孙今皆抱铁血而来，岂惑于兹。⑤

孙中山是辛亥革命的大功臣，中华民国开国领袖。他逝世后，梁启超、驻华使节、社会各界、军政大员均以吊唁或隆重纪念。⑥旅沪安徽公学教职员举行追悼会，悬挂黄帝像和孙中山遗像，说"轩辕为创帝制之第一人，中山为创民国之第一人。按世界潮流，吾不崇拜轩辕，而当崇拜中

---

① 刘师培：《黄帝纪年说》，李妙根编，朱维铮校：《刘师培辛亥前文选》，中西书局2012年版。
② 《译电》，《申报》1911年10月13日第4版。
③ 《革命军起事》（五），《申报》1911年10月19日第7版。
④ 《黄帝即位以来大事表》，《申报》1911年10月26日第12版。
⑤ 野民：《敬告我新国民》，《申报》1911年11月27日第2版。
⑥ 《各方对于中山之哀悼》，《申报》1925年3月18日第4版。

山。今中山先生既舍国民而长逝，吾人当常抱民国思想，作永久追念"等等。①

黄帝在民族危亡时刻总是被推上前台，发挥始祖的作用。全面抗战爆发后，上海一批爱国人士决定筹募钱款，支援抗战，发誓"抗战一日不停、捐款一日不止"，并且说"黄帝在天之灵"就是我们这些后辈们的依托。募捐宣言：

> 保卫中华民族之神圣战争，已于古都揭其序幕。中央当局，宣示决心。全国将士，奋勇效命。时至今日，有敌无我，有我无敌，五千年之祖宗庐墓，亿万年之子孙命运，均将于此最后关头，决其荣辱。吾人如不甘为奴隶，不甘为牛马，不甘永受鞭挞，不甘长被宰割，则在此千钧一发之时机，当有毁家纾难之精神，捐款救国，救国自救。盖现代战争，除精神条件外，必须备具物质条件，而后可以持久，而后可以决胜。序幕既开，抗战到底。敌人一日不去，抗战一日不停。抗战一日不停，捐款一日不止。凡吾同胞，父诏兄勉，输财节食，各尽能力，共救沦亡。黄帝在天之灵、实式凭之。②

蒋介石也讲黄帝，1935年7月的一天他在成都对青年人说"黄帝以来，继继绳绳"，这"锦绣山河与高尚的文化传给我们"，"如果我们不能救亡复兴、继往开来、恢复我们已往的光荣、造成独立自由的新国家、以完成我们伟大的历史使命，那我们就冤枉生在这个世界上，愧对我们的黄帝祖宗和我们的父母"。我们今后还"要想救转国家民族，使能臻于富强之域，就要充分的发挥我们民族固有的智能，来不断的宰制宇宙，征服自然，创造新的文明。如此，才不愧为黄帝的子孙和中华民国的国民"③。

当全面抗战爆发后，蒋介石更是多次提到黄帝，强调大家血脉相连，同为黄帝子孙。④ 1948年下半年国共两党实力逆转，南京国民政府已摇摇

---

① 《孙中山逝世之哀悼》（八），《申报》1925年3月21日第14版。
② 《抗敌后援会议决》，《申报》1937年7月29日第13版。
③ 《蒋委员长演讲青年之责任》，《申报》1935年7月14日第11版。
④ 蒋中正：《抵御外侮与复兴民族（一）》，《申报》1938年2月6日汉口版，第2版。

欲坠。此时蒋经国抬出黄帝，意思要爱护祖宗的遗产，不要轻信苏联这个外人，"只有在青天白日满地红的旗帜之下，大家才有生命"①。

很显然，不同时候不同人说到黄帝、求助黄帝的目的是不一样的。《申报》中关于黄帝的记述还有许多，从这一段历史记忆中应该可以探讨一些问题，看出一些历史的映照，归纳出一些观点结论。本文由于时间关系，只能挂一漏万，采摘其中的点滴，以期引起注意而已。我们以为，求助黄帝本无错，黄帝已是一种文化资源文化力量，后人在敬重的前提下求助祖宗并无不可。中华民族伟大复兴，当然要借助传统文化的精神力量，问题是目的纯正，用之于民，造福于社会大众，如此黄帝有灵，反而欣慰。通过对传统文化的深入研究，有助于人们更加深入地了解华夏文化，热爱中华文明，树立文化自信与文化认同。

黄帝文化是我们中国传统文化的重要部分，已然成为中华文明的精神标识，我们当然有义务爱护它保护它，挖掘它的价值，光大它的精神。

(廖大伟：上海大学文学院历史系教授；
高红霞：上海师范大学人文学院历史系教授)

---

① 《上海往何处去?》，《申报》1948年9月15日第4版。

黄帝对上古文明的创制贡献

葛志毅

黄帝之伟大,决不仅仅如有人所说其乃我国种族所自出之故,更因为被推上中华民族人文始祖的崇高地位,因此亦有众多人文发明归诸其名下,古人有谓"黄帝能成命百物"殆非虚言。本文拟从文化史层面加以考察,助益证明黄帝的人文始祖地位。

一 黄帝与黄帝之道

为认识黄帝的本来面目,必须从"帝"说起。上古的历史多与神话传说夹杂在一起,"帝"从概念上对此就有所反映。如在甲骨文中,帝指上帝,能主宰风雨灾祥及人间祸福,又用为商王称号,如帝乙、帝辛之类。《礼记·曲礼》谓"措之庙,立之主曰帝",郑玄解释为"同之天神",即天子死后入庙立主称为帝,尊之如天神,这就使上古所谓"帝"具有半人半神的性质,所以《山海经》中的黄帝,就兼具天神与人王的性质。这是因为帝本指上帝,又被氏族部落酋长们移用来尊称自己去世的祖先,使之获得神性而受到尊崇。借此我们可以明白黄帝的本来面目,就应该是一位被神化的氏族部落酋长。在《左传》《国语》等早期史籍中,黄帝已是一位人王。《左传》记载晋文公筮得"遇黄帝战于阪泉之兆",卜官解释说:"周礼未改,今之王,古之帝也",就是以周王比说黄帝的人格身分。《国语·晋语》则说少典氏娶于有蟜氏,生黄帝、炎帝,黄帝长成于姬水,炎帝长成于姜水,按古代以生地为姓的习惯,黄帝为姬姓,炎帝为姜姓。黄帝有子二十五人,出于四母,分为十二姓,乃是上古的大族名姓。《国

黄帝对上古文明的创制贡献

语·鲁语》中历数虞夏商周四代的祀典,其中虞夏两代同"禘黄帝而祖颛顼",就是说,黄帝成为虞夏两代祭祀的宗祖神,这些反映出黄帝身世的显赫。在据说出自孔子的《五帝德》及《帝系》中,对以黄帝为首的五帝及其世系与事迹,进行了较系统的叙述。其中最引人注意的是,五帝同本黄帝,颛顼、帝喾、尧、舜同为黄帝子孙,五帝同祖。司马迁据此作《五帝本纪》,置于《史记》之首,使五帝同祖说获得正式承认,黄帝从此成为中华民族的始祖。所以昔人有言:"盖五帝始于黄帝,为我国种族之所自出。"五帝同祖论是孔子以来儒家大一统理念的凝聚,而司马迁则用此为秦汉一统局面找到了种族血统上的根据,从此它又成为中华民族进一步扩大融合的民族信念支持,总之,司马迁作《五帝本纪》的文化意义,如何说也不为过分。根据《史记》的记载,黄帝做过两件大事,即与炎帝战于阪泉之野及与蚩尤战于涿鹿之野。这两件事在华夏民族融合的早期历史上,起到极大的促进推动作用。但由此也开启后世往往以武力统一天下和君国子民的经济伟业之历史,帝王政治家们几无例外地全都信奉依赖、推崇、迷恋武力威权的政治文化传统;相反史册记述所谓神武乃文、文治武功一类话语,其实"文"不过是装饰衬托性的空言说辞而已。此外,据《世本》等先秦史籍记载,黄帝还是一位创物利民的圣人,如谓黄帝始穿井、造火食、作冕旒、作旆旗等等,为后世人们的生活、生产带来诸多方便,这些使黄帝作为人文始祖的色彩浓厚起来,也加深了庶民百姓对黄帝的尊崇和认同感。

从早期的记载看,黄帝本应为北方的上古部族酋长,据《史记·五帝本纪》所言似更无疑,其中有谓"黄帝往来迁徙无常处,以师兵为营卫",故黄帝与北方游牧部族有一定联系。随古代南北交流的加深,尤其是经春秋时期的晋楚争霸之后,使南北文化加速融合,黄帝影响南移,南方开始接受黄帝。如越自称夏禹苗裔,乃从中原黄帝族团追述先世渊源;马王堆黄老帛书的发现,有研究者认为与南方越国范蠡的思想有联系,作者应是越国人,"吴越一带本有依托黄帝的传统"[1],那么,黄帝的影响已入南方越地,今浙江缙云地区的黄帝遗迹即与此有某种关联。

---

[1] 刘国忠:《古代帛书》,文物出版社2004年版,第150页。

据《史记·封禅书》，至少在战国时黄帝已成为方士口中热议的话题，但方士所言亦使黄帝传说致讹。我曾指出，《史记·历书》曰："盖闻黄帝合而不死，名察度验，定清浊，起五部，建气物分数。"按《集解》引应劭、孟康之言，"乃黄帝造历之事，但因方士不明所谓而至讹传为黄帝修仙不死的误说，故封禅与神仙长生的联系，俱因方士此类讹言所致"①。所以黄帝进入道教，不仅与黄老道家有关，与秦汉之际的方士亦有诸多关系。秦皇、汉武追逐长生得方士的夸诞逢迎，且导致黄帝神仙之说使汉晋之际形成的道教渗入贵族化属性。古代政治贵族化，宗教也必然贵族化，方士口中的黄帝神仙之说成为此事的媒蘖。

黄帝时代在中国古代早期思想文化方面亦有所发明紬绎，如在有关记载中可见"黄帝之道"的概念，《新书·修政语上》："黄帝曰：'道若川谷之水，其出无已，其行无止。'故服人而不为仇，分人而不谭者，其惟道矣。故播之于天下而不忘者，其惟道矣。是以道高比于天，道明比于日，道安比于山，故言之者见谓智，学之者见谓贤，守之者见谓信，乐之者见谓仁，行之者见谓圣人。故惟道不可窃也，不可以虚为也。故黄帝职道义，经天地，纪人伦，序万物，以信与仁为天下先。然后济东海，入江内，取绿图，西济积石，涉流沙，登于昆仑。于是还归中国，以平天下。天下太平，唯躬道而已。"按，黄帝以水喻道，与老子相近，今本《老子》八章："上善若水。水善利万物而不争，处众人之所恶，故几于道。"水性柔弱，与道相近，故二者同以水喻道，此应为黄老思想的一个特征。此外，其中对于道的玄妙奇伟特征的比喻论述，亦与《老子》对道的推尊态度相近。又"以信与仁为天下先"及"唯躬道而已"，结合文中所述，其实是讲黄帝乃守道、乐道及行道之人，据此可以推出"黄帝之道"概念；而《大戴礼记·虞戴德》孔子所言"黄帝慕修之"及"黄帝之制"，可以有助于证明这点。《修政语上》："帝颛顼曰：'至道不可过也，至义不可易也。'是故以后者复迹也。故上缘黄帝之道而行之，学黄帝之道而赏之。加而弗损，天下亦平也。"即以肯定的态度提出"黄帝之道"的概念。《吕氏春秋·序意》有曰："尝得学黄帝之所以诲颛顼矣"，《大戴礼记·武王

---

① 葛志毅：《谭史斋论稿四编》，黑龙江人民出版社2008年版，第216页。

践阼》载周武王问师尚父"黄帝颛顼之道",这在《修政语上》亦可得到证明:"帝喾曰:'缘道者之辞而与为道已,缘巧者之事而学为巧已,行仁者之操而与为仁已。'故节仁之器以修其躬,而身专其美矣。故士缘黄帝之道而明之,学帝颛顼之道而行之,而天下亦平矣。"此与上引帝颛顼之言,表明由黄帝之道推出颛顼之道,颛顼之道乃上承黄帝之道,是二道并为天下之士所推尊,乃平治天下之良法嘉猷。① 黄帝之道应该是古代社会较早萌发的统治管理方术,所以上引《修政语上》谓:"黄帝职道义,经天地,纪人伦,序万物……天下太平,唯躬道而已。"即黄帝经纪人物,"躬道"治世还是取得相当成绩的,即肯定了"道"作为古代早期的统治管理方术对社会历史发展自有其裨益。《群书治要》引《鹖子》曰:"发政施令,为天下福者谓之道……帝王之器也。凡万物皆有器,故欲有为而不行其器者,不成也。欲王者亦然,不用帝王之器者,不成也。"即"道"作为治世工具的有效性已得到承认;出现"黄帝之道"的概念,说明中国古代认为,关于施政化民的政教设施、制度文明等因素由来已久,应该从黄帝之世已经有其发端。与"黄帝之道"相关,《汉书·艺文志》著录了诸多黄帝君臣名下的经籍,包括诸子略道家、阴阳家、小说家,兵书略阴阳,数术略天文、历谱、五行、杂占,方技略医经、经方、房中、神仙等,层面广博,内容丰赡。固然其中大多可能出于后世依托,但无疑应该有较多可由黄帝之世引出其端绪的思想文化因素。《文史通义·内篇·书教中》:"周末文胜,官礼失其职守,而百家之学多托于三皇五帝之书矣。艺植托于神农,兵法医经托于黄帝,好事之徒传为三坟之逸书,而五典之别传矣。不知书固出于依托,旨亦不尽无所师承,官礼政举,而人存世氏师传之掌故耳。"所言甚是。总之可以认为,黄帝时代代表了中国上古文明的辉煌开端,同时也是一个伟大的历史时代,因为下起生民技艺小数,上至政法经制诸大端,无不于此时发轫启始,且粗立规模,黄帝亦克堪传遗之后世,永为垂范作法之圣哲典型。

从文明发源的历史层面视之,黄帝确当为中国古代的人文始祖,如若

---

① 此可与《鹖子·数始五帝治天下第七》比较,《百子全书》本,浙江人民出版社1984年版,第5册。

剖析所谓"黄帝之道",中国民族继承自黄帝者主要应是政治文明传统,概言之,即如何据国以治人之道。此乃黄帝代表的上古文明留传于后世的最大政治权谋智慧遗产,乃至为揭示中国社会历史的内在本质,必须以此为入手之资方可。试想,中国古代的君主王朝循环,不就如此在据国治人伟业的反复交替中一路走过来的吗?是耶?非耶?

二 黄帝与古代政统

黄帝因身具众多功德,很早即被祭祀,如至少列于包括五帝三王在内的春秋祀典之中。当时制定祀典的原则是:"夫圣王之制祀也,法施于民则祀之,以死勤事则祀之,以劳定国则祀之,能御大灾则祀之,能扞大患则祀之,非是族也,不在祀典。"即必具德业功烈之人方可入祀典。黄帝作为此祀典第一人而被祭,乃因"能成命百物,以明民共财"[1],即黄帝为万民作器物及财殖生计的开发供给做出贡献。后来有"黄帝三百年"传说,孔子解释说:"生而民得其利百年,死而民畏其神百年,亡而民用其教百年"[2],可见黄帝功德惠利影响之久远,其为世人祭祀纪念是必然的。《史记·封禅书》:"秦灵公作吴阳上畤,祭黄帝"。按此乃秦汉所祀五色五方帝,与《月令》五帝相关,乃上帝,与春秋时祀典之人文英雄黄帝有异。

黄帝被推上中华民族人文始祖的崇高地位,主要是司马迁的功劳;司马迁这样做,是受孔子儒家多方影响启发的结果。即经孔子、司马迁二人前后的努力使黄帝最终定位于中华民族人文始祖的位置上。秦汉王朝的建立,使大一统规模空前扩大,汉武帝时儒家《公羊传》大一统之义,尤其受到弘扬推重,受此启发,司马迁决意撰《史记》,为黄帝迄刘汉的大一统局面提供史学论证,即建立一部以帝王政统为代表的王朝更替信史,使历史与现实之间互为阐发参证。为此他首先撰成《五帝本纪》,置于《史记》之首,《五帝本纪》突出对黄帝的塑造,把他叙述成首位大一统格局开创者的帝王政统角色代表。《五帝本纪》宣扬五帝同祖论,把黄帝塑造

---

[1] 《国语·鲁语上》。
[2] 《大戴礼记·五帝德》。

成中华民族始初的人文共祖。《五帝本纪》的撰成，尤其是黄帝作为帝王政统开创者的角色，使汉武帝时代代表的汉王朝大一统局面，得到了史学文化上的反映释读，这其中司马迁较多受孔子儒家的影响启发。关于《五帝本纪》的撰写，他在其结尾赞语中写道："学者多称五帝，尚矣。然《尚书》独载尧以来，而百家言黄帝，其文不雅驯，荐绅先生难言之。孔子所传宰予问《五帝德》及《帝系姓》，儒者或不传。余尝西至空桐，北过涿鹿，东渐于海，南浮江淮矣。至长老皆各往往称黄帝、尧、舜之处。风教固殊焉，总之不离古文者近是。予观《春秋》《国语》，其发明《五帝德》《帝系姓》章矣。顾弟弗深考，其所表见皆不虚。书缺有间矣，其轶乃时时见于他说，非好学深思，心知其意，固难为浅见寡闻道也。余并论次，择其言尤雅者，故著为《本纪》书首。"此详述了他撰写《五帝本纪》遇到的问题及解决方法，其中颇可见他取自孔子儒家的借鉴启发之多。相关以下几点值得提出分析，第一，关于"《尚书》独载尧以来"。此与孔子删《书》，断自唐虞之说相关。在司马迁之前，孔子删《书》成为书写中华上古文明史的典范。孔子儒家出于宣扬三代盛世理想及礼乐仁义学说的目的，需要建立一圣人传承道统以为宣传膜拜典范，于是提出尧、舜、禹、汤、文、武、周公乃至孔子等多位圣人构成的道统，在《论语·尧曰》及《孟子·尽心下》末章皆有对此道统的表述。如果孔子删《书》，断自唐虞之说可信的话，其意亦包括建立儒家道统信史以垂示后来。此孔子删《书》之举成为司马迁修史的效法典型。第二，关于《五帝德》与《帝系姓》。孔子删《书》一事表明，要把正式的上古文明史从尧舜上溯至黄帝，还存在一定难度，这是司马迁撰写《五帝本纪》时面临的问题。但办法不是没有，此即《五帝德》《帝系姓》的存在。此二篇传出孔子，虽内容简略，却是有关五帝较早且相对系统成型的记载，故也成为司马迁撰《五帝本纪》的主要根据。由于此二篇原本简略，加之"儒者或不传"，年代久远，即所谓"五帝尚矣"，难得其详。为塑造黄帝作为大一统格局帝王政统开创者的角色，司马迁必须在资料上增补加工，使之尽量丰富完善起来。当时有"百家言黄帝"可为参考，其最重要者如邹衍创五德终始说体系，历史从黄帝讲起，其可借鉴者必多。此外有儒家诸古文经传可为参考，如他提及《春秋》《国语》与《五帝德》《帝系姓》的相互发明。他在《十二诸侯年表序》中又谓"表见《春秋》《国语》",《吴世家》谓"余读《春秋》古文"。在《自序》中他自言修史"拾遗补艺、成一家之言,厥协六经异传,整齐百家杂语",即为修《史记》,司马迁曾广泛搜罗各种资料,其中有些今日已见不到,但当日儒家经传应是大宗。孔子儒家既在修史资料上为司马迁提供方便条件,在思想观念上亦必对其关于五帝的认识有所影响。第三,四处寻访调查。武帝拓土广远,为司马迁四处访察以多方搜罗五帝历史信息,提供了方便。司马迁年轻时就曾四处游历,任职时又多次出巡,甚至到了西南夷这样开拓不久的边远之地。如此四方游历,必加深他对大一统国家疆境辽阔的亲历体会,而对故老耆旧的访问,必使之增加有关五帝历史口述的或实迹的鲜活资料。如他"西至空桐",《庄子》记广成子学道崆峒山,黄帝问道于广成子,司马迁至此或许可闻见相关的黄帝佚事、遗迹;"北过涿鹿",应探访得黄帝、蚩尤的故事传闻。借助以上所言,可见司马迁修《五帝本纪》具备相应的史学条件和勤勉努力功夫,接受自孔子儒家的启发影响亦颇不少,其中的相当内容成为他修《五帝本纪》乃至《史记》全书的思想资料主导。他在《自序》中有曰:"故述往事,思来者,于是卒述陶唐以来,至于麟止,自黄帝始。"据《索隐》之言,"至于麟止"乃指司马迁修史仿效《春秋》终于获麟之意;"卒述陶唐以来",乃因"百家言黄帝,其文不雅驯,故述黄帝为《本纪》之首,而以《尚书》雅正,故称起于陶唐",即谓司马迁修史时悬孔子删《书》以建立儒家道统信史之举为效法榜样,勉励自己照此修五帝以来的帝王政统信史。至于"自黄帝始",即《史记》以黄帝为记事之首,亦即肯定黄帝作为帝王政统开创者的角色,开启上古历史的大幕。

综之,司马迁作《史记》从资料乃至观念上多受孔子儒家的启发影响,意在作一部大一统背景下帝王政统更迭的王朝信史,为此,他在黄帝身上寄寓颇多。经过他修史过程中的多重努力,钩稽考索,访察实证,对历史传说中的黄帝深致改造重塑功夫,使之成为一个颇具历史地位和历史影响的历史人物。最主要的,是他借五帝同祖论把黄帝推上中华民族人文始祖的象征地位,黄帝因此成为中华五千年文明史的象征性开端。

三 黄帝与古代历法及音乐

古代记载黄帝使其臣下制历法,《世本·作》"黄帝使羲和占日,常仪占月,臾区占星气,伶伦造律吕,大桡作甲子,隶首作算术,容成综此六术,著调历"[1]。上举制历诸臣之外,尚有风后于制历关系密切。《后汉书·张衡传》:"浑元初基,灵轨未纪,吉凶纷错,人用瞳朦。黄帝为斯深惨。有风后者,是焉亮之,察三辰于上,迹祸福乎下,经纬历数,然后天步有常,则风后之为也。"李注:"《史记》曰:'黄帝迎日推策,举风后,力牧以理人,顺天地之纪,幽明之占。'又曰:'旁罗日月星辰。'《春秋内事》曰:'黄帝师于风后,风后善于伏羲氏之道,故推演阴阳之事。'《艺文志》阴阳流有《风后》十三篇也。"此言黄帝制历,风后乃其制历重要助手之一[2],且指明其天文星占的性质,所言很重要,深合古代历法的性质。察《史记·历书》及《天官书》,天文历法被用于禨祥星占的性质,极为清楚。考黄帝所制似为五行历法。《史记·五帝本纪》记黄帝"治五气,艺五种",即黄帝与五行相关。《五帝本纪》又谓黄帝"有土德之瑞";黄本为"中"之色,故《月令》黄帝为中央之帝,皆可证黄帝与五行之关系。《史记·历书》又谓"黄帝考定星历,建立五行,起消息,正闰余",是黄帝又与五行历法之制定相关,此见于《管子》。其《五行》曰:"昔黄帝以其缓急作五声,以政五钟。令其五钟,一曰青钟大音,二曰赤钟重心,三曰黄钟洒光,四曰景钟昧其明,五曰黑钟隐其常。五声既调,然后作立五行以正天时,五官以正人位。"此五钟、五声、五官皆五行观念,其中重要者乃"作立五行以正天时",以下所述五行历法即是。

---

[1] (清)雷学淇校辑《世本》,载《世本八种》,商务印书馆1957年版,第77页。按《吕氏春秋·勿躬》:"大桡作甲子,黔如作虏首,容成作历,羲和作占日,常仪作占月,后益作占岁",并不言此诸人为何世,此则一并言为黄帝之臣,殆与黄帝制历说之影响有关。

[2] 《淮南子·览冥训》:"昔者黄帝治天下,而力牧、太山稽辅之,以治日月之行律,治阴阳之气,节四时之度,正律历之数。"黄帝制历,风后之外,又包括力牧,太山稽,合上《世本》之言,则黄帝之臣几全部参加,可见黄帝制历乃一大事。马王堆帛书《十大经·立命》:"数日,历月,计岁,以当日月之行。"乃谓黄帝制历之事,且所制为阴阳合历。见马王堆汉墓帛书整理小组编《马王堆汉墓帛书经法》,文物出版社1976年版,第46—47页,注14。

其五行历之代表时日为"甲子木行御""丙子火行御""戊子土行御""庚子金行御""壬子土行御"。此五行历分为五季，各72日，各有当季应行之时令，性质与《礼记·月令》相似，只不过其五行五季与《月令》四时十二月形式上不同。《淮南子·天文训》亦记有五行每行各主72日之时令制，与《五行》相类，应同为黄帝所"作立五行以正天时"之历制，亦可与上引《历书》"黄帝考定星历，建立五行，起消息，正闰余"相证。《历书》此言又可与其所引汉武帝太初改历诏书所言相证，其诏曰："盖闻昔者黄帝合而不死，名察度验，定清浊，起五部，建气物分数，然盖尚矣。"其中多难解之历法术语，综据《集解》《索隐》，所言乃黄帝制历之事，亦应为五行历法。《封禅书》亦见黄帝制历之传闻，其曰："齐人公孙卿曰：'今年得宝鼎，其冬辛巳朔旦冬至，与黄帝时等。'卿有札书曰：'黄帝得宝鼎宛朐，问于鬼臾区，鬼臾区对曰：黄帝得宝鼎神策，是岁己酉朔旦冬至，得天之纪，终而复始，于是黄帝迎日推策，后率二十岁复朔旦冬至，凡二十推，三百八十年，黄帝仙登于天。'"详鬼臾区所言，多历法专门术语，大要乃言黄帝制历事，但却由此引出"黄帝仙登于天"的结果。《封禅书》所言多鬼神封禅事，亦多杂黄帝神仙事。其可注意者乃将封禅、制历与黄帝神仙事相混杂，是乃方士窃儒生受命、改历、封禅之说而不通，又欲迎合秦皇、汉武求神仙之旨，阿谀苟合，误衍讹传所致。但可借之考见黄帝制历的传闻。又《封禅书》所言，可与《五帝本纪》谓黄帝"获宝鼎，迎日推策"相比证，综据其《索隐》《正义》所言，即黄帝制历之事。故黄帝制历之事，《五帝本纪》与《封禅书》所言前后互见相证。

关于黄帝历，有一则很珍贵的记载见于《汉书》。汉武帝太初改历的前后，曾围绕《太初历》是非引起一场历议之争，参与者治历十一家，其中影响大者乃太史令张寿王治黄帝《调历》。①《汉书·律历志上》记其事曰："元凤三年，太史令张寿王上书言：'历者天地之大纪，上帝所为。传黄帝《调律历》，汉元年以来用之。今阴阳不调，宜更历之过也。'诏下主历使者鲜于妄人诘问，寿王不服。妄人请与治历大司农中丞麻光等二十余

---

① 按黄帝《调历》，《汉书·律历志上》"黄帝《调律历》"，律字衍。见王先谦《汉书补注》上册，中华书局1983年版，第403页。

人杂候上林清台，课诸历疏密，凡十一家。以元凤三年十一月朔旦冬至，尽五年十二月，各有第。寿王课疏远。案汉元年不用黄帝《调历》，寿王非汉历，逆天道，非所宜言，大不敬。有诏勿劾。复候，尽六年。太初历第一，即墨徐万且、长安徐禹治太初历亦第一。寿王及待诏李信治黄帝《调历》，课皆疏阔，又言黄帝至元凤三年六千余岁。丞相属宝、长安单安国、安陵杯育治《终始》，言黄帝以来三千六百二十九岁，不与寿王合。寿王又移《帝王录》，舜、禹年岁不合人年。寿王言化益为天子代禹，骊山女亦为天子，在殷周间，皆不合经术。寿王历乃太史官殷历也。寿王猥曰安得五家历，又妄言太初历亏四分日之三，去小余七百五分，以故阴阳不调，谓之乱世。劾寿王吏八百石，古之大夫，服儒衣，诵不祥之辞，作妖言欲乱制度，不道。奏可。寿王候课，比三年下，终不服。再劾死，更赦勿劾，遂不更言，诽谤益甚，竟以下吏。故历本之验在于天，自汉历初起，尽元凤六年，三十六岁，而是非坚定。"在此绵延36年的历议之争中，虽然参与者有多家，黄帝历却是其中主角。黄帝历又可分两家，即《调历》与《终始》两家。此《终始》可与《艺文志·诸子略·阴阳家》所载者相比较，即《公梼生终始》十四篇，《邹子终始》五十六篇。因阴阳家出于羲和之官，其学自当涉及历法。《史记·三代世表》褚先生补论及《黄帝终始传》，《终始历》除与公梼生及邹衍之《终始》有关联外，亦应同邹衍所倡"五德终始说"有关联。邹衍溯上古史及于天地剖判，却从黄帝讲起，是亦尊崇黄帝可知。这些不仅有助对《终始历》与黄帝关系的理解，亦有助于对前言黄帝制五行历法的认识。《调历》《终始历》虽皆与黄帝有关，但具体内容却有异，如说黄帝以来历年数差异颇大。张寿王又有《帝王录》，其纪年、纪事殆与所治《调历》相参校辅行，但所记史事颇有异于经书常说而乖违僻奇，推测是否与早期的谶纬秘闻相关。从所言有限的纪年、纪事内容推断，此黄帝历与前言黄帝五行历法有异，应为一年四时十二月记时的常规历法。黄帝五行历重在按五行分配时令，告人以做事的吉凶宜忌事项，乃专门用于指导日常行事的五行时令书，除与《月令》性质相似外，与出土简帛中的《日书》性质亦相似，而与常规的历法记时书有别。此《调历》及《终始》乃供记时、记事用的常规历法。黄帝历今已失传，《开元占经》犹可见其大概。《开元占经》卷一百五

《古今历积年及章率》，记载了以古六历黄帝历为首以下直至唐代李淳风《麟德历》为止的历代历法名目。黄帝历除记上元辛卯以来的积年外，亦记有"章岁""章闰""章月""蔀岁""蔀月""蔀日""元法"等，一般的历法构成要素皆具，为常规历法历日记时者无疑。

在有关东汉天文律历的记载中，亦涉及张寿王所治黄帝历相关情况。东汉灵帝熹平四年朝廷议历，五官郎中冯光、沛相上计掾陈晃主甲寅元，蔡邕以为："今光、晃各以庚申为非，甲寅为是。案历法，黄帝、颛顼、夏、殷、周、鲁，凡六家，各自有元。光、晃所据，则殷历也。他元虽不明于图谶，各〔自一〕家〔之〕术，皆当有效于当时。〔武〕帝始用太初丁丑之元，六家纷错，争讼是非。太史令张寿王挟甲寅元以非汉历，杂候清台，课在下第，卒以疏阔，连见劾奏，太初效验，无所漏失。是则虽非图谶之元，而有效于前者也。"① 按甲寅元见于图谶《考灵曜》《命历序》，东汉崇尚谶纬，故议者认为当用甲寅元，反对章帝以来的庚申元，是以蔡邕有此议。《汉书·律历志上》载张寿王治黄帝《调历》，此谓"张寿王挟甲寅元以非汉历"，则黄帝《调历》应与甲寅元有相合者。按四分历经章帝元和、和帝永元时始定，《考灵曜》《命历序》甲寅元"所起在四分庚申元后百一十四岁"②，所以"张寿王挟甲寅元以非汉历"，应为东汉人据图谶追述前事。考黄帝等六历中之殷历用甲寅元，"黄帝造历，元起辛卯"③，故张寿王所治亦非纯粹的黄帝《调历》，所以《汉书·律历志上》又谓"寿王历乃太史官殷历也"。又因冯光、陈晃以殷历甲寅元非难章帝以来四分庚申元，是以蔡邕此处重提"太史令张寿王挟甲寅元以非汉历"的旧事。但据《汉书·律历志上》张寿王不但非议太初历，又"寿王猥曰安得五家历"，应即寿王坚持六历中的黄帝历而非议其他五家。那么，张寿王所治《调历》亦非纯粹黄帝历，或杂有殷历内容，但对此他自己并不

---

① （西晋）司马彪：《续汉书·律历志中》，载（宋）范晔《后汉书》（十一），中华书局1982年版，3038页。

② （西晋）司马彪：《续汉书·律历志中》，载（宋）范晔《后汉书》（十一），中华书局1982年版，第3033页。

③ （西晋）司马彪：《续汉书·律历志中》，载（宋）范晔《后汉书》（十一），中华书局1982年版，第3082页。

十分清楚，是以非议包括殷历在内的其他五家历。《汉书·律历志上》又谓张寿王言"传黄帝《调律历》，汉元年以来用之"，乃误说。因为汉初承秦乃用颛顼历，故当时史官已驳正，即《律历志上》谓"案汉元年不用黄帝《调历》"，那么，张寿王历学知识亦多杂驳者。似此皆已无从详考。但从汉代的历议之争，可见黄帝历在当时是颇有影响的历法之一，则可断言。

　　文献中所记有包括黄帝历在内的古六历之论，较早见于《汉书·律历志上》："三代既没，五伯之末史官丧纪，畴人子弟分散，或在夷狄，故其所记，有黄帝、颛顼、夏、殷、周及鲁历。"据此则六历之起，当春秋战国之际，其应多属后世追记之作，只是其中必保存前代所传各历中的若干较早内容。《汉书·艺文志·数术略》历谱类著录《黄帝五家历》三十三卷，解者谓即黄帝、颛顼、夏、殷、周五家。① 可注意者，六家历仅录五家而不及鲁历，不知缘何。《续汉书·律历志中》记顺帝汉安二年议历，太史虞恭、治历宗訢等议及《洪范五纪论》曰："民间亦有黄帝诸历，不如史官记之明也。"② 此说明黄帝等六历在秦汉时代犹有传者，黄帝历亦置诸历之首，而且出此言之二人皆史官治历专家。《续汉书·律历志下》论及古六历，其有曰："《易》有太极，是生两仪，两仪之分尚矣，乃有皇牺。皇牺之有天下也，末有书计。历载弥久，及于黄帝，班示文章。重黎记注，象应著名，始终相验，准度追元，乃立历数。天难谌斯，是以五三迄于来今，各有改作，不通用。故黄帝造历，元起辛卯，而颛顼用乙卯，虞用戊午，夏用丙寅，殷用甲寅，周用丁巳，鲁用庚子。"③ 此不仅肯定了黄帝等六历的存在，而且记述六历之历元，此外又多出"虞用戊午"，此似出于汉代谶纬之中。此《律历志》乃出于蔡邕、刘洪，二人俱历学专家。那么，将黄帝历置于诸历之首，在此得到明确的首肯。此外，黄帝历虽失传，如上引《开元占经》中犹可见其大概。中国古代天文学与天文星占始终混杂不分，《开元占经》作为天文星占名著，其中必保存较多天文

---

① 见陈国庆《汉书·艺文志注解汇编》，中华书局1983年版，第205页。
② （宋）范晔：《后汉书》（十一），中华书局1982年版，3037页。《汉书·律历志上》："至孝成世，刘向总六历，列是非，作《五纪论》。"
③ （宋）范晔：《后汉书》（十一），中华书局1982年版，第3082页。

史资料，何况唐以前"古籍之不存者，多赖其征引以传"①。作者瞿昙悉达家世通天文星占，本人又曾官太史监事，故得耳闻目睹诸多天文珍异秘籍，自为情理中事。故经其所传之黄帝历大概，弥足珍贵。综据前文所引史料，可见黄帝历在天文专著及天文专家中续有称举，足见其在天文历法史中的地位。《隋书·经籍志》子部十三《五行》，著录有《黄帝飞鸟历》一卷，《黄帝四神历》一卷，《黄帝地历》一卷，《黄帝斗历》一卷。此诸书虽名"历"，但非历法记时书，而是五行术数，占筮吉凶之书。此乃利用历法占知"凶厄之患，吉隆之喜"的筮卜功能而名历。

与黄帝制历相关者乃黄帝使伶伦造律。《吕氏春秋·古乐》："黄帝令伶伦作为律，伶伦自大夏之西，乃之阮隃之阴，取竹于嶰谿之谷，以生空窍厚钧者，断两节间，其长三寸九分，而吹之以为黄钟之宫，吹曰舍少。次制十二筒，以之阮隃之下，听凤凰之鸣，其雄鸣为六，雌鸣亦六，以比黄钟之宫适合。黄钟之宫皆可以生之，故曰黄钟之宫，律吕之本。黄帝又命伶伦与荣将，铸十二钟，以和五音，以施英韶，以仲春之月乙卯之日，日在奎始奏之，命之曰咸池。"是黄帝使伶伦造律，铸十二钟，和五音以制乐，黄帝之乐《咸池》。此记载偏于论说律吕之音乐功能。伶伦事又见于《汉书》，其《律历志上》曰："律有十二，阳六为律，阴六为吕。律以统气类物……吕以旅阳宣气，……其传曰：黄帝之所作也。黄帝使泠纶自大夏之西，昆仑之阴，取竹之解谷生，其窍厚均者，断两节间而吹之，以为黄钟之宫。制十二筒以听凤之鸣，其雄鸣为六，雌鸣亦六，比黄钟之宫，而皆可以生之，是为律本。"此论律吕的属性功能及其所生，可与《吕氏春秋》相参证。《吕氏春秋》之"阮隃"即此"昆仑"之讹，②此又少伶伦与荣将铸钟之事。《汉书·律历志》论事物制度从律度量衡入手，为此设五项要目，即一备数，二和声，三审度，四嘉量，五权衡。其二和声以十二律为五声之本，是乃十二律根本属性功能之所寄，其中论及伶伦造律之事。但从《律历志》全文看，通篇重在论历法问题，故律吕除正五声协乐的功能外，与制定历法关系亦极密切，即其以候气功能参与制历。

---

① （清）永瑢等撰：《四库全书总目》上册，中华书局1981年版，第920页。
② 许维遹：《吕氏春秋集释》上册，中华书局2011年版，第120页。

黄帝对上古文明的创制贡献

据古代记载，律吕、音乐俱生于天地风气。《国语·晋语八》曰："夫乐，以开山川之风也，以耀德于广远也；风德以广之，风山川以远之，风物以听之。"即音乐乃由山川风气开发而出，并借助风气运行之力，弘扬山川德物，使之传播广远。可以认为，古代圣王必作乐舞以风德，即隐含此"乐开山川之风以耀德于广远"的思想。《汉书·律历志上》："至治之世，天地之气合以生风；天地之风气正，十二律定。"是谓十二律正定于天地风气，亦即天地风气决定十二律之生。《淮南子·主术训》："乐生于音，音生于律，律生于风，此声之宗也。"《淮南子·天文训》："二阴一阳成气二，二阳一阴成气三，合气而为音，合阴而为阳，合阳而为律，故曰五音六律。音自倍而为日，律自倍而为辰，故日十而辰十二。"是由天地风气生音乐、律吕，而律吕生日辰历法。《天文训》所言可与《汉书·律历志上》相校，其曰："六律六吕，而十二辰立矣；五声清浊，而十日行矣。"亦谓十二律与十二辰及五声与十日之间的转换关系，与上《天文训》所言合。《律历志上》述汉太初历制法时有曰："其法以律起历，曰：'律容一龠，积八十一寸，则一日之分也。与长相终。律长九寸，百七十一分而终复。三复而得甲子。夫律阴阳九六，爻象所从出也。'故黄钟纪元气之谓律。律，法也，莫不取法焉。"即据十二律之容积与长度可推出历法中的日法、章法及元法等历法记时单位；十二律中的阴阳九六为万象所本，十二律又纪天地之气，故历法亦必取则于十二律，是谓"以律起历"。按十二律被用于制历的根本原因在于其候气功能。

记载中所谓律历指律吕与历法，《大戴礼记·曾子天圆》曰："圣人慎守日月之数，以察星辰之行，以序四时之顺逆，谓之历。截十二管，以宗八音上下清浊，谓之律也。律居阴而治阳，历居阳而治阴，律历迭相治也，其间不容发。"卢辩注："历以治时，律以候气，其致一也。"[①] 此谓律历二者以"候气"与"治时"之功相互为用，这很重要。此道出十二律与历法间的密切关系，二者乃以阴阳互补关系相互作用。《易纬乾凿度》郑玄注："历以记时，律以候气，气率十五日一转，与律相感，则三百六十

---

① （清）王聘珍：《大戴礼记解诂》，中华书局1983年版，第101页。

日，粗为终也。"① 上引卢注与此合。按"历以记时"指据日星运行定一年365日的时间周期；"律以候气"指据十二律考正确定24节气之变化时运。综之，所谓"历以记时，律以候气"，即由律历二者相调配参校而成的历法记时体系。《汉书·律历志上》曰："故阴阳之施化，万物之终始，既类旅于律吕，又经历于日辰，而变化之情可见矣。"即天地万物的终始变化情状，可由日辰运行与律吕气变二者参校调配而成的历法时间概念，予以表现。关于十二律的性质，与天地阴阳的关系，及具体运用原理，在《续汉书·律历志上》有一段重要记载。其曰："夫五音生于阴阳，分为十二律，转生六十，皆所以纪斗气，效物类也。天效以景，地效以响，即律也。阴阳和则景至，律气应则灰除。是故天子常以日冬夏至御前殿，合八能之士，陈八音，听乐均，度晷景，候钟律，权土［炭］，效阴阳。冬至阳气应，则乐均清，景长极，黄钟通，土［炭］轻而衡仰。夏至阴气应，则乐均浊，景短极，蕤宾通，土［炭］重而衡低。进退于先后五日之中，八能之士各以候状闻，太史封上。效则和，否则占。候气之法，为室三重，户闭，塗釁必周，密布缇缦。室中以木为案，每律各一，内庳外高，从其方位，加律其上，以葭莩灰抑其内端，案历而候之。气至者灰［动］。其为气所动者其灰散，人及风所动者其灰聚。殿中候，用玉律十二。惟二至乃候灵台，用竹律六十。候日如其历。"② 此叙述了十二律的属性原理，及其与天地阴阳及气运循环变化的关系，十二律的具体候气之法。此候气之法乃十二律被运用于历法节气验证的主要方式，亦为十二律与历法关系密切的证明。它对"律居阴以治阳"的功能，也是很好的阐释。此外，律候气以历法时日为准，即所谓"案历而候之"，"候日如其历"，故"律以候气"乃是以历法时日为主的配合手段，是为用于验证历日与节气间的对应关系之准确度。总之，此段文字，是关于十二律属性功能较详细且较重要的记载说明，同时对黄帝使臣下发明十二律在历法制定上的意义，亦因之可明。

前引《吕氏春秋》谓黄帝使伶伦造律吕，制为《咸池》之乐。《咸池》之乐本是充满礼乐仁义精神的儒家圣王之乐，但在《庄子》中它几乎

---

① ［日］安居香山等：《纬书集成》上册，河北人民出版社1994年版，第37页。
② （宋）范晔：《后汉书》（十一），中华书局1982年版，第3016页。

完全成为浸透着道德无为观念的道家圣乐。在《庄子》中论及《咸池》应有三次，《天下》提到六代之乐首先就是黄帝《咸池》；再就是《至乐》中以《咸池》与舜乐《九韶》并提，此皆儒家称颂的先王之乐。唯《天运》中黄帝张《咸池》之乐于洞廷之野，并对之发表一篇宏论，完全与上述两次性质有异。首先《庄子》中多次述及黄帝，既有礼乐仁义的儒家黄帝，亦有清静无为的道家黄帝。但《天运》中亲自阐释《咸池》之乐的黄帝，显然为道家面目。因此《咸池》亦被说成凸显道家清虚无为精神的自然天成之乐，不仅幽渺空幻，而且无丝毫人类的知识理性精神在内；以致成为"听之不闻其声，视之不见其形"，却又"充满天地，苞裹六极"的抽象"天乐"。最经典的叙述，是北门成以闻听其乐的感受述于黄帝曰："帝张《咸池》之乐于洞庭之野，吾始闻之惧，复闻之怠，卒闻之而惑，荡荡默默，乃不自得。"黄帝答曰："汝殆其然哉……乐也者，始于惧，惧故祟；吾又次之以怠，怠故遁；卒之于惑，惑故愚；愚故道，道可载而与之俱也。"即将人类的知识感情、理性自觉，完全借助此音乐之力抹煞黜灭之后，即达到道家"以天灭人"的最高彻悟之境，亦成为与道体合一的完人。此将道家反文化的蒙昧主义表现得深入彻底，《咸池》之乐也因此成为宣扬这种蒙昧主义道论的艺术引导形式。是乃超越于墨家消极"非乐论"之上的积极"非乐论"，即借助对蒙昧精神的弘扬表现，阉割取缔音乐的文明导向本质，从而深刻揭示出蒙昧主义的道家音乐观。庄子借黄帝之口诠释《咸池》义谛，为的是使道家蒙昧主义道论的意义为之彰显。儒家有意借音乐之力移风易俗，道家则有意以音乐之力弘扬道论，移易人心，两者都反映出古代哲人对音乐精神感化力的深入认识。

四　黄帝与阴阳五行思想之合流

《管子·五行》以黄帝得六相与作立五行同记，值得关注，因为是乃阴阳与五行思想合流的一个初步标志。由于六相与五行在黄帝名义下的一并叙述，就相当于以这种方式提出，阴阳与五行思想的合流应与黄帝有关。我曾论述在早期阴阳说影响大于五行说，是后五行说渐被引入阴阳说之内，使二者相互渗透融合，最终在以五行说为主的形式下，深度融合为

· 257 ·

阴阳五行说体系。①《管子·五行》即应在此过程中出现的一篇与黄帝有关的文字。《五行》既以六相与五行一并记述，就表明阴阳五行二者已在黄帝的名义下出现融合端倪。但阴阳五行二者此时距双方深度一体融合过程之完成，尚存相当距离。

《管子·五行》记黄帝得蚩尤明天道，得太常察地利，得奢龙辨东方，得祝融辨南方，得大封辨西方，得后土辨北方。是为黄帝得六相。六相各有知识专长，于是据此各使任职，即蚩尤明天道使为当时，太常察地利使为廪者，奢龙辨东方使为工师，祝融辨南方使为司徒，大封辨西方使为司马，后土辨北方使为李。若使四方之职与四时相配，则春者工师，夏者司徒，秋者司马，冬者李。此以天地与四方组配，由于四方又可与四时转换，故天地亦可与四时相组配。在古代四方、八方与四时、八节②相对应，由于时间、空间有对应的转换关系，故四时与四方及八节与八方间可相互转换，于是天地四方与天地四时概念相当，亦皆为典型的阴阳家概念体系。司马谈《论六家要指》提到阴阳家时，指出其以"阴阳、四时、八位、十二度、二十四节"为教令大纲，其中更以天地阴阳四时最为根本。③此教令大纲各项，均与天时节候相关，是阴阳家思想特征的反映。

在《周官》中见到的是天地春夏秋冬六官体制，此六官体制明显具有阴阳家色彩。《周官》中所见宇宙世界框架乃天地四方六面立方体，反映出天地四时与天地四方的对应关系。如《周官·大宗伯》："以玉作六器以礼天地四方，以苍璧礼天，以黄琮礼地，以青圭礼东方，以赤璋礼南方，以白琥礼西方，以玄璜礼北方。"相应如《春官·龟人》亦以天地四方名六龟之属。天地四方是与阴阳家相关的较早概念，在《尚书》中又见上下四方。如《吕刑》："穆穆在上，明明在下，均于四方，罔不惟德之勤。"《洛诰》："惟公明德光于上下，勤施于四方。"又《仪礼·觐礼》："方明者，木也，方四尺，设六色，东方青，南方赤，西方白，北方黑，上玄下

---

① 葛志毅：《重论阴阳五行之学的形成》，载《中华文化论坛》2003年第1期。又收入《谭史斋论稿续编》，黑龙江人民出版社2004年版。
② 即冬至、夏至、春分、秋分、立春、立夏、立秋、立冬。
③ [日]泷川资言等：《史记会注考证附校补》下册，上海古籍出版社1986年版，第2064页。

黄。设六玉，上圭下璧，南方璋，西方琥，北方璜，东方圭。"是此上下四方即天地四方。又《荀子·儒效》："至高谓之天，至下谓之地，宇中六指谓之极。"杨注："六指，上下四方也。"① 上下四方即天地四方，若以四方配四时，又可谓之天地四时，此天地四方或天地四时乃阴阳家的宇宙世界框架。《管子·四时》曰："阴阳者，天地之大理也；四时者，阴阳之大经也。"是阴阳即天地，四时即阴阳，天地、阴阳、四时乃阴阳家思想纲纪。《淮南子·时则》："制度阴阳，大制有六度：天为绳，地为准，春为规，夏为衡，秋为矩，冬为权……明堂之制，静而法准，动而法绳，春治以规，秋治以矩，冬治以权，夏治以衡。是故燥湿寒暑以节至，甘雨膏露以时降。"按六度即天地四时，明堂乃典型阴阳家政教圣堂。天地四时乃阴阳家纲纪大法，此大法明则四时寒暑和美，雨露膏泽顺降。所谓六度，说明阴阳家的宇宙世界框架乃天地四方，其呈现六面立方体之状；阴阳乃此世界万有运行法则的变化调节内在动因。

天地四方相当于一个六面立方体，乃是从观念上对宇宙世界自然空间的三维立体模仿，具有自然哲学的思维特点。与五行相当的五方乃中央对四方的二维平面图，它相当于天地四方六面体中的天地一维合并为一点后所形成，具有社会人事设计层面的意义。由天地四方三维立方体变为对五方二维平面图的设计崇尚，与人们的思维变化有关。即天地四方本是对兼容万有的宇宙世界自然容量框架的理解认同，随着居中而治的政治意识强化，于是中央统括四方的平面布局，成为与集权需要更相适应的观念形式。于是对五行方位的平面设计崇尚，取代六面三维立方的自然世界框架而得到凸显。五行方位突出的是中央，四方降为对中央的附从地位，因而它更符合中央集权的政治崇尚。

中央与四方的关系，具体到五行方位中，即以土居中，木火金水分居东南西北四方。黄帝作立五行已见于前文所论黄帝五行历之内，此处拟专论五行方位以四方分属之势凸显中央地位之尊。《管子·四时》曰："中央曰土，土德实辅四时入出……其德和平用均，中正无私，实辅四时……国家乃昌，四方乃服。"按"实辅四时"乃谓土居中，兼主四方。《汉书·律

---

① （清）王先谦：《荀子集解》，中华书局2011年版，第144页。

历志上》："中央者，阴阳之内，四方之中，经纬通达，乃能端直，于时为四季。"此将中央对四方的地位优势讲得极明白，尤其"阴阳之内，四方之中"一句，将中央扼天下核心枢纽的冲要地位，讲得更明白。"四季"乃谓土主四时，使四时之末凑集于中央而附属之。《太玄·太玄数》："五五为土，为中央，为四维。"郑万耕注："四维，谓四季。维，指四角。木火金水配春夏秋冬，土无所配，又四时兼主，即寄于季春、季夏、季秋、季冬。"① 此亦为土居中，兼主四时四方；所谓"四季"乃土兼主四时四方之义。

中国古代有居中图治的政治设计方案，《荀子·大略》曰："欲近四旁，莫如中央，故王者必居天下之中，礼也。"如武王克商，建洛邑于天下之中，清楚显示其宅中图治的集中政治意愿。周人又借助畿服制，实现居中国、抚四夷的政治局面，并成为统治者专意追求的政治目的。《左传》僖公二十四年谓"德以柔中国，刑以威四夷"，至战国时对此集权局面的追求更普遍。《孟子·梁惠王上》说齐宣王之大欲在"辟土地，朝秦楚，莅中国而抚四夷"。《尽心上》曰："中天下而立，定四海之民，君子乐之。"即战国时随兼并战争的进行，此前那种居中国、抚四夷的大一统集权局面，更成为诸侯国君追求的政治目标。战国以迄秦汉，中央集权政治体制日趋成熟，其在地理格局上的合理想象，就是在五行方位关系启发下的帝王京师居中，统治掌控天下四土的平面布局模式。这种理念在法家出现后，得到清楚的理解诠释。如《韩非子·扬权》："事在四方，要在中央；圣人执要，四方来效。"韩非此论，就相当于以中央专制四方，四方各以其职臣服于中央的集权思想，对五行方位平面图所蕴含的政治意义，作出绝佳诠释。相应在官制设计上，亦有以"官都"居中央统四方之制的拟想。《淮南子·天文训》："何谓五官？东方为田，南方为司马，西方为理，北方为司空，中央为都。"解者认为"都"即《管子》中的"官都"，乃"官之都总"。是四方各有具体的官司职守，中央则设一"官都"为总领节制者。② 是乃在官制设计上使中央专制四方的五行五方式集权政体，为之落实。

---

① 郑万耕：《太玄校释》，北京师范大学出版社1989年版，第319—310页。
② 刘文典：《淮南鸿烈集解》上册，中华书局1989年版，第93页。

黄帝对上古文明的创制贡献

　　以上尝试对天地四时代表的阴阳思想与五方五行思想，各从义理层面加以诠释，并企望对两种思想图式的先后兴替关系作出解释说明。由于二者在《管子·五行》中还是以各自独立的形态被叙述，即黄帝得六相与黄帝作立五行二者分述，那么，这里所表现的仍是二者密切融为一体化之前的阴阳五行思想，阴阳与五行仍未达到深度的一体化形态，二者间仍有某种隔阂在。但二者既同在黄帝的名义下被述及，那么，黄帝在阴阳五行思想形成发展中的地位，亦因此可明。《汉书·艺文志》中以黄帝命名的阴阳家著作唯《黄帝泰素》二十篇，班固自注说为"六国时韩诸公子所作"，师古注引刘向《别录》："或言韩诸公孙之所作也。言阴阳五行，以为黄帝之道也，故曰《泰素》。"① 尽管《黄帝泰素》二十篇可能为依托，但若结合《管子·五行》所述，刘向所谓"言阴阳五行，以为黄帝之道"的意义，颇值得深思。此外，在《艺文志·数术略》五行类亦著录《黄帝阴阳》二十五卷，《黄帝诸子论阴阳》二十五卷。按《诸子略》阴阳家同《数术略》五行类固不可在学术上相提并论，但说明传黄帝技艺诸术中亦包括术数五行。② 总之可以认为，黄帝同阴阳五行思想的关系是多方面的，黄帝学派在阴阳五行思想深度一体融合的过程中，亦应起到过他们所能起到的推动作用。③

　　最后还须附赘数语。

　　由于天地四时六面立方体的宇宙世界框架属于自然哲学思维，五方五行的平面布局形式则与中央集权体制的地理格局设想相符，使之超出自然哲学而成为社会人事的思维层面。在政治影响超越一切之上的社会历史条件下，后者因受到政治推崇致其影响长期超越于前者之上，同时亦带动五

---

① （汉）班固：《汉书》（五），中华书局1975年版，第1734页。
② 术数五行中除上言《黄帝阴阳》等两种外，尚有《诸子论阴阳》二十五卷、《太元阴阳》二十六卷、《三典阴阳谈论》二十七卷、《阴阳五行时令》十九卷。即术数五行中亦融入五行阴阳，是乃数术略中的五行阴阳，与诸子思想中的五行阴阳是不同的，二者之别是"学"与"术"的差异。如果说《诸子略》是"学"的话，《数术略》只能是"术"，由此决定二者间的基本区别。
③ 《汉书·艺文志》著录之书以黄帝命名者颇不少，论者多说为后人所作或依托，然而无论所作或依托者为谁，却往往难考。但他们很可能就是黄帝思想之传述阐释者，不妨名之为黄帝学派，待硕学高明者出，有以裁断焉。黄帝本人的思想行为与黄帝学派之间的关系堪称复杂，一定要对二者进行明确区分，或属不可能。

行哲学长期成为显学，① 亦自有其必然性。

五 结语

　　黄帝之伟大，不仅仅因其被视为我国种族之所自出，更因其被推为中华民族人文始祖之地位，此可从古代文化史的角度助益申论之。首先，记载中有所谓"黄帝之道"，它说明中国古代认为，关于施政化民的政教设施，制度文明等因素的出现，可溯自黄帝时代；中华民族继承自黄帝者主要应为政治文明传统。其次，司马迁受孔子儒家影响，在《五帝本纪》中从血统传承角度弘扬五帝同祖论，并把他叙述为首位大一统格局开创者的帝王政统角色代表，使秦汉大一统格局从黄帝作为政统开创者的角度，得到阐释证明。再次，记载中有黄帝制历法之事，一种是五行历法，乃告人应据五行时日趋吉避凶之历法时令指导；另两种分别是《调历》与《终始》，二者内容上彼此存在差异，但同为供记时、记事之用的常规历法。三者具体内容虽在记载中仅存梗概，但却可见黄帝历在历法史上的重大影响。从黄帝制律吕的记载，不仅可见其在制历上的贡献，亦可见其音乐上的创制之功。复次，《管子·五行》以黄帝六相与作立五行同论，反映了阴阳五行思想合流的端倪。与六相有关，乃是阴阳家关于天地四时或天地四方宇宙世界框架六面三维立方体的构想；五行则本是有关世界物质元素构成模式的描述，这些思考都有自然哲学的性质。但五行关于中央与四方之五方关系的描述却有利于中央集权体制的社会人事借鉴，其用已远出自然哲学范域，此应为后来五行说大盛的深层思想原因。《五行》中既以黄帝六相与作立五行分别同述，反映的应是阴阳与五行二者在深度融合之前的状况，也使人认识到黄帝在阴阳五行思想合流过程中的地位及作用。综之，黄帝在思想文化上的这些贡献，使之成为当之无愧的中华人文始祖。

（本文是国家社会科学基金重大项目"黄老道家思想史"的阶段性成果）
（葛志毅：中国先秦史学会顾问、大连大学人文学院特聘教授）

---

① 当然这种五行哲学乃融入阴阳思想的阴阳五行哲学。

轩辕黄帝与道家道教

高 强

轩辕黄帝是远古中国的部族首领，是中华民族的人文初祖，缙云黄帝文化是轩辕黄帝文化的重要组成部分。道家是诸子百家的重要成员，道教是土生土长的中国宗教，道家道教与轩辕黄帝关系甚密。探讨轩辕黄帝与道家道教的关系，对于理解黄帝文化乃至中华文化不无裨益。

一 黄帝与道家

春秋战国时期，"若道家，若农家，若杂家，若阴阳家，若兵，若术数，若方技，其言皆称神农、黄帝"[①]。除儒、墨两家外，道、法、农、兵、阴阳、纵横诸家都喜欢谈黄帝，因为"世俗之人，多尊古而贱今。故为道者必托之于神农、黄帝而后能入说"[②]。各家纷纷托辞于黄帝、神农立说辩难，借助远古圣贤的名号传播己见，虽然不乏附会增益之处，但是必有所本，否则很容易被驳倒。其实儒、墨两家并非不知晓黄帝，只是更推崇尧舜罢了。轩辕黄帝最终被儒家纳入道统，成为人文初祖[③]。汪中《墨子后序·述学》言："昔在成周，礼器大备，凡古之道术，皆设官以掌之。官失其业，九流以兴，于是各执其一术以为学。讳其所从出，而托于上古神圣，以为名高，不曰神农，则曰黄帝。墨子质实，未尝援人以自重。其

[①] 王佩诤校：《龚自珍全集》，上海古籍出版社1999年版，第21页。
[②] 《淮南子·修务训》。
[③] 参见高强《炎黄二帝与儒家道统》，《孔子研究》2018年第6期。

则古昔，称先王，言尧舜禹汤文武者六，言禹汤文武者四，言文王者三，而未尝专及禹。"① 儒、墨两家门徒众多，成为显学。道、法等为了抗衡儒、墨，便抬出了比尧舜更古老更显赫的轩辕黄帝。

道家创始人老子不言黄帝，或许是因为孔子曾问道（礼）于老子，故而没有托言的必要。庄子好古，喜欢借寓言故事来阐发自己的观点，因而《庄子》中经常言及黄帝，其中有句被人们反复征引的话："神农之世，卧则居居，起则于于，民知其母，不知其父，与麋鹿共处，耕而食，织而衣，无有相害之心，此至德之隆也。然而黄帝不能致德，与蚩尤战于涿鹿之野，流血百里。"② 显然庄子更喜欢黄帝之前那种"小国寡民"式的社会状态。庄子在《在宥》篇里说："黄帝始以仁义撄人之心"，并借广成子之口批评黄帝是"佞人之心翦翦者，又奚足以语至道！"尽管庄子对神农之世颇多留恋，对黄帝颇有微词，但却认为黄帝能听从广成子之言，修成正果，最终得道。庄子在《盗跖》篇中所说的"世之所高，莫若黄帝"，真实地反映了战国时期黄帝的至尊地位。《庄子》的黄帝叙事虽然不能视为信史，但却不失为战国时期人们对黄帝的一种普遍认识，而黄帝的故事也借庄子及道家之口得到更广泛地传播。

设立在齐国国都临淄的稷下学宫，是在官方主导下的学术文化教育中心。稷下学宫云集了当时各个流派的代表人物，是诸子思想的交流之地，是百家争鸣的中心舞台，也是黄老学的发源之地和黄帝文化的整合之地③。郭沫若认为："黄老之术，事实上是培植于齐、发育于齐，而昌盛于齐的。"④ 黄老学从一开始就得到齐国统治者的支持和利用，在稷下学宫中居于主导地位。稷下学宫催生了一批诸子经典，包括《管子》《黄老帛书》等颇具黄老学色彩的著作。《黄老帛书·十六经·立命》记载了黄帝与其臣下力黑（力牧）、果童等人之间的对话，其中"昔者黄宗（帝）质始好信，作自为象（像），方四面，傅一心，四达自中，前参后参，左参右参，

---

① 孙诒让：《墨子间诂》，中华书局2001年版，第671页。
② 《庄子·盗跖》。
③ 参见高强《齐鲁与炎黄关系论》，《地域文化研究》2020年第3期。
④ 郭沫若：《十批判书·稷下黄老学派的批判》，《郭沫若全集》历史编第二卷，人民出版社1982年版，第155页。

践立（位）履参，是以能为天下宗"①。这段文字可与《尸子》中子贡所说的"黄帝四面"互证，说明战国时期黄帝传说广为流布。《吕氏春秋》的编撰者中不乏稷下学者，"是对先秦典籍及诸子百家的大综合"②。《吕氏春秋》言及黄帝11次，引述《黄帝书》7次，《贵因》《去宥》《审分》《知度》《尽数》《用民》等篇深受稷下黄老思想影响。《吕氏春秋·序意》曰："尝得学黄帝之所以诲颛顼矣。"黄帝是大一统的开创者，颛顼不仅是黄帝的孙子，而且是黄帝大一统伟业的继承者。吕不韦借用"黄帝诲颛顼"的说法，旨在表明秦国要像颛顼继承黄帝大一统伟业那样统一天下。

《列子》相传为战国时期列御寇所作，一般认为《列子》乃魏晋以来好事之徒聚敛诸子之言"附益晚说"而成③，但也有学者认为，《列子·黄帝》篇思想与《庄子》的寓言相类，而不具有魏晋思想的特色，可能出于先秦④。《列子》附益伪托之迹比较明显，不过也确实反映出一些战国时期道家的思想，很可能残留了一些《列子》原书的内容。《列子》首创黄帝篇，讲述黄帝梦游华胥国后终于寤道，从此怡然自得。《列子·周穆王篇》曰："欲辨觉梦，惟黄帝、孔丘。今亡黄帝、孔丘，孰辨之哉？"意思是说只有黄帝和孔子能辨别梦与非梦，如今黄帝和孔子均已逝去，还有谁能分辨得清楚呢？黄帝、孔子俨然是无人企及的先知先觉。

二 黄帝与黄老学

黄老学形成于战国中后期，兴盛于西汉初期，"是一种以道、法为主，兼包阴阳、儒、墨等家思想的庞杂体系"⑤。战国时期黄帝和老子分称，黄老学有内容无名称；西汉初年黄帝和老子开始连称，黄老学既有内容又有名称。战国时期的黄老学著作主要有长沙马王堆3号汉墓出土的《黄老帛

---

① 国家文物局古文献研究室编：《马王堆汉墓帛书》壹，文物出版社1980年版，第61页。
② 葛兆光：《中国思想史》第一卷，复旦大学出版社2004年版，第233页。
③ 马叙伦：《列子伪书考》，杨伯峻：《列子集释》前言，中华书局1979年版，第3页。
④ 刘宝才：《黄帝文化文献述论》，刘宝才：《求学集》，陕西人民出版社2004年版，第569页。
⑤ 裘锡圭：《中国出土古文献十讲》，复旦大学出版社2004年版，第332页。

书》《鹖冠子》,《庄子》的《天道》《天地》《天运》《在宥》以及《管子》的《心术》《白心》《内业》等。西汉初期是黄老学的鼎盛时期,黄老学"实现了由在野的学术向在朝的学术的转变"[①]。丞相曹参"其治要用黄老术"[②],继曹参为相的陈平"本好黄帝、老子之术"[③]。汉景帝时权倾一时的窦太后是位黄老学的忠实信徒,她将不喜老子的名儒辕固生驱赶进猪圈,与野猪搏斗,辕固生几乎丧命。"窦太后好黄帝、老子言,帝及太子诸窦不得不读黄帝、老子,尊其术。"[④] 汉初黄老学之所以受到统治者青睐,成为指导思想,主要有三个方面的原因。

第一,汉初黄老学的兴盛与长期战乱造成的破坏及人们希望社会安定的心理有关。从春秋战国到楚汉相争,"争地以战,杀人盈野;争城以战,杀人盈城"[⑤]。汉王朝建立时,满目疮痍,民不聊生。"汉兴,接秦之敝,诸侯并起,民失作业,而大饥馑。凡米石五千,人相食,死者过半。高祖乃令民得卖子,就食蜀汉。天下既定,民无盖臧。自天子不能具醇驷,而将相或乘牛车。"[⑥] 于是,废除苛政,与民休息,安定社会,发展经济,就成了汉初统治者唯一正确的选择。主张清静无为、崇尚因循自然的黄老学正好符合这一需要。

第二,汉初黄老学的兴盛与诸子遭到摧残、难当大任的思想状况有关。春秋战国时期百家争鸣,学术思想空前活跃。秦统一后,"焚书坑儒",焚"诗、书、百家语"。墨家从此一蹶不振,儒家尚在重整旗鼓,在秦朝贵为统治思想的法家则背负暴政之恶名,随秦亡而名声扫地。唯有以道为主,"采儒、墨之善,撮名法之要",兼容并蓄各家学说的黄老学利用秦始皇不焚"医药、卜筮、种树之书"的政策,以阴阳五行和神仙方术思想为依托,逃避了灾祸,保存了元气,在急需休养生息的汉初赢得了先机,取得了主导地位。

---

① 刘蔚华:《黄老所完成的历史性过渡》,丁原明:《黄老学论纲》序,山东大学出版社1997年版。
② 《史记·曹相国世家》。
③ 《史记·陈丞相世家》。
④ 《史记·外戚世家》。
⑤ 《孟子·离娄上》。
⑥ 《汉书·食货志》。

第三，汉初黄老学的兴盛与一些大臣借助黄老之学以避祸保身有关[1]。汉初政治斗争激烈，刘邦在灭项羽后，除掉了韩信等异姓王。曾与韩信长期共事的曹参被贬至齐国为相，萧何死后曹参为相，"萧规曹随"。曹参"日夜饮酒""不事事"[2]。继曹参为相的陈平，面对吕、刘两姓之间日益激烈的权力斗争，左右为难，只好"日饮醇酒""不治事"，吕后闻之不怒反喜。司马迁称赞陈平说："吕后时，事多故矣，然平竟自脱……非知谋孰能当此者乎？"[3] 类似曹参、陈平的大臣还有汲黯、刘德等。黄老学之所以被曹参等人当作免祸保身之术，盖因其主张清静无为，注重事物的相互转化关系，凡事讲求适度之故。

黄老学在汉初既顺应了与民休息、安定社会的需要，也满足了一部分大臣避祸保身的需要，这两种需要自然地结合，使得黄老学兴盛起来，成为汉初政坛的主导思想。汉初黄老思想主要表现在《新书》《新语》《文子》《淮南子》《论六家要旨》等论著中。《文子》借诠释老子言论来阐发黄老学，陆贾、贾谊、韩婴等儒生的思想中亦吸收了道、法观点，他们站在儒家的立场上传播黄老思想。《淮南子》是对黄老学的理论总结，也是"西汉道家思潮的理论结晶"[4]。《淮南子·览冥训》曰："昔者黄帝治天下……田者不侵畔，渔者不争隈，道不拾遗，市不豫贾，城郭不关，邑无盗贼，鄙旅之人，相让以财，狗彘吐菽粟于路，而无忿争之心。"称颂黄帝是无为而无不为的明君。汉初从具体理论上阐述黄老学的是《淮南子》，而对黄老学理论进行反思的则是《论六家要旨》。《淮南子》和《论六家要旨》所作的总结，既是对汉初政治实践的确认，又是对战国以来黄老思想的整合，它无论在理论广度或深度上都把"黄老学"推向了高峰，使之进入纯熟的状态[5]。尽管黄老学中"黄"虚"老"实，但黄老学的盛行进一步抬高了黄帝的地位，使得黄帝更加受到尊崇。

汉武帝听从董仲舒之言，"罢黜百家，独尊儒术"，黄老学丧失了主导

---

[1] 黄留珠：《对汉初崇尚黄老之学的剖析》，《人文杂志》1979年第2期。
[2] 《史记·曹相国世家》。
[3] 《史记·陈丞相世家》。
[4] 任继愈主编：《中国哲学发展史》（秦汉卷），人民出版社1985年版。
[5] 丁原明：《黄老学论纲》，山东大学出版社1997年版，第6页。

地位，但却通过渗入儒学和道教继续发挥着作用。汉武帝独尊之儒术实际上是杂糅了各家思想的汉代新儒学，其中不乏黄老学的元素，如道气理论、"大一统"观念等。《春秋繁露·三代改制质文》曰："以神农为赤帝。……以轩辕为黄帝，推神农以为九皇。""黄帝之先谥，四帝之后谥，何也？曰：'帝号必存五，帝代首天之色，号至五而反。周人之王，轩辕直首天黄号，故曰黄帝云。帝号尊而谥卑，故四帝后谥也。'"董仲舒的话说明汉儒与基本不谈炎黄的先秦儒家已有明显的不同，体现出一种将炎黄传说与传统儒学糅合的时代倾向①。董仲舒称赞"大一统"为"天地之常经，古今之通谊"②；郑玄注《易》多以道立论；马融注《老子》和《淮南子》；虞翻有《老子注》；郎顗上书常引老子。这说明黄老学已经渗透到两汉经学之中，这种儒道互渗的结果酿成了魏晋玄学的诞生，正如陈澧在《东塾读书记》中所说："自汉兴，黄老之学盛行，文景因之以致治。至东汉末，祖尚玄虚，于是始变黄老而称老庄。"

汉武帝喜爱仙化了的黄帝，可见鲜有皇帝能够抵御长生不老、得道升天的诱惑。方士李少君说："祠灶则致物，致物则丹砂可化为黄金，黄金成以为饮食器则益寿，益寿而海中蓬莱仙者乃可见，见之封禅则不死，黄帝是也。"方士公孙卿借申公之口说："黄帝且战且学仙。……黄帝采首山铜，铸鼎于荆山下，鼎既成，有龙垂胡䫌下迎黄帝。黄帝上骑，群臣后宫从上者七十余人，龙乃上去。余小臣不得上，乃悉持龙䫌拔，堕，堕黄帝之弓。百姓仰望黄帝既上天，乃抱其弓与胡䫌号，故后世因名其处曰鼎湖，其弓曰乌号。"汉武帝听后感叹道："嗟乎！吾诚得如黄帝，吾视去妻子如脱屣耳。"③钦羡之情溢于言表。在汉武帝看来，如果能像黄帝那样得道升天，即使抛妻弃子，也不过像脱掉鞋子一样罢了。方士们把黄帝描绘成"仙登于天"的神仙，这与太阳神那样的神灵是不一样的。神灵是完全神格化的，存在于冥冥之中，没有人的属性，而神仙则有人形，兼具神格与人格，逍遥自在，神通广大，能长生不老。

---

① 宋超：《战国秦汉时期炎帝传说的演变》，宋超：《秦汉史论丛》，中国社会科学出版社2012年版，第357页。
② 《汉书·董仲舒传》。
③ 《史记·封禅书》。

汉武帝对黄帝的喜爱并非叶公好龙式的，具体表现在封禅和祭陵上。封禅是祭天之封与祭地之禅两种祭礼的合称。《史记·封禅书》曰："自古受命帝王，曷尝不封禅？盖有无其应而用事者矣，未有睹符瑞而不臻乎泰山者也。"《白虎通·封禅篇》曰："王者易姓而起，必封升泰山何？报告之义。始受命之日，改制应天，天下太平，功成封禅，以告太平也。"《管子·封禅篇》记录了黄帝等十二位封禅之君，其说晚出，不一定可信，但在战国秦汉时期影响很大。公元前219年，秦始皇封泰山，禅梁父，虽行事仓促，礼数不周，但毕竟是首次确凿可信的封禅。公元前110年，汉武帝举行了两汉历史上的首次封禅大典，此后遵循五年一封修的定制，先后五次封禅，共计六次之多，创下了帝王封禅之最。汉武帝还开创了对黄帝的陵祭。公元前110年，汉武帝在正式封禅之前，遵照"先振兵释旅，然后封禅"的古义，"北巡朔方，勒兵十余万。还，祭黄冢桥山。上曰：吾闻黄帝不死，今有冢，何也？或对曰：黄帝已仙上天，群臣葬其衣冠"①。对黄帝的仰慕与仿效是汉武帝陵祭和封禅的共同动机。另一位行封禅之礼的两汉皇帝是光武帝刘秀。史书记载光武帝在位时"勤劳不息"，皇太子担忧父亲的健康，谏曰："陛下有禹汤之明，而失黄老养性之福，愿颐爱精神，优游自宁。"② 由此可见黄老学已从统治术蜕变为养生术，黄帝成了修身养性、延年益寿的典范。佛教传入中国伊始曾经借助"黄老"，有些王公大臣将黄老与浮屠视为一体。光武帝之子楚王英"晚年更喜黄老，学为浮屠，斋戒祭祀"③。襄楷上疏桓帝曰："闻宫中立黄老、浮屠之祠。"④

三 黄帝与道教

道教正式形成于东汉时期，是土生土长的中国宗教，"更具有中国封建社会农民型的朴素意识"⑤。道教的来源主要有道家思想、黄老术、阴阳

---

① 《史记·封禅书》。
② 《后汉书·光武帝纪》。
③ 《后汉书·光武十王传》。
④ 《后汉书·襄楷传》。
⑤ 任继愈：《中国道教史》序，中国社会科学出版社2001年版，第6页。

方术等，老子和黄帝被尊为道教始祖，黄老学是搭建在道家与道教之间的一座桥梁。道教洞天福地多在东方和南方，缙云山位列三十六小洞天第二十九。任继愈先生认为："道教的主要源头，与古代荆楚文化、燕齐文化靠得更近一些，道家与神仙家这两大源泉主要存在于此两大文化区域中。"① 陈寅恪先生认为："凡东西晋南北朝奉天师道之家，旧史记载可得而考者，大抵与滨海地域有关。故青徐数州，吴会诸郡，实为天师道之传教区。"② 窃以为魏晋南北朝时期东南地区道教的兴盛，还与北方战乱不休有关。位于东南滨海地域的缙云山因其山水神奇、清静宜人而备受道教宗师青睐，葛洪、陆静修、陶弘景、刘处静、杜光庭等均在此传教修道，深受道教思想影响的名士王羲之、谢灵运等也曾到此游历。

在道教形成过程中，太平道、五斗米道等民间团体发挥过非常重要的作用。太平道是民间巫术与黄老崇拜相结合的产物，其首领张角"奉事黄老道"，宣称"苍天已死，黄天当立，岁在甲子，天下大吉"③。道教的天师道、灵宝派、上清派都推崇黄帝，《云笈七签》《历世真仙体道通鉴》等道教典籍都将黄帝列为道教第一神仙，大凡道教兴盛的地方都有黄帝问道炼丹、升天成仙的传说遗迹，如黄山、庐山、龙虎山、青城山、缙云山等。谢灵运《归涂赋》云："停余舟而淹留，搜缙云之遗迹，漾百里之清潭，见千仞之孤石。"谢灵运《名山记》云："缙云山旁有孤石，屹然干云，高二百丈，三面临水……。古老云'黄帝炼丹于此'。"《太平御览》卷四十七引《郡图志》曰："括州括苍县缙云山，黄帝游仙之处，有孤石特起，高二百丈……。有龙须草，云群臣攀龙须所坠者。"陶弘景的《真灵位业图校理》根据《真诰》《无上秘要》等为各路神仙排了座次，其中就有"玄圃真人轩辕黄帝"④。从道教神仙传记、斋醮科仪法术、五方五帝、金丹医学中黄帝的叙事，可以感受到道教确乎是尊崇黄帝的宗教⑤。

---

① 任继愈主编：《中国道教史》（增订本）上卷，中国社会科学出版社2001年版，第17页。
② 陈寅恪：《天师道与滨海地域之关系》，《金明馆丛稿初稿》，生活·读书·新知三联书店2001年版。
③ 《后汉书·皇甫嵩传》。
④ 陶弘景：《真灵位业图校理》，中华书局2013年版，第101页。
⑤ 张泽洪：《道教学视野中的黄帝》，陕西省公祭黄帝陵工作委员会办公室编：《黄帝陵是中华文明的精神标识学术交流会论文选集》，陕西人民出版社2016年版，第143页。

汉画像石上也有仙化黄帝的形象。江苏徐州铜山县苗山墓室门侧，有两幅相对应的石刻画像，东侧为《黄帝升仙》，西侧为《神农采药》。《黄帝升仙》中的黄帝，双脚如龙爪，背上长翅膀，身边有神马飞黄，左上方有三足乌（太阳乌）。《神农采药》中的神农，头戴竹笠，身披蓑衣，右手执耒耜，左手牵凤凰（形似孔雀），右上方有蟾宫玉兔，下方是一头有翼衔草的神牛。神农与黄帝同时出现，相对而立，这在汉画像石中极为少见。汉画中的黄帝形象有两类：一类是古帝王形象，如山东嘉祥武梁祠画像；另一类是神仙化了的形象，如江苏徐州铜山画像等。汉画中的黄帝形象丰富多元，既有飘飘欲仙的黄帝，也有领袖群伦的黄帝，还有人文初祖的黄帝，其中神仙的黄帝与道教有关。

汉代以降，神仙化黄帝的著作主要有《列仙传》《抱朴子》《神仙传》《搜神记》《广黄帝本行记》《云笈七签》《轩辕黄帝传》《历世真仙体道通鉴》等。《列仙传》据传为西汉末年刘向所作，内列黄帝、老子等七十二位神仙，是中国流传下来的第一部关于神仙人物的传记，成为后世神仙传记的蓝本。《列仙传》曰："黄帝者，号曰轩辕。能劾百神，朝而使之。弱而能言，圣而预知，知物之纪。自以为云师，有龙形。自择亡日，与群臣辞。至于卒，还葬桥山，山崩，柩空无尸，唯剑舄在焉。仙书云：黄帝采首山之铜，铸鼎于荆山之下，鼎成，有龙垂胡髯下迎帝，乃升天。群臣百僚悉持龙髯，从帝而升，攀帝弓及龙髯，拔而弓坠，群臣不得从，望帝而悲号。故后世以其处为鼎湖，名其弓为乌号焉。"① 这段文字糅合了《左传》《大戴礼记》《史记》等典籍对黄帝的叙述，凸显了神格的黄帝。《列仙传》里的宁封子为黄帝的陶正，马师皇为黄帝时马医，赤将子舆为黄帝时人，容成公自称黄帝师。神仙化黄帝的著作中最重要的当属东晋葛洪的《抱朴子》。《抱朴子·释滞》曰："黄老之德，固无量矣。"葛洪坚信有神仙，"仙可学致"，可以通过修炼服丹成仙。他分析了儒家不言黄帝成仙之事的缘由："言黄帝仙者，见于道书及百家之说者甚多，而儒者不肯长奇怪，开异涂，务于礼教，而神仙之事，不可以训俗，故云其死，以杜民心耳。"②

---

① 王叔岷：《列仙传校笺》，中华书局2007年版，第9页。
② 《抱朴子·极言》。

葛洪还解释了黄帝成仙与房中术的关系："俗人闻黄帝以千二百女升天，便谓黄帝单以此事致长生。而不知黄帝于荆山之下鼎湖之上，飞九丹成，乃乘龙登天也。黄帝自可有千二百女耳，而非单行之所由也。"① 言及黄帝与道教的关系，房中术是个无法回避的问题。"有天地然后有万物，有万物然后有男女，有男女然后有夫妇，有夫妇然后有父子，有父子然后有君臣，有君臣然后有上下，有上下然后礼义有所错。"② "天地絪缊，万物化醇；男女构精，万物化生。"③ "饮食男女，人之大欲存焉。"④ 男女性爱与吃饭睡觉一样乃人之本性，关乎人类生死存亡。既然男女性事如此重要，怎能不悉心探究，于是房中术应运而生。马王堆汉墓出土帛书《十问》《合阴阳》《养生方》《天下至道谈》等，有对房中术的详细论述。《汉书·艺文志》曰："房中者，情性之极，至道之际……乐而有节，则和平寿考。"《汉书·艺文志》收录了八种汉代流行的房中术书目，这类书与黄老术关系密切。张衡的《同声歌》云："素女为我师，仪态盈万方。众夫所希见，天老教轩皇。乐莫斯夜乐，没齿焉可忘。"这是一首新娘倾诉洞房经历和感受的诗，诗中提到的"轩皇"即轩辕黄帝，"天老"是辅佐黄帝的贤臣，而"素女"则是传授房中术的神秘女性，据说她著有房中术的经典《素女经》。玄女和采女也是传授房中术的神秘女性，据说玄女曾在涿鹿之战中帮助黄帝战胜蚩尤，并且留下《黄帝问玄女兵法》等兵书。汉人边让的《章华赋》云："归乎生风之广厦兮，修黄轩之要道。"唐李贤注曰："黄帝轩辕氏得房中之术于玄女，握固吸气，还精补脑，可以长生。"⑤ 玄女在向黄帝传授兵法的同时还传授了房中术。荷兰学者高罗佩认为："房中术强调的主要是道家思想，但儒家也赞同它的原则。儒道两家对待这一问题的不同态度仅仅在于它们的侧重点有所不同，儒家强调优生和得子，而道家强调以性修炼来延年益寿和获取长生不老药。"⑥ 男女媾和之事

---

① 《抱朴子·微旨》。
② 《周易·序卦》。
③ 《周易·系辞下》。
④ 《礼记·礼运》。
⑤ 《后汉书·边让传》。
⑥ ［荷］高罗佩：《中国古代房内考——中国古代的性与社会》，商务印书馆 2007 年版，第 85 页。

与人体健康息息相关，将房中术纳入医学范畴研究确有必要，然而将房中术与得道成仙联系起来，进而把轩辕黄帝塑造成御女登仙的楷模，则未免剑走偏锋，步入旁门左道了。虽说黄帝的这一形象在今人看来不伦不类，但却充分证明黄帝确实值得不断重构和形塑。

道教在唐代居三教之首，老子先后被册封为"玄元皇帝""大圣祖高上金阙玄元天皇大帝"，成为道教的至高神和唐朝的护国神[1]。欧阳询《大唐宗圣观纪》曰："轩后之诣崆峒，神农之上石室，顺法行礼，异代同规。"[2] 视黄帝为圣王。安徽黄山原名黟山，传说是黄帝与广成子、浮丘公炼丹之地。唐天宝年间，玄宗敕定更名为"黄山"。唐天宝七载，玄宗颁旨将缙云山更名为仙都山，并建立黄帝祠宇。唐大中年间，罗浮山有个叫轩辕集的高士，"善能摄生，年龄亦寿"，宣宗不顾大臣们的反对，迎请轩辕先生至京师，当面请教长生之道。轩辕集曰："彻声色，去滋味，哀乐如一，德施周给，自然与天地合德，日月齐明，何必求长生也。"[3] 轩辕集一不劝宣宗进食丹药，二不贪图荣华富贵，其言颇有道家无欲无为之风。唐人王瓘的《广黄帝本行记》汇编关于黄帝的记载，充满道家思想，是第一部独立成书的黄帝传记。《广黄帝本行记》曰："黄帝以天下既理，物用具备，乃寻真访隐，问道求仙，冀获长生久视，所谓先理代而登仙者也。""帝炼石于缙云之山，有缙云之瑞，立缙云之堂，丹丘存焉。""黄帝子孙，各得姓于事。帝吹律定姓者十二。……黄帝有子各封一国，总三十三氏出黄帝之后，子孙相承凡一千二百五十年。自黄帝己酉岁，至今大唐广明二年辛丑岁，计三千四百七十二年矣。"这是较早出现的明确的黄帝纪年。

宋初流行黄老道，吕端曾向太宗进言："若行黄老之道，以致升平，其效甚速。"[4] 太宗曰："清静致治，黄老之深旨。夫万务自有为以至无为，无为之道，朕当力行之。"[5] 宋真宗尊黄帝，崇道教，封禅泰山。他曾对大臣们声称梦见了天尊，天尊曰："吾人皇九人中一人也，是赵之始祖，再

---

[1] 任继愈主编：《中国道教史》（增订本）上卷，第275页。
[2] 《全唐文》卷一四六。
[3] 《旧唐书·宣宗本纪》。
[4] 《混元圣纪》卷九。
[5] 《续资治通鉴长编》卷三十四。

降,乃轩辕皇帝。"① 大中祥符六年,真宗下诏"崇饰诸州黄帝祠庙",翌年,"禁文字斥用黄帝名号故事"②,"其经典旧文不可避者阙之"③。大观三年,徽宗"诏算学以黄帝为先师,风后等八人配飨,巫咸等七十人从祀"④。宋人张君房编次道教史籍,撮其精要撰成《云笈七签》,内有《轩辕本纪》,后半部分与王瓘的《广黄帝本行记》大同小异,后代所撰《轩辕黄帝传》《历世真仙体道通鉴》又与《云笈七签》类同。《云笈七签》曰:"黄帝往炼石于缙云堂,于地炼丹,时有非红非紫之云现,是曰缙云,因名缙云山。"缙云黄帝文化始兴于魏晋南北朝,盛于唐宋。缙云黄帝文化是黄帝文化南渐的产物,是道教文化与黄帝文化交融的结晶,是黄帝文化的重要组成部分。缙云黄帝文化少了些帝王色彩,多了些仙气灵性。缙云是个山清水秀、仙气飘飘的地方,美丽宜人的环境和恬静淡泊的心境或许就是缙云人的长寿密码。

唐宋诗词中不乏讴歌轩辕黄帝者⑤。范仲淹《祭黄陵二首》云:"轩辕龙驭古,百代景冠裳。"苏轼《六月二十日夜渡海》云:"空与鲁叟乘桴意,粗识轩辕奏乐声。"石介《南山赠孙明复先生》云:"黄帝合宫尧衢室,周制九筵虞总期。"文天祥《涿鹿》云:"我瞻涿鹿野,古来战蚩尤。轩辕立此极,玉帛朝诸侯。"罗泌《炎帝赞》云:"火德开统,连山感神。谨修地利,粒我蒸民。……盛德不孤,万世同仁。"王十朋《咏史诗·黄帝》云:"百年功就蜕乾坤,鼎冷湖空迹尚存,别有庆源流不尽,皇朝叶叶是神孙。"这些是远古圣王轩辕黄帝。李白《飞龙引》云:"黄帝铸鼎于荆山,炼丹砂,丹砂成黄金。骑龙飞上太清家,云愁海思令人嗟。"杨炯《和辅先入昊天观星瞻》云:"黄轩若有问,三月住崆峒。"吴筠《广成子》云:"轩辕来顺风,问道修神形。"项斯《小古镜》云:"宫中照黄帝,曾得化为仙。"顾况《悲歌》云:"轩辕黄帝初得仙,鼎湖一去三千

---

① 《宋史·礼志》。
② 《宋史·真宗本纪》。
③ 《续资治通鉴长编》卷八二。
④ 《宋史·徽宗本纪》。
⑤ 参见李学勤、张岂之总主编,徐育民主编《炎黄汇典·诗歌卷》,吉林文史出版社2002年版。

年。"吴黯的《黄山汤泉》云:"浮丘与轩帝,仙迹可追寻。"鲁宗道的《登黄山》云:"轩皇去后无消息,白鹿青牛何处眠。"这些是仙风道骨的轩辕黄帝。

在道教文化中,轩辕黄帝精通养生术、炼丹术、房中术,是一位既能治世致太平又能乘龙升天的圣王和神仙。《抱朴子·辨问》云:"圣人不必仙,仙人不必圣。""黄帝先治世而后登仙,此是偶有能兼之才者也。"黄帝既是圣人又是仙人,世所罕见。黄帝加入神仙行列,改变了成仙的观念,使得修炼成仙与世俗功德结缘[1]。经过道家道教与儒家等门派的精心塑造,呈现在世人面前的轩辕黄帝人神杂糅,至高无上。我们今天祭拜的黄帝并非得道成仙的神明,而是中华文明奠基者的代表、民族智慧和创造力的化身、祖国团结统一的象征[2]。我们在开发利用轩辕黄帝文化时,应当凸显黄帝人文初祖的地位,弘扬自强不息、厚德载物的黄帝精神。

(高强:宝鸡文理学院图书馆馆长、教授)

---

[1] 刘宝才:《黄帝文化中的神仙故事》,陕西省公祭黄帝陵工作委员会办公室编:《"文以载道·文以化人"清明黄帝文化学术交流会论文选集》,陕西人民出版社2015年版,第45页。
[2] 杜勇:《黄帝与道学文化》,《轩辕黄帝与缙云仙都》编委会编:《轩辕黄帝与缙云仙都》,浙江人民出版社2001年版,第107页。

黄帝信仰与中国道教

谢路军

轩辕黄帝是远古时期的部落联盟首领,生活在公元前2697年至前2599年,少典之子,本姓公孙,长居姬水,因改姓姬;居轩辕之丘(在今河南新郑西北),故号轩辕氏;出生、创业和建都于有熊(今河南新郑),故亦称有熊氏;又因有土德之瑞,故号黄帝。

道教神灵中有两个黄帝之说,一个是中华民族始祖的轩辕黄帝,即指鲁迅先生诗中所说的"我以我血荐轩辕"中的轩辕;又称"道祖轩辕黄帝开元治世天尊",三皇五帝中的五帝(三皇,即伏羲氏、神农氏和燧人氏;五帝,即黄帝、颛顼、帝喾、唐尧和虞舜)之第一位,学界又称之为"人文始祖"。黄帝重视农业生产发展,注重解决人们的衣食住行诸问题,注意对天文气象的观察、历法的制定、医理的探求,造文字、律例、弓矢、礼仪、冕服,还发明了诸如舟、车辆等工具,等等。总之,黄帝为中华民族的昌盛与繁荣奠定了物质的和精神的基础。

还有一位则是"中央元灵元老黄帝一炁天君",这位黄帝实际上就是张角所创立的太平道奉祀的神,被称为"中黄太乙";"太乙"又作"太一"。《史记·天官书》说"太一"居紫微宫北辰,又称"中宫天极星"。秦汉时期,"太一"被认为是紫微宫北极天帝或天帝大皇,是天中央主宰四方的最高神。《史记·封禅书》说:天神贵者"太一","太一"佐曰五帝。东汉时期,"太一"又被视为比北斗神黄帝更高明的神仙。《汉书·王莽传》引《紫阁图》说:"太一"、黄帝皆仙上天。纬书《春秋合诚图》又有黄帝问"太乙"长生之道之说。在《太平经》中也出现"太一"信仰,并有"太一"位于中央的观念;文曰:"然天地之道所以能长且久者,以其守气而不绝也。……乃上从天太一也，朝于中极，受符而行，周流洞达六方八远，无穷时也。"太平道在"太一"之前冠以"中黄"二字当与五德终始说有关。东汉光武帝得赤符称帝，以火德自居。五行相生说是以木——火——土——金——水的次序，火可生土，五行中土居中，色尚黄，黄为大吉之色。太平道以土为吉，信仰"中黄太一"，崇尚黄色，隐含着主运土德的张角太平道即将取代主运火德的东汉王朝，建立黄天太平社会的愿望。我国古代素有崇尚"黄色"的传统，以黄为贵，配之以"中"和五行之"土"，这本身即体现了一种颇为独特的民族文化心理，"黄帝"之"黄"正是生活于黄土地之上的华夏族人的象征，也是中华民族正统文化源头的象征。张角自称黄天，头裹黄巾，提出苍天已死，黄天当立的口号，奉"中黄太一"为尊神的原因就在这里。所以，黄帝的出现还是道教五行崇拜的体现，与东方苍帝、南方赤帝、北方玄帝、西方白帝并称。

由此可见，五行居中的黄帝与早期符箓派道教的太平道关系密切。不过，历史上将以上两位黄帝当作一位来叙述的也时有发生。本文所讨论的黄帝是侧重于"人文始祖"的轩辕黄帝。

道教思想的形成有三大理论来源，即古代神仙信仰为道教的形成起了目标导向作用，即构成了道教的"道旨"；道家思想为道教的形成起了理论铺垫作用，即构成了道教的"道论"；古代的巫术为道教的形成起了方法奠定作用，即构成了道教的"道术"。

一 黄帝与"道旨"

道教的宗旨在羽化成仙。傅勤家在《中国道教史》中说："盖道家足以清心寡欲，而道教独欲长生不老、变化飞升。"黄帝就是"长生不老、变化飞升"的最早的典范。

《史记·封禅书》中曰"黄帝且战且学仙"，即黄帝一面完成消灭炎帝、蚩尤实现统一的任务，一面学习长生成仙的方法；黄帝还"接万灵明廷"，又"采首山铜，铸鼎于荆山下。鼎既成，有龙垂胡须下迎黄帝，黄帝上骑龙，群臣后宫从上者七十余人"。《云笈七签·轩辕本纪》中采用了这些说法。汉朝的仙道术士多以黄帝为学仙的榜样。

魏晋时期的葛洪在《抱朴子》中云："黄帝生而能言，役使百灵，可谓天授自然之体者，犹复不敢端坐而得道。故涉王屋而受丹经，到鼎湖而飞流珠，登崆峒而问广成，适东岱而奉中黄，入金谷而咨老子，论道养则咨玄素二女，精推步则访山稽、力牧，讲占候则询风后，著体诉则受雷岐，审攻战则纳五音之策，穷神奸则记四泽之乱，相地理则书青鸟之说，救伤残则缀金冶之术。故能毕竟秘要，穷尽道真。"由此可见，黄帝不仅先天禀赋好且后天好学不倦，以帝位之尊而问道于崆峒、力牧，故方仙道士乐言之。葛洪在这里虽然提到了黄帝和老子，但是其重点乃在表彰黄帝而非老子。

葛洪在《抱朴子》中就公开斥老庄之书为泛泛之言而无益于长生，文曰："五千文虽出老子，然皆泛论较略耳，其中了不肯首尾全举其事，有可承按者也。但暗诵此经，而不得要道，直为徒劳耳，又况不及者乎？文子、庄子、关令尹喜之徒，虽祖述黄老，宪章玄虚。但演其大旨，永无至言……去神仙亿万里，岂足耽玩哉？"在此，葛洪认为神仙之道本与道家无关，凸显了神仙之道重视学仙的特点。

维甸《校刊抱朴子内篇序》云："秦汉方士，绝不附会老子，即依托黄帝，亦非道家之说。"这说明在维甸的《抱朴子》序中亦认为方士学仙，与道家关系不大。维甸解释其原因说"东汉之际，桓帝好神仙，祠老子。张陵之子衡，使人为祭酒，主以《老子》五千文都习。神仙之附会道家，实昉于此"。由此可见，秦汉之时神仙家与道家还是有区别的。

陶弘景的《真灵位业图》记载，轩辕黄帝其位置在第三之左，号"玄圃真人轩辕黄帝"，排名次于葛玄、王长、赵升，更比不上上清派传法真师许逊了。可见道教脱离了早期祖先崇拜的模式，有了自己的理论体系而有别于民间之信仰。

黄帝成为道教崇拜的重要神灵，而且其后代尧、舜、禹在道教中被称作"三官"，天官为尧、地官为舜、水官为禹。三官[①]亦被称作"三官

[①] 另外有一种说法，说"三官"为金、土、水三官；守卫天门的唐、葛、周三将军，在周幽王时期号称"天门三将军"，死后为神，各地多有庙。

帝"。"三官大帝"信仰是中华民族民间宗教信仰的非常重要的组成部分，亦属于早期道教尊奉的三位天神。

《历代神仙通鉴》云元始天尊吐气化成的尧、舜、禹被人们封"三官大帝"。尧舜禹三官的诞辰日即为"三元"日，因此从唐宋以来，"三元节"都是道教的大庆日子。唐代由皇帝敕天下诸州"三元节"禁屠三日，"令百姓是日停宰杀渔猎"。道教中的"三元节"，即上元祭祀天官尧，天官赐福，在农历正月十五，就是民间的元宵节；中元祭祀地官舜，地官赦罪，在农历七月十五，恰好是民间的鬼节、佛教的盂兰盆会；下元祭祀水官，水官解厄，在农历十月十五。故"三官大帝"又称"三元"，为道教较早供祀的神灵。

早期道教的两个重要宗派，五斗米道和太平道都提倡三官信仰，而且将三官信仰看作是其道教信仰的最重要内容之一。所以，我们研究早期道教信仰的情况，必须要从"三官"信仰入手，才能窥见道教的真实面貌。五斗米道的发源地四川青城山和太平道的发源地河北邢台平乡，都有反映早期道教信仰的"三官殿"存在。东汉时沛国丰邑（今江苏丰县）人张道陵创立"五斗米道"，亦称"正一盟威道"或曰"天师道"，就以祭祀天、地、水"三官"为主要信仰内容；上"三官手书"作为道教徒请祷治病的方法，亦在历史上流传下来。东汉中后期，张陵弃官入川，学道于鹤鸣山（今四川大邑县境内），并结合汉族民间原始宗教信仰，著作道书，结合当地民族原有的巫道，开创五斗米道。因其最初主要以道术祷祝和驱鬼并以符水为人治病，故被称为道教"符箓派"，又因道教徒尊称张陵为天师，故五斗米道以后又被称为"天师道"。五斗米道一方面尊老子为教祖，祭酒传授老子《道德经》；另一方面以天、地、水为三官，信其能通鬼神，主管病人祷请。祷请方法主要见于《三国志·张鲁传》注引《典略》说："书写病人姓名，说服罪之意，作三通，其一上于天，著山上，其一埋于地，其一沉于水，谓之三官手书。"

由上可见，从黄帝到尧舜禹都被道教奉为神灵，而黄帝开道教神仙之先河，为"道旨"的形成起了导向和目标的作用。

二 黄帝与"道论"

黄帝是"五帝"中的代表人物,一直受到统治者的推崇。在统治者的倡导下,赞美黄帝成为社会风气,从五行家的邹衍到齐都稷下学宫的一大批学者们,"皆学黄老道德之术,因发明序其指意"(《史记·孟子荀卿列传》),出现了"百家言黄帝"的"黄帝热"局面。正如《庄子·杂篇·盗跖》所说"世之所高,莫若黄帝"。

道教以黄帝为祖先而形成的祭拜是有特殊的理论根源的,这是因为道教以道家为母体;而道家本来就相当崇尚黄帝,尤其从庄子、稷下道家、黄老道这一脉络中更可以找到大量证据。在《庄子》中有黄帝的记载,在《列子》中则专设《黄帝篇》以叙说黄帝事迹,稷下道家的重要典籍《黄帝四经》更是托以黄帝之名阐述修身治国的道术。

宋代的马端临《文献通考》之《经籍志》中说:"按道家之术,杂而多端,先儒之论备矣。盖清净一说也;炼养一说也;服食又一说也;符箓又一说也;经典科教又一说也。黄帝、老子、列御寇、庄周之书,所言者,清净无为而已,而略及炼养之事。服食以下,所不道也。至于赤松子、魏伯阳之徒,则言炼养,而不言清净。卢生、李少君、栾大之徒,则言服食,而不言炼养。张道陵、寇谦之之徒,则言符箓,而俱不言炼养、服食。至杜光庭而下,以及近世黄冠师之徒专言经典科教。"

明末藏书家、思想家焦竑在《焦氏澹园集》卷二十三《经籍志》中说:"九流唯道家多端。昔黄老庄列言清净无为而已,炼养服食所不道也。赤松子、魏伯阳则言炼养而不言清净,卢生、李少君则言服食而不言炼养,张道陵、寇谦之则言符箓而不言炼养服食,杜光庭以来至近世黄冠独言经典科教。盖不唯清净之旨趣寂焉无闻,而炼养服食之书亦未尝过而问焉矣。而悉宗老氏以托于道家者流,不亦谬乎!道以深为根,以约为纪,以虚极静笃为至,故曰虚者道之常,因者君之纲。此古圣人乘要执中而南面无为之术也。岂有几于长生哉。"

马端临和焦竑的言论说明黄帝与老子、列子、庄子所探讨的问题的主旨在"清静无为"而已,而这一思想的第一提倡者首推黄帝。可见黄帝在道家思想的构成中确实起了奠基作用。道家的很多思想都可以在黄帝这里找到理论源头。

《庄子》中记载了黄帝关于"清净无为"思想的很多个案，其中比较典型的表现是黄帝对"无"的推崇和对"道法自然"思想的提倡。

(一) 黄帝对"无"的推崇

《庄子·外篇·知北游》中说："知北游于元水之上，登隐弅之丘，而适遭无为谓焉。知谓无为谓曰：'予欲有问乎若：何思何虑则知道？何处何服则安道？何从何道则得道？'三问而无为谓不答也，非不答，不知答也。知不得问，反于白水之南，登狐阕之上，而睹狂屈焉。知以之言也问乎狂屈。狂屈曰：'唉！予知之，将语若，中欲言而忘其所欲言'。知不得问，反于帝宫，见黄帝而问焉。黄帝曰：'无思无虑始知道，无处无服始安道，无从无道始得道'。"黄帝的答案是以"无"作为问题的症结所在。《庄子·外篇·在宥》中亦说，黄帝在甘肃平凉的崆峒山问道广成子，广成子答曰："至道之精，窈窈冥冥；至道之极，昏昏默默。无视无听，抱神以静，形将自正。必静必清，无劳女形，无摇女精，乃可以长生。"其中的"无视无听"也在突出一个"无"字。《庄子·外篇·天道》又说："天道运而无所积，故万物成；帝道运而无所积，故天下归；圣道运而无所积，故海内服。"意思是说，天道运转不停滞而万物得以生成，帝王治国因任自然不停滞而天下人民就会归附，圣人之道行运不停滞而普天之下人民就都会顺服。也就是说，天道、帝道、圣道都离不开"无"所积，一个"无"字概括出了天道、帝道和圣道的运行特点。庄子中重视"无"的作用，正所谓"无为名尸，无为谋府，无为事任，无为知主"。即人活在世上不要为名利、智谋、事情和所谓的知识所缠缚控制。我认为，《庄子》的思想要旨在于"三无"，即"至人无己""圣人无名"和"神人无功"。

《道德经》的主旨也在阐发这一"无"字，经文开头即曰："无名天地之始，有名万物之母；故常无欲以观其妙，常有欲以观其徼"；经中还说"天下万物生于有，有生于无"。魏晋玄学的开创者王弼即将"道"解释成"无"，他说："道者，无之称也，无不通也，无不由也，况之曰道。"隋唐重玄学的核心也是在探讨有与无的关系问题，成玄英将"重玄"解释成既不执着于有也不执着于无谓之一玄；进而连不执着于有无也不执着，谓之重玄；正所谓"遣之又遣""玄之又玄"。宋金元时期的全真道提倡性命双修，具体方法是炼精化气、炼气化神、炼神还虚和还虚合道，其中的前两个阶段相当于修命的阶段，即有无之"有"的阶段；后两个阶段则相当于修性的阶段，即有无之"无"的阶段。后来的禅宗的出现，作为最中国化的佛教宗派也承袭了"无"的思想。《六祖坛经》的核心思想离不开三个"无"，即"无念为宗""无住为本"和"无相为体"。赵州从谂禅师经常参的一个公案就是"狗子有没有佛性？"回答是"无"。宋代的无门慧开禅师写了一本书就叫《无门关》，其中有两句关键性的话是"佛语心为宗，无门是法门"。日本的铃木大拙就将禅宗看作是中国佛教的老庄化；范文澜将禅宗看作是披着天竺袈裟的魏晋玄学，其中就隐含了重视"无"的思想。

所以，整个道家思想的发展都离不开一个"无"字。而这一"无"字的阐发始自黄帝。学术界一般将这一发展的脉络归于老子开其端绪。实际上，道家的奠基者当归于黄帝，因为黄帝比老子要早两千年。

（二）黄帝对"道法自然"的提倡

古文献记载黄帝在治理国家的早期阶段并未顺应自然，结果犯了很多错误。后来有一天黄帝白天休息时做了个梦，梦见自己漫游华胥氏之国。《庄子·外篇·在宥》谓"其国无师长，自然而已；其民无嗜欲，自然而已"。黄帝醒来后明白了最深的道是顺应自然而治，所以"又二十有八年，天下大治，几若华胥氏之国，而帝登假。百姓号之，二百余年不辍"（《列子·黄帝篇》）。

在此，黄帝被塑造成为一个因任自然而治世的模范典型。《庄子》与《列子》中的记载说明道门中人在修行过程中不断地对"道法自然"的思想进行解说且阐发出新的意境。

另外，黄帝对"中和"思想的倡导，也是值得关注的。人们在谈到"中和"时往往单纯地从儒家文化内去寻求。其实，早在儒家诞生之前"中和"理念已在黄帝思想中初见端倪。黄帝于"四面"中"建中立极"的理念通过"易经"而发展起来。《易》之卦画以三画象征天地人，人居于天地之中,这体现了以"中"为正位的思想。故《易经》卦爻辞凡遇"中爻"得位皆为元吉。"中"之所以被尊崇是因为它象征人与天地之气的感通与协和,"居中"为"正",而"正"则"和"生,这就是"中和"。《道德经》提倡"守中"且以"冲气"为"和",所谓"冲气"也就是"中气"或称"中和之气"。《历世真仙体道通鉴》卷一称黄帝作屋宇宫室,将此称作"处于中";黄帝见河图则斋戒于"中宫";他"衣黄服,戴黄冕,驾黄龙之乘",而所谓"黄服"等黄色之物亦是"中"的法相。道教尚"中"成为一种传统,《道藏》之内还有不少经书之名冠以"中"字,例如《中和集》《规中指南》《赤松子中诫经》等凡27种。这些经典内包含了"中和"的精神理念且将之当作修道的重要原则。道教的第一部经典《太平经》,就强调天、地、人三通相和;《黄帝阴符经》以圣人居天、地之中而致"相通"之用。这说明了道教中保存了黄帝居"中"的协和精神,从而也就使黄帝形象所包含的"中和"精神成为中华民族所倡导的主要精神理念。

可见,黄帝的精神成为道教的重要理念,构成了道教中的"道论"。

三 黄帝与"道术"

《道藏》中以黄帝命名的经典有《黄帝阴符经》《黄帝内经》《黄帝九鼎丹方》《黄帝九鼎大还丹方》《黄帝四扇散方》《黄帝九鼎神丹经诀》《黄帝一物饵丹法》《轩辕黄帝水经药法》《黄帝八十一难经》《黄帝灸二十一种疯图并序》《黄帝胎息诀》《黄帝龙首经》《黄帝金匮玉衡经》《黄帝授三子玄女经》《黄帝宅经》《黄帝太乙八门入式诀》等,涉及天文历算、医学养生、奇门遁甲、周易风水、内丹养生和外丹服食等多个和道教有关的重要领域,与道教有很深的渊源关系。潘雨廷先生在《道教史发微》中以黄帝为仙之始祖,老子为道家学说的创始人,仙道结合乃为道教。

《史记》记载,黄帝铸鼎于荆山炼丹砂,已具备了道教炼丹术的雏形。《黄帝九鼎神丹经诀》卷一称"黄帝受还丹至道于玄女,玄女者,天女也。黄帝合而服之,遂以登仙";《黄帝内经素问补诠释文》则谓黄帝"欲合神丹"告诫"当于深山大泽，若穷里旷野，无人之处；若于人中作之，必于高墙厚壁"，这些思想为后世的道教炼丹、选址提供了理论依凭；《广黄帝本行纪》叙说黄帝采首山之铜铸鼎"逆炼九鼎之丹服之"，其中的"逆炼"说明了"逆修成仙"的思想已经体现在黄帝的炼丹术之中了。

黄帝还是太一、遁甲、六壬等占卜法式的缔造者。《黄帝太一八门入式诀》卷下以黄帝之口吻称"六丁玉女常自随各有知。若欲使之，各呼其名，自可神验"。《秘藏通玄变化六阴洞微遁甲真经》说九天玄女送《遁甲符经》三卷予黄帝，"上卷乃神仙炼丹抱一之术，说长生之法"。

可见黄帝不但为道教的形成提供了"道旨""道论"，还为道教成仙方法作了探索和研究，从而构成了道教的"道术"。

以上三方面说明黄帝在道教的创立方面确实功不可没，探讨黄帝与道教的关系有着重大的理论和现实意义。

四 黄帝崇拜对于道教的意义

（一）为道教"道旨"提供了信仰的内涵

从黄帝崇拜中提炼出的黄帝精神，如对生命的热爱、长生不老和羽化成仙的追求，为道教信仰充实了其精神内涵。著名道教学者潘雨廷先生在《道教史》中说，老子的道家思想和黄帝的成仙信仰共同构筑了道教的精神内涵。

（二）为道教炼丹和术数的"道术"提供了方法

从道教发展史来看，黄帝的修炼注重炼丹方术，为外丹家之代表；还注重精、气、神的修炼，亦为内丹修炼的代表，从《黄帝内经》中可见一斑；又传承了伏羲八卦的思想，精通各种术数，为道教的形成起了铺垫作用。

（三）为道教的理论构成"道论"提供了依据

黄帝精神推崇大道、道法自然、中和等为中华民族精神的形成起了奠基作用，而这些精神恰巧是道教的基本精神。所以鲁迅先生说"中国根柢全在道教，以此读史有多种问题可迎刃而解"；"中国人憎和尚、憎尼姑、憎回教徒、憎耶教徒而不憎道士，懂得此理者懂得中国大半"。日本研究道教五十余年的窪德忠在其《道教入门》的序中说："我认为研究中国人的最有效的手段是研究中国固有的道教。"

（四）为天师道名称提供了来源

目前，道教有正一和全真两大派。正一派的前身是五斗米道，起源于四川青城山和鹤鸣山，张道陵为该派的创始人。后来五斗米道又称天师道，而天师道之名也与黄帝有很大关系。《庄子·杂篇·徐无鬼》中说，黄帝至于襄城之野，适遇牧马童子，遂问治理天下的道理，童子答以"无事"，"亦去其害马者而已"，于是"黄帝再拜稽首，称天师而退"。全真道侧重于性命双修和精气神的修炼，这些都可以在托名于黄帝的《黄帝内经》中找到根据。

（五）为儒道二教的融合提供了理论范例

道教崇尚与祭拜黄帝既是中华民族对祖先饮水思源感恩的结果，也是民族精神的凝聚力所在。所以，早期道教之黄帝信仰含有祖先崇拜的成分。黄帝在道教祭拜仪式中成为祖先信仰的一面旗帜。道教文献中冠以"黄帝"之名的经书不胜枚举，如《广黄帝本行纪》《黄帝八十一难经》《黄帝内经素问灵枢略》《黄帝阴符经》《黄帝龙首经》《黄帝九鼎神丹经诀》《黄帝太一八门入式秘诀》《轩辕黄帝水经药法》《黄帝宅经》等。这些著作冠以黄帝之名，都反映出道教关于祖先崇拜的心理特征。其中的《广黄帝本行纪》是唐代的道教著作，记载了黄帝如何问道求仙的故事，字里行间流露出民族祖先崇拜的情怀；作者在书的末尾还特别追溯了黄帝之后的姓氏源流，谓"黄帝子孙各得姓于事，帝吹律定姓者十二"，又称黄帝之子各封一国，"总三十三氏，出黄帝之后，子孙相承凡一千二百五十年"，姓氏源流的追溯反映了仙道文化本来就有相当深厚的祭祀祖先的文化内涵，也说明了儒道本来是一家的思想特色。儒家的孝的含义有三，即生事之以礼、死葬之以礼、祭之以礼；其中的"祭之以礼"明显地体现了儒道崇拜的合一与不可分割的关系。著名仙学家陈撄宁在政协全国委员会三届三次会议上还说："道教是汉族自己的宗教,他没有世界性,在国际性不发生重大关系。"《复兴道教计划书》中又说"道教发源于始祖轩辕黄帝,集成于道祖太上老君"。"吾辈既属炎黄子孙,对于此种宗教,当然要特别爱护,努力弘扬。"而陈撄宁先生倡导的"道教研究院"内只可供奉黄帝、孔子、老子三圣牌位。民间道教及其神仙谱系之发展,是道教发展的自然演进。而朝廷尊奉黄帝,虽然以神仙修道的形象出现,然而其更深层次的指导思想仍然含有儒家"慎终追远","国之大事,在祀与戎"的意识。

(六) 为海峡两岸四地的道教文化交流提供了典范

2011年香港飞雁洞和内地七大道观举办了一次大型的斋醮,第一站就是上崆峒山迎请轩辕黄帝銮驾。近年来也有不少港台道众,前来祖国大陆宫观受度寻根,这些都体现了道教对于维系同胞情谊和加深文化认同的作用。

(谢路军：中央民族大学哲学与宗教学院教授)

黄帝与中国早期战神文化

刘 庆

中华早期最著名的战神当推黄帝和蚩尤。

按照史学家们的解释，黄帝本是5000多年前生活在今天陕西北部渭水上游的一条支流姬水附近某一氏族部落的酋长。由于该族人口不断增加，势力逐渐强大，开始向东发展和迁徙。他们渡过波涛汹涌的黄河，顺着连绵起伏的中条山、太行山麓进入黄河中下游地区，与势力强大的蚩尤部落发生冲突。蚩尤属于强悍的东夷族团（还有说属于苗蛮族团）九黎部落，长于角抵，善做兵器，曾经联合巨人夸父部落，打败与黄帝族同属于夏族团的炎帝族，将其赶到河北涿鹿一带。炎帝惶恐之中，向黄帝求援，与黄帝结盟对抗蚩尤族的扩张。就这样，双方在涿鹿一带展开了一场著名的大战。一开始，黄帝仅率以熊、罴、貔、貅、虎为图腾的氏族及炎帝残部迎战，实力远远不如对手，九战九败（还有一种说法是三年之内百战不胜）。后来在一次战斗中，出现了大雾天气，几步之外不见人影，而且一连三天雾气不散，令那些杀气腾腾的武士们分不清东南西北。危急之中，聪明的黄帝发明了指南车，并叫臣子风后把它制造出来辨别方向，终于引导大家冲出重重迷雾，利用一段干旱晴朗的天气将蚩尤击败擒杀。

如果说，史学家们严肃的学术结论和精慎的科学考证只是给后人描述了两个有作为的古代氏族领袖形象，其事迹也过于简略的话，那么在民间盛传的神话传说之中，黄帝与蚩尤的形象则经过人们想象力丰富的改造，更鲜活，也更威风凛凛。

在神话传说的世界里，黄帝已不再是曾经生活在姬水流域的那个肉体凡胎的氏族酋长，而是天神上帝的代表。他的母亲是因为看巨大的雷电围绕着北斗星旋转，光芒四射而孕育了他。而他一生下来就长着四副面孔八只眼睛，可以随时监视东南西北各个方向，了解天下各地的动静。

在神话传说的世界里，黄帝不再为自己兵单力薄、仅率领有限的几个氏族士兵与强大的敌人战斗而发愁，因为手下有数不胜数的大大小小的神鬼归他管辖。东方帝太昊、南方帝炎帝、西方帝少昊、北方帝颛顼分别替他掌管着春、夏、秋、冬四季。他每次出巡，都有许多跟随服侍的小神前呼后拥，就像封建帝王一样排场。一部汉代人编写的著作《淮南子》中，曾生动地描写了这一宏大场面：6条蛟龙及人面鸟嘴黑身子红斑纹的火鸟毕方为他驾车；曾经强悍不羁的蚩尤、风伯、雨师甘心为他扫地洒水，鸣锣开道；天上飞翔着凤凰，地下盘踞着腾蛇，身后簇拥着虎狼，乐队演奏着《清角》之乐。好一派天下一统，唯我独尊的威严气象。

在神话传说的世界里，涿鹿之战的情形也完全变了样。黄帝不再是屡败屡战的顽强斗士，不再是靠智慧和发明打败敌人，帮助黄帝殊死奋战的也不再是各氏族的勇士们，而是可以呼风唤雨的应龙，可以制造干旱的天女。战斗一开始，黄帝先是派应龙与蚩尤作战，打算发挥它蓄水的长处。谁知蚩尤并不惧怕，请来了风伯、雨师，播云布雨，以水攻对水攻，使应龙无法取胜。黄帝百般无奈之际，只好派名叫"魃"的天女下凡。而这个天女也着实丑陋，秃头无发，眼睛长在脑袋顶上。但她有一项非凡的本事，就是所到之处可以滴水皆无，天下奇旱。果然，她一降临到地上，立即风停雨歇，艳阳高照。蚩尤被破了法术，乖乖束手就擒，被黄帝杀了头。

正是由于涂上了这一层又一层厚重的神话色彩，昔日英勇善战的氏族部落领袖在人们的心目中变成了威力无穷的天神。炎黄子孙们把他作为自己的战争保护神，请进神殿顶礼膜拜，每次出征打仗时，都要到他的神像之前举行祭祀，希望能从这个仪式中获取战斗的勇气，坚定胜利的信心。从秦朝到宋朝上千年间，出兵打仗前祭祀黄帝的风俗始终盛行不衰，可见人们对他深深的崇敬之情。

至于另一位战神蚩尤，根据《逸周书·尝麦解》的说法，似乎原是炎帝手下的一名重臣，后来势力渐渐大了，犯上作乱，赶走了炎帝，占据了炎帝的土地。他还发明了多种用金属制造的专用战斗武器，靠着这些兵器征服了许多不肯臣属的氏族。他又与黄帝争胜，可惜作战失败被杀。但在古代神话传说中，他却被描写成一个嗜血食石的恶的形象，长相十分可怕，"其像率为兽形，傅以肉翅"（《路史·后纪四·蚩尤传》注），人身、牛蹄、四目、六手，齿长二寸，坚不可碎。又说他兽身人语，铜头铁额，食沙、石子。

这位失败的英雄并没有因此而威名稍减。人们对他不屈的战斗精神满怀敬畏之心，即使他已经战败身死，仍十分怀念他，相信他英魂犹在，威力尚存。于是，在中国的土地上，到处都流传着关于蚩尤的种种怪异传说。

据说蚩尤死后，天下并没有安定下来，仍扰乱不宁。黄帝没有办法，让人画出蚩尤的画像，到处悬挂，震慑天下。于是人们纷纷说蚩尤并没有死，八方万邦竟皆为震伏，安堵如初。

据说蚩尤被黄帝擒获后，被枷锁锁住。后来蚩尤被砍了头，这套木枷锁便丢弃在宋山上，竟化为枫树。每当寒霜初降，枫树的叶子就变得火红火红，令人们想起当年那场血肉横飞的殊死战斗。

据说蚩尤被捉住砍头的那个地方叫"解"。这是因为黄帝将蚩尤身体分解而得名。当地有个盐湖，含盐量很高的湖水呈红颜色，人们都说那是满腹怨气的蚩尤被杀后淌出的鲜血染红的。还有一种说法认为，蚩尤的头和身体是分别埋在山东的寿张和巨野，两座坟墓都有7丈之高。当地百姓每年十月前去祭祀时，墓中总有一道红色之气直冲云天，就像一幅巨大的红布从天上垂挂下来。百姓都叫它"蚩尤旗"。

据说在晋朝的时候，有人在冀州一带挖出巨大的蚩尤髑髅，骨头硬的如同钢铁，一节骨头就能装满一辆大车，而牙齿也有两寸长。

在人们的尊奉之下，至迟在战国时期，蚩尤已登上兵主战神的宝座，他作为战神的名气甚至比黄帝还要大。秦始皇统一六国，平定天下以后，曾东游海上，祭祀名山大川及各种神灵。在齐地祭祀的8位天神中，就有兵主蚩尤。汉高祖刘邦起兵沛县，"祀黄帝，祭蚩尤于沛庭"（《史记·高祖本纪》）。直到宋代，每逢大军出征，将帅们仍忘不了祭祀蚩尤和蚩尤战旗。根据《史记·天官书》的说法，"蚩尤之旗类彗而后曲，象旗，见则王者征伐四方"。祭祀它有激励士气、导扬军威、保佑作战顺利的意思。

黄帝和蚩尤被尊奉为中华早期战神并非历史的偶然。因为在原始社会末期的军事民主制时期，勇敢是最受人尊崇的美德，尚武精神是人们追求的目标。在战斗中孔武有力、奋不顾身的战士，往往被推举为部落首领，在战利品的分配和配偶的选择上也都有优先权。即使他在争斗中失败身死，人们仍然尊崇他，祭祀他。像中国古代神话中追日的夸父、头触不周之山的共工，都曾是人们景仰的英雄。以善于打仗的黄帝和蚩尤为兵主，正反映了当时人们对勇猛刚烈、剽悍雄健、敢做敢为精神的崇敬之心。

黄帝文化是中华民族文化形成的重要根基之一。它在祖国各地都留下了丰富的传说、遗迹，反映了文化现象扩散和传播的普遍性，也是值得我们不断深入研究的重要课题。

（刘庆：中国人民解放军军事科学院研究员、中国孙子兵法研究会秘书长）

论中国古典军事思想的早期演进

王 珏

上古时期的军事认识不是空诸依傍、凭空想象的产物。放开眼光来看，凡留存有我们祖先活动遗迹的广大范围内，均可视作早期军事活动的舞台。孳乳、催化早期军事思想的深远历史背景，几乎与中国的早期文明演进相伴而行。秦汉之前，中国古典军事思想演进大致经历孕育、奠基、脱胎、嬗变四个阶段，早期历史是含量极丰的富矿，埋藏着有意和无意的信息。至少不可忽略这样四个时代：人类智力初开的时代；生息在中国地域范围内的人类群体命运开始交织在一起的五帝时代；西周初年，周公礼制思想和姜太公军事思想结对出现的时代；春秋后期，孙子军事思想和孔子儒家思想结对出现的时代。

一 《易》道无外：中国古典军事思想的孕育

中国军事思想的种子萌发于人类的智力初开之时。军事斗争是人类最早的实践活动，也是最重要的实践活动之一。人类文明之光乍现，便启动军事认识的历程，至今不绝。"《易》为大道之源。"传说中的伏羲处于中国文明激发的节点时刻，堪称中国独特的军事思维模式的开启人物。他以简易的太极、阴阳、八卦等符号，勾画出天地运行的规律。"以通神明之德，以类万物之情。"[①]

《易》含蕴"天下同归而殊途，一致而百虑"的整体思维和"一阴一

[①] 陈鼓应、赵建伟注译：《周易今注今译》，商务印书馆2005年版，第650页。

阳谓之道"的相成思维。若以今日推上古，最初激发并引导先人思考的是饥饿、安全、繁衍等本能性需求。《易》道无外，人类思维的成果，一开始并没有明确区分哪些属兵家思想和哪些属于儒家思想。若从长远处观察，早期的理性先导之河不外乎两个流向：一是指向族群内部的为人之道；二是指向族群之间的相处之法。前一思维方向是儒家的上游，后一思维方向是兵家的上游。不妨取喻果树与人群，来观察人类早期军事思维的发生和走向。在某一收获季节，一个家族守护着一片硕果挂满枝头的树林，另外两个接踵而至的饥饿家族被他们欣然接纳，建立起相对稳定的家族间内部秩序。此时人口数量达到饱和，果实的产出与消耗开始持平。如果第四个家族不期而至，三个家族的联合体可以有两种选择：第一种选择是排拒他们，或付诸武力进行驱赶，或以谈判方式劝离，或以威慑手段吓阻。如果第四个家族转而联合更多的人群前来争夺，可能会导致更大规模的冲突。第二种选择是无时不张开怀抱。让"近者悦，远者来"，日渐壮大的人类集体相互合作，同舟共济，另觅狩猎、捕鱼、种植、养殖这些新的生存之道。一个地域的人群，便牢牢地凝聚在一起，结成命运共同体，共同应对自然的挑战。

  古《易》的思想"致广大，尽精微"，古人分析问题、判断问题、解决问题的基本范式涵泳其中。但不得不承认，人类早期的军事思维产品并非全是良性的，需要分清善恶，辨明真伪。举例言，《周易·同人》卦辞云："同人于野，亨，利涉大川，利君子贞。"《象传》曰："文明以健，中正而应，君子正也。唯君子为能通天下之志。"天行健，是天之常道，人应效法的准则，但"健"不是刚武暴蛮，滥施杀伐，而是"文明以健，中正而应"。能懂得这个道理，才能"通天下之志"，在更广大的范围内，团结天下同仁，治理天下，纵有大川于前，也无往不利。否则，一味用武，滥动干戈，是不能得志于天下的。事实上，军事问题的解决往往不只一种答案，可以在以威慑止、付诸武力和相互妥协中任选其一。先人深刻认识到，频频发生的人与人之间相互攻击的战争不是正常态，而是可以通过努力加以规避的凶事。《易》的思维路线和选择方式，折射出中国文化的属性。久而久之，《易》的整体思维与相成思维形成传统，帮助后人做出合乎理性的决定，甚至沉淀成文化基因，在一代代中华子孙的生命中传递。

二 "有道伐无道"：中国古典军事思想的奠基

中国古典军事思想的剥离和有明确文字证明的中国军事史，均开端于轩辕黄帝之时。《史记》是中国的第一部纪传体正史，为了恢复我们民族的早期记忆，司马迁的足迹踏遍"西至空桐，北过涿鹿，东渐于海，南浮江淮"的山山水水，他所听闻的关于"黄帝、尧、舜"的信息，都与官方保存下来的历史记载极其相近，便将实地考察、口碑史料以及存世文献等三重证据共相对照，选择其中"言尤雅者"，著为《五帝本纪》，重现了中国早期历史的实相。

据《史记·五帝本纪》所载，黄帝（轩辕）起于神农氏之世（约公元前41世纪），与炎帝、蚩尤共存。黄帝身后的裔胄"皆同姓而异其国号"，在青史留名的有玄嚣（青阳）、昌意、蟜极、颛顼（高阳）、穷蝉、帝喾（高辛）、放勋、挚、尧、敬康、句望、桥牛、瞽叟、舜（重华），同根同源的他们作为主角，炎帝、蚩尤部族及其早期子孙与所谓"蛮夷戎狄"族群作为配角，共同参与创造了中国历史上的五帝时代。

黄帝时代为诸侯"相斫"史的嚆矢，自然也可视作中国古典军事思想的滥觞时期。然轩辕最初"习用干戈"，建设一支军队，志在征讨暴虐百姓、侵伐诸侯、不朝享天子的势力。先在阪泉之野（今山西运城解池附近）击败炎帝，再于涿鹿之野（今河北涿鹿境）擒杀蚩尤。被尊为黄帝后，仍"迁徙往来无常处，以师兵为营卫"。军事力量的进一步加强，使之能够担负起震慑四方、平顺天下、和睦"万国"的使命。唐代名将李靖曾评价道："自黄帝以来，先正而后奇，先仁义而后权谲。"[1] 黄帝兴仁义之师，以有道伐无道，将怀胎期的中国军事认知水平推进到极高的境界。五帝中的第二位是黄帝的曾孙颛顼（高阳），所谓"刑以伐之，德以守之"。[2] 颛顼继立之后，打败本属炎帝后裔的共工势力。天下形势趋于平缓，便开始致力于修功和教化，在任地、象天、知事、养民、祭祀诸方面

---

[1] 吴如嵩、王显臣：《李卫公问对校注》，中华书局2016年版，第5页。
[2] 钟兆华：《尉缭子校注》，中州书画社1982年版，第1页。

取得的成就斐然。五帝中的第三位是黄帝的另一曾孙帝喾（高辛），在他君临天下时，能够顺天之意，仁惠修身，知民之急，节用财物，抚教大众，不用刀兵，以致"日月所照，风雨所至，莫不从服"。五帝中的第四位是尧，名放勋，帝喾之子。其人富而不骄，贵而不慢。在位前期，能明德服人，亲睦九族，昭明百姓，合和万国。积累施政经验后，按政务任命官员，建立较为系统的政治制度。帝尧的晚期，择贤人舜（重华）为婿。舜摄行天子之政，统兵于刑，流共工以变北狄，放驩兜以变南蛮，迁三苗以变西戎，诛鲧以变东夷，居天下之中雄视四边。舜虽出身寒微，论血缘却是黄帝的第九代孙。舜践天子位，名列五帝中的最后一位。他流放四凶族到荒蛮之地，举用"八恺""八元"，揆诸百事，布教八方。任命皋陶为士（官名），掌兵刑，对外防止夷狄侵乱，对内打击寇贼奸宄。命令大禹平水土，披九山，通九泽，决九河，定九州，远播中国的声威，四海之内，无不宾服。经历过五帝时代，中国核心文明体已凝结成型，中华民族的多元一体格局亦初具规模。在军事方面，形成了"内中国，外夷狄"的安全思维模式，出现了"以师兵为营卫"和"征师于诸侯"武装力量组建形式，确立了"以有道伐无道"的战争指导原则和"大刑用甲兵，其次用斧钺"的军队使用原则。

  太史公接受并记述下来的"天下本一家"的古史观念，一直延续到禹、夏、商。上起传说中的大禹时代（约公元前21世纪后期），下讫周武王伐纣胜利（约公元前1046年）。在千年尺度的历史纵深中，虽然夏、商二代开始泛起"家天下"和"王权天授"的思想浊流，但"汤武革命，顺乎天而应乎人"，源自中国原初文化的正义力量具有极强的纠错能力。"夏桀为虐政荒淫"，商朝的开创者成汤则推翻夏的统治，打破了"家天下"的迷梦。商纣"混乱暴虐滋甚"，自云"我生不有命在天"。周武王姬发"以黄钺斩纣头"，击碎了"王权天授"的幻觉。中国古典军事思想的主流方向，一直未脱离《易》和五帝时期的良性轨道。同时，战争经验的积累，对战争理论的发展和军事思想的成熟，产生深远影响。举例言，伴随战争的血腥味愈发浓烈，军事威慑思想呼之欲出："禹合诸侯于涂山，执玉帛者万国"（《左传·哀公七年》）。成汤会"三千诸侯"于亳（今河南商丘境）（《逸周书·殷祝》）。周武王姬发东观兵，"诸侯不期而会盟津者八百"(《史记·周本纪》)。不流血让敌人臣服,"不战而屈人之兵"的高阶智慧薪尽火传,生生不息,完备的中国古典军事思想体系脱胎于此。

三 "天下非一人之天下,乃天下之天下":中国古典军事思想的脱胎

西周的建国,蕴涵着极其丰富的历史信息,表明中国历史的步伐行进到时间、空间、思想诸因素多维交汇的当口。周龙兴于斯的西岐,地处渭河流域。周族从边缘挑战中心,虎踞西北,俯视东南,顷刻间偏居西方一隅的僻壤转换为太史公称道的"收功实之地",广袤疆域的边缘地带凸显为政治的中心舞台,此后的秦、汉、唐皆立国于此,占尽地理优势,为后世留下至为重要的地缘战略遗产。

"文王拘而演《周易》",周文王姬昌传承并诠释以《易》为代表的中国优秀原初文化,为古《易》附六爻而称《周易》,引领周文化走向光明之途。周以蕞尔小邦剪灭大邑商,力量反差越大,胜利来之越不易,越能引起对夏、商暴政的深刻反思。并且,略带异质的周文化介入华夏,碰撞中激发活力,中国主流思想流派儒家和兵家得以同时问世,思想史意义尤其重大。

是否可以尝试提出这样一种思维路线:儒家建立维护秩序,兵家挑战摧毁秩序,两者的结合点在于商周更替、破旧立新之际。代表兵家与儒家两种思维方向的标志性人物恰恰就在这一时间节点成对出现,西周初期,秉持的理念是"民之所欲,天必从之"(《尚书·泰誓》),"皇天无亲,惟德是辅;民心无常,惟惠之怀"。(《尚书·蔡仲之命》)"制礼作乐"的周公和"时维鹰扬"的姜太公同时登上历史舞台。

《史记·齐太公世家》载,姜太公年轻的时候贫穷困厄,耄耋之年投奔西伯姬昌。姬昌从羑里脱困后,"与吕尚阴谋修德以倾商政,其事多兵权与奇计,故后世之言兵及周之阴权皆宗太公为本谋"。周武王姬发即位后,平殷商而王天下,"迁九鼎,修周政,与天下更始。师尚父谋居多"。《李卫公问对》云:"周之始兴,太公实缮其法。""周《司马法》,本太公者也。太公既没,齐人得其遗法。至桓公霸天下,任管仲,复修太公法,

谓之节制之师，诸侯毕服。"①

　　有史以来，中国古代的兵书和战策厚厚地积累下来，蔚为壮观。然最早集其大成、建构体系者，都始自姜太公，中国古典军事思想从此脱胎而出。姜太公的军事思想，史书《左传》《史记》中有之，经书《尚书》《诗经》中有之。《汉书·艺文志》"兵家"类提及兵书《太公》，即太公兵法著作的总称。②《隋书·经籍志》著录《六韬》为吕尚著，后人多疑其为伪托之作。1972年从山东临沂银雀山汉武帝初年的墓葬发掘出《六韬》残简，说明《六韬》一书，在汉武帝以前就流行开了。"周秦诸子，类非一人之手笔，此乃古书之通例，又不独《六韬》为然。"（余嘉锡《四库提要辨证》卷十一）今本《六韬》中有多少后人增益内容，并不重要。侥幸留存下来的孑遗，证实了兵书《六韬》保存着姜太公的军事思想。

　　今本《六韬》从至高的层面回答了为谁而战、如何建军和如何用兵的终极追问，涵盖了先秦军事领域的各个方面，涉及政略、战略、战术、治军、阵法、兵器等。尤其在军事思想方面，提出了很多对后世产生了深远影响的理念，比如"天下非一人之天下，乃天下之天下"的"天下同利"的政略思想，"全胜不斗，大兵无创"的全胜思想，文武并伐、见机不失、以弱胜强、出其不意、灵活用兵、速战速决的作战原则等，此外，《六韬》还论述了林战、山地作战、渡水作战等特殊地形作战的战术原则。治军思想方面，《六韬》对将帅的作用尤为重视，从将帅所应具备的标准到将帅的选拔、考核等进行了系统的论述。在练兵问题上，提出了层层教战、层层训练的练兵方法。在军队的管理上，《六韬》主张严明赏罚，"杀贵大，赏贵小"。《六韬》形成了一个完备严整的理论体系，是中国军事思想体系脱胎而出的标志性著作。

四 《孙子》面世：中国古典军事思想的嬗变

　　春秋后期，成对出现的思想家是孙子和孔子，一个是兵家的圣人，一

---

① 吴如嵩、王显臣：《李卫公问对校注》，中华书局2016年版，第19—21页。
② 孔德骐：《〈六韬〉导读》，军事科学出版社2000年版，第4页。

论中国古典军事思想的早期演进

个是儒家的圣人。一个成长在太公创建的齐国,一个授业于周公之胤的鲁邦,他们跨越时空与太公和周公遥相呼应。太公和周公立下了千秋的功业,孙子和孔子人生际遇却不够发达,"子曰:'沽之哉!沽之哉!我待沽者也。'"(《论语·子罕》)为了实现人生抱负,孙子选择远奔"句吴",孔子则游走于列国之间。并且,孙子和孔子为伸张自己的主张,都有可能做过整理加工古代文献的事情。

孔子对待上古文化遗产的态度,并非纯然的"述而不作,信而好古"(《论语·述而》),除了曾为《周易》作"十翼"之外,孔子还有删削古籍的可能。[①]几乎比孔子早半个世纪,[②]兵家的标志性人物孙子也活跃在春秋后期,其不朽著作《孙子》在南方的吴国面世。当时的中国正处于"季世"(《左传·昭公三年》),诸侯们埋头于争霸的事业,已无暇顾及"为谁而战"的千秋叩问。在孙子所处的时代,如果大力主张"为民而战",无疑是对一些无道政权的存在合理性发出质疑。如果谈论"如何建军",便需要倡导全社会的配套变革,且不论短期难收明显效验,只是觊觎军事权柄的嫌疑,已足以让人望而却步。这样一来,只剩下献上"用兵制胜之法",能够迎合诸侯们的争霸心态,孙武便从古典军事思想体系中,专取用兵之法一十三篇,带到吴国进行兜售。

不得不承认,古典兵家思想中"为谁而战"和"如何建军"的内容,《孙子》均较少言及。《孙子》多论用兵之事,全书一十三篇,直接以"凡用兵之法"为起首句的有五篇,计有《作战》《谋攻》《军争》《九变》《九地》等,其他各篇篇首立论也无一不关涉军队使用。明代茅元仪《武备志·兵诀评序》云:"先秦之言兵者六家,前《孙子》者,《孙子》不遗;后《孙子》者,不能遗《孙子》。谓五家为《孙子》注疏可也。"若如茅氏所言,先秦六家所代表的古典兵学大建构可以被《孙子》一书概括殆尽,那么,为什么吴国抱着孙武所献的这部兵学宝典,数战数胜,终至

---

① 《史记·伯夷列传》记载:"夫学者载籍极博,犹考信于六艺。《诗》《书》虽缺,然虞夏之文可知也。"司马贞索隐按:"《孔子系家》称古诗三千余篇,孔子删三百五篇为《诗》,今亡五篇。又《书纬》称孔子求得黄帝玄孙帝魁之书,迄秦穆公,凡三千三百三十篇,乃删以一百篇为《尚书》,十八篇为《中候》。"

② 何炳棣:《中国现存最早的私家著述:〈孙子兵法〉》,《历史研究》1999年第5期。

于亡国。吴国因好战而耗尽国力的历史悖论让人品咂不尽。用兵之法可以制胜，但远远不是强国之道的全部，《淮南子·道应训》云："魏武侯问于李克曰：'吴之所以亡者，何也？'李克对曰：'数战而数胜。'武侯曰：'数战数胜，国之福，其独以亡，何故也？'对曰：'数战则民罢，数胜则主骄，以骄主使罢民，则国不亡者，天下鲜矣。则恣，恣则极物；罢则怨，怨则极虑。上下俱极。吴之亡犹晚矣！'"如此看来，茅氏所谓"前《孙子》者，《孙子》不遗；后《孙子》者，不能遗《孙子》"，已可明确归为以偏概全的糊涂断语。

春秋以降，诸子分途，各执一端，相互攻讦。孙子生前和身后，用兵制胜的军事家司马穰苴、孙膑、吴起、李牧、白起密集涌现，灿若星辰，他们留下的兵学文献，诸如《尉缭子》《吴子》《司马法》《孙膑兵法》，也被后世奉为兵家经典。然中国古典军事思想的传递从此出现一明一暗两条演进路线：一是在当政者面前，多明言"用兵之法"的精妙。二是隐言"为民而战"和"如何建军"的思想家也层出不穷。他们的军事思想如同夜空中的北斗之光，始终指引着中国人的精神方向。

（王珏：中国人民解放军军事科学院研究员）

黄帝"穿井"与民族认同

李玲玲

在遥远的史前社会，中华远古先民以其杰出智慧和万千辛劳，发明创造了众多物质文明和精神文明成果，对于推动社会进步和文明发展发挥了巨大作用。在文献记载中，这些发明创造常常归功于某些"圣人"，如称黄帝穿井、仓颉造字、容成造历、伯余作衣裳、奚仲作车，等等。其中黄帝是创造发明的集大成者，一直为后世所传颂。据统计，黄帝或黄帝之臣的发明创造，即多达28项，其中由黄帝亲手创制的就有水井、火食、旃、冕、乐曲等①。这些说法是历史的真实，还是与民族认同相伴生的一种文化认同现象？本文即拟"黄帝穿井"为例，结合考古材料略作探索。

一 "黄帝穿井"的文献学分析

井的发明文献有"伯益作井""黄帝穿井"两种说法。"伯益作井"见于《世本》《吕氏春秋》《淮南子》等文献；"黄帝穿井"与"伯益作井"并见于《世本》。学者多认为战国末年三皇五帝名下的诸多发明是夺他人之功归于新圣，井的发明亦是如此，是黄帝夺益之功②。但细绎文献，

---

① 齐思和：《黄帝的制器故事》，《中国史探研》，河北教育出版社2000年版，第389—391页。
② 齐思和：《黄帝的制器故事》，《中国史探研》，河北教育出版社2000年版，第385—386页。

黄帝穿井之说并不晚于伯益作井。《世本》云"黄帝见百物始穿井",应本之《周书》。《经典释文·周易音义》井卦引《周书》曰:"黄帝穿井。"而《周书》可能早于《世本》,至少与之大体同时。因此,"黄帝穿井"的传说与伯益作井之说在战国末期均有流传,体现的应是不同族群中盛行的水井发明创造的传说。《世本》虽将多数史前发明归于黄帝或黄帝之臣,但仍保留了"伯益作井"之说,也许正是基于对水井起源不同传说的客观记载。

西汉以后,随着大一统观念、黄帝始祖认同观念的发展,黄帝的地位愈益显赫,功勋愈发卓著。史前诸种发明大多归于黄帝,以致数量多至数百。"黄帝穿井"也因此成为水井起源的主流观点。《路史》卷五载:昔黄帝"经土设井,以塞争端,立步制亩,以防不足,使八家为井,井设其中"。认为黄帝时已经"设井",即人工开凿水井,用于原始的农业灌溉。《太平御览》《初学记》中均引用《世本》所载"黄帝见百物始穿井",将井的发明创造权赋予黄帝。

文献中关于黄帝作井的记载虽不多见,但演变过程还是比较明显的,从最初"伯益作井"与"黄帝穿井"并存,到汉以后"黄帝穿井"成为主流观点,体现出黄帝始祖认同与民族认同观念产生形成的发展历程:春秋战国时期,三皇五帝传说兴起,并开始逐渐集中于黄帝;西汉时,司马迁《史记》中黄帝谱系形成,将南北东西各区域的民族统一纳入其中,黄帝成为各民族的共同始祖。在这种民族认同观的支配下,黄帝享有了史前社会大量物质或精神文明成果的发明权。

二 "黄帝穿井"的考古学观察

文献将水井的发明归于黄帝,反映了人们对黄帝敬仰和礼赞的一种民族认同情怀。实际上水井是史前先民在长期生活实践的基础上,在对水资源利用有充分认识且挖掘技术和工具有一定发展的情况下,才逐渐出现并完善的,不可能是某一圣人或圣王一朝一夕的发明。这在考古材料中有非常明确的体现。

黄帝生活的时代，目前学界大都认为在距今5000年左右①，社会发展已进入新石器时代晚期。从这个时间节点来看，早在黄帝之前即距今6000年左右，黄河流域中下游和长江下游地区就出现了水井，至距今5000年左右，水井有了一定发展，数量更多，筑造技术也更加成熟。若将"黄帝穿井"理解为黄帝时代出现了造井技术，可能比说黄帝发明水井更符合历史发展的真相。

长江下游地区发现的史前水井数量较多，时代也比较早。在浙江余姚河姆渡、上海青浦崧泽、江苏苏州草鞋山、江苏常州圩墩等遗址都发现有距今约6000年前的水井。形制有竖穴土井、木框井架水井、木筒水井、竹箍苇编水井等，多带有井圈。分布范围较大，不仅在居住区有发现，在一些遗址的水田中亦有不少发现②。

黄河流域下游海岱地区发现的时代最早的水井出现于北辛文化济宁张山遗址中，井口为椭圆形，中部腹径较大，平底。井口距地表1.6米、口径1.14—1.34米、底径0.80—1.04米、深2.75米，根据井中堆积和出土遗物分析，该水井的废弃时间在北辛文化晚期，绝对年代约距今6000年前③。到距今6100—4600年之间的大汶口文化时期，山东海岱地区发现的史前水井数量明显增多，在枣庄建新、广饶傅家和滕州西公桥遗址中都有发现④。

黄河中游地区发现的史前水井，整体上稍晚于长江下游和海岱地区，主要集中于距今5000年至4000年之间，但制井水平相对较高，形制规整，且不少有木构井圈，应该不是水井的初始形态。该区域目前所见最早的水井是舞阳大岗发现的裴李岗文化晚期的，深6米多，有三层水位线，井底有许多汲水用的小壶，还发现有丽蚌和鳄鱼鳞板等⑤。其他水井时代较晚，皆属于龙山文化时期，形制上主要有竖穴土井、木框井架加固型水井两

---

① 杜勇：《中华文明五千年的学理问题》，《中原文化研究》2018年第3期。
② 崔英杰：《中国史前水井的发现与研究》，《农业考古》2011年第4期。
③ 鲁波：《枣庄山亭发现大汶口文化聚落遗址》，《文物》1994年第5期；济宁市文物考古研究室：《山东济宁市张山遗址的发掘》，《考古》1996年第4期。
④ 山东省文物考古研究所等：《枣庄建新——新石器时代遗址发掘报告》，科学出版社1996年版；山东省文物考古研究所等：《山东广饶傅家遗址的发掘》，《考古》2002年第9期。
⑤ 河南省文物考古研究所：《舞阳贾湖（下卷）》，科学出版社1999年版，第965页。

种，制井技术已具有较高水平。竖穴土井在河南临汝煤山、河北邯郸涧沟、河南洛阳锉李、新乡李大召、辉县孟庄等遗址中有发现①。木构水井在河南汤阴白营、山西襄汾陶寺、河北容城午方遗址中有发现②。

　　综合分析史前水井的发现情况，大体具有以下两个主要特征：一是从时间上看，目前所见最早的水井出现于距今6000年左右，但此时的水井并非最初形态，其起源应可追溯至更早的时期。有学者认为在距今7000年左右，农耕定居出现，挖掘窖穴和围沟技术成熟，石耜木耜等挖掘工具出现，应该已具备了制井的前提条件，只是目前尚未发现实物③。从已发现的最早的水井形制看，这种观点应该是符合实际的。这就是说，制井其实在黄帝时代之前已经出现，黄帝时代处于水井的发展阶段，而非起源。二是从地域分布、制井技术和水井形制来看，南北地区的水井应属于两个系统，均有独立的起源与发展过程，产生原因不同，前提条件不同，功能也有所差异。黄河流域中下游地区的史前水井多发现于居住遗址，明显以日常生活所需为主；个别发现于陶器作坊区，应用于手工业制作中；到夏商以后才出现了用于农田灌溉的水井。南方长江流域的史前水井，多数出土于居住遗址，少数出现于农田遗址中，是水田的有机组成部分，其用于农业生产的时间远早于北方地区。这与南北地区的生活方式及农业耕作方式密切相关。另外，北方地区由于地下水位低，水井深度都较深，一般都在2米以上，最深的甚至能达到15米；而南方地区降水较多、水系发达、地下水位浅，该区域发现的史前水井普遍较浅，多有井圈。南北水井功能、形制上的差异说明水井是在不同区域独立起源发展的，这也从另一个侧面

---

① 中国社会科学院考古研究所河南二队：《河南临汝煤山遗址发掘》，《考古学报》1982年第4期；北京大学、河北省文物局等：《1957年邯郸发掘简报》，《考古》1959年第10期；洛阳博物馆：《洛阳锉李遗址发掘简报》，《考古》1978年第1期；韩国河、赵海洲：《新乡县李大召龙山文化至殷墟时期遗址及东周、汉代墓葬》，《中国考古学年鉴·2004年》，文物出版社2005年版；河南省文物考古研究所：《辉县孟庄》，中州古籍出版社2003年版。

② 安阳地区文物管理委员会：《河南汤阴白营龙山文化遗址》，《考古》1980年第3期；高天麟、张岱海等：《龙山文化陶寺类型的年代与分期》，《史前研究》1984年第3期；河北省文物研究所：《河北容城午方新石器时代遗址试掘》，《考古学集刊》（5），中国社会科学出版社1987年版。

③ 王凌浩、黄渭金：《河姆渡水井研究——兼论我国水井的起源》，《农业考古》2002年第1期。

体现出文明起源的多源性特点①。

三 水井文明与民族认同

水井作为中国远古时期发明的一项重要的生产生活技术，在文明起源与社会发展进程中具有重要意义。

其一，水井的发明极大地拓宽了人类的生存空间和活动范围，使史前先民的居住地可以不必囿于近水源之地。水井发明之前，先民居住地只能选择位于河滩谷底的近水源之地，以便日常生活取水用水。但同时也不得不遭受水患侵扰。水井发明后，先民居住地可以扩展到离水源较远的台地，在某种程度上大大减轻了水害侵扰，可以保证居地的长期稳定发展。这是聚落能够不断扩大进而发展形成城邑的重要前提。

其二，水井的发明保证了日常生活中稳定和纯净的水源的使用，生存条件得以改善，为先民的身体健康提供了重要保障。从史前水井的发现可知，许多水井井底铺有蚌壳沙石等，应有过滤和澄清水质的功能。如枣庄建新遗址发现的大汶口时期水井中有石块蚌壳；舞阳大岗裴李岗文化晚期的水井中有丽蚌和鳄鱼鳞板；浙江嘉善新港遗址的木筒构造水井底部也有贝壳。这些蚌壳、贝壳的存在可能是用于水质的过滤。即便没有过滤层，地下水源的有效利用保证了水源的洁净和卫生，也远胜于露天河湖水源的使用。尤其是在长江下游，海侵造成了地表水源的污染，只有水井才能提供必要的饮用水源。

其三，水井的发明促进了农业和社会生产力的迅速发展。水井应用于农业生产，保证了农业生产和粮食产量的相对稳定，很大程度上改变了靠天吃饭的局面，有助于农业生产规模的扩大，促进了史前聚落发展壮大和社会生产力的发展。北方黄河流域夏商时期水井普遍应用于农业生产后，极大地促进了农业发展和粮食产量的提升，不仅有大型的国家粮仓用于储粮，而且粮食富余还催生了农业的附属产业酿酒业。可以说夏商农业和社会的稳定发展，与水井应用于农业生产应是密切相关的。而南方长江流域

---

① 王涛：《史前水井的考古学分析》，《文博》2001年第2期。

下游，农业生产的发达同样与水井的使用有关。南方地区水源充足，以稻作农业为主，水井自产生之初就与农田生产结合在一起。如苏州唯亭草鞋山遗址，水井和水田结合形成了以水井为水源的灌溉系统，全区的所有田块和水井都是相互串联在一起的整体，所需水量的大小可相互调度①，在保证农业生产的稳定性方面起着重要的调节作用。

综上所述，水井的出现不仅扩大了人们的活动范围，也增加了人们生产、生活的内容，是史前先民征服自然、改造自然能力的具体体现。对于史前先民这一重要发明创造，后世将其归功于黄帝，不是追忆历史的真实，而是通过一种文化认同的方式来体现民族认同的价值取向。秦汉以后，随着南北族群融合和文化交流的发展，以黄帝作为各民族共同始祖的观念深入人心，加快了汉民族形成与发展的步伐。今天我们以黄帝作为中华民族的人文始祖，实际上正是这种民族认同观的历史延续，对于增进民族凝聚力、向心力，增强民族团结和统一，推动民族的振兴和发展都具有积极意义。

（李玲玲：河南省社会科学院历史与考古研究所副研究员）

---

① 王涛：《史前水井的考古学分析》，《文博》2001年第2期。

打造"文化同源体"探索建立共同富裕的"缙云路径"

唐燮军

共同富裕是中国人民的梦想,在这个伟大梦想之中,既有物质文明的富足,更有精神文明的充裕。无论是在党的十九大报告,抑或《中共中央国务院关于支持浙江高质量发展建设共同富裕示范区的意见》等顶层设计中,无不将社会主义精神文明建设作为实现共同富裕的一个重要参数和建设指标。在中国特色社会主义进入新时代、社会主要矛盾发生重大变化的关键时期,把马克思主义与中国具体实际相结合,把马克思主义同中国优秀传统文化相结合,以精神文明建设推动共同富裕,值得深入思考与研究。

一 问题的提出

时代是出卷人,我们是答卷人,人民是阅卷人。现在是什么样的时代?从世界来看,当前世界正处于百年未有之大变局,资本主义世界正逐步丧失原有的统治力和话语权,而中国正在中国特色社会主义道路上阔步前行、蓬勃复兴。

这样的时代给予我们什么样的期望和要求?从十九大"不断促进人的全面发展、全体人民共同富裕"到十九届五中全会"扎实推动共同富裕",从《中共中央国务院关于支持浙江高质量发展建设共同富裕示范区的意见》指出"传承弘扬中华优秀传统文化,充分挖掘浙江文化优势",到《浙江高质量发展建设共同富裕示范区实施方案(2021—2025年)》提出

"传承弘扬中华优秀传统文化、打造具有代表性的浙江文化符号和文化标识",无论是顶层设计还是地方规划,共同富裕的目标都愈加清晰明朗,传承中华优秀传统文化并以精神文明建设促进共同富裕的要求愈加迫切。

那么,于浙江缙云而言,如何贯彻落实党中央有关精神和浙江省部署要求,把"中国南方黄帝文化辐射中心"的黄帝文化用活用好,探索建立共同富裕的"缙云路径"?这是本文将要思考与研究的问题。

二 缙云与黄帝文化

缙云县的黄帝文化历史悠远。张守节《史记正义·五帝本纪》:"黄帝有熊国君,乃少典国君之次子,号曰有熊氏,又曰缙云氏,又曰帝鸿氏,亦曰帝轩氏。"认为缙云氏即是黄帝;裴骃《史记集解·五帝本纪》注引贾逵的话:"缙云氏,姜姓也,炎帝之苗裔,当黄帝时任缙云之官也。"认为缙云氏是炎帝的苗裔,曾在黄帝时期任缙云官,故以此为氏族名。而孟世凯研究员在其多年的研究中认为"缙云氏是一个古老的氏族,与炎帝、黄帝、蚩尤同时,是神农氏之后裔。神农是南方农耕氏族,缙云氏亦应是以农耕为主的氏族"[①]。无论何种说法,可以肯定的是,缙云氏与黄帝密不可分。而缙云县名的来源也正是黄帝、缙云氏,张守节《史记正义·五帝本纪》注"缙云氏"时指出:"今括州缙云县,盖其所封也。"《元和郡县志》也写到"缙云山,一名仙都,一曰缙云,黄帝炼丹于此"。

缙云县黄帝文化的传播历久弥新。最早宣传缙云县黄帝文化的自然当属司马迁及其撰写的《史记》。前述《史记》缙云相关引文便是司马迁在考据典籍游历各地后写下的,作为我国第一部纪传体史书,其内容真实性和客观性不言而喻。而围绕《史记》做注的裴骃、张守节等关于"缙云"的说明也进一步加强了黄帝文化与缙云的联系。其他如晋朝"性灵派"诗人谢灵运的《名山记》:"缙云山旁有孤石,屹然千云,高二百丈,三面临水,周围一百六十丈……中岩上有峰,高数十丈,或如莲花,或如羊角,古老云黄帝炼丹于此。"又如唐朝诗人徐凝《题缙云山鼎池二首》"黄帝旌

[①] 《缙云与黄帝文化(笔谈)》,《杭州师范学院学报》2001年第2期。

打造"文化同源体"探索建立共同富裕的"缙云路径"

旗去不回，空余片石碧崔嵬。有时风卷鼎湖浪，散作晴天雨点来。天地茫茫成古今，仙都凡有几人寻。到来唯见山高下，只是不知湖浅深"。再如葛洪、陆修静、陶弘景等纷至缙云仙都山踏访黄帝文化、寻真问道。在文人墨客、道家学者的传播下，缙云黄帝文化愈发浓厚，以至于成为"中国南方黄帝文化的辐射中心"。

缙云县对黄帝文化的发扬孜孜不倦。缙云是全国唯一一个以轩辕黄帝名号命名的县，2021年10月14日在缙云县举办了主题为"四海同心祭始祖，共同富裕启华章"的辛丑（2021）年中国仙都祭祀轩辕黄帝大典。据载，缙云仙都祭祀轩辕黄帝的活动始盛于东晋，距今已有1600多年的历史。而唐天宝七载（748）唐玄宗敕改缙云山为仙都山、缙云堂为黄帝祠宇，应是地方政府官方祭祀之始。新世纪以来，缙云县全力挖掘整合黄帝文化的当代价值，20多年来共举办了四十多场次祭祀大典，"海岸两峡共祭""全球华人共祭""黄帝文化学术研讨"等将黄帝文化的凝聚力、向心力、感召力、包容力切实发挥出来，成为"中国南方黄帝祭祀中心""黄帝文化研究中心"等，持续释放精神文化光芒。

缙云县黄帝文化的保护取得丰硕成果。一直以来，缙云县对于黄帝文化的保护都极其重视，努力将其打造成为缙云县乃至浙江省的特色文化品牌，对黄帝文化的保护取得了一系列丰硕成果。1998年重建黄帝祠宇、恢复仙都黄帝祭典；2007年"轩辕氏祭典"项目被浙江省人民政府列入第二批省级非物质文化遗产名录；2008年浙江省文化厅公布了缙云县（仙都轩辕氏祭典）为首批省民族传统节日保护基地之一；2011年缙云轩辕祭典成功入选第三批国家级非物质文化遗产名录；2014年成为浙江省经党中央、国务院批准保留的8个节庆项目之一；2021年经国清组批复同意，中国仙都祭祀轩辕黄帝大典主办单位变更为浙江省人民政府，一年一届。

三　新时代黄帝文化的价值

黄帝作为中华民族的人文始祖，其蕴含的价值在不同的时代都有体现，"它既与五千年前的黄帝时代联系在一起，又与五千年来的中国文明史联系在一起,在黄帝时代以来的五千年间得到不断丰富发展"①,黄帝文化与中华民族相生相伴,双向互动。从黄帝统一华夏、融合各族到司马迁叙史奠定黄帝人文始祖地位、魏晋南北朝隋唐时期各胡族争相以黄帝子孙自居,再到历朝官祀黄帝,这种互动一直持续着,未曾断绝。特别是抗日战争时期,国共两党在中华民族最危险的时候同祭黄帝陵,毛主席还亲自撰写祭文,黄帝文化遂成为海内外中华儿女共同抗战的一面旗帜。

进入新时代,黄帝文化依然散发着耀眼的精神光芒。首先,黄帝文化有助于凝聚中华民族伟大复兴的磅礴力量。实现台湾统一是推动中华民族伟大复兴的关键一步,而黄帝文化作为两岸高度认同的精神载体,在增进文化交流、凝聚统一共识方面具有重要作用。而随着一批又一批炎黄子孙散居海外,他们身上的黄帝文化印记也在各地闪耀,为中华民族伟大复兴凝聚力量,"在促进文化自觉和文化自信,强化中华文化认同和中华民族认同,实现中华民族伟大复兴的征程中,黄帝文化不应缺席,也不会缺席"②。其次,黄帝文化是中国争夺世界话语权的重要动力。经济基础决定上层建筑。随着中国综合国力的提升,急需与之相匹配的文化软实力参与世界话语权的争夺。黄帝文化所蕴含的精神内核是我们"丢掉幻想,准备斗争"的有力思想武器。

四 文化同源体

同样具有黄帝文化的不仅是缙云县,还有陕西黄陵黄帝墓葬地、河南新郑黄帝出生地、四川盐亭黄帝元妃嫘祖故里,这些具有相同文化源流的地方,具有打造"文化同源体"的现实基础。

所谓"文化同源体"可以理解为具有共同文化源流的几个地区以此为基础形成的文化共同体。诸如此者,井冈山、延安、嘉兴等极富革命红色文化传统的地区可以合力打造"红色文化同源体",几地将文化传承、文化研究和文化产业发展联合规划实施,通过策划推出一些如"红色旅游路

---

① 刘宝才:《黄帝文化的当代价值》,《中华读书报》2008年4月9日第12版。
② 高强:《黄帝文化与中华民族伟大复兴》,《长安大学学报》2018年第3期。

打造"文化同源体"探索建立共同富裕的"缙云路径"

线""革命精神研讨""党建文化基地"等文化品牌，形成同源文化的强大影响力，以革命精神为指引，打造新时代社会主义文化新高地。而如贵阳、六盘水、攀枝花、绵阳等在21世纪六七十年代"三线建设"中承接大量建设任务的城市可以合力打造"三线建设文化同源体"，联合推出一些类似"建设体验车间""三线建设精神研讨"等文化品牌，激发新时代"三线建设精神"的强大文化力。一个地方可以与多个地方联合打造不同的"文化同源体"，不过要以一个最重要的为中心。

缙云县可以与前述陕西黄陵黄帝墓葬地、河南新郑黄帝出生地、四川盐亭黄帝元妃嫘祖故里等地加强联动，合力打造"黄帝文化同源体"。黄帝是中华民族的人文初祖，黄帝文化是中华民族的文化基因，黄帝精神是中华民族精神的源头活水，因此"文化同源体"的建设可以是精神和物质的建设，但主要是精神方面。于精神建设而言，原有的黄帝祭祀大典可以由国家有关部门主办，四地同频承办，线上直播大典；黄帝文化学术研讨会由四地联合举办，共同邀请专家学者，扩大文化影响力。同时开发推出"黄帝文化体验馆""黄帝的一生""黄帝征伐真人对战"等品牌；设计制作黄帝文创周边，将黄帝符号与现代产品结合等。总之，围绕同源文化做文章，在传承发扬黄帝文化的同时带动旅游产业发展，进而推动共同富裕的精神和物质双富足。

在新时代建设高质量的"文化同源体"是坚持把马克思主义同中国具体实际相结合、同中华优秀传统文化相结合的有力举措。"文化同源体"的影响力一经形成便可以积极向外传播，争夺话语权，占领文化高地。而随着社会主义的发展，所有的"文化同源体"最终都要走向融合，成为社会主义文化共同体。

五 缙云路径

通过上述内容，对于把"中国南方黄帝文化辐射中心"缙云县的黄帝文化用活用好，探索建立以中国优秀传统文化为内核、因地制宜推动共同富裕的"缙云路径"，已产生大致思路，在此可以用"三个+"来阐述。

文旅融创：黄帝文化+。缙云的黄帝文化源远流长，大有文章可做。

经司马迁、谢灵运以及葛洪、陶弘景等文人骚客、道家学者的宣传与发扬，缙云黄帝文化兼具历史与神话底蕴。江山胜景与浓郁道韵终于形成缙云与陕西黄帝陵"北陵南祠"的格局。常年有源源不断的民众到鼎湖丹峰、"黄帝祠宇"等地旅游、拜祭，可以深入挖掘相关旅游资源和文化遗产，在"中国·仙都公祭轩辕黄帝大典暨文化旅游节""黄帝文化学术研讨会"等活动的基础上，融入互联网数字思维，创新发展，形成"黄帝文化+旅游、学术、教育……"的特色文旅品牌，线上线下带动更多民众参与到黄帝文化的传承与发扬中来，进一步坚定文化自信，为建设共同富裕奠定坚实的精神文明基础。

纽带联结：共同富裕+。共同富裕还有一个重要内容：先富带后富。"允许一部分人先富起来，先富带后富、帮后富"，中央决定在浙江建设共同富裕示范区，既希冀通过一省的实践提供共同富裕的范例，也有先富带后富、发达地区带动相对欠发达地区共同富裕的含义。缙云县凭借良好的经济社会基础和优势推进高质量发展，还可以联结带动陕西黄陵黄帝墓葬地、河南新郑黄帝出生地、四川盐亭黄帝元妃嫘祖故里等拥有共同黄帝文化纽带的中西部地区共同发展。这些地方在精神上联结了黄帝文化这条千年纽带，有共同的文化传承；在地域上分属东部发达地区、中西部相对欠发达地区，有先富带后富的现实需要。各地可以互联互通、共建共享，在示范区建设中实现"共同富裕+"，为全省乃至全国建设共同富裕提供"缙云路径"。

解构升华：精神内核+。黄帝文化的生命力在新时代依然能够解构升华出丰富的精神内涵。费孝通指出："几千年来，炎黄二帝作为中华民族始兴和统一的象征，对于海内外中华儿女的民族认同和增强凝聚力、向心力，发挥了巨大作用。"抗日战争时期，国共两党同祭黄帝，黄帝文化于彼时也成为中华儿女抗战的一面旗帜。在建设共同富裕的进程中，一方面缙云黄帝文化作为中华优秀传统文化，是社会主义核心价值观的渊源之一，也是建设共同富裕的精神底色；另一方面黄帝文化所散发出的凝聚力和向心力，发挥着联结华夏儿女的重要作用，有利于在新时代汇聚实现中华民族伟大复兴的中国梦的磅礴力量。

六 余论

打造"文化同源体"探索建立"缙云路径"推动共同富裕,将是一个长期的过程。中国人民在中国共产党的领导下,用几十年的时间解决了困扰几千年的贫困问题,全面建成小康社会,为共同富裕奠定了坚实的物质基础。其中极其重要的一点就是要保持与时俱进的思想。时代在变,矛盾在变,在不同的时代和矛盾下,对于共同富裕的建设必须要与时俱进地汲取新知识和新理念。

(唐燮军:宁波大学历史系主任、教授)

传承黄帝文化精神　推进共同富裕

张永平

黄帝文化博大精深，是中华文化之源、中华文化之根。她代表了上古先民为追求美好生活而展现出来的自强、创新，厚德、为公，人本、大同的精神。天下大同是以黄帝为代表的先民所追求的理想之一，亦是今天共同富裕思想的早期萌芽。传承黄帝文化精神，是今天推进共同富裕建设、提升文化自信的重要内容，具体应结合缙云实际，做好坚定信念、文化推广、文旅融合三篇文章。

一　坚定信念，践行使命担当

作为中华文明起源的初祖，黄帝更是一个文化符号或者精神图腾，凝聚着中华民族文明、文化启蒙期先民追求美好生活的奋斗精神，贯穿着中华民族千百年来求索美好生活、追寻天下大同的思想主线。

黄帝文化精神主要体现为战斗精神、奉献精神、创新精神。

一是统一华夏的不屈战斗精神。阪泉三战，黄帝战胜炎帝，促成炎黄合一。涿鹿大战，黄帝令应龙攻蚩尤，遂杀蚩尤，收降东夷集团，推动民族融合。战争虽导致大规模人员伤亡，但客观上促进了民族之间的融合，为中华民族的初创与形成奠定了基础。黄帝、炎帝、蚩尤三祖之间的战争，是中华民族史前的两大著名战役，一方面加速了中华文明在冲突碰撞之中的相互融合，另一方面也奠定了黄帝在华夏族的领袖地位，黄帝也因而成为"华夏始祖"。

二是为国为民的无私奉献精神。为给部落寻找一个安定的家园，黄帝带领族人狩猎游牧，与自然抗争，与洪水搏斗，历尽千辛万苦，终于使遍地洪荒的险恶之地变成可以繁衍生息的生态家园。在九黎人抢走谷种时，为维护炎黄联盟，黄帝顾全大局，将母亲作为人质，冒着风雪追击九黎人，从而取得炎帝的信任。黄帝重情重义，取长相奇丑的嫫母为妻，开启"以德取人"新风尚。奠定天下之后，他反对奢靡，要求官员厉行节俭，提出"声禁重、色禁重、衣禁重、香禁重、味禁重、室禁重"的"六禁重"；主张"修德振兵"，德施天下，对后世起了良好的示范作用。

三是造福民生的发明创新精神。养蚕制衣、播种五谷、改造农具、营造屋宇、作车致远，这些与衣食住行相关的发明，正是黄帝为代表的先民在不断探索尝试过程中，不断摸索创新，从而逐渐由野蛮过渡到文明，体现的正是千百年中华先民的不懈创造精神。不仅是物质方面的创造，黄帝及其族人在天文历法、文字器物、工商农医均有发明。不可否认，这些众多的发明绝不可能是黄帝一人所为，而是先民集体智慧的结晶。时人或后人将这些发明归结于黄帝一人，正体现了我们对民族文化共同体的文化象征——"黄帝"这一文化图腾的归属感和认同感。

宽裕、殷实、和谐、平等，是古圣先贤所描绘的理想社会样态。《礼记·祭法》："黄帝正名百物以明民共财，颛顼能修之。"孔颖达疏："共财者，谓山泽不鄣，教民取百物以自赡也。"黄帝能为百物选取合适名称，使人民可取山川物产，而颛顼又能进一步推进黄帝的事业。这其实是一种处于萌芽状态、朴素的共富思想。为实现这一目标，以黄帝为祖源，历代仁人志士为之付出汗血，并矢志不渝坚持奋斗。薪火相传，千载绵延。自东晋咸和年间（公元326—334年）"缙云堂"开始，缙云人民祭祀轩辕黄帝，拜共祖，礼先贤，弘大义，祈福愿，迄今已有1700多年的历史。岁月既久，辉光焕发。2021年，中国仙都祭祀轩辕黄帝大典升级为浙江省人民政府主办，沿用古代最高祭礼"禘"礼，设置长号鸣天、击鼓撞钟、敬上高香、敬献花篮、敬献美酒、恭读祭文、行鞠躬礼、高唱颂歌、乐舞告祭九个环节。规格提升既是缙云黄帝文化历史传承、不断发展的需要，更是缙云人民立足新发展，利用新形式、新手段弘扬黄帝文化精神，凝聚民族共识，体现使命担当，实现共同富裕，开启美好生活的文化自信与文化展示。

二 文化推广，数字化改革先行

缙云作为我国南方轩辕黄帝祭祀中心，近年通过中国仙都祭祀轩辕黄帝大典活动，在推广黄帝文化方面的业绩卓越，参与人数、参与范围逐年增加，大典已成为凝聚海内外华人血脉的重要纽带，成为宣扬中华传统文化的精神高地。

但我们也应该清楚地认识到，当前，缙云黄帝文化的影响力还有待提高，传承和弘扬好黄帝文化任重而道远，将其打造为浙江省文化金名片还有一定的距离。仙都祭祀轩辕黄帝大典的规格提升，客观上为扩大缙云黄帝文化的影响提供了有利条件。

目前，我们对黄帝文化的推广尚未与数字技术的发展形成深度融合。对黄帝文化的推介大多依托现场活动、报纸、电视、电台、互联网、科普读物、杂志、宣传册等载体，通过会议、讲座、演讲、文艺演出、祭典来宣传普及与黄帝有关的人文知识。这会使部分地域、领域的人群受益，但无法真正实现黄帝文化推广的广泛社会性、群众性、持续性。

首先，数字技术日新月异，文化传播已由过去的精英文化走向大众文化，受众审美出现需求娱乐化、取向世俗化、角色主动化的转向，但现在我们与黄帝相关文旅知识的宣传内容依然偏精英化、单向化、说教化，整体风格存在扁平化、同质化倾向，[1] 信息虽已经实现实时发布，但交互性欠缺。其次，数字技术提供了文本、图片、动画、视频等丰富形式，产生了微博、博客、网络电视、视频、播客、电子杂志等多种平台，但目前与黄帝相关的宣传还主要采取一个主页、一项活动、一篇报道的形式，依然是宣讲主导受众，群众无法实现自主选择、个性选择、自由选择、实时互动。最后，黄帝祭典宣传没有充分整合自媒体平台，群众参与度不够。旅游文化涉及全社会每一个人，在数字时代更是要利用数字技术，真正实现人人参与旅游文化宣传，人人享受宣传红利，每个人既是旅游的受益者，更应是旅游的传播者。

---

[1] 潘希鸣：《当代科普类电视节目的审美转型》，《南昌大学学报》2019 年第 3 期。

缙云目前在黄帝文化推广的数字化转型、网络化推广、智能化治理实践的深度、广度均不够。数字化改革给黄帝文化宣传提供了更多的渠道和载体。数字化、网络化和智能化是数字时代并行不悖的三条主线。利用浙江省"十四五"数字改革成果，借鉴旅游行业先进经验，探索缙云黄帝文化传播的新平台和新渠道，对于提高缙云知名度，弘扬黄帝文化，推动缙云旅游事业，具有重要意义。我们应大力开展黄帝文化数字化推广工作；发挥媒体精英、自媒体人优势，除广播、电视、报纸等传统媒体之外，聚合自媒体创作人才，发挥青年群体思想开放、理念自由、话题轻松、形式多样、手段丰富的特点，抓住与黄帝文化有关的要点与关键，及时高效创作一批有话题效应、有高关注度、有点滴渗透作用的推广宣传作品，以轻松、趣味、易懂的形式，通过大量原创内容，开展与黄帝文化相关的科普、解惑、答疑、导游工作，擦亮黄帝文化这一金名片，促进缙云旅游事业发展。

三　文旅融合，谱写缙云新篇章

作为全国首批"中国华侨国际文化交流基地"，缙云黄帝祠宇环境优美，自然条件优越，文化底蕴深厚，富有浙江特色，是促进海内外中华儿女文化交流的示范窗口。东晋以降，在此举行祭祀轩辕黄帝大典，绵延不绝。特别是1998年重修黄帝祠宇，再现史上"北陵南祠"格局以来，仙都黄帝祭典影响力逐年扩大。缙云悠久的历史、美丽的风光，也吸引了王羲之、谢灵运、李白、白居易、徐霞客、袁枚等文化名人留下了历史足迹与不朽诗篇。

我们要立足缙云悠久的历史文化与深厚的人文根脉，深入挖掘黄帝文化底蕴与精神，利用美术、文学、音乐、影视等艺术形式进行再解读再创造，推出一批历史与现代、艺术与大众结合的文化创意精品，推进文旅产品的市场化运营。黄帝文化是仙都特色旅游的中心，旅游住宿、餐饮、产品均应体现黄帝文化特色。同时，结合王羲之、谢灵运、李白、徐霞客、袁枚等文化名人在缙云的游历路线，设计"历史名人游仙都"旅游专线，打造诗路特色旅游品牌。做好"旅游+"设计，借鉴兄弟县市成功经验，紧紧围绕缙云黄帝文化历史遗迹、民俗风情、风景名胜，重点发展旅游＋交通、休闲、农业、工业、健康等领域，打造交叉融合的新产业，既助力经济发展，助推实现共同富裕；这也利于普及黄帝文化，增强文化自信。共同富裕包含物质、精神两方面内容。文化先行、精神富有才是成色更足的共同富裕。推进共同富裕，从黄帝为代表的中华传统文化中汲取精神力量，开发与黄帝文化相关的文旅产品，做好文旅融合的文章，推动缙云经济社会发展，既是缙云实现共同富裕的题中之义，也是提升人民物质生活水平的有效途径。通过文旅融合，将缙云打造为全省乃至全国文化高地、旅游圣地、休闲福地，应结合仙都鼎湖峰、小赤壁、芙蓉峡、倪翁洞、黄帝祠宇、独峰书院、黄龙寺等重点景区，进一步精选文化旅游项目，增设人文景点，打造品牌方阵，开发既浓缩历史又不断长新的文创产品。

黄帝文化早已走出国门，影响遍及天下。亚洲日、韩、越南等自古受中华文化影响的国家自不必说，欧、美等世界各地黄帝文化亦有独特的魅力，持久而深远的影响。通过仙都祭祀大典与文旅推广，可以凝聚民族共识，向海外宣传中华优秀传统文化，在弘扬黄帝文化精神基础上，助推文旅事业高质量发展，更好推进共同富裕，创造更加美好的生活；可以提高缙云国际知名度，依托黄帝文化，促进海内外炎黄子孙的联谊交流，在文化交流中寻找经济合作的契机，提升缙云乃至浙江省的文化软实力。

（张永平：湖州师范学院外国语学院副院长、副教授）

缙云黄帝文化与乡村振兴

俞云初

浙江缙云黄帝文化源远流长，博大精深；祭拜轩辕黄帝历史悠久，影响深远。亘古至今，黄帝文化融于缙云的山山水水、乡村民间，世世代代作用着缙云人民的生产生活。如何进一步弘扬黄帝文化，推进中华民族优秀传统文化创造性转化、创新性发展，助力缙云经济高质量跨越式发展、乡村振兴、百姓共同富裕意义重大。现就该命题，本人谈谈"缙云黄帝文化与乡村振兴的切合点""乡村振兴的大好时机""弘扬黄帝文化助力乡村振兴"等三个方面的意见。

一 缙云黄帝文化与乡村振兴的契合点

缙云黄帝文化的源起虽然无从考证，但追溯到轩辕黄帝的部落分支"缙云氏"跋涉到南方开始传播当时北方的中华文明，史学界专家都是认同的。中国社科院研究员、中国先秦史学会原会长、现名誉会长宋镇豪先生指出："浙江缙云是我国北方黄帝文化向南方转折传播发展的一个重大节点。"经国内外众多专家学者的多年史料挖掘和考古论证，缙云为我国南方"黄帝文化辐射中心""轩辕黄帝祭祀中心""黄帝文化研究中心"的地位奠定确立，众望名归。现为了进一步弘扬缙云黄帝文化，充分发挥"三个中心"的作用，更好的助力当地经济发展与乡村振兴，首先我们要找准弘扬黄帝文化与乡村振兴的契合点。

（一）博大精深的缙云黄帝文化为指导

几千年积淀下来的缙云黄帝文化在缙云的大地上根深蒂固、发芽壮大，遍地开花、硕果累累。

1. 传播文明

黄帝时代结束了蛮荒混沌，开启了中华民族灿烂文化的先河，成为中华文明的源头。司马迁用"治五气，艺五种，抚万民，度四方"十二个字来赞扬黄帝的功德，集中说明了黄帝在治理自然环境、发展农业生产、安定人民生活、建立管理制度等方面都有开创性的建树，是一位开创新事物、造福于民的伟大领袖。缙云民间，不仅世世代代相传着轩辕黄帝在鼎湖峰铸鼎炼丹、功成驭龙升天的故事，也传诵着黄帝时代播百谷、植草木、制衣冠、造合宫、定算术、制音律、发展医药等等开创物质文明和精神文明的功德。相传黄帝活动过的缙云许多山山水水，后人均以黄帝的名号来命名纪念他。如黄帝车辇驻跸的地方叫黄跸，后改成黄碧（现缙云县新碧镇的黄碧村、黄碧街、黄碧桥头、黄碧塘及新建镇上黄碧等），黄帝临时的住屋叫黄寮，黄帝曾经坐过的石叫轩辕石（步虚山上）。中官、春官、夏官、秋官、冬官等五位大臣集中议事的地方叫缙云墟（今缙云县老城区五云街道）。黄帝的正妃西陵氏，名嫘祖，她亲自栽桑养蚕，教民纺织，后人称之为先蚕。现缙云的嫘山（仙都东北面）、桑龙村（现改为双龙村）、桑龙岙（现小赤壁景点南面）等曾是嫘祖劝民种桑的地方。

2. 精神源泉

几千年来，轩辕黄帝一直受到中华民族的崇敬，成为民族团结统一的标志。在海内外炎黄子孙的心目中，黄帝的形象具有强大的凝聚力和感召力。黄帝文化是中华民族精神和气质的源泉。

黄帝为了造福于民，改造部族的生活条件，付出了艰辛的劳动，并取得了显著的效果，因而赢得了人们的衷心爱戴和无限信赖。正是这样，当时以及后世的人们才会把许多黄帝时代的发明、创造都归功于黄帝。黄帝的"自强不息的开创精神、勤政爱民的奉献精神、以德化人的文明精神、身体力行的实践精神"及所引发出来的勤劳、善良、勇敢、智慧、正义、仁爱、自律等一切高贵品质，共同构成了传承千古的中华民族精神的丰富内涵，成为中华民族绵延不绝的原动力，始终鞭策着炎黄子孙"天行健，君子当自强不息"，披荆斩棘，勇往直前。

3. 传统传承

缙云黄帝文化是由历史传授的长期积淀和多种因素交合而形成，源于4000年前黄帝缙云氏族南迁浙江缙云山一带以后，与当地先民的原始信仰结合，吸收道家、儒家等学说的过程中，逐步形成的一种古老文化。其精髓渗透了当地的政治、文化、经济等各个领域，黄帝的踪迹及其相关的传说遍及缙云的山山水水。特别是在风俗、宗教、饮食、建筑、教育等方面影响颇大，形成了地方特色很强的缙云传统民俗文化。

缙云习俗，简朴厚实，重礼节，好往来，节俭自奉，慷慨待人。最具有地方特色的是迎龙灯与祭祖活动。

缙云民间，祖祖辈辈一直流传着轩辕黄帝在仙都鼎湖峰铸鼎炼丹、乘龙升天的仙话典故，人们一直视龙与黄帝为一体，并把自身视作龙的传人。缙云人对黄帝的崇拜首先体现在对龙的崇拜上，每个村庄均传承了迎龙灯的传统，在元宵佳节与祭黄帝时均要举行大型的迎龙灯活动。龙灯的种类有板龙、鞠龙、布龙等，尤其是板龙最具特色，工艺最考究。

缙云县的祭祀活动并不仅仅是对祖先的哀悼与怀念，而形成了一种古朴典雅、礼仪规范的传统地方文化。上古时期，人们缅怀黄帝，在仙都鼎湖峰脚下（鼎湖峰东侧面酷似轩辕黄帝的长须头像）跪拜。东晋咸康年间（326—342）建了"缙云堂"，作为祭祀黄帝的活动场所。唐天宝年间地方官员奉旨进行扩建，改名"黄帝祠宇"，并把民间联合族祭黄帝上升到地方政府官祭。从此，缙云祭祖活动已形成了一套完整的规范礼仪。当今祭黄帝，每年两次，重阳节（即黄帝在仙都鼎湖峰乘龙升天日）为公祭，清明节为民祭。公祭由地方府衙（政府）组织，民祭由民间机构组织。公祭与民祭的礼仪基本一致，一般设主祭、司仪、陪祭、参祭。主祭人向黄帝恭读祭文，全体人员行鞠躬礼，敬献三牲、五谷、水果、鲜花、美酒及祀舞。祭祀礼成后，再举行大型的民间文艺表演活动。

缙云仙都祭黄帝时，官方都要在当地挑选一批优秀的曲目敬献给黄帝。乡村各地怀着对黄帝崇敬，积极创作，精排节目，以选中为荣，从而大大地推动了缙云民间艺术的发展，其表演的节目精致优美，类型齐全。如舞龙、舞狮、叠罗汉、叠八仙、面具舞、钢叉舞、秧歌舞、迎花灯、踩高跷、台阁、腰鼓、推四、竹马、莲花及婺剧、采茶灯戏、缙云山歌等生动活泼、风趣幽默、丰富多彩。其中不乏有叠罗汉、钢叉舞等优秀项目被列为国家和省级非物质文化遗产。

（二）饮食文化对乡村振兴的支撑

弘扬饮食文化，打造好缙云特色的饮食产业链是乡村振兴的强大支撑。缙云的传统风味小吃几乎都与黄帝文化有关，如"饭甑岩与粥捞饭""丹炉与烧饼""祭祖与清明粿"、土索面、溪鱼、敲肉羹、十月酒等等，得天独厚，人无我有，人人喜爱。该饮食文化的产业链可以做得很大，而且家家户户都可以做，这是最快最普遍带动乡村农民共同致富之举，我们要作为一项基础的乡村振兴项目来抓。

（三）养生文化对乡村振兴的作用

养生文化是缙云黄帝文化的重要组成部分，黄帝时代，不仅在衣食住行与文字作乐等诸方面有许多发明，而且在养生保健领域中亦有很高的造诣。《黄帝内经》是春秋时期中医学的鼻祖之作，是养生学的集大成者，它全面地总结了先秦时期的养生经验，是道学的养生精髓。道学也称黄老之学，黄帝与老子都是道学的祖师爷。黄帝主张"人与天相参也，与日月相应也"，强调人与自然界的统一关系。人应安然平和地处于天地之中，顺应四季气候的不同及寒暑的变化来调养身体。

自古以来，缙云就是道家的养生福地，史载东晋时期，道士郑隐、葛洪就在缙云一带从事传教活动，缙云县的郑坑口、盖竹、丹址、葛竹等村，相传均是葛洪炼丹之地。此后历朝历代的许多道门领袖如陆修静、孙游岳、陶弘景、周景复、闾秋方远、杜光庭、许碏等等均在缙云辟谷养气，修真传教，做了很多的养生之道实践，传承并创造性地发展丰富了养生文化的内涵，缙云民众是最大的得益者，世世代代传承了古老的黄帝养生术和道家的养生文化。充分利用好发挥好这一深厚与博大的养生文化资源，鼓励当地农民参与养生环境、饮食、药膳、器材等制作，这对发展经济、乡村振兴将起到不可估量的作用。

（四）民俗文化对乡村振兴的带动

缙云民俗文化内涵丰富，多姿多彩，既有中华民族传统文化的特色，又具有缙云地方特色独创的风范。风俗大同，村有小异，正因这种生动活泼、丰富多彩的特色风俗活动与表演，强烈地吸引着大家的热情与兴趣，追随观赏，乐此不疲，开心欢畅。缙云正在推行"全域旅游"，如果我们各乡村对民俗文化在深挖掘、精展示等方面做出更多的努力，就能进一步带动地方经济的发展和乡村振兴。

二 乡村振兴的大好时机

中国人民在历经站起来、富起来的历史进步后，将迈入建设中国特色社会主义现代化强国"强起来"的新时代。新时代有新目标、新任务、新要求、新征程，党中央把乡村振兴战略作为国家战略提到党和政府工作的重要议事日程上来，并对具体的振兴乡村行动明确了目标任务，提出了"坚持农村优先发展，按照实现产业兴旺、生态宜居、乡风文明、治理有效、生活富裕"的总要求，推动城乡一体、融合发展，推进农业农村现代化。

（一）乡村振兴的天时

党的十九大报告提出实施乡村振兴战略，并将其与科教兴国战略、人才强国战略、创新驱动发展战略、区域协调发展战略、可持续发展战略、军民融合发展战略并列。报告再次重申我党农业农村工作的指导方针，特别强调农业、农村、农民"三农问题"始终是全党工作的重中之重。多年来，中央一以贯之地坚持"三农"优先，每年的中央一号文件，基本都是有关"三农"问题的内容，这基本成为一种惯例。坚持"三农"优先，在许多政策倾斜、支持力度方面自十八大以来显得更加突出。这就是说发展农村经济、乡村振兴的最好天时已经到来。

(二) 乡村振兴的地利

近几年，缙云始终坚持习近平总书记的"两山理念"，加快"绿色产业"的发展，实施企业转型升级，创造了发展经济、乡村振兴的创业环境与氛围。自仙都被评为"国家5A级旅游景区"后，极大地推动了缙云旅游业的快速发展，"全域旅游"走在了全省的前列；5星、4星等多家宾馆酒店的落成，极大地改善了缙云旅游的接待条件与环境，必将带动旅游业新的里程碑式的发展。三产好、旅游旺，必将导致乡村兴、农民富。

(三) 乡村振兴的人和

早些年，缙云县委县政府抓缙云特色小吃烧饼的培育与推广，当时有不少人不理解，觉得有点"抓芝麻丢西瓜"之感。现在看看：烧饼之路真的闯出来了，高雅地进入了省、市、县政府机关食堂与高星级宾馆的餐桌，遍布了广大城市乡村的大街小巷，成了无人不知没人不爱的缙云风味小吃，形成一条原料的种植、加工与成千上万分布在全国各地"缙云烧饼"店的产业链，带动数万人走上了共同富裕的道路，2020年"缙云烧饼"列入了国家"非物质文化遗产"名录。"小烧饼，大市场"不仅仅是让我们乡村农民富起来，而更重要的是人们观念与思想的蜕变：缙云像"烧饼"一样的传统风味小吃与其他特色产品还有很多，我们都可以像"烧饼"那样去做。这就是我们期待到来的思想解放、观念统一的"人和"。

三 弘扬黄帝文化助力乡村振兴

缙云黄帝文化最大的特点就是轩辕黄帝老年时期（也是国家安定统一、人民安居乐业、发明创造涌现时期）给缙云人民留下来的最全面、最成熟、最精髓的精神与物质财富。只要我们发力做好挖掘与弘扬黄帝文化，定能更好地推动发展当地经济与乡村振兴，走出一条全县人民共同富裕的康庄大道。

轩辕黄帝是我们中华民族的人文始祖，黄帝文化是中国优秀传统文化的代表，5000多年来，黄帝时代的创新精神不断发扬光大，成为中华民族自立自强的内在动力。

首先，我们要有文化自信，大胆高举"弘扬缙云黄帝文化，推动乡村经济发展"的旗帜，宣传黄帝文化、推广黄帝文化、利用黄帝文化。文化是产品的魂，是乡村振兴的根。我们要寻根找魂，结合黄帝文化打造出具有当地特色并富有灵魂的"乡村振兴"产品。

其次，要加强科普黄帝文化。发挥"缙云多媒体"的宣传普及作用，汇编出版乡土教材《缙云黄帝文化》，让缙云人的子孙后代了解黄帝文化，尊崇始祖黄帝；让外地到缙云来参加工作与经商的人也能更好地了解缙云黄帝文化。

再次，要经常定期性地开展缙云黄帝文化讲座与研讨活动，形成一种学习与研究黄帝文化的良好氛围，成为大家与社会的关注点。

轩辕黄帝是华夏始祖、远古圣王。黄帝文化就是文明素养和道德理想的综合体现，其特质就是开拓创新、奋发有为、为民谋利、为民造福、凝聚统一、和谐团结，这正是"自强不息、厚德载物"的中华民族精神的源头活水，也是"富强、民主、文明、和谐、自由、平等、公正、法治、爱国、敬业、诚信、友善"社会主义核心价值观的宝贵资源。通过黄帝文化的黄帝祭祀活动等仪式化、黄帝文化内涵的可视物化、黄帝文化的普及读物通俗化、黄帝文化的影视艺术化，使其成为广泛宣传社会主义核心价值观的重要载体。促进黄帝文化在中国南方的辐射和传播必将产生里程碑式的跨越发展，对于弘扬黄帝文化，树立文化自信，打造文化品牌，维护祖国统一和民族团结，促进浙西南经济发展、乡村振兴具有重要的现实意义，是一项功在当代、利在千秋的伟大事业。

（俞云初：中国先秦史学会会员、缙云县黄帝文化开发处原主任）

从《黄帝内经》解读健康长寿之道

——以缙云百岁老人为例

王晓鸣

  成书于春秋战国时期的《黄帝内经》是中华民族文化宝库中的瑰宝，是中医学经典著作中一部巨著，它包括《素问》和《灵枢》两部分，其中对养生的阐述占据了极其重要的地位，后世几乎所有养生学理论，均是在此书的基础上补充、发挥、完善而成的。《黄帝内经》所主张的养生、摄生、益寿、延年的观点一直影响至今。

  也许，人们会说，几千年过去了，我们无法再回到古代去研究先人的生活方式，也不可能完全按照古时的方法去生活和养生。但是，人们在享受现代丰富多彩生活的同时，对健康长寿的欲望也与日俱增，怎么样在《黄帝内经》的养生法则和现今的生活中寻求到结合点，给自己规划出一个相对可行的方法，使人体健康与社会、自然相和谐统一，"天人相应"，顺应自然，从而达到预防疾病、增强体质、延年益寿的目的呢？

  据《黄帝内经》中第一篇《素问·上古天真论》记载，上古时候人的寿命是比较长的——"春秋皆度百岁而动作不衰"，其原因在于："上古之人，其知道者，法于阴阳，和于术数，饮食有节，起居有常，不妄作劳，故能形与神俱，而尽终其天年，度百岁乃去。"主张顺四时，和术数，节饮食，适起居，忌妄劳等综合养生方法。

  从2013年始，浙江省中医药学会启动了"浙江省百岁老人长寿因素调研活动"，历时8年，先后调查255位百岁老人，其中年龄最长的115周岁。这些百岁老人的长寿原因是什么呢？本文藉《黄帝内经》的智慧，综浙江省百岁老人调研之成果，以缙云县百岁老人为实例，试图诠释健康长寿之道。

起居有常，生活规律

人类生活在自然之中，与天地息息相关。人们的起居只有与自然阴阳消长的变化规律相适应，才有利于健康长寿。"起居有常"是中医学用于祛病强身、延年益寿的重要法则，正如《素问·上古天真论》所云："起居有常……而尽终其天年"；"起居无常，故半百而衰也"。有关"起居有常"，《素问·四气调神大论》中根据自然四时生长收藏的阴阳变化规律，具体阐述了春夏秋冬起居作息：春天，人们宜"夜卧早起，广步于庭"；夏天，人们宜"夜卧早起，无厌于日"；秋天，人们宜"早卧早起，与鸡俱兴"；冬天，人们宜"早卧晚起，必待日光"。

"日出而作，日落而息"这一古时的生活习惯，也是大多数百岁老人们所遵守的起居规律，据我们调查显示，76%的老人睡眠在8小时以上。他们顺应生物钟，一切活动与生物钟的运转合拍同步。缙云县五云街道杜桥村陈宫明老人，担任了40多年村支书，还是一位有着60多年党龄的老党员，严于律己了一辈子。年逾百岁的他，每天雷打不动地6点起床，晚7点按时睡觉，白天目送女儿女婿出门上班后，老人就在家里自己照顾自己，闲来没事看看电视，到点了自己动手做饭。只要天气好，就把换下的轻巧些的衣服顺手洗了晾上，再在阳台上晒晒太阳。傍晚做好了饭菜等孩子们回家。他不仅作息规律，饮食上也是"严于律己"，连坐姿都是标准的"正襟危坐"。

《中国公民中医养生保健素养》要求"起居有常，顺应自然界晨昏昼夜和春夏秋冬的变化规律，并持之以恒"。健康之道，无须远求，只需在起居之间时时留意，尽量保证规律作息，就会受益无穷。

饮食有节，五味调和

人们常说"民以食为天"，"开门七件事，柴米油盐酱醋茶"，说的都是人与饮食的重要性。《黄帝内经》中有关饮食养生的内容也最多，其核心就是"饮食有节"和"谨和五味"。

"饮食有节"就是主张饮食适量，反对饥饱失常和饮食过寒过热。《黄帝内经》说："人以水谷为本，故人绝水谷则死。""谷不入，半日则气衰，一日则气少矣。"强调了水和谷类食物对人体的重要性。反之，饮食过量也会伤害人体健康，损伤脾胃，使消化吸收功能产生障碍，《黄帝内经》中"饮食自倍，肠胃乃伤"讲的就是这个道理。同时认为过分偏嗜寒热饮食，会造成人体阴阳失调，进而影响人体健康，"食饮者，热无灼灼，寒无沧沧。寒温适中，故气将持，乃不致邪僻也"。

关于"谨和五味"，《黄帝内经》云："阴之所生，本在五味，阴之五官，伤在五味。"精血的产生，根源于饮食五味的摄取；但是，贮藏精血的五脏，又因为过食五味而受伤害。重视"谨和五味"，把酸、苦、甘、辛、咸五味调和得当，就可以颐养天命："是故谨和五味，骨正筋柔，气血以流，腠理以密，如是则骨气以精，谨道如法，长有天命"，《黄帝内经》如是说。

《黄帝内经》又云："五谷为养，五果为助，五畜为益，五菜为充，气味合而服之，以补益精气。"这里所谓的"五"，就是指多种食物，合理搭配谷果肉菜，无令有偏，以使其气味和谐，有利于补益人体精气，从而有助于健康长寿。

缙云县新建镇大筠村伊伍妹享年102岁，她的后人陈华在《缙云百岁寿星》一书中载文：外婆"饮食方面偏清淡，由于年轻时过着'一丘菜头一丘芋，一冬一春无须开谷柜'的无米饭可吃的艰难日子，因此习惯了吃饭七分饱，喜蔬菜少荤菜，特别喜欢吃豆腐、萝卜、毛芋、番薯、南瓜、土豆等"。纵观我们采访过的长寿老人，经历过物资匮乏的年代，目前生活环境各异，饮食偏好也不尽相同。调查结果显示三分之二以上的百岁老人习惯于荤素搭配，有一个共同点就是不多吃，每餐只吃七分饱，真正做到了"饮食有节""谨和五味"。

恬淡虚无，志闲少欲

对于养生而言，不仅要注重形体的保养，而且还要重视精神的调摄，提倡"形与神俱"。《黄帝内经》创立了众多的怡养心神、调摄情志的方法，如《素问·阴阳应象大论》曰："是以圣人为无为之事，乐恬淡之能，从欲快志于虚无之守",提倡"恬淡虚无"以养生。《素问·上古天真论》说到"独立守神",提倡"精神内守"以养生;又"以恬愉为务,以自得为功",强调愉悦自得以养生;以及"淳德全道"以养生等。

《素问·上古天真论》说:"恬淡虚无,真气从之,精神内守,病安从来?"短短四句话就道出了养生和防病的真谛。恬淡,就是一种安静、怡然、淡泊的心理状态,没有功利和欲望的牵绊,渐入物我两忘的境界。这种养生的效应就是"真气从之",也是养生最上乘的方法。

《素问·上古天真论》还有一段精辟的论述:"是以志闲而少欲,心安而不惧,形劳而不倦,气从以顺,各从其欲,皆得所愿。故美其食,任其服,乐其俗,高下不相慕,其民故曰朴。"说的是,只要心志安闲,少有欲望,心情安定,没有恐惧,形体劳作而不疲倦,真气调达和顺,每个人都很容易达到自己的愿望。如吃什么都觉得美味,不管穿什么,在什么环境下生活,都感到快乐,无论社会地位高低,都不倾慕。"是以嗜欲不能劳其目,淫邪不能惑其心,愚智贤不肖,不惧于物,故合于道。所以能年皆度百岁而动作不衰者,以其德全不危也。"

大部分百岁老人虽然达不到高层次"形与神俱"的养生境地,但是,知足常乐,容易满足是大多数老人的共性。我们在调查中发现,有的老人经历坎坷,有的生活环境和条件并不好,绝大多数(92%)的百岁老人对目前生活依然感到满意。缙云县东方镇前金村百岁老人蒋菊仙,未曾生育,领养了一个女儿,又过继一个儿子,但并不妨碍这一家人其乐融融生活在一起。她虽年过百岁,仍是一家之主。儿子说"她脾气很好的,从不骂人"。母慈子孝,无论孙子、孙媳、曾孙、邻居,一众人都喜欢跟她相处,也总能把她捧得天天眉开眼笑的。"美其食,任其服,乐其俗,高下不相慕",这就是普通百岁老人的真实写照。

和于术数,不妄作劳

人类很早就知道通过运动来健身和养生,早在先秦时期人们就以舞蹈来舒筋活络,流通气血,防病祛病。《黄帝内经》认为养生防病应"和于术数","术数"主要是指"导引按跷"之术,即现今的气功之类保健方法。导，指导气，在意念的配合下，通过调节呼吸而养生防病；引，指引体，通过肢体的运动或自我按摩而增强体质；"按跷"为按摩的古称。"上古有真人者，提挈天地，把握阴阳，呼吸精气，独立守神，肌肉若一，故能寿敝天地，无有终时"，精、气、神三者合一，是《黄帝内经》对运动养生的概括。

中医养生重视强体健身运动，但是，更讲究劳逸结合，动静有度，"不妄作劳……而尽终其天年"。如《素问·举痛论》云："劳则喘息汗出，内外皆越，故气耗矣。"无论是"持重远行"，或者是"摇体劳苦"，都会大量出汗，津液耗散，气随津耗，而耗气伤津。《素问·宣明五气》说："久视伤血……久立伤骨，久行伤筋"，"久卧伤气，久坐伤肉"，这些都是告诫我们切勿劳逸失度。

百岁老人是怎么运动的呢？根据我们的调查显示，百岁老人选择最多的锻炼方式是散步，占79%。除了散步以外，六成以上的百岁老人生活能够自理或基本自理，做一些力所能及的家务，说明"家务"也是百岁老人一种锻炼方式。缙云县壶镇镇坑沿村有一位"老来俏"的百岁老人叫应菊卿，她念过几年书，会写毛笔字，擅长女红。老人出了名的爱漂亮，常对着镜子打扮自己，欣赏自己的俏。她很爱运动，年逾百岁还经常站着跳跃。真是动静有度、形神俱养的范例。

道法自然，长生久视

"道法自然"一语，出自老子的《道德经》："人法地，地法天，天法道，道法自然。"智者所见略同，《黄帝内经》阐述的养生第一法则便是"道法自然"。《黄帝内经》提及养生当"故智者之养生也，必顺四时而适寒暑，和喜怒而安居处，节阴阳而调刚柔，如是则辟邪不至，长生久视"。其核心思想就是"天人相应"——"居处依天道""饮食遵地道""精神皆安，以此养生则寿"。

"仙乡帝里且自然"，这是我们在缙云调研的感悟。相传当年轩辕黄帝一统天下后在仙都炼丹升天，缙云逐步成为黄帝文化南方传播中心。缙云的百岁老人们，他们不懂"春生、夏长、秋收、冬藏"的深奥医理，但他们以最平常、最自然的方式告知何谓"道法自然",只是顺其自然,久居善地,饮食道地,以自然之性为之,黄帝养生文化已深深融入这片好山、好水、好空气中。

寻访百岁老人时,还深感慈孝敬老之风延绵。在缙云这并不富裕的小县城,许多村都建立了居家养老服务照料中心,慈孝文化建设蔚然成风,湖川村便是其中典范之一。老人们可以住在家里,志愿者们结对上门嘘寒问暖,照料中心解决中、晚餐;也可以住在中心,全天候得到照料,解决了"老有所养"的问题。村里的百岁老人李唐菊说:照料中心"很好的,很爽"。湖川村支部书记总结道:"之所以长寿,是因为老人们不愁吃穿,村里推崇敬老爱老的好风尚,慈孝之风蔚然,老人们过得很舒心!"在缙云,我们对"盛世人添寿"的理解更加深刻。

俗话说,一方水土养一方人,栖居之地,在乎山水,养生之道,源于自然。根据我们调研的资料来看,百岁老人们长寿的原因是多方面的,各有各的活法,没有一个定律。但《黄帝内经》中所阐述的一些关键词:"饮食有节""起居有常""不妄作劳""恬淡虚无""精神内守""道法自然"等,在百岁老人身上都得到了很好的印证。情志、饮食、起居、运动,这些源于《黄帝内经》的中医养生四大基石,也许就是人们所期望的健康长寿之道吧!

(王晓鸣:浙江中医药学会副会长、浙江中医药大学教授)

《黄帝内经》养生思想与丽水"五养"产业发展

——培育丽水新的经济增长点

张尊敬

《黄帝内经》养生思想

《黄帝内经·灵枢·本藏》篇中说:"是故血和则经脉流行,营复阴阳,筋骨劲强,关节清利矣;卫气和则分肉解利,皮肤调柔,腠理致密矣;志意和则精神专直,魂魄不散,悔怒不起,五脏不受邪矣;寒温和则六腑化谷,风痹不作,经脉通利,肢节得安矣,此人之常平也。"此养生思想突出"和",即:"血和""卫气和"就是指血气运行和畅;"志意和"就是指精神情志活动正常,心理平和;"寒温和"就是指机体对外界气候环境适应性强,生活起居有常,食饮有节;"人之常平",就是指人体处于健康无病的状况。

《黄帝内经》健康的标准有三条:人体功能活动正常,即"气血和";人的精神活动正常,即"心身和";人体能够对外界环境做出适应性的调节,即"寒温和",也可以说是"天人和"。总括而言,健康就是人体处于一种和谐状态。

《素问·四气调神大论》说:"是故圣人不治已病治未病,不治已乱治未乱,此之谓也。"即"治未病"原则。

《灵枢·本神》篇指出:"故智者之养生也,必顺四时而适寒暑,和喜怒而安居处,节阴阳而调刚柔,如是则僻邪不至,长生久视。"

《素问·上古天真论》更指出:"上古之人,其知道者,法于阴阳,和于术数,食饮有节,起居有常,不妄作劳,故能形与神俱,而尽终其天年，度百岁乃去。"

总结概括为："天人合一"的顺时养生即"四季养生"；"恬淡虚无"的情志养生即"文养"；"谨和五味"的饮食养生即"食养""水养""药养"；"动静结合"的运动养生即"体养"。此与丽水提出的"五养"相一致。

"五养"大健康产业发展时代背景

21世纪是健康产业的世纪，健康产业正成为带动整个国民经济发展的强大动力。美国的健康产业占GDP比重超过15%；加拿大、日本等国健康产业占GDP比重超过10%；我国健康产业仅占GDP比重的4%—5%；与美国、日本甚至很多发展中国家相比，中国的大健康产业正处于起步阶段。因此随着人们对健康的日益重视，大健康概念、大健康产业发展趋势将越来越受到人们的普遍关注。

大健康的核心思想和大健康产业主要包括三个方面：一是以人类的生存、健康、长寿为宗旨，这是大健康全球战略目标；二是以"自认—生物—人体—社会—思维大健康模式"为核心；三是以大健康产业为根基，而大健康产业则通过物化的产品直接为广大民众的生存、健康、长寿服务，包括服务业，也包括制造业。

人口老龄化是大健康产业发展的最大契机，大病重病发病率居高不下，是大健康产业发展的催化剂，人们对大健康消费支出的意识增强，是大健康产业发展的助推器，市场需求是大健康产业可持续发展的动力源。未来"大健康"将成为大民生、大财富、大产业和大机遇。

丽水已步入收入中等偏上水平，也正处于转型升级的关键点，加快推进大健康产业发展，培育新的经济增长点，实现"共同富裕"显得尤为迫切。

丽水发展大健康产业的独特优势

2012年8月，中共丽水市委根据"秀山丽水、养生福地"的区域定位和生态是丽水的最大优势和区域优势，审议通过《中共丽水市委关于推进

"秀山丽水、养生福地"建设的决定》,《决定》提出"食养""药养""水养""体养""文养"五大主攻方向和丽水生态五养特色品牌。加快"食养"发展,着力打造"美食之都"品牌;加快"药养"发展,着力打造"健康之城"品牌;加快"水养"发展,着力打造"魅力之乡"品牌;加快"水养"发展,着力打造"魅力之乡"品牌;加快"体养"发展,着力打造"健身丽水"品牌;加快"文养"发展,着力打造"人文绿谷"品牌。2014 年出台了《丽水市"五养"技能大师评选管理办法》(丽委人〔2014〕6 号),为加快"五养"技能人才队伍建设和"五养"产业发展发挥了基本保障作用。

2015 年 3 月,丽水市率先在全国发布"五养"产业服务管理规范,市级地方标准正式实施,为"五养"产业发展有章可循。

2015 年《丽水市健康产业发展规划(2015—2025)》出台,规划概述的健康产业包括医疗服务、健康管理与促进、照护康复、中医药医疗保健、生态休闲养生(老)、健康旅游与文化、健康信息高端医疗、生物医药、保健食品、养生(老)用品等健康制造产业。此规划是指导全市健康产业发展的纲领性文件。

丽水发展健康产业的优势主要体现在以下几点:

生态环境优良:丽水是中国生态第一市,是中国优秀生态旅游城市,具有中国气候之乡、中国长寿之乡、中国黄帝文化等优势。浙江丽水市多年来坚持走绿色发展道路,坚定不移保护绿水青山这个"金饭碗",努力把绿水青山蕴含的生态产品价值转化为金山银山,生态环境质量、发展进程指数、农民收入增幅多年位居全省第一,实现了生态文明建设、脱贫攻坚、乡村振兴协同推进。

中草药资源丰富:丽水地处亚热带季风气候;"九山半水半分田";中药资源 2033 种,占全省的 85.24%;其中植物药有 1813 种,占全省的 98%;在全国 363 种中草药主要品种中,丽水有 251 种,占 69.1%,11 种畲药已被载入《浙江省中药炮制规范》;被誉为浙西南的"天然药园"。生态物产资源丰富:中国菊米之乡;中国灵芝之乡;中国香菇之乡;中国厚朴之乡;"畲医药"列入国家第二批非物质文化遗产保护名录。

文化底蕴深厚:中国石雕之乡、中国青瓷之乡、中国宝剑之乡、中国民间艺术之乡、中国摄影之乡、中国长寿之乡。

"五养"产业发展的几点思考：

1. 以建设"五养"产业群为中心，塑造"五养"产业品牌；

2. 以对接长三角一体化经济发展为契机，盘活现有医疗卫生资源，为"五养"产业发展提供重要技术支撑；

3. 对接省内外知名高校，充分利用丽水学院、技术学院、电大及各类技术学校等培训机构，利用"双招双引"政策，为"五养"产业发展提供各类人才保障，充分发挥近年来已评的"五养"技能大师和各级"五养"基地的作用；

4. 以生态旅游为中心，塑造"五养"生态健康品牌；

5. 以养生养老服务业为中心，塑造"五养"宜居养生养老品；

6. 以互联网为中心，塑造"五养"网络品牌；

7. 以中医药服务为中心，塑造"中医养生"品牌。

省政府已将中医药健康服务产业发展列入八大战略新兴产业之一，中医药服务主要包括中医医疗服务、保健服务、健康管理以及中医药健康养老、健康旅游、中医药文化等相关服务。涉及中医诊疗设备、中药、保健用品、健身产品等相关支撑产业。发展中医药服务业丽水潜力巨大。

加快发展丽水"五养"产业在全市大健康产业、行业的主导和引领，将为我市社会经济、区域产业之结构调整带来革命性变化。

作为体现丽水区域定位和特色的一项新兴主流产业，在应对社会水平提高、财富增长、人口老龄化健康需求提高的今天，加快"五养"产业发展，创造新的经济增长点正当其时，也必将成为新一轮丽水社会经济、市场逐浪的热点，成为新一轮丽水高质量绿色发展的金色产业。

（张尊敬：丽水市中医院副院长）

缙云黄帝文化景观浅析

王永莉　何炳武

黄帝作为中华民族的人文初祖,自西汉司马迁《史记·五帝本纪》以来,后世不绝于书。黄帝作为黄河流域中下游的部落联盟首领,其活动范围也主要以黄河流域中下游地区为中心。目前,陕西省黄陵县与河南省新郑市作为黄帝陵寝所在地、轩辕庙所在地,每年清明节、重阳节都会举行大规模的公祭与民祭活动,已经得到海内外中华儿女的基本认同与大力支持。浙江省缙云县作为黄帝祠宇所在地,其祭祀黄帝典礼也已列入国家非物质文化遗产保护名录,2021年10月14日,由浙江省人民政府主办的中国仙都祭轩辕黄帝大典在黄帝祠宇隆重举行,标志着浙江缙云已经成为与陕西黄陵、河南新郑并驾齐驱的三大黄帝祭祀中心之一。随着缙云黄帝文化的繁荣发展与祭祀地位的日渐提升,当地经济建设、文化繁荣与黄帝文化渊源等方面的深入论证和广泛宣传已成为当务之急。

一　缙云、缙云山与黄帝

相传,远古时期,来自陕北高原的缙云氏迁移至古百越族聚居之地的浙江中部,建立了以"缙云"为名的方国。应劭《史记集解》曰:"黄帝有熊国君,乃少典国君之次子,号曰有熊氏,又曰缙云氏""黄帝受命,有云瑞,故以云纪事也。春官为青云,夏官为缙云,秋官为白云,冬官为黑云,中官为黄云。"张晏曰:"黄帝有景云之应,因以名师与官。"据此,则缙云即黄帝之称号,亦为黄帝之夏官。缙云设县,则始于武周万岁登封元年(696),北宋《太平寰宇记》称:唐以括州为缙云郡,"盖以其地有缙云山故也。今县在山之西二十三里。"

《史记·封禅书》称:"黄帝采首山铜,铸鼎荆山下。鼎既成,有龙垂胡䫇,下迎黄帝。黄帝上骑,群臣后宫从上者七十余人,龙乃上去。余小臣不得上,乃悉持龙䫇,龙䫇拔,堕,堕黄帝之弓。百姓仰望黄帝既上天,乃抱其弓与胡䫇号。故后世因名其处曰鼎湖,其弓曰乌号。"当此之时,黄帝铸鼎、飞升之说与今浙江缙云尚无关联。及至西晋时期,崔豹《古今注》始称:"孙兴公(绰)问曰:'世称黄帝炼丹于凿砚山,乃得仙,乘龙上天,君臣拔龙须,须坠而生草,曰龙须。有之乎?'答曰:'无也,有龙须草',一曰缙云草。"以龙须草将缙云与黄帝炼丹、飞升附会在一起。但司马迁称黄帝采首山铜,铸鼎于荆山下,鼎成而驭龙飞天,崔豹则曰黄帝炼丹于凿砚山得仙乘龙上天,二者说法歧异,荆山与凿砚山是否有关联,暂且搁置。

南朝人虞荔撰《鼎录》,称"金华山(缙云山为其中一部分),黄帝作一鼎,高一丈三尺,大如石瓮,像龙腾云,百神螭兽满其中,曰'真金作鼎,百神率服'"。可见,最迟在南北朝时期,黄帝铸鼎于缙云山的传说已经在缙云一带流传。

唐开元年间,著名学者张守节为《史记》作注,即《史记正义》。该书称:"括州缙云县,其(黄帝)所封也。"中唐人李吉甫《元和郡县图志》卷二十六《江南道二》"处州缙云县"条下曰:"缙云山,一名仙都,一曰缙云,黄帝炼丹于此。"至此,缙云山与黄帝炼丹之地形成了某种对应关系。

缙云山从自然景观到文化景观的变迁过程,与龙须草等黄帝传说有密切关系。缙云县作为武周时期设置的县级地方行政单位,先因县境内的缙云山而得名,后因县境内的鼎湖峰与黄帝铸鼎、炼丹、驭龙升天等传说之间的关联,成功地转变成黄帝文化的重要衍生物,奠定了缙云作为中国南方唯一保存黄帝祭祀礼仪文化的人文圣地的崇高地位。

二 缙云地区的黄帝文化景观

缙云地区最典型的黄帝文化景观非鼎湖峰、步虚山莫属。鼎湖峰,又名仙都石、缙云山、丹峰山，相传为黄帝炼丹之处。东晋谢灵运《名山记》即曰："缙云山旁有孤石，屹然干云，高二百丈，三面临水，周围一百六十丈，顶有湖，生莲花。有岩相近名步虚，远而望之，低于步虚，近而视之，步虚居其下。中岩上有峰，高数十丈，或如羊角。古志云'黄帝炼丹于此'。"南朝宋郑辑之《东阳记》亦曰："仙都山，一名丹峰山。昔黄帝尝乘龙车登此山，辙迹犹存。"该峰孤高独立，高达二百丈，三面临水，与步虚山相去不远。步虚山在仙都山前，上有斗岩、缙云台。元《仙都志》记曰："步虚山，在仙都山前，正与玉虚宫相对，叠嶂倚空，群峰掩映。又有小峰列如北斗，名曰斗岩。……刘澄《山水记》云：缙云台，黄帝炼丹之所。"鼎湖峰、步虚山虽然只是自然造就的山峰，但其凝聚了史前时代至今的缙云地区乃至周边人民对华夏历史与黄帝的久远记忆，彰显着生生不息的黄帝精神，具有强烈的社会影响与文化象征意义，是名副其实的文化景观群落。

　　缙云堂，位于仙都山中鼎湖峰下，据传为黄帝飞升之地。相传曾是轩辕黄帝三大行宫之一——三天子都所在地，始建于东晋成帝咸和（326—334）年间。顾野王《舆地志》即曰："缙云堂即三天子都。山巅平敞，有若坛壿，是其地也。"唐玄宗天宝七载，敕令建祠宇祭祀黄帝，此后，经宋、元、明、清历代沿袭不绝。《图经》云："唐天宝七年六月八日，有彩云起于李溪源，覆绕缙云山独峰之顶，云中仙乐响亮，鸾鹤飞舞，俄闻山呼万岁者九，诸山皆应。自申至亥乃息。刺史苗奉倩上其事于朝，敕改今名。"元《仙都志》亦记载："自唐天宝戊子以独峰彩云仙乐之瑞，刺史苗奉倩奏闻敕封仙都山，周迴三百里禁樵采捕猎。建黄帝祠宇，岁度道士七人以奉香火。"对此，《旧唐书·玄宗本纪》之记载似乎可为佐证：天宝七载五月壬午，唐玄宗大赦天下，令免百姓来年租庸，"三皇以前帝王，京城置庙，以时致祭。其历代帝王肇迹之处未有祠守者，所在各置一庙"。按，黄帝是三皇以后之首位帝王，缙云作为其肇迹之处而未有祠守者，的确符合置祠庙之条件。"黄帝祠宇"四字为缙云县令、篆书大家李阳冰手书，雍正《处州府志》卷一"古迹"条下记载："黄帝祠，唐邑令李阳冰手篆'黄帝祠宇'四字，胡志通书碑后诗，'李侯神仙才，宇宙在其手。古篆夸雄奇，铁柱贯金钮。标榜黄帝祠，字画气浑厚。想当落笔时，云梦吞八九。每传风雨夜,蜿蜒龙蛇走。光怪发岩窦,草木润不朽。鬼物烦撝呵,一旦忽失守。随烟遽飞腾,无复世间有。因访山中人,石刻尚仍旧。谁能一新之,易若运诸肘。'"极力称颂李阳冰篆书功力之深厚。元《仙都志》"碑碣"条下亦称,"黄帝祠宇,石刻四大字。唐缙云令李阳冰篆。碑石元在玉虚宫后,为县人辇置邑庠。庆历间于碑阴刊屯虽瞻所撰学记,今石尚存焉。"北宋治平年间,宋英宗御赐改名为玉虚宫。宋徽宗宣和年间,毁于方腊起义的战火。"道士游大成廼即旧基,再谋营造。时宫东坐西向,阴阳者流谓虎瞰而角法宜改为。景定庚申,郡守安刘取朝旨,命道士陈观定迁宫地向,不期年而告成。元延祐庚申,道士赵嗣祺钦受宣命,佩服颁降处州路仙都山玉虚宫提点所五品印章,主领宫事。再奉玺书护持,改复甲乙,及蒙集贤院暨天师正一教主大真人、特进上卿玄教大宗师,各给榜据,俾永遵守。"缙云堂、黄帝祠宇、玉虚宫,作为历代官府、百姓祭祀黄帝的重要公共场所,是当之无愧的缙云黄帝文化景观,见证了唐宋以来的沧桑巨变与社会变革。

  缙云作为南方唯一的传承黄帝祭祀的地方,吸引了古往今来不计其数的文人墨客前来祭拜题咏,他们赏美景,祭拜人文初祖,留下了许多优美绝伦的书法墨宝、碣石碑刻与诗文美篇,吟咏、重塑客观存在的鼎湖峰、仙都山、黄帝祠,成为缙云黄帝文化景观的有机组成部分。

  元《仙都志》记载,"自唐白乐天以下,古今名贤,留题有什。"《全唐诗》中也保留了不少仙都、缙云的题咏诗,大诗人李白有《琴曲歌辞·飞龙引二首》,分别曰:"黄帝铸鼎于荆山,炼丹砂,丹砂成黄金。骑龙飞上太清家,云愁海思令人嗟。宫中彩女颜如花,飘然挥手凌紫霞。从风纵体登鸾车。登鸾车,侍轩辕,遨游青天中,其乐不可言。""鼎湖流水清且闲,轩辕去时有弓剑。古人传道留其间,后宫婵娟多花颜。乘鸾飞烟亦不还,骑龙攀天造天关。"顾况亦有《悲歌六(一作攀龙引)》诗传世,诗曰:"轩辕黄帝初得仙,鼎湖一去三千年。周流三十六洞天,洞中日月星辰联。骑龙驾景游八极,轩辕弓剑无人识。东海青童寄消息。"中唐诗人白居易亦曰:"黄帝旌幢去不回,片云孤石独崔嵬。有时风激鼎湖浪,散作晴天雨点来。"晚唐诗人曹唐有相关诗二首,其一曰:"蟠桃花老华阳东,轩后登真谢六官。旌节暗迎归碧落,笙歌遥听隔崆峒。衣冠留葬桥山月,剑履将随浪海风。看却龙髯攀不得,红霞零落鼎湖空。"其二诗则曰:"黄帝登真处,青青不记年。孤峰疑碍日,一柱独擎天。石怪长栖鹤,云闲若有仙。鼎湖看不见,零落数枝莲。"唐代诗人描述缙云美景纷纷提及黄帝铸鼎、炼丹、登真、骑龙等,充分说明他们已经开始认同黄帝与缙云、鼎湖乃至驭龙升天的传说。

三 缙云地区的黄帝祭祀活动

唐代韦翃、张鹭、李季贞等地方官员在他们游历仙都山之后,不约而同地撰写了《仙都山铭》,让我们窥见唐代江南地区正式祭祀黄帝的情景,三篇《仙都山铭》均以仙都山美景为视角,融入黄帝铸鼎、炼丹与驭龙飞天等传说,及黄帝祠宇与祭祀活动。

韦翃《仙都山铭》:"亭亭仙都,峻极维嵩,屹立俱右,削成浙东。发地直方,磨霄穿崇,灵沼在上,祥云积中。圭坛千仞,柱宁四封。目视不及,翰飞靡穷。群阜奔走,列仙会同。黄帝彼访,碧岭是冲。丹穴傍起,金溪下融。日照霞附。月映销蒙。壤绝栖尘,木无寓丛。居幽不昧,守一而雄。万寿报响,九成来空。嘉名来复,展礼斯洪。录作惩止,年祈感通。莫高匪慈,造物之功。"很显然,韦翃借用仙都仙乐的传说,对仙都、鼎湖地区山清水秀的美景逐一写实描摹,陈述黄帝在此开创文化、铸鼎炼丹与驭龙飞天的伟大事迹,既是对黄帝作为中华民族人文初祖地位的承认,也表达了对黄帝的尊崇怀念。其中提到的"圭坛""展礼斯洪""年祈感通"或许就是缙云早期祭祀黄帝活动的文学写照。

张鹭《仙都山铭》:"仙都有山,山出万山。直上千寻,入烟霞深。圆如笋抽,高突云阴。标表下国,权舆象帝。日欤月欤,万有千岁。东西大镇,川泽四卫。造化无垠,莫知往制。晴岚依依,宿雾洞开。髻鬟有像,神仙下来。撷气氲氲,灵乌环回。永殊尘杂,不鼓纤埃。绝顶霄愕,澄湖在上。人罕戾止,孰阅其状。日烛云披,风飘液飞。如雨雨空,微洒沾衣。谷来松音,潭影曙晖。往往鹤戾,不知所归。唐垂百年,玄宗体元。响应万岁,声闻上天。帝祚明德,祠堂在焉。永怀轩后,功成此地。丹鳌犹存,龙升万里。事列方志,道高青史。无复仙容,空流溪水。百越之内，此山为大。恍若壶中，疑生象外。直而不倚，高而不殆。古往今来，独立沧海。"张鹫等人应是唐玄宗天宝七载之后不久游历仙都鼎湖的，因此其铭文中无一例外的提及仙都仙乐之传说，与韦翃着眼仙都美景不同，张鹫直称"帝祚明德，祠堂在焉"，在阐述唐代中期修建黄帝祠宇祭祀黄帝的客观史实的基础上，追忆黄帝功德，为我们留下了黄帝祠宇的较早书写，对后人研究黄帝祭祀文化及其景观提供了文学佐证。

李季贞《仙都山铭》："元混播形，厚载孕灵。雄冠群山，孤高亭亭。挺拔俊秀，氛氲青冥。岚凝丹穴，霞驳云屏。上摩九霄，旁碍五星。龙鬐莫睹，凤管时听。降自穆武，求之靡宁。徒闻荒政，曾不延龄。物有殊异，昔人乃铭。爰勒斯文，缙云之垌。"李氏之铭与韦氏颇有相似之处，先描述美景，后怀念始祖，所不同者仅行文耳。

北宋统治者崇尚道教，故祭祀黄帝往往以道教形式进行，宋范镇《东斋记事》即曰："道家有金龙、玉简，学士院撰文，具一岁中斋醮，投于名山洞府。"周昭礼《清波杂志》亦记曰："天下名山洞府，朝廷每岁投龙简。天圣中，下道录院，定岁投龙简二十处。"缙云地区的黄帝祭祀亦不例外。据元《仙都志》记载：宋天禧四年（1020），朝廷派中使到仙都祭黄帝，投金龙、玉简于金龙洞中。后来，当地地方官将李阳冰《黄帝祠宇》碑移到县邑孔庙之中，庆历四年（1044），缙云县尉毛维瞻又于该碑阴刻《处州缙云县新修文宣王庙记》，开启了缙云地区将祭祀黄帝和祭孔结合起来的先例。北宋末年，南方方腊起义，玉虚宫毁于战乱。直至南宋景定二年（1261）才基本修复。咸淳三年（1267），两浙转运使缙云人潜说友拨款扩建玉虚宫，有殿、堂、祠、宫、轩、廊、亭、门共99间，占地30多亩，一时之间，鼎盛无两。两宋时期，不少诗人先后履迹缙云，留下了不少脍炙人口的佳篇杰作，北宋转运副使叶清臣即曰："黄帝车辙马迹周遍万国，丹成云起，因瑞名山。则独峰之登，固宜有是。"两浙转运副使李建中亦曰："岩岩仙都山，肃肃黄帝宫。巨石临广泽，千仞凌高穹。……云辂去路存，丹鼎遗迹空。……升龙扳矫矫，飞凤鸣嗈嗈。……金简奠至诚，玉书铭代工。功成解冠剑，栖息期此中。"曾担任过缙云郡倅的梁鼎亦称："黄帝升天石，高名壮斗牛。孤根斜照水，寒色不知秋。"起居舍人转运使孙何亦曰："黄帝升天去不还，空留片石在人间。千寻杳杳撑红日，

339

万古峨峨出众山。湿雾好花宫女困，倚云乔木羽林闲。时人不信飞升路，辙迹龙髯竟可攀。"上述诗篇大多与黄帝及其传说有关，足见黄帝在缙云铸鼎、炼丹、飞天等传说早已深入人心。明代统治者加强对宗教的控制，玉虚宫逐步毁圮。清初，仅余孤亭一座。缙云官方黄帝祭祀活动亦慢慢沉寂。

  缙云作为中国南方唯一一座保存黄帝祭祀文化的人文圣地，随着黄帝祭祀典礼纳入国家非物质文化遗产名录，正在崛起为与陕西黄陵、河南新郑三足鼎立的黄帝祭祀与黄帝文化研究中心，应及时把握有利时机，深入挖掘古往今来缙云地区黄帝文化景观的巨大潜力与历史文化价值，在保护现存祭典仪式的基础上，充分开发黄帝铸鼎传说、炼丹传说、驭龙飞天传说等非物质文化遗产，并与缙云当地自然景观、文化景观紧密结合，打造缙云黄帝祭祀品牌，规划包括鼎湖峰、仙都山与黄帝祠宇在内的经典旅游线路，为缙云的非物质文化遗产保护传承、经济发展与文化繁荣提供动力。

（王永莉：陕西省社会科学院文化艺术研究所副教授、博士；
何炳武：陕西省社会科学院古籍整理研究所研究员）

缙云"龙"文化旅游资源整合开发构想

樊译蔚

轩辕祭典（黄帝文化）是缙云县的文化标识，代表了缙云文化旅游资源的精华。此外，缙云县也是浙江省发现恐龙化石个体最多的县，拥有目前在中国南方保存最完整的甲龙类化石以及以缙云地名命名的"中国缙云甲龙"。本文拟从文化旅游资源开发的角度，找到缙云恐龙化石资源利用和缙云黄帝文化的链接，将两者共同纳入缙云"龙"的概念下在旅游中整合利用，达到有效提升区域旅游竞争力，赢得市场的目的。由于当下缙云恐龙化石资源尚未进行具体的开发，还需要更多的研究和实践，希望本文能够为其未来的发展提供一点思路和理论基础，为缙云文化旅游的发展助力。

一 缙云"龙"文化资源综合分析

（一）黄帝文化中的"龙"

龙在黄帝部族的图腾体系中占有十分重要的位置，古籍中对黄帝与龙关系的描述有很多。一曰黄帝容貌似龙：黄帝"龙颜，有圣德"（《何图稽命征》），"生日角龙颜，有景云之瑞"（《史记·五帝本纪》）。二云轩辕星宿如龙："轩辕，黄龙体。"（《史记·天官书》），"轩辕，黄帝之神，黄龙之体也。"（《晋书·天文志》）。三载黄帝豢龙："绛北有阳石山，中有神龙池。黄帝时，遣云阳先生养龙于此，为历代养龙之处。"（《遁甲开山图》），"中央，土也，其帝黄帝，其佐后土，执绳而制四方，其神为镇星，其兽黄龙，其音宫，其日戊己。"(《淮南子·天文训》）。四道黄帝驭龙："昔者黄帝合鬼神于西泰山之上，驾象车而六蛟龙"（《韩非子集解·十过篇》），"蚩尤作兵伐黄帝，黄帝乃令应龙攻之冀州之野"（《山海经·大荒北经》）。五话黄帝时代显龙："黄帝得土德，黄龙地螾见。"（《史记·封禅书》），"黄帝将亡，则黄龙坠。"（《春秋合诚图》）缙云的黄帝文化不仅有悠久的祭祀传统，而且流传着诸多民间传说，其中不乏与龙的各种联系。如新碧一带的老人都会讲黄帝为民铸剑，尔后斩杀恶龙的故事。最广为人知的还是黄帝在鼎湖峰驭龙升天的典故："黄帝采首山铜，铸鼎于荆山下，鼎既成，有龙垂胡䫇，下迎黄帝。黄帝上骑，群臣后宫从上者七十余人，龙乃上去。余小臣不得上，乃悉持龙䫇，龙䫇拔，堕，堕黄帝之弓。百姓仰望黄帝既上天，乃抱其弓与胡䫇号，故后世因名其处曰鼎湖，其弓曰乌号。"（《史记·封禅书》）此外，出土于仙都金龙洞的宋代鎏金铜龙以及金龙，是当时朝廷遣官在仙都进行祭祀活动的实物，也是缙云黄帝文化与"龙"文化关联的佐证。

（二）缙云恐龙化石资源

缙云县境内蕴藏有丰富的古生物化石，现已发现的有恐龙、乌龟、鸟、鱼类化石、硅化木等资源。原雅江乡、壶镇镇等地从1970年代开始，就陆续发现恐龙化石，2008年经浙江自然博物院与缙云县博物馆联合发掘，壶镇镇李庄村出土了一具不完整的恐龙甲龙属种化石。2011—2014年，浙江自然博物院、缙云县博物馆、日本福井县立恐龙博物馆和美国蒙大拿州立大学的专业人员在缙云县进行了一系列恐龙化石的调查和抢救性发掘工作，发掘出的恐龙化石包括：甲龙类恐龙头骨、颈椎、背椎、荐椎、尾椎、尾锤、腰带、肩带、四肢；兽脚类恐龙头骨、脊椎；蜥脚类恐龙股骨等。至此，缙云成为浙江发现恐龙个体数量最多、恐龙骨骼最全的县，不仅拥有中国南方发现的保存最完整的甲龙类化石，而且兽脚类恐龙和甲龙头骨、甲龙类恐龙尾锤化石都是在浙江首次发现。除恐龙骨骼化石外，缙云还出土了大量的恐龙蛋化石，以及一些在浙江极少发现的乌龟蛋、鸟蛋化石。缙云出土的新种类甲龙化石在英国《科学报告》（*Scientific Reports*）上被正式命名为"中国缙云甲龙（Jinyunpelta Sinensis）"。2021

年,中国缙云甲龙的复原装架工作斩获了全国十佳文物藏品修复项目。

(三)"龙"与恐龙化石的联结

"Dinosauria"是英国古生物学家理查德·欧文在1842年的专著中正式提出的,"Deinos"意为"恐怖的"或"极其巨大的","Sauros"意为"蜥蜴"。之后日本将Dinosauria的两种翻译"恐竜"与"恐蜥"统一为了"恐竜",中国近代地质学先驱章鸿钊先生将日文"恐竜"一词再衍生为"恐龙"。从恐龙的中文名字来源看,它不仅名称来源于龙,而且借着"龙"在华夏的特殊的地位,推动了古生物意义上"恐龙"的认知和传播。虽然恐龙化石不同于文化符号中的龙,但是也有人认为,龙形象的产生源于古人对恐龙化石的不断发现:"面对如此巨大的动物,在普遍崇拜自然的时代,人们必然会由恐惧走向敬仰,进而神化,视为崇拜物,这应该就是中国龙的最早起源。"[1]

缙云的恐龙化石既是自然历史的沉积,也是与缙云黄帝文化不期而会的契合。国内联结"龙"和"恐龙"进行旅游开发早有先例,如常州的中华恐龙园所立足的文化根源便是"龙"。常州市并没有出土过恐龙化石,但在旅游营销的方式上,是根据明朝所建"龙城书院"和清乾隆御笔题写"龙城象教"的典故,先立住了常州"龙城"的名号,再将此"龙"依附定位作彼"恐龙",中华恐龙园、环球恐龙城的发展壮大从而师出有名。缙云一直以来就有浓厚的"龙"文化氛围,而且已经出土了大量的恐龙化石,具备了更好的资源开发利用的基础和条件。

二 缙云恐龙化石与黄帝文化资源整合的优势

(一)明确形象,扩大品牌效应

品牌是旅游竞争的利器,没有品牌的支撑,旅游产品的竞争力就难以根本性提高。缙云虽然有大量优质的旅游资源,但部分存在与周边区域同

---

[1] 吕熙安:《论中国龙源于恐龙》,《学术探索》2003年第12期,第57页。

质化竞争的局面,最有竞争力的"黄帝缙云,人间仙都"也存在一些问题。以"仙都"和"缙云"为主要宣传核心的旅游形象,和仙居县的神仙居景区、重庆市的缙云山景区,存在一定程度上的认知干扰。黄帝文化、仙道文化越来越无法满足现代旅游者更多元的价值诉求,对年轻客户群体缺乏号召力。品牌形象上的整合,是基于我们的营销战略和目标对产品进行优化配置和串联整合,建立明确一致的品牌形象,从而保证品牌传播的统一性、连贯性,达到更好的传播目的,以实现传播效果的最大化。对于缙云而言,黄帝文化和恐龙化石资源的整合,既可以丰富二者的品牌内涵,也可以增加品牌辨识度。让有"龙"加持的缙云黄帝文化,在有机结合和开发利用中,宣传出新的门路,开辟出新的景观,创造出新的项目。进一步强化旅游产品的互动性与娱乐性,建立起更有竞争力的龙头产品。

(二)互补品类,优化产业格局

缙云的黄帝文化虽然具有丰富的文化内涵,但目前旅游产品结构还比较单一,能参与互动的黄帝文化旅游产品几乎没有,很难满足游客不同层次的需求。而恐龙作为一个长期活跃在人们视线中的热门主题,已经有一些地区采用遗址公园、主题乐园、文创开发等形式将恐龙化石资源引入文化旅游之中,"研学+娱乐"的强互动参与模式给旅游开发提供了新机遇。缙云作为浙江省恐龙资源最丰富的县,在发掘过程出现了许多稀有的甚至独有的化石,这带来的不仅是丰厚的学术研究价值,而且是珍贵的旅游资源。以缙云"龙"文化的开发作为切入点,实现旅游资源的品类联合,制定出既具有个性特征,又适应当今旅游发展趋势的资源开发策略,形成优势互补的旅游产品结构体系,使资源优势转化为产品优势和竞争优势,提升缙云县文化旅游的竞争力。

(三)整体开发,强化区位优势

现在旅游发展的趋势已越来越注重整体开发,把高质量旅游资源组合在一起可以方便游客更顺畅地游玩。缙云县地处浙江省中南部,三面环于括苍和仙霞山脉之中,拥有得天独厚的自然条件和优越的地理位置。全国位置上看,缙云位于旅游最大的客源地长三角地区;省内区位看,缙云是温州、台州、金华、丽水四市交会中心，是浙西、浙中、浙南三大经济板块的重要节点，境内有三条铁路，两条高速公路交通十分便利。从恐龙化石的资源开发角度看，资源特别丰富的地区如四川、内蒙古、辽宁等相对偏远，长三角地区目前还没有拥有恐龙化石资源的文化旅游目的地。通过缙云"龙"资源的开发，可以打通各个资源点的连接，以旅游资源分类、服务类型、体验方式为依据，为游客的行程带来移步换景、动静结合、层次分明的多样化体验，进一步强化旅游区位优势。另外，缙云还有很多极具地方特色的节庆、饮食、建筑文化等，所有这些赋予"缙云色彩"的地方传统民俗、民间艺术形式都将成为缙云"龙"文化整合开发建设的有力支撑，以多样化体验吸引客流，增强区块流动性，构建大旅游发展格局。

三 缙云"龙"文化的资源整合开发方案

（一）建设缙云"龙"文化园

缙云"龙"文化园应集自然资源和人文景观于一体，开发过程中坚持资源优化组合模式，在文化园内设置注重交互体验的博物馆，衔接好博物馆以及主题文化园的内涵关系，找准亮点，形成类型丰富的旅游产品群。文化园不仅可以和各类地质遗迹以及森林、河谷等自然景观组合，营造出侏罗纪时代景象，展示恐龙化石的埋藏状态和埋藏特征，还可以设计与黄帝文化相呼应的"龙"文化旅游内容，让游客在参与中感受缙云"龙"特有的氛围，增加对缙云旅游的辨识度和记忆度。博物馆则可以在展陈中着重采用新兴交互媒介的应用，不只通过场景复原或现场实体模型进行展示，而是用VR、AR、MR全息等手段，结合展陈内容进行集成化呈现，打造缙云"龙"的实感体验。此外，在缙云"龙"研学产品的开发上，文化园可以依托缙云具有典型性和稀有性的地质遗迹，以及恐龙化石发掘地的地貌特征，设计开发相应的"恐龙化石挖掘"地质体验项目。结合我国龙形器物的田野考古资料，如缙云考古发现的鎏金铜龙、金龙等龙形器物设计"挖宝寻龙"考古活动。将古生物、考古发掘为主题的考察活动和研学系列产品，开发固定成长期的特色项目，既满足旅游者探奇的心理，又结合科普教育增长了游客逗留时间。

（二）区域产品整合营销

为充分发挥资源价值，可将一定区域范围内的旅游资源通过已有的廊道、交通线路等方式有序聚合，充分考虑已有设施条件及旅游资源分布，将营销工具和手段进行系统化结合。一是线路串联；整合全县的旅游资源，将分散在全县各地的自然、人文资源结合起来，面向游客推出精品线路。尤其是设计出缙云"龙"文化专线，串联起黄帝文化、地质化景观带以及"龙"文化园，综合考虑融汇缙云其他的旅游产品类型，做到线路内产品类型多样、内容丰富、动静结合。二是区域整合；推动以线路为纽带的区域旅游产品整合，旅游资源与周围地区有很强的共生性，缙云"龙"文化开发的旅游产品在旅游大环线的形成及整体市场促销方面有着广阔的前景。我们要根据游客需要，以仙都景区黄帝文化和缙云"龙"文化园为重点，结合河阳景区、黄龙景区、岩下景区等开发出更多内容丰富、舒适便捷的组合旅游产品。三是联网营销；景区之间的联网营销可以达到降低成本、增加销售量、增加对游客的吸引力，提高知名度等目的。"龙"文化园早期可以搭上仙都景区和黄帝文化"顺风车"，让旅游形象在短时间内得到较大的提升，后期则可以互为广告宣传，互为区域空间支撑，不断增强产业关联度和整体竞争力。

（三）缙云"龙"品牌价值延伸

缙云"龙"文化的开发利用和可持续发展需要良好商业模式的支撑，即品牌价值延伸层的发展。一是周边的创意开发；文化旅游周边产品的设计和开发极为重要，现阶段以黄帝形象创作的文创产品设计开发空间有限，融入缙云"龙"元素不仅极大的拓展了文创产品的创作范围，而且有效避免了同质化问题。另外，周边的开发创作还可以营造旅游大空间的氛围，如酒店、餐厅、公交站、道路等融入缙云"龙"文化元素，多层次的宣传和感染，增加游客记忆度。在具有缙云"龙"的环境中去售卖文创产品，有效增加游客的购买欲望，增加效益。二是产业链模式经营；依托缙云"龙"文化品牌，形成高度集中、多要素密集的产业运营，利用旅游撬动上下游产业链，充分利用品牌效应和环境效应，与其他产业联姻，追求附加值。产业链辐射范围可以从餐饮、度假、运动休闲、零售服务到电影、娱乐、动漫、游戏、房地产、金融商务等，整合"吃住行娱购游"六大消费要素，增强盈利能力，形成旅游产业与衍生产业的良性循环互动。三是智慧化旅游服务；通过对游客获取旅游信息渠道和支付方式的分析，进行智慧营销。提供移动客户端个性化的产品服务，实时推送活动的变化。保证景区内无线网络的覆盖率以及连接效率下的智慧游览，建设能够准确获取动态有效信息的智慧旅游基础设施。充分利用 AI 识别等系统，掌握人流变化的智能管理，监测排队拥堵情况，对游客实行有效分流，增加游览的舒适度和愉悦感。

（樊译蔚：缙云县博物馆副馆长）

缙云黄帝文化研究二十年

宫长为

多年以前,张广志先生著有《简论缙云黄帝文化发展的四个阶段》一文,着重把缙云黄帝文化发展分为四个阶段,即孕育发生期——先秦、秦汉;成型、兴盛期——六朝至北宋英宗治平年间;衰落期——北宋英宗治平年间至"文化大革命";复兴期——改革开放以来。我们接续张广志先生意见,围绕缙云黄帝文化研究二十年,谈点粗浅看法。

所谓缙云黄帝文化研究二十年,指 21 世纪以来的二十年,也就是从中国首届黄帝文化学术研讨会以来的二十年,其间包括中国第二届、第三届以及第四届在内的黄帝文化学术研讨会,大体上可以划分为三个不同发展时期:

第一个时期,开创期——以中国首届黄帝文化学术研讨会为契机;

第二个时期,发展期——以中国第二届、第三届黄帝文化学术研讨会为内涵;

第三个时期,繁荣期——以中国第四届黄帝文化学术研讨会为标志。

以下,我们分别言之。

一 开创期——以中国首届黄帝文化学术研讨会为契机

大家知道,自 20 世纪 90 年代中、后期以来,随着国家夏商周断代工程的成功实施,奠定了中华文明探源工程基石,我们从三代考索上升到五帝探源，中国古代文明研究面目焕然一新。也正是在这样的历史条件和学术氛围之下，缙云黄帝文化研究步入新征程。

记得2000年10月5日至8日，国家夏商周断代工程刚刚结项验收之际，时值浙江缙云举行2000年公祭黄帝期间，我们中国先秦史学会和浙江省缙云县人民政府联合举办的"中国首届黄帝文化学术研讨会"，开启了新世纪黄帝文化研究之先河。

黄帝作为中华文明人文之始祖，作为中华文明形成之标志，构成中华民族独特的优秀传统文化，构成中华民族独特的精神标识，千百年来，广泛传颂，影响至深至远。

如何认识黄帝？如何认识黄帝文化？如何认识缙云黄帝文化？始终是黄帝文化学术研讨会绕不开的话题，始终是摆在我们面前亟待解决的重大学术课题。

也许大家已经注意，当年，孔子"论次"《诗》、《书》，"修起"《礼》、《乐》，《尚书》独载尧以来，司马迁著《史记》，则以《五帝本纪》为书首，历纪黄帝、颛顼、帝喾、唐尧和虞舜五帝，由于他们的取舍不同，往往导致我们的不同理解和认识。其实，诚如太史公所言：

> 学者多称五帝，尚矣。然《尚书》独载尧以来；而百家言黄帝，其文不雅驯，荐绅先生难言之。孔子所传宰予问《五帝德》及《帝系姓》，儒者或不传。余尝西至空桐，北过涿鹿，东渐于海，南浮江淮矣，至长老皆各往往称黄帝、尧、舜之处，风教固殊焉，总之不离古文者近是。予观《春秋》、《国语》，其发明《五帝德》、《帝系姓》章矣，顾弟弗深考，其所表见皆不虚。《书》缺有间矣，其轶乃时时见于他说。非好学深思，心知其意，固难为浅见寡闻道也。余并论次，择其言尤雅者，故著为本纪书首。

我们从中不难发现，司马迁正是秉承孔子的历史观，足迹遍及黄河上下、大江南北，得出"至长老皆各往往称黄帝、尧、舜之处，风教固殊焉，总之不离古文者近是"；并且，细观《春秋》、《国语》之书，阐发

《五帝德》、《帝系姓》之章，得出"顾弟弗深考，其所表见皆不虚"，所以，孔子"论次"《诗》、《书》，"修起"《礼》、《乐》，《尚书》以《尧典》为开篇，司马迁著《史记·五帝本纪》，《五帝本纪》则以《黄帝本纪》为首章，它们本是有着极其深刻的历史背景，标志着中国早期国家的发轫和发展两个不同历史阶段。

正是基于这样的考虑，专家学者们全面、系统地梳理历代黄帝文献，包括与缙云仙都方面资料基础之上，结合相关的考古材料，考证辨析有历史依据的黄帝或者说有本来意义的黄帝，有加工改造的黄帝或者说神话演绎的黄帝，进而着重探讨缙云氏与黄帝、炎帝的关系问题，或云缙云氏起于神农氏而受封于黄帝氏，或云缙云氏起于炎帝族而归入黄帝族，深刻阐释缙云黄帝文化的历史变迁，由"缙云山"敕改"仙都山"，由"缙云堂"敕改"黄帝祠宇"乃至"玉虚宫"，从民间祭祀黄帝的形式上升到官方祭祀黄帝的形式，从仙都黄帝祠宇规制上升到黄陵黄帝陵规制，形成"北陵南祠"的构建格局，缙云不愧为历史最悠久、内容最丰富、影响最深远的我国南方黄帝文化的辐射中心，充分彰显了开创期黄帝文化研究新视野、新高度、新水平。

诚如李学勤先生序言所说，这次学术研讨会是由中国先秦史学会和缙云县人民政府合作召开的，有不少学者支持参加。会议的收获是多方面的，但我以为，非常有意义的一点是大家都致力于探求上古史迹的真相，而不是简单地视为神话，甚至杜撰。

二 发展期——以中国第二届、第三届黄帝文化学术研讨会为内涵

我们无须多言，历届缙云县委、县政府高度重视缙云黄帝文化研究与发展，始终把缙云黄帝文化研究与发展摆在各项工作的首位，坚持马克思主义同中华优秀传统文化相结合，同黄帝文化研究与发展相结合，不断地推进地方社会经济建设和文化事业健康发展。

2004年10月21日至23日，中国第二届黄帝文化学术研讨会即国际

黄帝文化学术研讨会如期举行，由浙江省社会科学界联合会、浙江省历史学会和缙云县人民政府联合举办，在中国首届黄帝文化学术研讨会取得丰硕成果的基础之上，旨在进一步延续和深化黄帝文化研究。

它突出表现三个特点：

一是，深化黄帝文化与中华民族的谱系构建，专家学者们结合近数十年来中国考古发掘的新成果，探讨中华民族多元一体格局的形成进程，发端于先秦的以黄帝文化为纽带的华夏民族，自秦汉以来统一的多民族国家的发展，经过魏晋南北朝扩散与融合，隋唐时期的消化与凝练，已经在中华大地生根、开花、结果，从而黄帝文化上升中华民族的共有文化，以黄帝为象征的缙云特色文化正是中华文明多元一体的例证。

二是，深化缙云黄帝文化历史地位与社会发展，专家学者们根据现有的文献资料记载，悠久的缙云黄帝文化源远流长，并非空穴来风，至少在魏晋南北朝时期已经形成，仙都山鼎湖峰下黄帝祠宇经过1998年重修基础上，不断地进行改造扩建，逐年丰富祭祀黄帝活动内容，现已成为后人祭祀中华民族人文始祖黄帝、寻根认祖的圣地之一，成为中国南方黄帝文化的祭祀中心。

三是，深化缙云黄帝文化挖掘保护与开发利用，专家学者们充分肯定缙云黄帝文化丰富的内涵、显著的遗迹，构成缙云仙都景区人文底蕴的灵魂，需要科学规划的基础上，拓宽新思路，发展大旅游，吸引海内外中华儿女寻根祭祖，休闲观光，饱览奇峰异石，领略千古黄帝，进一步加大宣传力度，打响黄帝文化品牌，不断地提高缙云的知名度、美誉度，把缙云仙都打造成为开展爱国主义教育的重要基地。

正如李学勤先生序言所说，在这次国际黄帝文化学术研讨会的论文中，学者们从不同角度和层面，环绕"黄帝文化"这一主题进行了探索和商榷。他们把黄帝这一至关重要的传说人物，看作中华文明起源的代表，看作中华民族兴起的象征。通过黄帝种种活动的传说，尤其是同南方文化和民族的关系，展示了国家发展的历程，以及对地方的贡献。希望这样的学术研讨会将来还会以更大规模、更高水准继续办下去。

我们不负李学勤先生的厚望，继之2010年10月13日至15日，时隔十年以后，中国先秦史学会联手中国秦文研究会再次与缙云县人民政府合作，共同举办中国第三届黄帝文化学术研讨会，并在缙云仙都黄帝文化研究会的基础之上，正式授牌成立中国先秦史学会缙云黄帝文化研究基地，确定缙云为中国南方黄帝文化研究中心，把黄帝文化研究提高到一个崭新水平。我们概言之，可以简单归纳为三句话，即追寻黄帝时代、探讨文化缙云、阐发黄老思潮。

一为，追寻黄帝时代，以殷玮璋先生大作《追寻黄帝时代——从断代工程到文明探源》为代表，文章以美国著名作家赛珍珠于1962年华盛顿的一次演讲为开端，盛赞我们中国人是卓越的人，是人类历史上杰出的一个民族，因为他们的历史很久，今年是黄帝纪元4660年。当年，国家夏商周断代工程结项之时，时任国务委员兼国家科委主任宋健同志曾经提出可否追寻黄帝遗迹的问题。大家讨论过程中，追寻传说中黄帝所处的时代，不失为一个很好的课题，2004年中华文明探源工程的正式启动，正是隐含这样的意蕴。从断代工程到文明探源，从三代社会到五帝时代，不断地推进中国古代文明研究，专家学者们也正是沿着这样的思路，自觉运用多学科相结合的方法，进一步深化黄帝与上古文明相关问题。

二为，探讨文化缙云，以宋镇豪先生大作《"缙云黄帝文化"与"文化缙云"》为代表，文章简要回顾几届研讨会的成功召开，从起自"缙云黄帝文化"与"生态缙云"的创意挖掘，已经上升为"文化缙云"的认知层面，正在形成新的地区文化张力，在海内外的知名度和聚合力也正在日益提高。为此，再向缙云县委、县政府及浙江省与丽水市有关方面提供六点建议：一是，积极发挥地方的人才优势；二是，建立缙云黄帝文化研究基地；三是，加强与全国黄帝祭典文化所在地之间的交流；四是，重视缙云黄帝文化的软硬件建设；五是，提升缙云黄帝祭祀大典的基别；六是，全面开展海内外寻根问祖的联谊活动，特别是海峡两岸炎黄子孙共同祭祀黄帝，意义具在，自不待言。宋先生此言一出，引发专家学者们的热议，围绕"文化缙云"问题，各抒己见，精彩纷呈，最终形成中国第三届黄帝文化学术研讨会倡议书；

三为，阐发黄老思潮，以张荣明先生大作《西汉早期的黄老思潮》为代表，文章从西汉文景时期兴起并流行一股所谓黄老思潮说起，强调以黄帝和老子为崇拜对象，以生命关怀和政治关怀兼备为基本思想特征，从社会现象层面看，黄老思潮与方仙道有着密不可分的内在关联；从理论层面看，黄老思潮与《淮南子》息息相关，不仅反映了当时社会的思想风尚，而且也反映了西汉前期黄老思潮的基本内容。也正因如此，专家学者们着力探讨轩辕黄帝与仙都道教的渊源关系、黄帝祭祀的民族情感与理性精神，以及黄帝祭祀的文化意蕴等等，显现黄帝文化研究的一种新趋势。

亦如李学勤先生序言中写道，较之前两届研讨会，这次盛会规模更大，水准更高，来自全国各地的众多专家学者，围绕着"黄帝文化"这一主题，展开了广泛而深入的交流讨论。展现在读者面前的这部研讨会的论文集，可以说胜义迭出，精彩纷呈，充分反映了会议取得的成果。

三　繁荣期——以中国第四届黄帝文化学术研讨会为标志

如果我们细读不难发现，前三届中国黄帝文化学术研讨会论文集，李学勤先生尽管百忙之中，每一次都应允作序，予以鼓励和支持。我们研读李学勤先生的序言，反复咀嚼，细心品味，深得三点心经：

其一，古史观——从文献传说之间寻求历史的真实。

李学勤先生尝以王国维先生《古史新证》为例，在其《总论》中指出："研究中国古史为最纠纷之问题。上古之事，传说与史实混而不分。史实之中固不免有所缘饰，与传说无异，而传说之中亦往往有史实为之素地，二者不易区别，此世界各国之所同也。"说明古史与神话传说结合在一起，是世界各个古代文明的共同现象，在传说的背后总有着史实的因素。因此，完全相信传说，将神话成分当成历史真实，是错误的；通盘否定传说，不顾其中蕴含的历史实际，也难免"有过"。

这里，实际上涉及"走出"还是"走进"的问题。我们觉得，以中国历史传统视域下，信古、疑古及释古，也不妨可以说是三个不同的发展阶段。信古早于疑古；疑古启于释古，没有信古，何谈疑古；没有疑古，何如释古,它们本是一个历史发展的辩证过程,也是我们每一个人治学的磨练历程。

冯友兰先生提出三段论的时候,古史辨工作尚未结束,写于《古史辨》第六册序言之中,冀以希望疑古一派的人仍继续努力,作他们的审查史料的工作。

李学勤先生也明确指出,"释古"完全不是倒退到"信古",现在有些人误以为走出"疑古"就是全面信赖古书,国外也有论作担心我们不再做 textual critrcism 了。应该说,这绝不是我们的主张。相反,对于传世文献应以更严格审慎的态度进行整理研究。

其二,方法论——实事求是乃是我们力求达到的准则。

李学勤先生说,我们不赞成预设的"信",也不同意预设的"疑",实事求是乃是我们力求达到的准则。对于古史传说,应该像司马迁一样,于诗书百家之外,还要注意地方流传的事迹,分析梳理,给予解释和评价。也就是说,我们既要注重文献资料,也要注重田野考察,太史公这种谨慎务实的学风,是我们应该学习的。

这里,实际上涉及"两重"还是"多重"的问题。过去,王国维先生提出"二重证据法",作《古史新证》时,曾满怀激情地说,"吾辈生于今日,幸于纸上之材料外更得地下之新材料,由此种材料,我辈固得据以补正纸上之材料,亦得证明古书之某部分全为实录;即百家不雅驯之言,亦不无表示一面之事实。此二重证据法,惟在今日始得为之。虽古书之未得证明者,不能加以否定;而其已得证明者,不能不加以肯定,可断言也。"王氏的"二重证据法",奠定了具有中国特色的现代考古学的理论基础,由"二重证据法"转化为"多重证据法",引领中国古代文明研究深入、持久地开展。

我们赞成这样的一种意见,研究中国古代文明历史,应当以地上文献为主,以地下材料为辅,两者相辅相成,相得益彰,承续司马迁的遗志,深得王国维先生的要领,体悟李学勤先生的精髓。

其三,辩证法——历史学家、考古学家的视线导向。

2019年7月6日,良渚古城遗址申遗成功,意味着它所代表的中华五千年文明得到了国际的广泛认可，对于我们国家和民族意义重大，影响深远。

我们翻开序言，李学勤先生早已指出，浙江省的史前考古文化，近年已引起世人热切关注。尤其是良渚文化，跨于公元前第四千纪后半至第三千纪后半，很多学者认为已经闪烁着文明的曙光。良渚文化的若干因素，明显和较晚的中原夏商文化有密切联系。凡此种种，都将历史学家、考古学家的视线导向浙江。

这里，实际上涉及"理论"还是"实践"的问题。自20世纪60年代后期以来，国内外有关文明形成的标准讨论已久，有"三要素"说，抑或"四要素"说，严格地来讲，本是一个理论与实践的问题。文明起源与形成问题，既是实践的过程，也是认知的过程，既是不断的递进关系，也是不断的升华关系，理论与实践相结合，理论与实践相统一，在理论与实践的辩证统一过程中，推进理论创新，实践出新，给出我们中国方案。

我们觉得，走进新时代以来，缙云黄帝文化研究工作，也正是按照李学勤先生的学术思路，做到抓实抓细抓好，继推出《轩辕黄帝与缙云仙都》《黄帝文化研究》《缙云黄帝文化研究》三部论文集，包括王达钦先生《缙云文化研究》在内的一批学术成果之后，缙云县委、县政府适时成立缙云黄帝文化研究院，组织申报黄帝祭典（缙云轩辕祭典），列入国家级非物质文化遗产名录，特别是经过不断地努力，黄帝祭典升格成为浙江省唯一经"国清组"批准的省政府主办的祭祀大典，2021年10月11日至14日，由中国先秦史学会、浙江省委宣传部、浙江省社会科学界联合会主办的中国第四届黄帝文化学术研讨会胜利召开，标志着缙云黄帝文化研究走向繁荣期，预示着缙云黄帝文化研究迈上一个新台阶。

本次研讨会具有"三高""三结合""三深化"这样几个鲜明特征，"三高"即高规格、高层次、高水平；"三结合"即主旨报告与分组讨论相结合，黄帝文化学术研讨会与健康浙江专题学术研讨会相结合，实际考察与祭祀大典相结合；"三深化"即深化黄帝史实辨证，深化黄帝文化精神价值，深化黄帝文化传承发展，细心读者游览这部《黄帝缙云 文化浙江》一书，必将有所体悟，有所收获。

最近，中共缙云县委十五届二次全体（扩大）会上，审议通过了《中共缙云县委关于实施"传承和弘扬黄帝文化八项工程"的决定》，这是全国首个县级层面出台的关于传承和弘扬黄帝文化具体工程的决定，也是把黄帝文化打造成具有国际影响力、极具辨识度的浙江文化标识的重要举措，必将奋力谱写新时代缙云黄帝文化新篇章，以实际行动迎接党的二十大胜利召开![1]

（宫长为：中国先秦史学会会长兼秘书长、

中国社会科学院古代史研究所）

---

[1] 本文参考以下三本论文集：本书编委会编《轩辕黄帝与缙云仙都》，浙江人民出版社 2001 年版；李凭、赵导亮编《黄帝文化研究》，山西古籍出版社 2005 年版；宫长为、王峻主编《缙云黄帝文化研究》，西泠印社出版社 2011 年版。

在中国第四届黄帝文化学术研讨会开幕式上的致辞

中共缙云县委书记　李一波

尊敬的各位领导、各位专家，朋友们、同志们：

大家好！《论语》有云：有朋自远方来，不亦乐乎？今天，大家齐聚缙云，为辛丑（2021）年中国仙都祭祀轩辕黄帝大典而来，为深入挖掘黄帝文化精神内涵和时代价值而来，可谓是群贤毕至、高朋满座。我谨代表缙云县四套班子和全县47万人民，向不辞辛劳、远道而来的各位领导、各位专家、各位朋友，表示最诚挚的欢迎！

缙云县，是中国两千多个县中，唯一一个以轩辕黄帝名号命名的县，拥有1300多年建县史，历史底蕴深厚，黄帝文化源远流长，是中国南方黄帝文化辐射中心、中国南方轩辕黄帝祭祀中心、中国南方黄帝文化研究中心。在建党百年之际，在夺取高水平全面建成小康社会伟大胜利、开启高质量发展建设共同富裕示范区新征程的历史性时刻，在仙都祭祀轩辕黄帝大典首次由浙江省人民政府举办之时，我们在这里召开中国第四届黄帝文化学术研讨会，有着十分特殊的意义。

缙云县自从1998年恢复祭祀轩辕黄帝以来，已先后成功举办过全国性的三届黄帝文化学术研讨会，推出了一大批有分量的学术成果。特别是中国社会科学院、中国先秦史学会、省委宣传部、省社科联、省历史学会、市委宣传部等单位，和一大批专家学者长期关注、支持、参与缙云的黄帝文化研究，持续给予了我们莫大的帮助，为推动仙都黄帝祭典成功升格发挥了重要的作用。在此，对大家为缙云发展作出的重要贡献，表示最衷心的感谢！

仙都黄帝祭典的成功升格，真正使缙云与陕西黄陵、河南新郑形成了"三地共祭"、层次相当的全国轩辕黄帝祭祀格局，也让本届黄帝文化学术研讨会站到一个更高的平台，无论是主办单位的层次，还是专家学者的分量都有了新的提升，社会各界和媒体的关注度也有了极大提高。我们有充分的理由相信，本届黄帝文化学术研讨会一定会取得更为丰硕的成果，推动中华优秀传统文化传承保护，助力铸牢中华民族共同体意识，激发中华儿女民族自豪感，全力打造新时代文化高地，为高质量发展建设共同富裕示范区注入强大文化力量。

黄帝文化也积微成著影响着缙云品格、润物无声塑造着缙云气质，成为我们提升旅游内涵和展示区域形象的一张"金名片"。今天的缙云，古老又充满现代气息，宁和又充满生机活力，经济社会发展各个方面都交出了靓丽的高分报表，连续五年获全省26县考核优秀等次。当前，我们立足于深厚的文化根基，坚定厉行"丽水之干"，加快建设"三城三地"，奋力争当山区跨越式高质量发展先行县，为建设共同富裕美好社会而努力奋斗！在缙云新的发展阶段，也希望各位领导和专家继续给予大力支持和帮助！

最后，预祝中国第四届黄帝文化学术研讨会圆满成功！敬祝各位领导、专家身体健康、工作顺利、万事如意！

谢谢大家！

在中国第四届黄帝文化学术研讨会上致辞

宫长为

尊敬的各位领导、各位来宾、各位专家学者、社会各界朋友们:

大家上午好!

金秋十月,丹桂飘香!

今天,我们再次来到风光秀美的浙江缙云,再次来到梦魂缠绕的黄帝祠,应邀参加由中国先秦史学会、中共浙江省委宣传部联合主办,中共缙云县委、县政府、浙江省历史学会联合承办的中国第四届黄帝文化学术研讨会。在这里,请允许我代表中国先秦史学会,谨向大会致以最热烈的祝贺!并借此机会,谨向出席大会的尊敬的各位领导、各位来宾、各位专家学者、社会各界朋友们,致以最美好的祝福!

大家知道,黄帝是中华文明的人文始祖,黄帝祠也是中华文明的标识。传承黄帝文化,弘扬黄帝文化精神,是时代发展的使然,也是历史发展的必然。

我们今天走中国特色社会主义道路,正是由独特的文化传统、独特的历史命运、独特的基本国情所决定的,诚如习近平总书记所说,我们走中国特色社会主义道路,一定要推进马克思主义中国化。如果没有中华五千年文明,哪里有什么中国特色?如果不是中国特色,哪有我们今天这么成功的中国特色社会主义道路?那么,五千年文明从哪里说起,我们按照司马迁的说法,就应该从五帝说起,就应该从黄帝说起,就应该从我们缙云黄帝文化说起,按照习近平总书记的要求,我们要特别重视挖掘中华五千年文明中的精华,弘扬中华优秀传统文化,我们要从根脉抓起,要从黄帝文化做起,要从缙云黄帝文化走起,把中华优秀传统文化与马克思主义立场、观点、方法结合起来，坚定不移走中国特色社会主义道路，努力构建中国特色社会主义文化。

进入新世纪以来，特别是走进新时代，在省、市各级领导亲切关怀下，在与会的专家学者大力支持下，在社会各界共同努力下，我们缙云县委、县政府以弘扬中华优秀传统文化为己任，不断地推进缙云黄帝文化研究持续开展，取得了积极可喜的丰硕成果，真正地形成了"北陵南祠""北论南研"新格局。

我们要以本次研讨会为契机，以恭祭黄帝大典为先机，抓住机遇，迎接挑战，在全面建成小康社会开启第二个百年目标征程中，不负韶华，再创中华！

最后，预祝大会圆满成功！恭祝各位身心健康！

2021 年 10 月 12 日

在中国第四届黄帝文化学术研讨会开幕式上的致辞

中国社会科学院原副秘书长、中国先秦史学会顾问　晋保平

尊敬的各位领导、各位专家学者：

大家上午好！

非常高兴能有机会来风景秀丽的缙云参加中国第四届黄帝文化学术研讨会。学术研讨会的中心内容是听取各位专家学者的学术研讨成果。我只讲三句话：

第一，祝贺中国第四届黄帝文化学术研讨会成功举办！在过去的20年中，在中国先秦史学会和缙云县政府的共同努力下，在推进黄帝文化的研究领域做了许多重要工作，也取得了一系列有影响的研究成果。为推动黄帝文化的研究，为推动缙云县的文化建设发展做出了积极的贡献。

今天，缙云作为中国黄帝文化辐射中心、祭祀中心、研究中心，三个中心来之不易，莫大殊荣，除了缙云得天独厚的历史文化资源外，与浙江省丽水市缙云县党委与政府高度重视和大力支持是分不开的，与中国先秦史学会和缙云县人民政府组织，团结全国高校与科研机构的专家学者开展深入细致的学术研究、理论探索是分不开的。

表示热烈祝贺！表示崇高的敬意！

第二，热烈祝贺缙云成为我国的轩辕黄帝祭祀中心。缙云与陕西黄陵、河南新郑成为三个黄帝祭祀中心，意义重大。祭祀，作为一种传统文化，历史悠久，在中国具有非凡的意义和象征，作为一种制度安排，国之重器！

国家有关部门能够批准同意缙云作为国家重要的轩辕黄帝祭祀中心，

除了缙云悠久的历史和厚重的文化资源外，也是对缙云多年来在弘扬传承中华优秀传统文化中的突出贡献的充分肯定。这个授权来之不易，十分珍贵，对地方的文化建设，对缙云县今后经济社会的全面可持续发展具有重要意义。这是一个重要的历史发展机遇，我们应该紧紧抓住这个机遇，讲好黄帝故事，弘扬黄帝文化，以此促进全县的经济社会健康发展。

第三，缙云县在如何更好地发挥黄帝文化的辐射中心、祭祀中心、研究中心的作用方面任重道远，使命光荣！大有作为！特别是作为研究中心，我们史学工作者责无旁贷。要进一步深入、系统地推动黄帝文化的研究，特别是要深入挖掘黄帝文化的精神实质和时代意义。出好成果，为传承黄帝文化、弘扬黄帝文化做出我们的贡献！

要准确地引领黄帝文化的学术研究，对历史负责，对学术负责，对后人负责。无愧于时代赋予我们的崇高使命。

最后，祝这次研讨会取得圆满成功！

祝各位领导、老师，身体健康，吉祥如意！

在中国第四届黄帝文化学术研讨会开幕式上的致辞

中共丽水市委常委　宣传部部长　任淑女

各位领导、各位专家，同志们、朋友们：

秀山丽水，金风送爽。今天，中国第四届黄帝文化学术研讨会在美丽的缙云隆重开幕了。首先，我谨代表中共丽水市委、丽水市人民政府，向莅临本次活动的各位领导、专家和朋友表示热烈的欢迎！

丽水，地处浙江省西南部，古名处州。据明代《名胜志》记载，"隋开皇九年，处士星见于分野，因置处州"。市域面积1.73万平方千米，是全省陆域面积最大的地级市，总人口270万。近年来，丽水始终坚定生态优先、绿色发展的核心战略定力，一张蓝图绘到底，一任接着一任干，实现了生态保护与经济发展的双丰收。2021年上半年，全市实现地区生产总值830.04亿元，增长14.3%；一般公共预算收入98.18亿元，增长24.6%；城乡居民人均可支配收入分别达到30230元和13682元，分别增长13.8%和16.9%。与此同时，丽水环境质量持续领先，市区空气质量指数（AQI）优良率为99.4%，较去年同期上升0.5个百分点，排名全省第一，环境空气质量在全国168个城市中排名第五。

丽水，更是积淀深厚的文化之都，历史文化遗存丰富。蜚声中外的龙泉青瓷、龙泉宝剑、青田石雕被誉为"丽水三宝"。全市共有3项联合国人类非物质文化遗产（龙泉青瓷、丽水木拱廊桥、遂昌班春劝农），18项国家级非物质文化遗产；这里保存有全世界最古老拱形水坝、首批世界排灌工程遗产的通济堰；还有51个国家级、省级历史文化名城名镇名村，257个国家级传统村落，是华东地区古村落数量最多、风貌最完整的地区，被誉为"最后的江南秘境"。同时，丽水还拥有中国民间艺术之乡、中国摄影之乡、中国根艺之乡、中国廊桥之乡等多个国字号的文化"金名片"。今年，仙都黄帝祭典的成功升格，对促进丽水文化旅游事业大发展、建设丽水对台和对侨工作的大平台，奋力加快跨越式高质量发展，把丽水建设成为共同富裕美好社会山区样板，都具有重要推动作用！

"世界之高，莫若黄帝。"黄帝，是人文始祖，是炎黄子孙心仪的一面旗帜，是民族团结的象征。尊祖敬宗，是中华民族礼仪文化的基石，是构成中华文明礼仪之邦的重要内容。缙云的黄帝文化积淀深厚，源远流长，在丽水区域文化中占有举足轻重的地位。每年农历九月初九，这里都要举办庄严的祭祀大典等系列活动，黄帝文化已成为缙云独特的区域人文特色。长期以来，特别是近几年来，缙云县委、县政府积极打造区域人文特色，着力挖掘和弘扬黄帝文化，在海内外产生了深远影响。缙云作为中国南方黄帝文化辐射中心和祭祀中心的地位得到了广泛认同。2000年、2004年和2010年，已在缙云成功举办三届中国黄帝文化学术研讨会，研讨会已经成为研究弘扬黄帝文化、促进经济社会发展的一个重要交流平台。今年，缙云县以祭典升格为历史契机，抓住建党百年、省级公祭等多重历史机遇的叠加，举办第四届黄帝文化学术研讨会，就想在研究、开发、保护、传承和弘扬地域特色文化中探寻成功的路径，成为两岸同胞共同传承中华优秀传统文化的"重要窗口"。出席本届学术研讨会的都是学识渊博、造诣深厚的专家学者，希望各位传经送宝，以进一步提升"黄帝缙云、人间仙都"丽水这一特色文化金名片，推动丽水地区文化大发展大繁荣。

最后，祝愿各位领导、专家和来宾身体健康、工作顺利！预祝中国第四届黄帝文化学术研讨会圆满成功！

在中国第四届黄帝文化学术研讨会开幕式上的致辞

浙江省社会科学界联合会副主席　谢利根

女士们、先生们、朋友们：

您们好！在这秋高气爽的大好季节，中国第四届黄帝文化学术研讨会在隆重召开了。在此，我谨代表浙江省委宣传部、浙江省社会科学界联合会，对这次研讨会的召开表示热烈的祝贺！向各位参会的专家表示诚挚的欢迎！

"一个国家、一个民族的强盛，总是以文化兴盛为支撑，中华民族伟大复兴需要以中华文化发展繁荣为条件"。习近平总书记的重要论述，深刻揭示了中华文化与中华民族伟大复兴的必然联系和因果逻辑。它告诉我们，无论是过去、现在和将来，无论历史的潮流多么汹涌澎湃，沧桑多么巨变，中华文化始终是中华民族雄立于世界民族之林的强大精神支撑。优秀传统文化是一个国家、一个民族传承和发展的根本，如果丢掉了，就割断了精神命脉。弘扬和光大中华优秀传统文化，即是中华民族伟大复兴的必然要求，更是新时代每一个炎黄子孙义不容辞的责任和使命！黄帝文化，是中华民族优秀传统文化的重要组成部分，积淀着中华民族的血脉、文脉、国脉，是中华民族的文化基因。今天的中国，正越来越接近实现中华民族伟大复兴的辉煌时刻。我们要以仙都黄帝祭祀为载体，打造中华民族共有精神家园，铸牢中华民族共同体意识，增强全球炎黄子孙的民族认同、文化认同、精神归属，凝聚起中华民族伟大复兴的蓬勃之力！新时代的浙江，作为中国现代化先行省，作为高质量发展建设共同富裕示范区，背负着中共中央赋予的重大历史使命，我们要得风气之先，先行先试，在黄帝文化的研究传承中，深入挖掘黄帝文化这个最大的文旅 IP 资源，打造浙江新时代文化高地，实现"文化覆盖"到"生活富裕"，让黄帝文化成为"重要窗口"最有魅力、最吸引人、最为靓丽的亮点。

华夏儿女，同根同祖。祭祀大典，四海共襄。每年农历九月九，仙都祭祀轩辕黄帝大典绵延至今，一年比一年隆重盛大，形成了具有区域特色和魅力的民俗文化盛典，被列入国家非物质文化遗产名录。祭祀轩辕黄帝，不仅是缅怀先祖的仪式，也是传承中华民族精神的载体。此次研讨会作为祭祀轩辕黄帝大典活动中重要的一项内容，我们诚邀在座各位专家学者从考古学、历史学、民族学、文化学、民俗学等多学科、多层次，对黄帝文化根源性、原创性、主体性、特色性，以及黄帝文化与文化浙江进行研讨，为今后更好举办祭祀大典，传承和弘扬黄帝文化打下良好基础。这将是一件很有意义的事情，进一步弘扬以黄帝文化为先导的中华文化，建设和繁荣中国特色社会主义先进文化，促进中华民族伟大复兴大有裨益。

最后，我预祝本届黄帝文化学术研讨会取得圆满成功，也祝来自各地的专家学者，在缙云学术研讨轻松愉快！

中国第四届黄帝文化研讨会意见建议

  由中国先秦史学会、浙江省委宣传部、浙江省社会科学界联合会主办的中国第四届黄帝文化研讨会于2021年10月11日—12日在缙云召开，来自全国各地的专家学者紧紧围绕"缙云黄帝文化"这一主题进行深入研究探讨，一致认为缙云黄帝文化底蕴深厚、区域文化优势明显、特提出以下意见建议：

  建议完善提升中国仙都祭祀大典配套设施建设，提高节日祭祀接待能力水平，增强基础设施服务功能。

  建议与陕西黄陵、河南新郑（湖南炎陵）等炎黄祖宗文化关联地区联合创建黄帝（或炎黄）国家文化公园，打造为凝聚中华民族和海内外华人的精神家园和中华文化标识，将缙云建设成为中华民族文化根脉展示中心。

  建议结合缙云的自然环境，加强《黄帝内经》及中医药与健康浙江的研究，将缙云打造为中国南方康养中心。

  建议加强与陕西黄陵、河南新郑三地的黄帝文化研究交流与合作，同时加强与港澳台、海内外专家学者、中国先秦史学会、浙江省历史学会等学术团体的沟通与协作，完善黄帝文化研究开发体制。推动黄帝文化与上山文化、河姆渡文化、良渚文化等浙江史前文化以及宋韵文化、中国缙云甲龙文化、缙云岩画的研究与开发，强化研究队伍培养和建设，构建浙江黄帝文化研究新体系。

  建议加强与新媒体合作，普及推广中华黄帝文化，强化在海内外华人中的宣传推广力度，进一步加强中国仙都黄帝祭祀活动的国际影响力。

中国先秦史学会
2021年10月12日

仙都轩辕　万世其昌

——中国第四届黄帝文化学术研讨会闭幕式大会感言

孙敬明

尊敬的中国社会科学院原副秘书长、科研局局长、现中国城市经济学会会长、中国先秦史学会顾问晋保平先生，尊敬的中国社会科学院历史研究所研究员、中国先秦史学会会长兼秘书长宫长为先生，尊敬的中国先秦史学会顾问组组长、青海师范大学原校长、教授张广志先生，尊敬的中共缙云县委副书记、缙云县人民政府县长王正飞先生，尊敬的缙云县政协副主席陈湘钟先生，尊敬的各位领导、各位专家学者，女士们、先生们，大家晚上好！

岁次辛丑，时序季秋，日近重阳；天地交泰，云播雨降；秀山丽水，万千气象。大家怀着对中华文明五千年人文始祖与浙中南历史文化的无限向往和景仰之忱，特于百忙之中拨冗，舟车鞍马，或乘青云，辛劳不辞，辗转数十百千万里，齐聚在括苍山下，东海之滨，鼎峰湖畔，仙都缙云，共襄中国第四届黄帝文化学术研讨会之盛举。荷承大会主办者：中国先秦史学会、中共浙江省委宣传部、浙江省社会科学界联合会；承办者：浙江省历史学会、浙江省中医药学会、中共丽水市委宣传部、缙云县人民政府等勠力同心、精心筹划、周详安排；承蒙社会各界鼎力襄赞，与会学者无私奉献，大会得以如期隆重、热烈、圆满举行，进行了相关议程，达到了如期目的，取得了圆满成功，现闭幕在即。幸蒙中国先秦史学会会长兼秘书长、中国社会科学院历史研究所研究员著名历史学家宫长为博士之美意抬爱，让我代表与会专家学者，谨向大会敬献感言；自知七十岁小老叟，偏居一隅，孤陋寡闻，难当大雅之命，然学会领导学术大家之命焉敢不

仙都轩辕　万世其昌

从也！

至此，请允许我谨代表中国先秦史学会与会专家学者，对中国先秦史学会、浙江省委宣传部与缙云县人民政府等社会各界高瞻远瞩，科学命题，协同攻关，不忘初心，历经二十年积渐探索发展，终于使得缙云成为：普天之下祭祀黄帝之中心，黄帝文化研究之中心，黄帝文化传播之中心；遂得以与陕西黄陵、河南新郑同为黄帝文化中心三鼎足之一；更使得黄帝文化由黄河而跨越了长江，由祖国的西北而到达东南，由八卦乾卦之位而远达震巽之方。《左传》成公十三年有云："国之大事，在祀与戎。"今天，缙云得以成为天下包括祭祀黄帝之中心，实在是缙云、浙江乃至中国、中华民族之大事，深是可喜可贺！在此对大家二十多年的坚持不懈、努力付出，表示无尚的崇高敬意！如此盛举，实在是功莫大焉！幸莫大焉！并再表示衷心的祝贺！对东道主细致热忱的好客接待，精心周密的学术安排，对新闻媒体、社会各界的鼎力支持，对中维香溢大酒店所给与的美好服务，在此也一并深表敬谢之忱！

中国第四届黄帝文化学术研讨会真正是一次高规格、高水平、高层次，空前的学术盛会。来自全国科研机构、高等院校、社会团体、文博部门以及浙江当地的知名学者60多人。可谓东至大海，西逾巴蜀，南抵瓯粤，北达白山黑水，大家奔趋千万里，共赴一盛会。会议初编论文集收录文章49篇，并有打印交流论文3篇，可谓成果丰硕。出席本次盛会的专家学者，既有年高德劭、寿逾耄耋的学界宿儒，又有年富力强著述等身的中青年学者，更有朝气蓬勃锐意进取的少年才俊。大家怀着对中华人文始祖黄帝的无限虔敬之心，从宏观的历史、考古、文献、古文字、民俗、宗教、中医、养生等多个领域，对黄帝、黄帝文化、黄帝文化的传播及其历史影响以及缙云地方考古、历史文化、宗教信仰、风俗民情与黄帝文化的研究探索等，进行多层次、多方位、系统综合的研讨，大家把臂恳谈，坐而论道；以大会主旨演讲与分组讨论的形式相结合，倾其所研，论其所道，可谓热烈有序，其乐融融！

大家还有幸聆听浙江省社会科学界联合会副主席谢利根，中共丽水市委常委、宣传部长任淑女，缙云县委书记李一波等各级领导所作精彩的大会致辞，由此遂使全国各地的与会专家，对浙江的历史文化，丽水的人文风光、缙云的仙都之韵得以更细致深入的了解和认识,大家一致认为浙江丽水缙云诚乃物华天宝、地灵人杰之圣境!

大会首先听取中国先秦史学会会长宫长为先生所作的工作报告,在中国先秦史学会的引领下,经过而多年的工作,缙云黄帝文化研究取得卓然成就,但这只是万里长征走完的第一步,下一步更需要大家继续努力,深入研究、拓展领域再上层楼;晋保平先生上午大会即席演讲"三句话":总结工作、肯定成绩、开拓未来;其下午分组讨论时讲"四新",即缙云黄帝文化研究工作进入新时段、要有新认识、新任务、新工作。

中国先秦史学会副会长、天津师范大学科研处处长、教授杜勇先生主持大会学术主旨演讲时,称引苏轼咏赞西湖的诗句:"水光潋滟晴方好,山色空蒙雨亦奇。欲把西湖比西子,淡妆浓抹总相宜"。并云若把"西湖"改作缙云的"鼎湖",则更具神妙!在此敝人不由得联想到唐代白居易咏赞鼎湖的诗句:"黄帝旌旗去不回,片云孤石独崔嵬。有时风激鼎湖浪,散作晴天雨点来。"缙云仙都,不但山水灵妙,风光旖旎,而且历史久远,文明发达。2018年考古发掘壶镇镇陇东上山文化遗存,上限距今9000多年,并且由此以降,而河姆渡、良渚、钱山漾、好川文化及夏商周三代,秦汉魏晋隋唐宋元洎于明清,可谓九千年文化根脉传承有序,绳绳绵绵直至今日!更为重要的是,陇东遗址发现9000年前的人类栽培驯化野生稻遗存,这是东亚地区水稻种植栽培的源头,由此而逐渐北传之淮河、黄河的下游,乃至日本、朝鲜。这也证明早在远古时期,缙云一带对外文化传播与交融就已经开始。

中国先秦史学会副会长、四川大学教授彭邦本,所作大会主旨演讲,就黄帝与黄帝文化从历史学、考古学与民族学、民俗学等方面进行全面阐述,引证《史记·五帝本纪》,结合中国考古,其指出大量考古学资料证明,早在新石器时代,黄河与长江流域的人类文化就进行广泛的交流,在宏大的空间内文化的交流促进民族和文化共性的逐渐形成,直至黄帝的认同与黄帝文化的普遍形成。浙江中医药大学教授医学博士郑红斌,从传统医学宝典《黄帝内经》系统阐发人体生命与天地阴阳、四时节序、日月潮汐的密切关系,讲究养生、健康与长寿,研修内径灵枢,达到老子所乐道的"抱德推仁,含气化物;长生久视,美意延年"①之无上境界。中国先秦史学会副会长、浙江历史学会副会长李学功教授演讲主旨为文化浙江与缙云黄帝文化,浙江缙云历史文化无论文献记载,还是新的考古学发现,都充分证明在中华文明多元一体构成中的格局中处于重要的地位,而缙云黄帝文化则是浙江的一张金名片,需要进一步开发研究,琢磨擦亮让其闪烁熠熠之光辉。

大家一致认为,从传统文献经典,到青铜器吉金文字、竹简木牍中频频出现的黄帝其人其事,以及考古学所提供的大量的丰富的历史文化遗存,都可充分证明中华文明有五千多年连绵不断的历史,五帝时代与黄帝应该是信史,黄帝应该确有其人;而缙云作为黄帝之祭祀中心与黄帝文化研究中心、传播中心是有其深厚的历史渊源与依据的;今天共同祭祀、研究黄帝与黄帝文化更有其重要的,甚至可以说是伟大历史与现实意义!所以藉此,我谨以数语,祝愿重阳祭祀大典,曰:缙云灵光,鼎峰苍苍;褅祭大典,普天同襄;仙都轩辕,万世其昌!并祝大家历次仙都祭祀黄帝之盛典,吸纳灵妙之气,得修仙风道骨,长生久视,美意延年!谢谢!

(孙敬明:山东省潍坊博物馆研究员)

---

① 此,乃清代潍县(今潍坊)著名金石学家陈介祺自撰联语,其云"抱德推仁"之旨合乎老子所倡导之"德"与"仁";而坊间所传山东龙口(黄县)丁氏旧宅门厅垂悬清杨沂孙联语,与此相近,惟"抱德推仁"迥作"推恩",凡此与老子之旨大不类,而与丁氏世家所谓抱德而施恩予人之家风合矣。

在中国第四届黄帝文化学术研讨会闭幕式上的讲话

中共缙云县委副书记、县长　王正飞

各位专家、学者：

在大家的共同努力下，本届中国黄帝文化学术研讨会各项预定议程圆满完成。在此，请允许我代表中共缙云县委、缙云县人民政府，对研讨会取得的丰硕成果表示热烈的祝贺，对各位专家学者精辟的研讨、精彩的发言和表现出来的专业精神致以诚挚的敬意！

党的十八大以来，以习近平同志为核心的党中央高度重视中华优秀传统文化的传承和发展。习近平总书记强调，"中华文明延续着我们国家和民族的精神血脉，既需要薪火相传、代代守护，也需要与时俱进、推陈出新"。前不久，浙江省委文化工作会议指出，建设"重要窗口"，争创社会主义现代化先行省，需要注入文化这个更基本、更深沉、更持久的力量，需要文化先行。黄帝文化是中华民族的文化之源，仙都黄帝祭典是文化浙江建设的重要平台，我们召开这次黄帝文化学术研讨会，就是为了追寻黄帝的足迹、缅怀黄帝的功德，传承中华文脉、坚定文化自信；通过深入挖掘黄帝文化丰富的时代价值和深刻的精神内涵，在黄帝文化的研究传承中，找到与文化浙江建设的结合点，助力浙江打造新时代文化高地，为高质量发展建设共同富裕示范区注入强大文化力量。

今天的黄帝文化学术研讨会是仙都黄帝祭典主办单位变更为浙江省人民政府后首次召开的，其重要意义不仅限于学术成果的收获方面，更重要的是使我们进一步认识到传承和弘扬中华优秀传统文化的历史使命感。会议期间，各位专家学者围绕主题，精心准备，深入研讨，很好地挖掘、诠释了黄帝文化的精髓，很好地挖掘、诠释了黄帝文化与弘扬中华民族传统文化的辩证关系，很好地挖掘、诠释了浙江缙云和黄帝文化之间的渊源联系，从而使有关论题得以充分而深入的研讨，取得了一批有价值的研究成果，极大地丰富了黄帝文化的研究内容。同时，前瞻性提出与陕西黄陵、河南新郑联合创建国家文化公园，将祭祖三地共同打造成为凝聚中华民族和海内外华人的精神家园和中华文化的标志；对于浙江如何利用好"黄帝文化"历史资源，将黄帝文化打造成为浙江文化高地最鲜明、最令人信服的标识等方面提出了很好的建议。作为中国南方轩辕黄帝祭祀中心、黄帝文化辐射中心和黄帝文化研究中心，我们缙云一定以传承和弘扬黄帝文化为己任，不断加强对黄帝文化的研究，虚心接受各位专家和学者的意见建议，利用好这次研讨会的研究成果，进一步深入研究黄帝文化的当代价值，挖掘开发黄帝文化旅游资源，进一步打造"黄帝缙云、人间仙都"特色文化标识。

最后，真诚地希望各位专家学者能够继续关注和支持缙云的发展，常到缙云来走走看看。祝愿大家身体健康、工作顺利、万事如意。

谢谢大家！

中国第四届黄帝文化学术研讨会综述

陈伟扬

2021年10月12日，中国第四届黄帝文化学术研讨会在浙江省缙云县举行。本次学术研讨会由中国先秦史学会、中共浙江省委宣传部、浙江省社会科学联合会主办，缙云县人民政府承办。来自全国各地高校、科研院所及博物馆等单位40余名专家学者聚首缙云，共话轩辕黄帝。会议分主旨发言和专题讨论两个阶段，与会学者围绕黄帝时代的史实与考古、黄帝文化的传承与演变、缙云与黄帝文化三大研究主题进行了深入探讨，共同挖掘黄帝文化的时代内涵。此次研讨会上专家学者提出了诸多有价值的见解，反映出黄帝文化研究的新成果。

一 黄帝时代的史实与考古研究

蔡运章通过对良渚出土的陶罐腹部刻画的"图画文字"释读，认为该"图画文字"是由多个"符号"组成的复合图案，是从"单个"的物象文字向"连字成组"记事文字发展的重要阶段。陈立柱以《越绝书·宝剑篇》所载楚王与风胡子的对话为引，探讨黄帝时代为玉器时代的论说。宋豫秦、刘俊杰通过对河南新郑及相邻的禹州、新密境内的具茨山岩画和巨石文化遗存调查发现对黄帝时代的部族活动认知有重大价值。刘庆对黄帝与蚩尤两位早期战神进行了战争史考述，提出了早期战神谱系出现祖先神与自然神相结合的特点。王珏认为黄帝时代的战争认知背景与中国早期文明演进相伴而行，逐渐形成了"以有道伐无道"的思想。吕文郁通过梳理史籍并结合近年的考古发掘，认为黄帝及其后裔的活动区域并不局限于黄河中下游地区，五帝时期的疆域已经形成了中国早期国家的雏形。胡义成从汉代纬书《〈春秋〉命历序》出发，探讨黄帝纪年问题，并对夏朝开国十年数据历史内容进行了纠正。

二 黄帝文化的传承与演变研究

沈长云从黄帝的身份与人格、黄帝祭祀文化的产生、黄帝文化的嬗变三个视角探讨黄帝的祖先身份与文化认同。罗运环运用考古材料和存世文献阐释了黄帝时代的文明基因和民族凝聚力。杜勇认为《史记》所述五帝时代部落首领和之后的君主乃至少数民族的统治者都与黄帝有密切的关联，是一种民族一元论的体现，即民族认同观，这种观念对后世影响深远。王健提出"文化元库"概念，认为文化元库是集大成的文化渊薮和思想库，具备精神价值、学术价值和审美价值，华夏人文始祖黄帝是"文化元库"中的代表性人物。霍彦儒认为中国龙文化起源和形成于炎黄时代，与炎黄二帝有密切的关系，与中华文明、中华民族的起源和形成如影相随，相交相融。李锐讨论了先秦时期炎黄二帝的古史系统流变和黄帝一元的古史系统如何确认为正统的过程。卫崇文梳理了黄帝神话化的历史过程，认为黄帝神话发端于战国中后期，兴盛于战国后期与秦汉时期。黄帝人格化主要在司马迁《史记·五帝本纪》流传之后。李岩认为《史记》对于黄帝被后世崇拜，追述为中华民族人文始祖具有重要的作用。李桂民认为从民族融合和文化认同的视角看，黄帝是中华民族的标识，当代祭祀黄帝对于增强中华民族共同体意识方面有重要意义。高强从黄帝与道家、黄帝与黄老之学、黄帝与道教三个方面，探究了黄帝与道家道教之间的关系。李玲玲从文献学和考古学视角讨论了"黄帝穿井"的记载演变和水井的起源问题，认为将水井的创造归功于黄帝是一种文化认同的方式，借此来体现民族认同的价值取向。

三 缙云与黄帝文化研究

张广志从南方与中原地区早期的文明交往、缙云得天独厚的地理条件、大一统政治需求和人心认同三方面论证了缙云之所以会成为黄帝文化在南方的辐射、传播中心的历史缘由。宫长为将缙云黄帝文化二十年的研究分为三个阶段即开创期、发展期、繁荣期，建议加快推动中国古代文明，特别是缙云黄帝文化研究的持续发展。彭邦本结合传世文献记载、考古发现和浙江缙云本土相关资料印证《史记·五帝本纪》的记载，认为黄帝足迹已经到达长江流域及其以南，而传说中的黄帝以及五帝时期，是中国由前国家时代部族社会向国家形态迈进的一个重要时段，同时总结了黄帝文化有五方面的特征即认同中华、凝聚四方、崇尚道义、开放包容、文明创新。李学功考证了缙云与黄帝文化的历史渊源和缙云祭祀黄帝的历史缘由，阐释了黄帝文化及其信仰从上古三代流播影响迄今的价值意义以及缙云黄帝文化对文化浙江建设和建设中国南方黄帝文化重要窗口的重要意义。孙敬明借助考古遗存、传统典籍、青铜器铭文、与战国简牍等多重文献所载探讨黄帝信史问题。徐勇探究了地处南方的浙江缙云为何成为黄帝文化的中心缘由。徐日辉认为缙云仙都是南方黄帝文化的核心区，缙云黄帝文化与河南灵宝市铸鼎塬一代关系密切，南北两地在祭祀黄帝方面有相同的文化表现。

　　此次研讨会是在缙云升格黄帝祭祀大典的时代背景下召开的，对黄帝文化所展开的多学科、多层次探讨，必将进一步深化黄帝文化研究的内涵，为传承与弘扬新时代的黄帝文化提供扎实的文化支撑和学理支撑。正如宫长为总结此次研讨会深化了黄帝文化与史实的辩证关系，深化了黄帝文化精神价值，深化了黄帝文化传承发展。

（陈伟扬：湖州师范学院历史系主任、博士）

后　记

轩辕黄帝是中华民族的人文始祖，黄帝文化是中华文明的源头活水，是中国优秀传统文化的重要组成部分，缙云黄帝文化积淀深厚源远流长，是中国南方黄帝文化传播中心和祭祀中心。传承和弘扬好黄帝文化，是建设文化浙江打造精神力量高地的重要手段。

在仙都祭祀轩辕黄帝大典升格浙江省人民政府主办之际，2021年10月，由中国先秦史学会、中共浙江省委宣传部、浙江省社会科学联合会主办，浙江省历史学会、浙江省中医药学会、中共丽水市委宣传部、缙云县人民政府承办的中国第四届黄帝文化学术研讨会成功召开。来自全国十多个省市的五十多位专家学者，不远千里舟车劳顿，顶着新冠肺炎疫情的威胁，集聚于缙云，紧紧围绕黄帝文化与中华民族精神力量高地建设，缙云黄帝文化与文化浙江，弘扬黄帝文化助力共同富裕示范区建设，黄帝文化与健康浙江建设，缙云岩画遗迹与黄帝文化等主题，进行了广泛深入的学术研讨。通过本次学术研讨深化了黄帝文化与史实的辩证关系，深化了黄帝文化精神价值，深化了黄帝文化传承发展，为文化浙江建设有巨大促进作用。中国先秦史学会专家学者们一致建议缙云县委县政府与陕西黄陵、河南新郑（湖南炎陵）等炎黄祖宗文化关联地区联合创建黄帝（或炎黄）国家文化公园，打造为凝聚中华民族和海内外华人的精神家园和中华文化标识，将缙云建设成为中华民族文化根脉展示中心；结合缙云的自然环境，加强《黄帝内经》及中医药与健康浙江的研究，将缙云打造为中国南方康养中心；加强与新媒体合作，普及推广中华黄帝文化，强化在海内外华人中的宣传推广力度，进一步加强中国仙都黄帝祭祀活动的国际影响力，将缙云黄帝文化打造成为浙江的金名片。

本次研讨会提交论文 65 篇，会后撰写者不断地修改完善确认，经过讨论筛选，将其中的 39 篇汇编成本论文集并出版发行，以飨读者。

《黄帝缙云　文化浙江——中国第四届黄帝文化学术研讨会论文集》
编辑委员会
2022 年 3 月